말들의 풍경

말들의 풍경 —고종석의 한국어 산책

2007년 7월 23일 초판 1쇄
2012년 3월 2일 개정판 1쇄
2014년 12월 3일 개정판 3쇄

지은이 | 고종석

편   집 | 김희중, 이민재

종   이 | 세종페이퍼
제   작 | 영신사

펴낸이 | 장의덕
펴낸곳 | 도서출판 개마고원
등   록 | 1989년 9월 4일 제2-877호
주   소 | 경기도 고양시 일산동구 호수로 662 삼성라끄빌 1018호
전   화 | (031) 907-1012, 1018
팩   스 | (031) 907-1044
이메일 | webmaster@kaema.co.kr

ISBN 978-89-5769-128-1
ⓒ 고종석, 2012. Printed in Seoul, Korea.

* 책값은 뒤표지에 표기되어 있습니다.
* 파본은 구입하신 서점에서 교환해 드립니다.

blog.naver.com/kaema1989

- 이 도서의 국립중앙도서관 출판시도서목록(CIP)은
  e-CIP 홈페이지(http://www.nl.go.kr/ecip)와 국가자료공동목록시스템
  (http://www.nl.go.kr/kolisnet)에서 이용하실 수 있습니다.
  (CIP 제어번호: CIP2012000880)

말들의 풍경

고종석의 한국어 산책

개마고원

개정증보판 서문

출판사의 제안으로 다섯 해만에 개정증보판을 낸다. 초판의 글들이 아무런 체계 없이 어수선하게 뒤섞여 있다는 출판사의 지적에 따라, 언어 현상에 대한 글들을 제1부 '말들의 풍경'에 묶고, 텍스트나 저자들에 대한 논평을 제2부 '말들의 산책'에 모았다.

제3부 '말들의 모험'에 묶인 글 여덟 편은 새로 얹은 것이다. 이 글들은 2009년 같은 제목으로 『한국일보』에 실렸다. 나는 본디 이 연재를 100회 가량 이어나가며 언어학 이론과 언어학사의 번듯한 교직을 시도할 요량이었으나, 일간신문 지면에 어울리지 않는다는 지적이 편집국 안팎에서 빗발쳐 허무하게 8회로 끝내고 말았다. 그 뒤 나는 언어학에 흥미를 잃었고, 그래서 이 글들은 불구 상태로 방치되었다. 버릴까 하다가, 어떤 열정의 흔적이라도 남기고 싶다는 허영심을 떨치지 못해 이 책 뒷부분에 올렸다. 일종의 부록이라 여겨주시면 좋겠다.

개마고원 편집부에 감사드린다.

2012년 봄

자서自序

이 책의 텍스트는 『한국일보』에 한 해 동안(2006년 3월~2007년 2월) 잇대어 쓴 「말들의 풍경」이다. 젊은 시절 이래 신문기자로서, 언어학도로서 그리고 작가로서, 나는 말에 대한 관심에 늘 묶여 있었다. 그리고 내가 자유롭게 쓸 수 있는 언어가 한국어 하나뿐인 만큼, 그 말은 한국어의 테두리를 크게 벗어날 수 없었다. 『사랑의 말, 말들의 사랑』(1996), 『감염된 언어』(1999), 『언문세설』(1999), 『국어의 풍경들』(1999) 같은 책들이 이런 관심의 소산이었다. 이 책은 앞선 책들의 연장선 위에 있다.

앞선 책들이 대체로 그랬듯, 이 책도 체계적인 언어학 교과서가 아니라 언어에 대한(또는 언어학적) 에세이다. 언어를 안에서(언어학의 틀로) 보는 관점과 바깥에서(사회적, 심리적 또는 정치적 틀로) 보는 관점이 뒤섞여 있다는 점도 앞선 책들과 같다. 앞선 책들과 다른 점이 있다면, 이 책엔 (기록된) 텍스트들에 대한 논평이 더러 들어가 있다는 것이다. 그 텍스트들은 순문학 텍스트인 경우도 있고, 넓은 의미의 비평 텍스트인 경우도 있다. 첫 장에서 밝혔듯 이 책의 표제 '말들의 풍경'은 돌아간 문학비평가 김현의 유고 평론집 제목에서 빌려온 것이므로, 김현 비평에 대한 논평을 빠뜨릴 수는 없었다. 그에 따라, 여러 의미에서 김현의 파트너이자 맞적수라 할 김윤식에 대한 논평도 자연스럽게 들어갔다. 1960년 4월혁명을 소재로 삼은 시 작품들과 1980년 5월민중항쟁을 들여다본 홍희담의 중편소설 「깃발」에 한 장씩이 할애된 것은 그 글들이 신문에 실린 날짜, 곧 세시歲時와 관련돼 있다. 이 책에서 엿본 텍스트들의 저자 가운데는 저널리스트가 몇 사람 있는데, 그것은 내 직업적 정체성과 맞물려 있다. 언론학자 강준만의 작업 이전까지, 한국에서 저널리즘 텍스트는 비평의 그물에서 벗어나 있었다. 이것은 기괴한 일이다. 왜냐하면 저널리즘 텍스트만큼 공동체 구성원의 운명에 깊은 영향을 끼치는 텍스트는 달리 없기 때문이다. 이 책에서 살핀 저널리스트 세 사람—홍승면, 임재경, 정운영—은 논객이면서 (넓은 의미의) 문인이었다. 저널리스트 이미지보다 작가 이미지가 한결 짙은 최일남 역시 오랜 세월 문학과 저널리즘을 겸했다. 이 분들은 사사로이는 내 역할 모델이기도 했다. 그들에게 적절한 자리를 마련하는 것은 내가 후배 저널리스트로서 감당해야 할 의무이자 권리였다.

결국, 이 책의 텍스트는 그 내용에서나 형식에서나 저널리즘 안쪽에 있다. 서양말 '저널리즘'의 본디 뜻은 '나날의 기록,' 곧 일기다. 그 어원을 핑계삼아, 나는 『한국일보』에 실었던 텍스트를 이 책에 그대로 가져온 뒤 글 끝머리에 발표 날짜만 덧붙였다. 말하자면 이 책 텍스트는 신문에 실렸던 그대로의 '날글'이다. 본디의 텍스트를 고치고 다듬고 기우고 뒤섞어 어설프게라도 거기 체계를 부여했다면 이 책이 사뭇 우아하게 탈바꿈했을지도 모르겠으나, 그런 '리모델링'이 문득 부질없게 느껴졌다. 꼭 내 게으름 때문만은 아니다. 그 체계 덕분에 우아함을 얻었다 해도, 그 우아함은 글들이 쓰여질 당시의 맥락을 지워버리는 희생을 치러야 했을 것이다. 나는 우아함을 포기하고 맥락을 살려두기로 했다. 독자들도 이 책의 텍스트들을 그것들이 씌어진 시점의 발언으로 받아들여 주셨으면 좋겠다.

되풀이라는 것은 저널리즘에서만이 아니라 지적 담론이나 문학에서도 피해야 할 악덕이다. 하여 나는 「말들의 풍경」을 연재하며 앞선 책들에서 다룬 소재를 피하려 애썼으나, 그 일에 완전히 성공하진 못했다. 아무리 비체계적인 글쓰기라 할지라도 어떤 주제에 접근하면서 빠뜨려서는 안 될 고갱이가 있기 때문에 그리 됐다고 변명하고 싶지만, 그것은 나 자신도 설득하지 못할 구차한 변명이다. 앞선 책들과 겹치는 소재를 다루면서 문장 몇 개를 그대로 끌어다 쓴 곳도 대여섯 군데 있다. 말하자면, 이른바 '자기표절'을 한 셈이다. 그 문장이 그 텍스트-건축물에 빠져서는 안 될 단단한 벽돌이어서 그랬다고 변명하고 싶지만, 이 역시 나 자신도 설득하지 못할 구차한 변명이다. 내 글쓰기가 언제까지 계속될지는 모르겠으나, 지적 불성실의 가장 흉한 형태라 할 이런 되풀이와 자기표절을 늘 경계하겠다는 다짐으로 오랜 독자들에 대한 결례를 조금이나마 치유하고 싶다.

2007년 봄

차례

개정증보판 서문 • 005
자서自序 • 006

말들의 풍경

글을 시작하며 • 015
표준어의 폭력 _국민국가 내부의 식민주의 • 022
'님'과 '씨'의 사회심리학 • 029
남과 북, 그 헌법의 풍경 • 036
「청산별곡青山別曲」 _흘러가며 튀어 오르기 • 043
외래어와의 성전聖戰 _매혹적인 그러나 불길한 순혈주의純血主義 • 049
기다림 또는 그리움 _4·19의 언어 • 055
언론의 자유, 그 빛과 그림자 • 062
누리망의 어떤 풍경 _'-다'의 압제에 맞서서 • 069
여자의 말, 남자의 말 _젠더의 사회언어학 • 076
거짓말이게 참말이게? _역설의 풍경 • 082
허영의 전시장 _개인숭배의 언어 • 089
새로운 사회방언? _외국인들의 한국어 • 096
우리말 안의 그들 말 _접촉과 간섭 • 101
텔레비전 토론 _문화상품으로서의 정치 • 106
가장 아름다운 우리말 열 개 • 112
한자 단상 _그 유혹적인, 치명적인 매력과 마력 • 120
한글, 견줄 데 없는 문자학적 호사 • 127
'국어'라는 이름 _자존自尊과 유아唯我 • 134
헌사獻詞 _사랑과 우정, 또는 교태와 굴신 • 140

가르랑말과 으르렁말 _'-빠'와 '-까'의 생태학 • 147

유언遺言, 마지막 말들의 비범함과 평범함 • 154

무수한 침묵의 소리들 _신체언어의 겉과 속 • 160

광고 카피 _탈근대의 문학 • 166

구별짓기와 차이 지우기 _방언의 사회정치학 • 173

사전, 언어의 곳집 • 180

모호한, 그리고 물렁물렁한 _한국어의 경계 • 185

설득과 선동 _연설의 풍경 • 193

현상변경의 언어 _선언의 풍경 • 200

예절의 언어적 돋을새김 _경어체계의 풍경 • 207

부르는 말과 가리키는 말 _친족명칭의 풍경 • 215

합치고 뭉개고 _흔들리는 모음체계 • 222

'한글소설'이라는 허깨비 • 229

눈에 거슬려도 따라야 할 「국어의 로마자 표기법」 • 236

이름의 생태학 • 243

언어는 생각의 감옥인가? _사피어-워프 가설에 대하여 • 251

두 혀로 말하기 _다이글로시아의 풍경 • 259

한국어의 미래 • 267

말들의 산책

이오덕의 『우리글 바로쓰기』 _ '백성의 말'을 향하여 • 277
홍희담의 「깃발」 _ 당파적인, 계급적인 5월의 언어 • 284
나는 '쓰다'의 주어다 _ 『김윤식 서문집』 • 290
최일남 산문집 『어느 날 문득 손을 바라본다』 _ 굽이쳐 흐르는 만경강 • 297
희문戯文의 우아함 _ 양주동의 수필들 • 304
임재경, 마지막 지식인 기자 • 311
김현, 또는 마음의 풍경화 • 318
"내 전공은 인간입니다" _ 홍승면의 저널리즘 • 325
먼 곳을 향한 그리움 _ 전혜린의 수필 • 332
화사한, 너무나 화사한 _ 정운영의 경제평론 • 339
언어의 부력浮力 _ 이재현의 가상인터뷰 「대화」 • 346
시대의 비천함, 인간의 고귀함 _ 서준식의 『옥중서한』 • 353
'고쿠고國語'의 생태학 _ 이연숙의 『국어라는 사상』 • 360

말들의 모험

모험을 시작하며 • 369
랑그의 언어학과 파롤의 언어학 • 375
번역이라는 고역 上 • 381
번역이라는 고역 中 • 387
번역이라는 고역 下 • 393
랑그는 형식이지 실체가 아니다 • 399
촘스키 혁명 • 405
모험을 마치며 • 411

글을 시작하며

여기 모이게 될 글들은 2005년 3월에서 이듬해 2월까지 『한국일보』에 연재된 「시인공화국 풍경들」의 연장선 위에 있다. 「시인공화국 풍경들」이 언어의 풍경 가운데 한국 현대시의 풍경만을 들여다본 데 비해, 『말들의 풍경』은 그 살핌의 대상을 언어 전반으로 넓힐 것이다. 앞서 엿본 시詩의 말까지 포함해, 말들은 어떻게 태어나 어떻게 살다가 어떻게 사라지는가? 앞으로 독자들이 살필 풍경은 바로 이 물음에 거칠게나마 답하게 될 것이다. 말하자면 『말들의 풍경』의 관심사는 언어의 생태학이랄 수 있다. 그러나 그 관심을 언어라는 기호체계 일반에 균질적으로 쏟지는 않을 것이다. 우리 관심은 근본적으로 (인공언어가 아니라) 자연언어로 쏠릴 것이고, 또 이 책의 부제에서 드러나듯 (외국어가 아니라) 한국어로 쏠릴 것이다. 인공언어는 자연언어와의 비교 맥락에서만, 그리고 자연언어 가운데 외국어들은 한국어와의 비교 맥락에서만 눈길을 받을 것이다. 그러니까 우리가 살필 풍경은 대체로 한국어의 풍경이 될 것이다.

자연언어들이 으레 그렇듯, 한국어의 풍경도 다채롭고 입체적이다. 다시 말해 한국어는 그 내부가 동질적인 기호 체계가 아니다. 한국어는 그 말을 쓰는 사람의 출신지역이나 세대, 교육적 직업적 배경에 따라 크고 작은 차이를 보인다. 미세하게 살피면, 출신 지역이나 세대나 교육적 직업적 배경이 같거나 비슷한 사람도 한국어를 서로 다르게 말하는 것을 알아챌 수 있다. 이렇게 서로 다른 말씨를 자잘하게 갈라나가다 보면, 우리는 결국 개인어idiolect에 다다르게 될 것이다. 그렇다면 우리가 한국어라고 부르는 것은 수천만 개인어들의 덩어리라 할 수 있다. 그 수천만 개인어들을 한국어라는 이름으로 뭉뚱그릴 수 있는 근거는 의사소통 가능성이다. 한 화자와 또 다른 화자가 서로 의사를 소통할 수 있을 때, 그들은 같은 언어를 쓰고 있는 것으로 간주된다. 그 동일한 언어는 균질적이지 않다. 화자의 정체성과 발화의 맥락을 반영하는 크고 작은 이물질異物質들이 그 언어의 내부를 끊임없이 떠돌고 있다. 자연언어들이 으레 그렇듯, 한국어도 수많은 변이체變異體들의 뭉치인 것이다.

한쪽 끝에 (예컨대 한국어라는) 언어language가 있고 다른 쪽 끝에 개인어가 있다면 그 사이에 있는 것은 방언들dialects이다. 방언은, 좁은 의미로 쓰일 땐, 지리적 방언을 가리킨다. 다시 말해 지역에 따라 분화한 언어 변이체들을 가리킨다. 이것을 캐고 드는 분야가 언어지리학 또는 지리언어학이다. 그렇지만 방언은, 넓은 의미로 쓰일 때, 사회적 방언까지를 아우른다. 다시 말해 나이나 직업이나 교육 배경이나 성별 같은 사회적 조건들에 따른 언어변이체들까지를 포함한다. 예컨대 과학자나 법률가들이 쓰는 전문용어, 범죄조직 내부에서 통용되는 은어, 허물없는 사람들끼리 주고받는 속어, 인터넷 공간에서 어지럽게 춤추는 이른바 통신언어, 외국인들이 사용하는 (대체로 어색하게 들리는) 한국어 따위가 한국어의 사회 방언들이다. 이런 사회 방언을 파고드는 분야가 사회언어학과 언어사회학이다.

지리적 방언이나 사회 방언만이 방언의 전부는 아니다. 방언은, 더욱 넓게 해석하면, 한 언어 내부의 변이체들 전체를 가리킬 수 있다. 이를테면 한국어의 문어와 구어, 시의 언어와 산문의 언어, 무대의 언어와 객석의 언어, 선동가의 광장 언어와 연인들의 밀실 언어, 방송 언어와 신문 언어 따위는 서로 일정하게 구별되면서 한국어의 방언을 이룬다. 그리고 이런 여러 수준과 기울기의 방언들은 문체론이나 화용론 같은 분과학문의 일감이 된다. 『말들의 풍경』은 이렇게 다채로운 방언들로 이뤄진 한국어의 켜를 하나하나 들추어보려 한다.

나는 앞에서 한 화자와 또 다른 화자가 서로 의사를 소통할 수 있을 때라야 그들은 동일한 언어를 쓰는 것으로 간주된다고 말했다. 그러나 이것은 순수한 언어학 차원의 판단일 뿐이다. 정치가 개입하면, 이 원칙은 쉽게 훼손된다. 제주 토박이와 서울 토박이가 그들의 고향말로 의사를 소통하는 것은 퍽 어렵다. 그런데도 이들은 (서로 다른 언어를 사용하는 것으로 간주되는 것이 아니라) 한국어라는 한 언어의 방언을 사용하는 것으로 간주된다. 역사의 긴 세월 동안 이들이 동일한 정치공동체에 속해 있었고 지금도 그렇다는 사실이 이런 판단에 결정적 영향을 끼쳤음은 말할 나위가 없다.

반면에 코펜하겐 토박이와 오슬로 토박이와 스톡홀름 토박이는 앞서 예로 든 동아시아인들보다 한결 더 쉽게 자기들끼리 의사를 소통할 수 있다. 이들이 쓰는 언어는 문법체계와 어휘목록이 서로 거의 일치하고, 음운 수준에서만 자지레한 차이를 보인다. 사실, 순수하게 언어학적으로만 뜯어보면, 노르웨이어란 덴마크어의 한 방언과 스웨덴어의 한 방언을 아울러 이르는 것에 불과하다. 그런데도 우리는 깊은 생각 없이 덴마크어와 노르웨이어와 스웨덴어를 별개 언어로 간주한다. 이런 부자연스러운 분리 역시, 이들 북유럽인들이 (덴마크, 노르웨이, 스웨덴이라는) 서로 다른 정치공동체에 속해 있다는 사실과 깊게 관련돼 있다. 만약에 역사의 우연이 제주도의 분리주의를 부추겨 그 섬에 별개의 정치공동체가 세워졌다면, 우리는 지금의 제주도말을 한국어와 다른 별개 언어로 분류했을지 모른다.

정치가 직접 참견할 때만이 아니라 시간축時間軸이 끼어들 때도 이와 비슷한 난점이 생긴다. 의사소통 가능성이 어떤 자연언어의 경계를 획정하는 기준으로서 확고한 권위를 행사하는 것은 소쉬르 (1857~1913) 이후 언어학의 몸통 노릇을 하고 있는 이른바 공시共時

언어학 안에서뿐이다. 지난 500년 남짓 한국어는 어휘목록을 상전벽해 수준으로 바꾸었을 뿐만 아니라 적잖은 문법 규칙들을 새로 보탰다. 게다가 15세기 한국어는 지금 한국어와 달리 성조聲調를 지니고 있었다. 다시 말해 15세기 한국인과 지금의 한국인이 자신들의 모어母語로 의사를 소통할 가능성은 거의 없다. 그런데도 우리들은 15세기 한양 사람들이 쓰던 언어와 지금의 서울 사람들이 쓰는 언어를 똑같이 한국어라 부르고 있다. 비록 저쪽을 중세한국어라 일컫고 이쪽을 현대한국어라 일컫기는 하지만 말이다. 우리는 앞으로 이 문제에도 눈길을 건넬 터인데, 이런 관행에도 근본적으로는 정치가 작동하고 있다는 사실만 지적하고 넘어가기로 하자. 『말들의 풍경』은, 소통가능성이 있든 없든, 한국어라는 이름으로 뭉뚱그릴 수 있는 모든 말들의 풍경을 살필 것이다.

연재의 첫 자리에서 독자들과 함께 특별히 기억하고 싶은 이름이 있다. 바로 이 연재물의 제목을 처음 발설한 문학비평가의 이름이다. 그의 이름은 김현(1942~1990)이다. '말들의 풍경'은 그가 돌아간 해 세밑에 나온 유고평론집의 표제다. 김현은 문학이 다른 무엇에 앞서 언어의 예술이라는 판단을 끝까지 밀어붙이며 말들의 풍경을 탐색하는 데 생애를 바친 사람이다. 말들의 풍경을 탐색하는 그의 말들은 그 자체로 한국 현대문학사의 빼어나게 아름다운 풍경 하나를 이루고 있다. 김현이 문학제도 안에서 활동한 시기는 1962년부터 1990년까지 스물여덟 해다. 그의 소박한 독자로서, 김현이라는 이름을 뺀 그 시기의 한국문학을, 아니 그 시기의 한국어

문장을, 말들의 풍경을 나는 상상할 수 없다. 시인이나 소설가가 아니라 비평가라는 불리한 조건 속에서도, 김현은 한국문학사에 사뭇 드물었던 말의 진경을 빚어놓았다.

이제부터 내가 그릴 '말들의 풍경'은 김현의 유고평론집과 달리 문학언어를 집중적 대상으로 겨냥하고 있지 않다. 그렇지만 이 연재물은, 김현의 『말들의 풍경』(문학과지성사, 1990)처럼, 말에 관한 말들이다. 김현이 자주 내비쳤듯 말들의 풍경이 결국 욕망의 풍경이라면, 이 연재물은 욕망의 풍경화이기도 할 것이다. 그리고 그 욕망의 풍경을 그리는 내 말들 역시 또 다른 욕망의 풍경을 만들어낼 것이다. 그래서, 『말들의 풍경』은 말들의 말이자 욕망들의 욕망이자 풍경들의 풍경이 될 것이다.

무단으로 제목을 훔쳐온 데 대한 찜찜함을 추스르며, 오랜만에 고인의 『말들의 풍경』을 펼쳐보았다. 이 평론집에 묶인 글들을 쓸 때, 고인은 내 나이였다. 그런데도 그 언어는, 절망스러워라, 내가 한 생애를 더 산 뒤에도 다다를 수 없을 섬세함과 아름다움으로 무르익어 있다. 김현이 살아 있었을 때, 그의 글을 읽는 것은 내 오롯한 즐거움이었다. 그가 산 생애만큼을 거의 살고 보니, 이젠 그 즐거움 저 밑바닥에서 질투의 쓰림과 쓴맛이 배어 나온다. 그가 지금 60대의 선배 글쟁이라면, 내게 이따위 질투심 같은 것은 생기지 않았으리라. 내겐 이것만 해도 그가 더 오래 살았어야 할 이유로 충분하다. 이것은 물론 그가 너무 일찍 가버린 것에 속이 상한 독자의 투정에 지나지 않는다. 이 투정에는 고인을 향한 응석이 깔려 있다. 사실 질투라는 말 자체가 가당찮다. 내 어쭙잖은 글쓰기의 8할 이상은 김현의 그늘 아래 이뤄져 왔으니 말이다. 그러니, '말들의 풍경'이라는 제목을 슬쩍 훔쳐온 것을 고인도 눈감아줄 것이다. 선생님, 제목 훔쳐갑니다!

표준어의 폭력
국민국가 내부의 식민주의

"아무 걱정 마쑈, 위염이랑께요. 요 처방전 각고 약 지어 자시면 금시 낫어불 겁니다. 쩌그 약방 보이지라? 몇날만 지나면 암시랑토 안 헐 거시요."

며칠째 복통이 계속돼 큰 병이라도 걸린 것 아닌가 걱정하며 처음 찾은 동네 병원에서 의사가 이렇게 말했다고 하자. 이 의사는 한국 최고의 내과의內科醫일 수도 있다. 그러나 환자는 불안을 말끔히 씻어내지 못할지도 모른다. 그러고는 배를 움켜쥐고 다시 다른 병원을 찾을지도 모른다. 반면에 이 의사가 이렇게 말했다고 하자.

"아무 걱정 마세요, 위염입니다. 이 처방전 가지고 약 지어 드시면 금세 나을 겁니다. 저기 약국 보이죠? 며칠만 지나면 아무렇지도 않을 거예요."

이 의사는 사람 여럿 잡을 돌팔이일 수도 있다. 그러나 환자는 이내 불안에서 해방돼 마음이 가벼워질 것이다. 심지어 아픈 배도 그냥 나아버릴지 모른다. 이 차이는 환자가 의사에게 보내는 신뢰의 차이에서 왔다. 그리고 그 신뢰의 차이는 의사의 말씨 차이에서 왔다. 한쪽 말씨는 흔히 '사투리'라고 부르는 비非표준 방언이고, 다른 쪽 말씨는 표준어다.

1988년 문교부가 고시한 '표준어 규정'에 따르면, 표준어는 "교양 있는 사람들이 두루 쓰는 현대 서울말"이다. 1933년 조선어학회가 제정한 '한글 마춤법 통일안'의 총론 제2항은 표준말을 "대체로 현재 중류사회에서 쓰는 서울말"로 규정하고 있었다. 55년의 사이를 둔 이 두 규정에서 눈에 띄는 차이는 '중류사회'에서 '교양 있는 사람들'로의 이행이다. 1988년의 언어정책 기획자들은 표준어에 좁은 의미의 계급적 장식보다는 문화적 치장을 더 베풀고 싶어했던 셈이다. 이 새로운 규정에 따르면, 표준어를 쓰지 않는 사람은 교양이 없는 사람이다. 새 규정의 '교양 있는 사람들'이라는 표현은 문화적 위신에 대한 사람들의 욕구를 겨눔으로써 표준어의 매력과 구심력을 한층 키웠다.

1933년의 표준말 규정과 1988년의 표준어 규정에서 더 눈여겨보아야 할 것은 표준한국어가 일관되게 서울말이라는 점일 것이다. 한 나라의 수도에서 쓰는 언어가 그 나라의 표준어가 되는 것은 놀라운 일이 아니다. 수도는 정치의 중심지일 뿐만 아니라, 흔히 경제와 문화의 중심지이기 때문이다. 표준 프랑스어도 파리 사람들의 언어고, 표준 일본어도 도쿄 사람들의 언어다. 게다가 한국의 서울 중심주의는 프랑스의 악명 높은 파리 중심주의보다 더하면 더했지 결코 못하지 않다. 서울로 이주한 지방 사람들이 서울말을 익히려고 안간힘을 쓰는 것은 그래서 자연스럽다. 시청각 매체가 사회 전체를 촘촘한 망으로 얽고 있는 오늘날에는 지방에 사는 어린이들도 흔히 서울말을 쓴다. 한 사회에 성차별sexism이나 인종차별racism처럼 언어차별linguicism이 존재하는 한, 비주류 언어(방언) 사용자는 주류 언어(방언)를 익혀야 한다는 강박에서 자유로울 수 없다.

  표준어가 다른 방언들보다 위세를 떨치게 된 것이 그 내재적 매력 때문은 아니라는 점을 지적해야겠다. 다시 말해 서울말의 위세는 이 말이 예컨대 강원도 방언이나 전라도 방언보다 본질적으로 더 섬세하다거나 명료하다거나 아름다워서 생긴 것이 아니다. 언어학의 지평에서는 서울말 역시 한국어의 한 방언일 뿐이고, 서울말과 다른 방언 사이에 위계를 설정하는 것은 불가능하다. 서울말의 위세가 큰 것은 그러니까 언어 바깥 사정, 구체적으로 이 언어를 쓰는 사람들의 힘 때문이다. 한국어 방언 가운데 영남 방언이 비교적 패기 있게 서울말에 맞서고 있는 사정 역시 이로써 설명할 수 있다.

  서울에 사는 영남 출신 화자가 쉽게 서울말에 동화하지 않는 이유를 영남 방언의 내재적 특질에서 찾으려는 견해가 있기는 하다. 그런 견해가 부분적으로는 옳을 수도 있다. 기실 영남 방언의 롤러코스터 억양이 서울말의 밋밋함에 이내 동화하기는 언어교육의 틀에서도 쉽지 않아 보인다. 그러나 더 큰 이유는 영남 방언 사용자들의 사회적 힘에서 찾는 것이 옳을 것 같다. 현직 서울 시장을 포함해 역대 서울 시장의 다수는 영남 방언 사용자였고, 서울 강남의 고급 아파트 지역에서는 영남 방언을 듣는 것이 예사다. 서울에서 영남 방언을 쓰는 것은 경제적으로나 문화적으로 그리 불리한 일이 아닌 것이다. 이와 대칭적으로, 호남 출신 화자가 비교적 쉽게 서울말에 동화하는 이유 역시 언어 바깥에 있을 것이다.

방언들 사이의 위세가 그 내재적 특질에서 나오는 것이 아니라 방언 사용 집단의 사회적 문화적 힘에서 나온다는 것은 영어 내부의 권력지도에서도 드러난다. 미국에서 쓰는 여러 형태의 영어들은 영국 영어의 방언일 뿐이지만, 매사추세츠 출신의 미국인이, 특히 '교양 있는' 미국인이, 영국으로 이주했다고 해서 런던 말투에 동화할 것 같지는 않다. 자신이 엠아이티MIT나 하버드 출신의 미국인이라는 것을 런던 토박이 앞에서 드러내는 것은 당사자에게 조금도 불리한 일이 아니기 때문이다. 이런 사실은 영국 영어 내부에서도 또렷하다. 런던은 영어의 중심 가운데 중심이지만, 흔히 '아아피이RP: received pro-nunciation'라고 불리는 영어 표준발음을 내는 사람들은 런던 사람들 가운데서도 주로 고등교육을 받은 이들이다. 그래서 공인된 표준영어Received Standard 사용자들은 런던 시내보다는 이름난 사립학교들이 흩어져 있는 런던 교외에서 더 쉽게 발견된다. 이에 비해, 런던 일부 구역의 토박이들이 쓰는 이른바 코크니 영어Cockney English는 '천한' 사투리로 간주된다. 이 영어를 쓰는 사람들이 주로 하층계급에 속하기 때문이다. 표준 한국어가 '교양 있는' 서울 사람들의 언어이듯, '표준 영어'도 '교양 있는' 런던 사람의 언어인 것이다.

'교양'의 때때옷을 입고 표준어가 휘두르는 획일화의 폭력에 맞서는 저항이, 예컨대 한국어 영남 방언의 예에서처럼, 꼭 표준어 사용자들과 맞먹는 사회적 위세를 업고 실천되는 것은 아니다. 코크니 영어 사용자들 다수는, 그 언어에 들씌워진 상징적 의미를 잘 알면서도, 고집스럽게 그 '천한' 언어를 사용한다. 호남 출신의 서울 거주자들 가운데서도 그런 사람들이 드물지 않다. 주류 언어에 동화하는 것을 제 정체성의 굴욕적 포기로 여기는 방어 본능 때문일 것이다. 사회학자 피에르 부르디외는 표준 프랑스어에 동화하려는 프랑스인들의 욕망이 주로 중간계급에서 두드러지고, 상층계급과 하층계급은 유년기 언어에 충성심이 강하다는 사실을 지적한 바 있다. 이런 저항은 '교양'과 흔히 등치되는 문학의 세계에서도 볼 수 있으니, 이를테면 서북 지방 출신의 시인 백석의 첫 시집 『사슴』은 서울 중심주의에 대한 문학적 저항을 드세게 실천하고 있다.

그러나 표준어의 구심력은, 특히 문자세계에서, 거의 온전히 관철되고 있다. 서울말에 대한 최근의 문학적 저항은 이문구나 김성동 같은 작가들에게서 볼 수 있지만, 뒷세대 작가들이 그 저항을 이어나갈 것 같지는 않다. 문학적 욕망은 표현의 욕망이면서 한편으로 소통의 욕망이기 때문이다. 백석이 『사슴』 이후의 시들에서 서북 방언의 울타리를 상당 부분 걷어내버린 것도 소통의 욕망 때문이었을 것이다. 그런 한편, 오로지 소통의 효율만을 꾀할 때 문학의 언어가 한없이 단조롭고 가난해지리라는 것도 명확하다.

이런 미묘한 상황은 문학 바깥 언어에서도 발견된다. 언어가 본디 소통의 도구인 한, 정보통신 분야의 끊임없는 표준화 시도가 당연시되듯, 표준어의 제정 자체는 불가피하다. 수많은 방언들의 대등한 경쟁은 그 원심력으로 한 언어를 이완시켜 마침내 소통 불능 상태로 분해해버릴 수 있다. 그런 한편, 표준어가 한 언어 안에서 행사하는 패권주의는 그 언어의 표현 가능성을 제약해 결국에는 앙상하고 밋밋한 '국어'만을 남기게 될 것이다. 영어가 지구적 수준에서 실천하는 제국주의를 표준어는 한 언어 내부에서 실천하고 있다. 말하자면 표준어주의는 국민국가 내부의 제국주의다. 다른 많은 사회들에서처럼 한국 사회에서도, 시간은 방언들 편이 아닌 듯하다. 그것들이 '교양 있는 서울 사람들의 말'에 완전히 굴복해 역사의 뒤켠으로 사라지기 전에, 다양한 형식으로 기록이라도 해놓는 것이 필요하다.

나프NAP—표준적인, 너무나 표준적인 방언

파리 16구의 오퇴유Auteuil 구역과 파시Passy 구역 그리고 서쪽 교외 뇌유쉬르센 Neuilly-sur-Seine은 프랑스에서 가장 부유한 지역이다. 서울의 강남이나 한남동 같은 곳이다. 이 세 구역 이름의 첫 자를 따, 이 지역과 이 곳 사람들을 흔히 '나프NAP'라고 부른다. 표준 프랑스어는 대체로 파리 지역의 프랑스어를 가리키지만, 나프의 언어는 일종의 방언을 형성한다. 이들은 말을 과장하거나 비틀거나 에둘러 사용함으로써, 자신들을 다른 지역에 사는 '보통 프랑스인'과 구별짓는다. 현대한국어는 아직 이런 계급적 침윤을 덜 받은 듯하다. 필리프 방델의 『프랑스어-프랑스어 사전』에 수록된 몇 예. 왼편이 나프 프랑스어고 오른편이 표준 프랑스어다.

친구	거의 모르는 사람
좋은 친구	친구
사적인 친구	주치의나 전담 변호사, 회계사
절친한 사이	밥 한 번 먹은 사이
검소하다	극도로 인색하다
먹고살 만하다	매우 부유하다
사람들	나프에 속하지 않은 사람들
우리 식구들	나프
이주민	이슬람교도
불행해지다	오쟁이 지다
그 친구는 자식 복이 없어	그 친구 아이가 마약을 해
걔들 문제가 많아	걔들 이혼했어

'님'과 '씨'의 사회심리학

나이나 지위의 높낮이에 민감한 한국인들에게는 남을 어떻게 불러야 할지가 늘 골칫거리다. 썩 친해져 서로 너나들이를 할 정도가 아니면, 호칭은 흔히 긴장의 땔감이 된다. 버젓한 직책을 지닌 사람이야 이름 뒤에 직책을 붙여 부르면 그만이지만, 그렇지 않은 사람들을 두루 부를 수 있는 말이 쉬 떠오르지 않는다. 이름 뒤에 붙는 '씨氏'(사전은 이 말을 의존명사로 분류해 이름과 띄어쓰도록 규정하고 있지만, 접미사로 보아 붙여 써도 상관없을 듯하다)가 꽤 널리 쓰이고 있긴 하다. 그러나 이 말을 잘못 썼다간 고성이 오가다가 마침내 주먹다짐으로 이어질 수도 있다. 글에서는 '씨'가 존중의 뜻을 담을 수 있다. 이를테면 "선동렬은 타고난 투수다"라고 쓰는 것보다 "선동렬씨는 타고난 투수다"라고 쓰는 것이 더 엄전하다(신문기사에서 여느 사람들의 이름과 달리 연예인이나 운동선수 이름 뒤에 '씨'를 붙이지 않고 이름을 날것으로 드러내는 관행은 퍽 흥미롭다. 이런 관행은 그들의 대중적 친밀도와 관련 있을 텐데, 꼭 그래야만 하는지는 모르겠다).

그러나 선동렬씨와 얘기를 나누는 후배가 그를 "선동렬씨!"라고 부를 수는 없다. '씨'는 대체로 화자보다 나이나 지위가 아래이거나 엇비슷한 사람에게만 사용된다. 당사자가 없는 자리에서 3인칭으로 일컬을 때야 손윗사람 이름 뒤에 '씨'를 붙여 얘기하기도 하지만, 본인 앞에서 손윗사람을 '아무개씨'라고 부르는 것은 어색한 분위기를 빚어내기 십상이다. 나이든 환자가 젊은 의사로부터 '아무개씨'라고 불리는 것을 참아내는 것은 상대가 제 몸의 운명을 틀어쥔 강자이기 때문이지 그 호칭이 들을 만해서가 아니다. 이것은 영어의 '미스터Mister'나 '미스Miss'와는 아주 다른 상황이다. '미스터'나 '미스'에는 존중의 뜻이 담겨 있다. 하기야 이 말들도 한국어 어휘목록에 들어오면서부터는 본디 지니고 있던 경의敬意를 잃어버리고 하대下待의 뉘앙스를 띠게 되었다. 언젠가부터 이 말들은 세력을 크게 잃어 요즘엔 듣기가 거의 어렵게 됐지만, 과거 어느 시절 홍길동이나 홍길순을 '미스터 홍'이나 '미스 홍'이라 부르는 것은 '홍길동씨'나 '홍길순씨'라고 부르는 것보다 더 무람없는 짓이었다.

누군가가 대화 상대로부터 아무개씨로 불리는 것은 드물지 않게 두 사람 사이의 위계를 함축한다. 말하자면 '씨'라는 말은 다분히 계급적이다. 그런 계급적 뉘앙스가 배지 않은 말을 찾으려는 노력은 여러 세대 전부터 있어왔다. 한글학회 계열의 일부 국어운동가들이 제안한 '님'이 대표적이다. 이를테면 상대방을 부를 때 두 사람 사이의 위계질서와 상관없이 서로 "장명수님!", "최윤필님!" 하는 것이다. 이런 시도는 이내, 한국어에서 접미사 '님'은 고유명사 뒤에 붙을 수 없다는 항변과 맞부딪쳤다. 아닌게아니라, '부장님'이나 '선생님'에서처럼 호칭 뒤에 붙든 '달님'이나 '별님'에서처럼 의인화된 대상 뒤에 붙든, '님'은 보통명사 뒤에 붙는 것이 자연스럽다. 그래서 "장명수님!" 식 말투는 일부 국어운동가들의 좁다란 동아리 안에서만 제한적으로 사용됐다.

그러나 꼭 길이 이미 있어야 사람이 그 위를 걸을 수 있는 것은 아니다. 수많은 사람이 걷고 또 걷다 보면 어느새 길이 생긴다. 한국어의 전통어법에 들어맞든 어긋나든, 이제 '님'은 계급적 뉘앙스 없이 사람이름 뒤에 붙을 수 있는 대표적 호칭어가 됐다. 직장 동료들끼리 직책과 무관하게 상대를 '아무개님'으로 부르기로 결정한 회사도 생겼다고 한다. '님'의 이 대중화에 결정적으로 기여한 것은 인터넷이다. 인터넷 공간에서 네티즌들은 보이지 않는 상대방을 아무개님이라고 부름으로써 이 탈계급적 호칭어를 널리 퍼뜨렸다.

그런데 지금까지의 이런저런 '님'들은 죄다 접미사다. 현대 한국어사전은 우리가 아래서 살필 대명사 '님'이나 명사 '님'을 인정하지 않는다. 그러니까 '님'은 독립적으로 쓰일 수 없고 반드시 명사 뒤에서 더부살이를 해야 한다. '장관님'이나 '천정배님'처럼 말이다. 그러나 네티즌들은 접미사 '님'의 생태계를 고유명사 뒤로 넓히는 데 그치지 않고, '님'의 품사 영역 자체를 대명사로까지 확

말들의 풍경 31

대했다. '님'은 인터넷 공간에서 흔히 '당신'의 의미를 지닌 2인칭 대명사로, 그러나 '당신'이 지닌 하대의 뉘앙스 없이 사용된다. "님의 주장에는 치명적 약점이 있어요"라거나 "님은 한나라당 지지자시군요" 할 때의 '님' 말이다. 국어사전은 아직 이런 언어현실에 무심하다.

국어사전이 외면해온 것이 이런 '현대적' 님만은 아니다. 지금처럼 '님'을 접미사로만 규정해 놓으면, 오랜 세월에 걸쳐 수많은 노래에 등장해 온 '님'은 본적 불명의 말이 되고 만다. 이를테면 「님과 함께」「님은 먼 곳에」「내 님의 사랑」「님을 위한 행진곡」같은 노래들의 그 '님' 말이다. 만해 한용운의 저 유명한 시「님의 침묵」의 '님'도 마찬가지다. 이 때의 '님'은 '사모하는 사람'이란 뜻을 지닌 명사다. 현대한국어사전은 이 경우에 '임'을 쓰라고 윽박지른다. 실질 형태소의 첫 음절이 /ㄴ/로 시작하고 그 뒤에 바로 /ㅣ/ 계열의 홀소리가 올 경우에 그 /ㄴ/ 소리가 탈락한다는 이른바 두음법칙에 따른 것이긴 하지만, 이것은 언어 현실과 큰 차이가 있다. '임'은 사전이나 교과서 안에 보관돼 있는 일종의 '인공어'일 뿐, 한국인의 입에서 발설되는 것은 '님'이다. '님'은 중세 이래로, 어쩌면 고대 이래로 그저 '님'이었을 뿐 '임'은 아니었다. '가시리'의 화자는 "셜온 님 보내압노니 가시난닷 도셔오쇼셔"(설운 님 보내옵나니 가시자마자 돌아서 오소서)라고 애절히 노래했다.

중세어 '님'은 표준현대어 '임'의 뜻 외에 임금이나 임자라는 뜻을 지니고 있었다. 사실은 그것들이 일차적 뜻이었을 것이다. 그리고 그 셋은 깊은 곳에서 뜻이 서로 통하는 말이기도 하다. 임금은 사모의 대상이었고, 주인이었다. 정철의 미인곡 연작으로 대표되는 어용 가사문학에서 '사모하는 사람'으로서의 '님'은 임금으로서의 '님'이었다. 정철의 '님'은 권력을 나눠주는 사람이었고, 그래서 그의 님 노래를 듣는 것은 자주 따분하고 더러는 역겹다. 거기선 '가시리'의 '님'이 품고 있는 애틋한 울림이 없다. 그 애틋한 울림을 잇고 있는 것은 현대의 대중가요들이다. 대중가요의 영원한 주제가 사랑이니 만큼, 거기서 님이 그리도 자주 불려나오는 것은 자연스럽다. 그 님이나 화자는 흔히 비를 맞고 있다.

비는 대지의 모든 곳을 적신다. 「비 내리는 경부선」과 「비 내리는 명동 거리」가 있는가 하면, 「비 내리는 호남선」도 있고, 「비 내리는 영동교」도 있다. 비는 고모령에도 판문점에도 내린다. 「어제 내린 비」 「빗물」 「빗속을 거닐며」 「봄비」 「빗속을 둘이서」 「비처럼 음악처럼」 같은 노래들은 님(사랑)과 비를 포개는 기다란 대중가요 목록의 극히 일부분일 뿐이다. 이렇게 많은 노래가 비를 사랑의 수채화 물감으로 쓰고 있는 것을 보면, 내리는 비가 아드레날린의 분비를 촉진해 사람들을 감상에 휘둘리게 만든다는 속설이 그럴 듯하게 생각되기도 한다.

1970년대에 가수 이장희씨가 만든 「비의 나그네」●도 비와 사랑을 포개고 있다. 노래 「비의 나그네」에서 화자가 님과 함께 있을 수 있는 것은 밤비가 내리는 동안뿐이다. 밤비가 내리는 소리는 님이 내게로 오는 '발자욱 소리'('발소리'라고 해야 할 것이다)와 포개지고, 밤비가 그치는 소리는 님이 내게서 떠나는 발자욱 소리와 포개진다. 그래서 화자는 밤비가 끝없이 내리기를 바란다. 그래야 님이 그의 곁에 계속 머물 수 있기 때문이다. 사실 이 노래에서 중요한 것은 비 못지않게 밤일지 모른다. 날이 샌 뒤 내리는 비는 이미 밤비가 아니기 때문이다. 다시 말해 화자가 정말 바라는 것은 '끝없이 내리는' 비가 아니라 '영원히 계속되는', '결코 새지 않는' 밤일지 모른다. 그 점에서 「비의 나그네」는 고려 속요 「만전춘 별사」에 닿아 있다.

> 어름우희 댓닙자리 보와 님과 나와 어러주글망뎡
> 정情둔 오낤밤 더듸 새오시라 더듸 새오시라

얼음 위의 댓잎 자리에서 얼어죽을 망정, 그 밤이 님과 정을 나누고 있는 밤인 이상 되도록 더디게 샜으면 좋겠다고 이 노래의 가인歌人은 말한다. 최고의 사랑은, 극도의 정열은 늘 이렇게 치명적이다.

┌
│ ●비의 나그네
                    이장희

님이 오시나보다   님이 가시나보다
밤비 내리는 소리   밤비 그치는 소리
님 발자욱 소리   님 발자욱 소리
밤비 내리는 소리   밤비 그치는 소리

밤비 따라 왔다가
밤비 따라 돌아가는
내 님은 비의 나그네

내려라 밤비야
내 님 오시게 내려라
주룩주룩 내려라
끝없이 내려라

님이 가시나보다
밤비 그치는 소리
님 발자욱 소리
밤비 그치는 소리

남과 북, 그 헌법의 풍경

헌법은 한 나라의 실정법 체계 맨 꼭대기에 자리잡은 규범이다. 주권자인 국민의 일반의지를 추상抽象한 이 최고규범은 법률이나 명령이나 규칙 같은 하위규범의 타당성을 판단하는 시금석이다. 그 점에서 헌법은 신神의 '말씀'의 인간적 번안이기도 하다. 헌법은 일차적으로 법학의 관심거리지만, 법학만의 관심거리는 아니다. 공동체 내부의 권력 배분 방식을 큰 틀에서 그려낸다는 점에서, 그것은 정치학을 비롯한 여러 사회과학의 공통 관심사다. 한 나라의 헌법에는 여러 정치세력과 사회계급들이 서로 맞버티며 펼쳐온 이념 투쟁의 역사가 아로새겨져 있다.

대한민국 헌법은 1948년 7월 17일 제정된 이래 아홉 차례 손질됐다. 1960년 4월혁명 뒤의 제3차, 4차 개정과 1987년 6월항쟁 뒤의 제9차 개정을 빼놓으면, 집권자의 권력 확대와 그 영속화를 노린 것이었다. 1987년 10월 27일 공포된 현행 헌법은 열 개 장章으로 나뉜 본문 130조 앞에 전문前文을 얹었다. 끝머리에는 부칙 6조가 붙어 있다. 조선민주주의인민공화국 헌법은 1948년 9월 8일 제정된 이래 여덟 차례 고쳐졌다. 1972년 남한의 유신헌법에 맞서 유일체제를 법적으로 보장한 제6차 개정 이후의 북한 헌법을 사회주의 헌법이라 부른다. 1998년 9월 5일 공포된 현행 헌법은 일곱 개 장으로 나뉜 본문 166조에 서문을 얹었다.

헌법 교과서는 헌법 규정과 헌법 현실 사이의 친소親疎에 따라 헌법을 규범적 헌법과 명목적 헌법과 장식적 헌법으로 나눈다. 규범적 헌법은 헌법 현실에 대체로 들어맞는 규정을 담은 헌법이고, 명목적 헌법은 헌법 현실이 따르지 못하는 규정을 적잖게 포함한 헌법이며, 장식적 헌법은 비루한 헌법 현실과는 거의 무관하게 홀로 고고하고 아름다운 헌법이다. 말할 나위 없이 이 분류는 거칠고 흐릿하다. 현실의 헌법들은 대체로 이 유형들의 경계에 걸터앉아 있다.

그래도, 조선민주주의인민공화국 사회주의헌법이 장식적 헌법인 것은 틀림없어 보인다. 이 헌법이 장식적인 것은 헌법 규정과 헌법 현실 사이의 두드러진 괴리 때문만은 아니다. 이를테면 "공민은 언론, 출판, 집회, 시위와 결사의 자유를 가진다"(제67조) 같은 규정이 북의 현실과 동떨어져서만은 아니다. 북한 헌법의 장식성은 이런 헌법학의 테두리를 넘어선다. 이 헌법은, 예컨대 "국가는 실업을 모르는 우리 근로자들의 로동이 보다 즐거운 것으로, 사회와 집단과 자신을 위하여 자각적 열성과 창발성을 내어 일하는 보람찬 것으로 되게 한다"(제29조) 같은 규정에서 보듯, 그리고 서문을 어지럽게 수놓고 있는 김일성 찬미에서 보듯, 문체론적으로도 장식적이다.

　대한민국 헌법은 어느 쪽일까? 그것은 앞선 민주주의 사회의 헌법처럼 규범적 헌법에 속할까? 그렇다고 말하는 것이 큰 망발은 아닐 것이다. 1988년 이후에 한국 민주주의가 내딛어온 발길은 헌법 규범과 헌법 현실의 차이를 차근차근 좁혀온 과정이었다. 근자에 헌법재판소의 손이 바삐 움직여왔다는 사실도 이런 판단을 어느 정도 정당화한다. 그러나 이 헌법이 순수하게 규범적이 아닌 것도 엄연하다. 국민의 권리와 의무를 규정한 제2장의 많은 조항들이 그것을 실감케 한다. 예컨대 "모든 국민은 양심의 자유를 가진다"(제19조)는 헌법규정은 그 하위규범인 국가보안법에 치여 자주 웃음거리가 된다. "모든 국민은 법 앞에 평등하다"(제11조)는 너무 당연한 원칙마저 실제의 사법 현실에선 자주 훼손당한다.

　제2장만이 아니다. "대한민국은 국제평화의 유지에 노력하고 침략적 전쟁을 부인한다"고 규정한 제5조 1항은 미국의 이라크 침략을 거들어온 대한민국 국가의 현실 앞에서 무력하다. 두 해 전 (2004년) 선거법을 위반했다나 하는 이유로 희비극적인 대통령 탄핵소동이 있었지만, 국군의 이라크 파병이야말로 대통령 탄핵 사유로 넉넉하다. "나는 헌법을 준수하고"로 시작하는 취임 선서의 메아리가 아직 은은한 시점에, 노무현 대통령은 자신이 헌법의 수호자라는 사실을 까맣게 잊은 듯 초당적 지원을 등에 업고 헌법을

장난처럼 짓밟았다. 지나는 길에 지적하자면, 제5조 1항의 '부인한다'는 '거부한다'로 고치는 것이 낫겠다. 일상 한국어에서, '부인한다'는 것은 과거 사태와 관련되는 것이 예사다.

전문은 일반적으로 헌법 정신의 고갱이를 담는다. 헌법에 전문이 꼭 있어야 하는 것은 아니다. 북한 헌법은 제정 이래 줄곧 전문이 없었다가 98년에 공포된 현행 헌법에 이르러서야 '서문'이라는 이름으로 전문을 얹었다. 그 서문은 북한 헌법이 '김일성 헌법'임을 처음으로 명시했다. 310자 99어절을 한 문장에 구겨 넣은 대한민국 헌법 전문은 조악한 문장의 표본으로 작문 교과서에 수록할 만하다. 그 문장은 덮씌워지고 뒤틀리며 꾸역꾸역 이어지는 성분들로 숨차다. 역사적 선언문이나 헌법의 전문이 한 문장으로 이뤄진 예가 드물지는 않다. 그러나 서술어가 문장 끝머리에 오고 관계대명사가 없는 한국어는 숨찰 정도로 긴 문장을 만들기에 적절치 못한 언어다. 조선민주주의인민공화국 사회주의헌법 서문은 그 점에선 읽는 이들에게 어느 정도 배려를 했다 할 만하다. 남한 헌법 전문보다 길기도 하지만, 북한 헌법 서문은 열두 문장으로 이뤄져 있다.

남북 두 나라의 헌법 전문(서문)● 앞부분은 이 두 국가공동체의 기원과 이념을 표나게 드러낸다. 남한 헌법 전문은 대한민국이 "3·1운동으로 건립된 대한민국임시정부의 법통과 불의에 항거한 4·19 민주이념을 계승"한다고 선언한다. 4·19 민주이념이란 고전적 자유민주주의에 가까운 어떤 것일 터이다. 전문을 곧이곧대로 따른다면, 대한민국의 법적 역사적 기원은 대한민국임시정부가 수립된 1919년 4월 13일이다. 그렇다면 전문 앞머리의 "유구한 역사와 전통에 빛나는 우리 대한국민"이라는 표현은 과도하다. 우리가 스스로를 고집스럽게 '대한국민'이라 일컫는 한, 우리 역사와 전통은 1920년대 저편으로 거슬러 오르지 못한다.

북한 헌법 서문은 조선민주주의인민공화국이 "위대한 수령 김일성동지의 사상과 령도를 구현한 주체의 사회주의 조국"이며, "위대한 수령 김일성동지는 조선민주주의인민공화국의 창건자이시며 사회주의조선의 시조"라고 선언한다. 이어지는 문장에서 "김일성동지께서는 영생불멸의 주체사상을 창시하시고 그 기치밑에 항일혁명투쟁을 조직령도하시"었다고 적고 있는 걸 보면, 남쪽의 4·19 민주이념에 해당하는 것이 북에서는 주체사상이랄 수 있다. 주체사상은, 북한 헌법 제3조에 따르면, "사람중심의 세계관이며 인민대중의 자주성을 실현하기 위한 혁명사상"이다. 이 주체사상의 밑감 하나는 제63조의 "'하나는 전체를 위하여, 전체는 하나를 위하여'라는 집단주의 원칙"일 것이다. 그러나 우리는 주체사상이 지배한다는 북쪽 사회에 주체적 개인이 극히 소수(어쩌면 한 사람)라는 것을 알고 있다. 마찬가지로, 전체를 위하고 전체가 위하는 '하나'가 '특정한 하나'라는 것도 짐작하고 있다. 서문에서 항일혁명투쟁을 거론했다는 점을 참작해 조선민주주의인민공화국의 역사적 기원을 한껏 끌어올리면, 이 나라의 개국일은 14세 소년 김일성이 타도제국주의동맹을 결성했다는 1926년 10월 17일일 것이다.

남쪽 헌법 제1조는 "대한민국은 민주공화국이다. 대한민국의 주권은 국민에게 있고, 모든 권력은 국민으로부터 나온다"고 적고 있다. 이와 나란하게, 북쪽 헌법은 제1조에서 "조선민주주의인민공화국은 전체 조선인민의 리익을 대표하는 자주적인 사회주의 국가이다"라고 선언한데 이어, 제4조에서 "조선민주주의인민공화국의 주권은 로동자, 농민, 근로인테리와 모든 근로인민에게 있다"고 쓰고 있다. 큰 글자로 쓰여진 선언이 으레 그렇듯, 이 문장들은 매혹적인 만큼이나 허망하다. 재벌회사 사주나 대통령 역시 국민에 속하고, '장군님' 역시 근로인민에 속하는 한 말이다.

● 대한민국 헌법 전문

유구한 역사와 전통에 빛나는 우리 대한국민은 3·1운동으로 건립된 대한민국임시정부의 법통과 불의에 항거한 4·19민주이념을 계승하고, 조국의 민주개혁과 평화적 통일의 사명에 입각하여 정의·인도와 동포애로써 민족의 단결을 공고히 하고, 모든 사회적 폐습과 불의를 타파하며, 자율과 조화를 바탕으로 자유민주적 기본질서를 더욱 확고히 하여 정치·경제·사회·문화의 모든 영역에 있어서 각인의 기회를 균등히 하고, 능력을 최고도로 발휘하게 하며, 자유와 권리에 따르는 책임과 의무를 완수하게 하여, 안으로는 국민생활의 균등한 향상을 기하고 밖으로는 항구적인 세계평화와 인류공영에 이바지함으로써 우리들과 우리들의 자손의 안전과 자유와 행복을 영원히 확보할 것을 다짐하면서 1948년 7월 12일에 제정되고 8차에 걸쳐 개정된 헌법을 이제 국회의 의결을 거쳐 국민투표에 의하여 개정한다. (1987년 10월 29일)

● 조선민주주의인민공화국 사회주의헌법 서문

조선민주주의인민공화국은 위대한 수령 김일성동지의 사상과 령도를 구현한 주체의 사회주의조국이다. 위대한 수령 김일성동지는 조선민주주의인민공화국의 창건자이시며 사회주의조선의 시조이시다. 김일성동지께서는 영생불멸의 주체사상을 창시하시고 그 기치밑에 항일혁명투쟁을 조직령도하시여 영광스러운 혁명전통을 마련하시고 조국광복의 력사적위업을 이룩하시였으며 정치, 경제, 문화, 군사 분야에서 자주독립국가건설의 튼튼한 토대를 닦은데 기초하여 조선민주주의인민공화국을 창건하시였다. 김일성동지께서는 주체적인 혁명로선을 내놓으시고 여러 단계의 사회혁명과 건설사업을 현명하게 령도하시여 공화국을 인민대중중심의 사회주의나라로, 자주, 자립, 자위의 사회주의국가로 강화발전시키시였다. 김일성동지께서는 국가건설과 국가활동의 근본원칙을 밝히시고 가장 우월한 국가사회제도와 정치방식, 사회 관리체계와 관리방법을 확립하시였으며 사회주의조국의 부강번영과 주체혁명위업의 계승완성을 위한 확고한 토대를 마련하시였다. 김일성동지께서는 '이민위천'을 좌우명으로 삼으시여 언제나 인민들과 함께 계시고 인민을 위하여 한평생을 바치시였으며 숭고한 인덕정치로 인민들을 보살피시고 이끄시여 온 사회를 일심단결된 하나의 대가정으로 전변시키시였다. 위대한 수령 김일성동지는 민족의 태양이시며 조국통일의 구성이시다. 김일성동지께서는 나라의 통일을 민족지상의 과업으로 내세우시고 그 실현을 위하여 온갖 로고와 심혈을 다 바치시였다. 김일성동지께서는 공화국을 조국통일의 강유력한 보루로 다지시는 한편 조국통일의 근본 원칙과 방도를 제시하시고 조국통일운동을 전민족적인 운동으로 발전시키시여 온 민족의 단합된 힘으로 조국통일위업을 성취하기 위한 길을 열어놓으시였다. 위대한수령 김일성동지께서는 조선민주주의인민공화국의 대외정책의 기본리념을 밝히시고 그에 기초하여 나라의 대외관계를 확대발전시키시였으며 공화국의 국제적권위를 높이 떨치게 하시였다. 김일성동지는 세계정치의 원로로서 자주의 새 시대를 개척하시고 사회주의운동과 쁠럭불가담운동의 강화발전을 위하여 세계 평화와 인민들사이의 친선을 위하여 정력적으로 활동하시였으며 인류의 자주위업에 불멸의 공헌을 하시였다. 김일성동지는 사상리론과 령도예술의 천재이시고 백전백승의 강철의 령장이시였으며 위대한 혁명가, 정치가이시고 위대한 인간이시였다. 김일성동지의 위대한 사상과 령도 업적은 조선혁명의 만년재보이며 조선민주주의인민공화국의 륭성번영을 위한 기본담보이다. 조선민주주의인민공화국과 조선인민은 조선로동당의 령도밑에 위대한 수령 김일성동지를 공화국의 영원한 주석으로 높이 모시며 김일성동지의 사상과 업적을 옹호고수하고 계승발전시켜 주체혁명위업을 끝까지 완성하여나갈것이다. 조선민주주의인민공화국 사회주의헌법은 위대한 수령 김일성동지의 주체적인 국가건설사상과 국가건설업적을 법화한 김일성헌법이다. (1998년 9월 5일)

*맞춤법과 띄어쓰기는 문화어 체제를 따랐다.

「청산별곡靑山別曲」
흘러가며 튀어 오르기

소리와 뜻 사이의 연분은 제멋대로다. 중세 한국인들이 '셕'이나 '혁'이라고 불렀던 물건을 현대 한국인들은 '고삐'라고 부른다. 이런 변덕스러움을 소쉬르는 언어의 자의성恣意性이라 일컬었다. 그러나 자세히 살피면, 그 자의성의 너울에도 더러 구멍이 뚫려 있다. 말하자면 어떤 소리들이 제 몸뚱어리에 새겨놓은 의미의 무늬들은 사뭇 인상적인 일관성을 띠기도 한다. 이렇게 의미적으로 가지런한 문신文身은 소리가 그 자체로서 자의성 너머에 튼튼히 간직하고 있는 고유의 상징이랄 수 있다.

예컨대 'ㄱ' 소리가 단단함의 상징을 지녔다면 'ㄹ' 소리는 무름의 상징을 지녔다. '죽다'와 '살다'에서 그 단단함과 무름의 맞섬이 또렷하다. 'ㄱ'이 죽음의 소리라면, 'ㄹ'은 삶의 소리다. 'ㄹ'은 'ㄱ'하고만이 아니라 'ㄷ'하고도 맞선다. 'ㄷ'이 닫힘의 소리라면, 'ㄹ'은 열림의 소리다. '닫다'와 '열다'에서 이미 그 두 소리는 표나게 대립한다. 살아 있다는 것, 열려 있다는 것은 흐른다는 뜻이기도 하다. 그러니까 'ㄹ'은 액체성의 자음이다. 그 액체성을 직접적으로 드러내는 동사 '흐르다'에 이미 이 'ㄹ'이 흐르고 있다.

'ㄹ'은 흐른다. 술이 철철 흐르고 물이 졸졸 흐르듯. 스르르, 사르르, 까르르, 조르르, 함치르르, 찌르르, 번지르르, 반드르르, 야드르르, 보그르르, 가르르르, 와르르, 후루루 같은 의성어·의태어에서 'ㄹ'은 미끄러지며 흐른다. 물처럼, 술처럼 흐른다. 그것은 더러 데굴데굴, 데구루루 구르기도 한다. 그렇게, 'ㄹ'은 흐르면서 미끄러지고, 미끄러지면서 구른다. 말하자면 'ㄹ'은 움직인다. 나풀나풀, 한들한들 움직인다. 'ㄹ'은 꿈틀거리고 까불거리며 넘실거리고 재잘거린다. 그것은 날거나 놀거나 거닐거나 부풀어오른다.

고려속요 「청산별곡」*은 'ㄹ'을 타고 흐른다. 첫 두 연에서 이미 이 노래는 'ㄹ'의 향연이다. 「청산별곡」은 흐르고 구르고 미끄러진다. 그 가멸진 'ㄹ' 소리의 생기발랄에 정신을 팔다보면 이 노래의 심란한 정조情調마저 잊기 십상이다. 그러나 「청산별곡」은 슬픈 노래다. 화자가 "청산애 살어리랏다"라거나 "바라래 살어리랏다"라고 노래할 때, 그 푸른 산과 바다는 그가 정녕 살고 싶은 곳이 아니다. 멀위(머루)와 다래와 나마자기(나문재)와 구조개(굴조개)로 연명하는 삶을 그가 주체적으로 선택한 것 같지는 않다. 청산과 바다에서의 그 구차한 삶은 자발적 청빈이 아니라 강요된 한소寒素다.

물론 우리는 「청산별곡」의 둘레에 대해 아는 바가 많지 않다. 노래가 만들어진 시기도, 작자의 이름은커녕 그의 신분이나 처지도 정확히 모른다. 우리가 작자에 대해 짐작할 수 있는 것은 고작 그가 유복하지 않은 사람이었으리라는 것 정도다. 게다가 조선조 16세기(『악장가사』)에 들어서야 채록된 고려 시대 언어를 남김없이 해독하지도 못한다. 이런 문헌학적 빈곤에 따른 의미의 혼란은 이 노래가 과연 온전한 하나의 노래인가, 혹시 두 개 이상의 노래가 후세에 합쳐진 것은 아닌가, 연들이 뒤바뀌었거나 채록 과정에서 빠뜨린 사설이 있는 것 아닌가 하는 물음을 불러일으킨다. 첫 연의 '청산'만 해도, 그것을 이 노래의 화자가 꿈꾸는 이상향으로 읽는 것이 전혀 불가능하지는 않다. 그러나 현전現傳하는 상태가 본디의 온전한 형태라 치고 이 노래를 조심스럽게 읽어나가면, '청산'은 화자가 어쩔 수 없이 살아야 하는 곳이다.

「청산별곡」은 패배자의 노래다. 화자는 외롭고 시름겹다. 그는 이럭저럭 낮을 지내왔지만 올 사람도 갈 사람도 없는 밤은 또 어찌 지낼까 걱정하는 주변인이다. 그는 외로움과 시름에 당당히 맞서지 못하는 유약한 인간, 눈물의 인간이다. 시름겨운 밤을 지내고 아침에 일어나 그가 하는 일이라곤 고작 우는 것뿐이다. 그가 외롭고 시름겨운 것은 삶의 터전을 잃었기 때문이다. 난리를 피해 청산으로 왔든 아니면 강제로 그 곳에 옮겨졌든, 그는 떠나온 고향을 그리워한다. 이끼 묻은 쟁기를 보며, 고향에서 제가 갈던 사래(밭이랑)를 그리워한다. 그는 당하고만 살아온 인간이다. 어디다 던지던 돌이냐, 누구를 맞히려던 돌이냐는 그의 물음은 저항이나 분노의 목소리에 실려 있지 않다. 그는 이내, 미운 이도 고운 이도 없고 그

저 맞아서 울 뿐이라며 징징거린다. 그는 자신을 밀쳐낸 인간을 미워할 줄도 모르는 숙명주의자다. 이 떠돌이 빙충이가 할 줄 아는 것은 우는 것뿐이고, 그가 기대는 것은 술뿐이다. 그래서 "얄리얄리 얄랑셩 얄라리 얄라"라는 후렴구는 두르러지게 얄궂다. 'ㄹ' 소리로 미끄러져 흐르는 후렴구의 경쾌함 탓에 화자의 서글픔은 순식간에 묽어진다. 이 노래에서, 무거움은 가벼움 위에 얹혀 있다.

후렴구의 경쾌함은 'ㄹ'에서만 오는 것이 아니다. 그것은 '얄랑셩'의 'ㅇ' 받침소리에서도 온다. 'ㅇ'은 가벼움과 말랑말랑함의 소리, 탄력의 소리다. 'ㅇ'은 공球의 자음이고 동그라미의 자음이다. 'ㅇ' 소리는 또랑또랑하고 오동포동하고 낭창낭창하다. 그것은 음절의 끝머리에 대롱대롱, 주렁주렁, 송이송이 매달려 있다. 그것은 아장아장 걷거나 붕붕거리거나 빙빙 돈다. 어화둥둥, 아롱아롱, 풍당풍당, 송송, 상냥하다, 싱싱하다, 강낭콩 같은 말들은 'ㅇ' 소리의 가벼움과 울림을, 그 원만함과 구성球性을 뿜낸다. 엉덩이와 궁둥이에서도 'ㅇ' 소리는 통통하고 말랑말랑하고 경쾌하다. 고유어에서만이 아니라 영롱하다, 낭랑하다, 생생하다 같은 한자어들에서도 마찬가지다.

앞에서 이미 빙글빙글이나 말랑말랑 같은 말이 나왔지만, 'ㅇ'과 'ㄹ'이 동거하면 그 말에선 탄력과 흐름이 동시에 느껴진다. 어슬렁어슬렁, 방실방실, 싱글싱글, 빙글빙글, 벙글벙글, 달캉달캉, 팔랑팔랑, 찰랑찰랑, 펄렁펄렁, 종알종알, 설렁설렁, 옹알옹알, 알쏭달쏭, 뱅그르르, 날쌍하다 같은 말들이 그렇다. '청산별곡'의 후렴구 "얄리얄리 얄랑셩"도 한가지다. 그것은 유체성과 탄성彈性을 동시에 지녔다. 한마디로 그것은 몰캉몰캉하다. 「청산별곡」의 받침대에서는 둥글둥글한 것이 뒹굴고 있다.

「청산별곡」에서, 'ㅇ' 소리가 후렴구만을 떠받치고 있는 것은 아니다. 3연의 "잉 무든 장글란 가지고"나 4연의 "이링공 뎌링공 하야" 같은 구절의 'ㅇ' 받침도 이 노래의 소리세계에 탄성을 베푼다. 그렇다고는 하나, 「청산별곡」의 소리상징이 탄성보다는 유체성에 훨씬 더 크게 기대고 있는 것은 또렷하다. 다시 말해 이 노래에선 'ㄹ'이 'ㅇ'을 이긴다. 그래서 「청산별곡」은 튀어 오른다기보다 흐른다. 동요로 만들어져 잘 알려진 권오순(1919~1995)의 동시 「구슬비」첫 연은 「청산별곡」처럼 'ㅇ' 소리와 'ㄹ' 소리를 섞어 밝음을 만들어낸다. 그러나 '청산별곡'과 달리 '구슬비'의 소리 배합에서는 탄성이 유체성을 이기는 것 같다. 다시 말해 'ㅇ'이 'ㄹ'을 이기는 것 같다. "송알송알 싸리잎에 은구슬/ 조롱조롱 거미줄에 옥구슬/ 대롱대롱 풀잎마다 총총/ 방긋 웃는 꽃잎마다 송송송." 그래서 이 노래는 흐른다기보다 튀어 오른다.

현전하는 여요麗謠가 대체로 그렇듯, 「청산별곡」이 이미지의 직조에서 독자를 탄복시키는 바는 별로 없다. 그러나 'ㄹ'과 'ㅇ'을 섞어 소리들의 탄력적 흐름을 인상적으로 짜냄으로써, 이 노래는 한국어의 도드라진 미적 표본 하나가 되었다.

●청산별곡 靑山別曲

살어리 살어리랏다
청산애 살어리랏다
멀위랑 다래랑 먹고
청산애 살어리랏다
얄리얄리 얄랑셩 얄라리 얄라

우러라 우러라 새여
자고 니러 우러라 새여
널라와 시름한 나도
자고 니러 우니로라
얄리얄리 얄라셩 얄라리 얄라

가던 새 가던 새 본다
믈아래 가던 새 본다
잉무든 장글란 가지고
믈아래 가던 새 본다
얄리얄리 얄라셩 얄라리 얄라

이링공 뎌링공 하야
나즈란 디내와숀뎌
오리도 가리도 업슨
바므란 또 엇디호리라
얄리얄리 얄라셩 얄라리 얄라

어듸라 더디던 돌코
누리라 마치던 돌코
믜리도 괴리도 업시
마자셔 우니노라
얄리얄리 얄라셩 얄라리 얄라

살어리 살어리랏다
바라래 살어리랏다
나마자기 구조개랑 먹고
바라래 살어리랏다
얄리얄리 얄라셩 얄라리 얄라

가다가 가다가 드로라
에졍지 가다가 드로라
사사미 짐ㅅ대예 올아셔
해금奚琴을 혀거를 드로라
얄리얄리 얄라셩 얄라리 얄라

가다니 배브른 도긔
설진 강수를 비조라
조롱곳 누로기 매와
잡사와니 내 엇디하리잇고
얄리얄리 얄라셩 얄라리 얄라

외래어와의 성전聖戰
매혹적인 그러나 불길한 순혈주의純血主義

언어민족주의의 칼날이 무슨 이유로든 칼집을 벗어났을 때, 그 칼끝은 직접 외국어를 향하기보다 민족어 안의 '불순물' 곧 외래어를 향하는 것이 예사다. 외국어 자체는 언어민족주의자들로서도 맞서 싸우기가 너무 버거운 상대다. 반면에 외래어는 사뭇 만만한, 그러나 가증스러운 내부의 적으로 비친다. 한국어의 경우, 내부의 외래 요소에 대한 공세가 눈에 띄는 움직임을 보이기 시작한 것은 19세기 말이다. 이 전투의 첫 지휘관은 주시경(1876~1914)이었고, 그 주적主敵은 한국인들이 1천 수백 년 동안 함께 살아온 한자(어)였다. 그러나 주시경은 요절했고, 그의 제자 가운데 한 사람이었던 최현배(1894~1970)가 새 지휘관을 자임했다. 사실 새 지휘관은 여럿이었으나, 최현배의 목소리가 가장 큰 메아리를 얻었다.

　민족주의적 열정과 학문적 재능이 스승 못지 않았고 스승과 달리 요절하지도 않은 터라, 최현배는 20세기 한국어 연구와 한국어 운동에 커다란 자취를 남길 수 있었다. "한 겨레의 문화 창조의 활동은, 그 말로써 들어가며, 그 말로써 하여 가며, 그 말로써 남기나니"로 시작하는 유명한 머리말을 얹은 『우리말본』*(1937)은 그 이론적 섬세함과 우아함으로도 조선어학의 높다란 봉우리를 이뤘지만, 문법 용어들을 한자어가 아니라 고유어로 새로 지어 썼다는 점에서 조선어운동의 귀중한 문건이기도 하다. 해방 뒤 책 앞머리에 붙인 '일러두기'에서 최현배는 『우리말본』의 갈말(술어)을 모두 '순 배달말'로 새로 지어 쓴 이유를 밝힌 바 있다.

말소리갈(음성학), 씨갈(품사론), 월갈(문장론) 세 분야를 망라한 『우리말본』의 고유어 용어들은 오늘날 한국어학계의 변두리로 밀려났지만, 한 시대의 민족주의적 열정을 인상적으로 증언하고 있다. 최현배와 그 동료들의 이런 민족주의적 언어운동은 해방 뒤 한글학회를 중심으로 국어순화운동으로 이어졌다. 민족주의가 남한보다 더 드셌던 북한에서는 아예 정권 차원의 대대적인 말다듬기 운동이 벌어졌다. 정권 초기에 그 이론적 근거를 제시한 사람들 가운데 김두봉(1890~?)은 주시경의 제자였고, 이극로(1897~1982)는 한글학회 전신인 조선어학회의 우두머리였다.

언어민족주의가 모국어에서 외래 요소를 솎아내는 방식으로 발현하는 것은 역사적으로 드문 일이 아니다. 17세기 이래 독일에서 부침을 거듭한 언어순화운동이 대표적 예다. 1617년 루트비히 폰 안할트라는 독일인은 그리스-라틴어나 프랑스어 같은 '문화어들'에 깊이 감염된 독일어를 '순화'하기 위해 '결실의 모임'이라는 단체를 만들었다. '종려나무 교단'이라고도 불렸던 이 단체는 독일 여러 곳에 사무실을 두고 '애국적' 인사들을 모아 독일어의 독일화Verdeutschung 운동에 박차를 가했다. 그 뒤 독일 전역에서 우후죽순처럼 독일어순화운동 단체들이 생겨났다.

이런 언어민족주의자들의 수백 년에 걸친 노력에 힘입어 적잖은 '순수' 독일어 단어들이 태어났다. 이들은 Grammatik(문법)을 대치하기 위해 Sprach-lehre라는 말을 만들었고, Verbum(동사)을 대치하기 위해 Zeitwort를 만들었으며, Appetit(식욕)에 대해서는 Esslust를 내세웠다. 그러나 이런 시도가 늘 성공적이었던 것은 아니다. 어떤 신조어들은 동시대인에게 이물감을 주어 받아들여지지 않았고, 또 다른 어휘들은 일단 받아들여졌다고 하더라도 이내 사라졌다. 오늘날 Nase(코)를 Gesichtvorsprung(얼굴의 튀어나온 부분)이라는 우스꽝스러운 신조어로 부르는 독일인은 없다. 더구나 이 Nase는 게르만계의 고유어인데도 외래어로 잘못 알려져 한때 퇴출 대상이 되는 촌극이 빚어졌다. 독일의 이런 언어순수주의는 20세기의 두 차례 세계대전 때 절정을 이뤘다.

라틴어-프랑스어 계통의 말을 고유어로 바꾸려는 노력은 영국에서도 있었다. 영어의 게르만적 순수성 회복을 필생의 업으로 여겼던 19세기 시인 윌리엄 반스는 conscience(양심)라는 말을 몰아내기 위해 inwit라는 고대 영어를 되살려냈고, ornithology(조류학)에 맞서 birdlore라는 말을 새로 만들었으며, synonym(동의어)을 대치하기 위해 matewording이라는 말을 지어냈다. 그러나 오늘날 영어권의 사전 편찬자들은 그의 신조어들을 거의 무시하고 있다.

그가 grammar(문법)의 의미로 만든 speechcraft와 astronomy(천문학)의 의미로 만든 starlore가 옥스퍼드 영어사전에 실려 있을 뿐이다. 외래어 사냥이 영국에서 열매를 맺지 못한 것은 그것을 집단운동 차원에서 실천한 독일과 달리 몇몇 개인들이 호사취미 수준에서 꾀했다는 사실과 관련이 있다.

인위적 언어 순화운동은 대체로 실패한다. 20세기 들어 영어에 그리도 거세게 저항했던 프랑스에서도 마찬가지다. '핫도그hot dog'를 '시앵 쇼chien chaud(뜨거운 개)'로 바꾸려던 순화론자들의 노력은 이내 웃음거리가 됐다. 프랑스인들이 거리에서 사 먹는 것은 '뜨거운 개'가 아니라 여전히 '옷도그hot dog'다. 민족주의는 이념이라기보다 자연스러운 감정상태이므로 언어순화운동은 어떤 언어공동체에서도 적잖은 지지자들을 만들어낼 수 있지만, 반면에 언어순화운동이 어느 정도 효과를 내려면 권력이 고도로 집중된 전체주의 사회를 전제할 수밖에 없다는 사실 또한 엄연하다. 북한에서 이 운동이 그나마 효과를 거둘 수 있었던 것은 그 사회체제의 경직성과 깊은 관련이 있을 것이다. 이 불길한 함축은 고귀한 민족애의 실천형식으로서 언어순화에 매력을 느끼는 선남선녀들이 특히 곱씹어보아야 할 생각거리다.

물론 서정시에서 고유어의 사용은 독자의 마음을 깊고 넓게 뒤흔드는 비결 가운데 하나다. 고유어는 모국어의 속살이기 때문이다. 한국 현대시의 역사에서는 김영랑이 그것을 멋들어지게 증명해 보인 바 있다. 그러나 이것은 어려서 배워 사람들 입에서 자연스레 흘러나오는 고유어 얘기지, 어떤 개인이나 집단이 민족주의적 열정으로 만들어낸 신조어 얘기가 아니다. 신조어는, 그것이 설령 고유어의 옷을 걸쳤다 하더라도, 서정시의 언어로는 매우 부적절하다. 그 정서적 환기력이 한자어나 다른 외래어보다도 외려 더 작기 때문이다. 언어순화 운동가들이 만든 신조어들은 상상 속 민족과는 관련이 있을지 모르나 현실 속 민중으로부터는 동떨어져 있다. 그것은 민중의 언어가 아니라 편협한 지식인의 언어다.

『우리말본』에는 고유어 신조어 뒤에 괄호를 덧대 그 뜻을 한자(어)로 풀이해주고 있는 예가 많다. 일몬(事物), 모도풀이(總論), 부림말의 되기(目的語의 成立), 베풂월(敍述文), 시킴월(命令文), 물음월(疑問文), 껌목(資格), 씨가름(品詞分類), 제움직씨(自動詞), 남움직씨(他動詞), 가림꼴(選擇形), 이적 나아가기 끝남(現在進行完了), 이붕소리되기(口蓋音化) 하는 식이다. 고유어는 괄호 밖에 노출돼 있고, 한자(어)는 괄호 안에 갇혀 있다. 이것은 무엇을 뜻하는가?

'事物'이나 '資格'이 괄호 안에서 앞말을 풀이해주고 있다는 것은 그것들이 '일몬'이나 '껌목' 같은 '순 배달말'보다 외려 이해하기 쉽다는 뜻이다. 일러두기의 '갈말(術語, 술어)'이라는 표현도 마찬가지다. '術語, 술어'가 괄호 안에 있다는 것은 이 말이 '갈말'보다 더 명료하다는 뜻이다. 그렇다면 본디 있는 쉽고 명료한 말을 놓아두고 왜 굳이 설고 어려운 말을 새로 만들어 써야 할까? 신조어가 아니더라도, 사전 속에 갇혀 먼지를 뒤집어쓴 지 오래 돼 사람들에게 이미 잊혀져버린 '고유어'들 역시 어렵고 설기는 마찬가지다. 이런 고유어들은 어렵고 낯설기가 외래어 정도가 아니라 외국어에 견줄 만하다. 사실 그 '고유어들'은 보통 사람들에게 외국어나 다름없는 경우가 많다. 그렇다면 이런 고유어 술어는 지적 폐쇄주의의 한 표현일 수 있다.

이런 순화운동의 방식이 대체로 번역차용(외국어 표현의 구조를 그대로 둔 채 형태소를 일 대 일로 번역하는 것) 형식의 베끼기calque여서, 거기서 어떤 정신의 확장이 이뤄지지는 않는다는 점도 지적해야겠다. '자동사'와 '제움직씨', '사물'과 '일몬', '총론'과 '모도풀이'는 똑같은 구조를 지닌 말이다. 다시 말해 앞말을 뒷말로 베껴낸다고 해서, 거기서 새로운 지적 지평이 열리는 것은 아니다. 말하자면, 이것은 매우 하찮은 지적 작업이다. 그러나 민족주의는 쉽게 억누를 수 없는 에너지다. 말하자면 결코 하찮은 것이 아니다. 그래서 이런 하찮은 지적 작업은 앞으로도 운동량을 쉬 잃지 않을 것이다.

● 『우리말본』 일러두기에서

이 책에는, 말본의 갈말(術語, 술어)을 모두 순 배달말로 새로 지어 썼다. 이는, 첫째, 배달말의 본을 풀이함에는 배달말로써 함이 당연하며, 자연스러우며, 따라 적절하며, 이해되기 쉽다고 생각함이 그 까닭의 하나이요; 두째는, 다른 나라말에서 쓰는 갈말術語은, 그 나라말에 맞도록 한 체계에서 일정한 뜻을 가진 것인 때문에, 그것과는 체계가 다른 배달말의 본을 풀이함에는 적당하지 못하므로, 그것을 여기에 그냥 꾸어쓰기 어려운 것이요; 세째는, 나의 말본 체계가 앞사람의 그것과도 매우 다르기 때문에, 앞사람의 지어놓은 갈말術語이 약간 있지마는, 그것은 수에서 아주 부족할 뿐 아니라, 그 체계가 다르기 때문에 대다수가 그대로 받아쓸襲用 수 없었고; 네째는, 새로운 사상의 체계에는 새로운 표현이 필요할 뿐만 아니라, 대한 말본의 갈말術語만이라도 순 대한의 말로 하여서 대한 사람의 독특한 과학적 노작勞作의 첫걸음을 삼고자 함에 있다.

기다림 또는 그리움
4·19의 언어

사랑만큼은 아닐지라도 혁명은 시의 주된 연료다. 사랑과 혁명은 불거진 정념情念이라는 점에서 닮았고, 시는 그것을 담기 알맞은 그릇이다. 뛰어난 연시戀詩가 대체로 이별의 시이듯, 뛰어난 혁명시도 흔히 좌절한 혁명의 시다. 혁명의 좌절은 그 주체의 불행이겠으나, 시의 잠재적 행복이다. 성공한 혁명이 낳은 시는 공식주의 문학의 틀에 갇히기 십상이니 말이다. 그 점에서 1960년 4월혁명의 좌절은 역설적으로 시의 축복이었는지도 모른다. 4월혁명의 시 언어들이 그 축복의 잠재력을 남김없이 선용하지는 못했다. 그 언어들은 더러, 관념 속의 혁명을 구가하며 공식주의의 나락으로 굴러 떨어지기도 했다. 그러나 4·19가, 그것을 좌초시킨 5·16 세력의 20년 세월 동안 그리고 다시 그 상속자들의 10년 세월 동안, 기억의 힘을 통해 문학과 정치를 묶어내며 진보의 희망을 조직해낸 것은 엄연하다.

4·19의 기억은 핍박받는 자들의 원기소였다. 4·19는 언젠가 다시올 그 무엇이었다. 그래서 4·19의 노래는 드물지 않게 초혼招魂의 노래가 되었다. "불현듯, 미친 듯이/ 솟아나는 이름들은 있다./ 빗속에서 포장도로 위에서/ 온 몸이 젖은 채/ 불러도 불러도 대답 없던 시절/ (…)/ 그들은 함성이 되어 불탄다/ 사라져버린/ 그들의 노래는 아직도 있다./ 그들의 뜨거움은 아직도 있다./ 그대 눈물 빛에, 뜨거움 치미는 목젖에"(김정환의 「지울 수 없는 노래」). '4·19 21주년 기념시'라는 부제를 단 이 노래에서 시인은 스물 한 해 전의 '함성'을 듣는다.

함성은 4·19를 노래한 많은 시인들이 그 사건의 집단적 기억과 예사로이 포개는 이미지-소리다. "바람 불면/ 플래카드 펄럭인다./ 사그라진 함성/ 되살아난다"(이종욱의 「4월」)거나 "강 건너 버들잎 날리면/ 보리밭 둑을 타고 너는 오리라/ 땀에 젖은 얼굴 빛나는 함성/ 그 날의 총탄 속을 뚫고/ 너는 다시 오리라"(이시영의 「아, 4월」) 같은 시행들에서 화자는 그 날의 함성을 듣는다. 바로 이 환청이 1960년 4월과 시가 쓰여진 당대를 묶는다.

그래서, '그 날의 함성'이라는 다섯 자 표현은 4·19 시의 상투어가 되었다. 신경림의 「4월 19일, 시골에 와서」나 조태일의 「난들 어쩌란 말이냐」, 최하림의 「1976년 4월 20일」 같은 시들은, 그 됨됨이 저편에서, 이 다섯 글자의 상투성을 날렵하게 피하지 못했다. 그 함성은 더러 죽은 이들의 함성이어서, 양성우의 「4월 회상」에서처럼 '구천에 가득 찬 신음소리'로 변한다.

이 죽은 이들의 유해를 품어 안음으로써, 서울 수유리는 역사의 이름이 되었다. 고정희의 「수유리의 바람」, 김창완의 「수유리의 침묵」, 박몽구의 「수유리에서의 잠」, 박영근의 「수유리에서」 같은 4월시는 아예 제목에서부터 수유리를 내세우고 있거니와, 조태일의 "들끓는 눈물을 하늘에 뿌리며/ 비틀비틀 수유리를 찾아간다"(「난들 어쩌란 말이냐」)거나 최하림의 "검은 도시도 멀리 사라지고/ 기념비들만 수척하게 서 있는 공원"(「1976년 4월 20일」) 같은 시행에서도 수유리는 실패한 혁명의 아우라에 휘감겨 있다.

　그 죽어간 이들의 붉은 피가, 혁명의 불길 이미지와 결합해, 진달래를 4월혁명의 꽃으로 만들었을 것이다. "진달래 피면/ 얼어붙었던 형님의 피/ 다시 녹는다/ 형님의 피/ 진달래가 들이마셨다./ 진달래 꽃잎이 되었다./ 봄이 오면 우리/ 진달래꽃잎 따먹으며/ 형님의 착하고 굳센 동생이 된다"(이종욱의 「4월」).

　4월혁명시의 화단에는 진달래가 지천이다. 최하림의 「1976년 4월 20일」과 박봉우의 「진달래도 피면 무엇하리」, 신동엽의 「4월은 갈아엎는 달」 같은 시들에서 진달래의 연분홍은 봄빛일 뿐만 아니라 핏빛이고 혁명의 빛깔이다. 최하림은 '고운 패혈처럼 피를 토하는' 진달래꽃 곁에 접동새를 배치한다. 그 접동새는 서럽게 운다. 그 울음은 이 새가 핏빛 진달래와 더불어 우는 피울음이다. 이에 비해 박승옥의 진달래는 통곡하지 않는다. 이 혁명의 꽃은 "기어이 피울음을 거두어들이고" "마침내 우리들 피멍 든 몸뚱이를/ 세차게 일으켜 세웠다"(「진달래」). 고은의 「돌아오라 영령이여 새로운 영령이여」에서는 진달래 대신 영산홍이 혁명의 핏빛을 감당한다.

그러나 혁명시의 화단에 진달래처럼 붉은 꽃만 있는 것은 아니다. 황명걸의 「빈 교정」과 강은교의 「4월에 던진 돌」, 김창범의 「우리는 그러나」 같은 시들은 개나리를 4월의 꽃으로 내세운다. 또 "진달래도 피고 개나리도 피고/ 꺾이고 밟히고 다시 피는 4월"(신경림의 「4월 19일, 시골에 와서」)에서처럼 진달래와 개나리가 동거하기도 하고, "4월이여/ 우리는 너의 무엇인가// 온갖 거리에 개나리 같은 진나리/ 진달래 같은 개달래 우글우글 피고 있을 뿐"(신대철의 「4월이여, 우리는 무엇인가」) 같은 시행에서처럼 그 둘은 한탄과 자기모멸 속에서 몸을 뒤섞기도 한다. 신대철의 시에서 보듯 꽃들이 역사와 분리된 공간에서 피고 있는 경우도 있지만, 4월혁명시에서 이 꽃들은 자주 그 날 죽어간 젊은이들의 은유다. "그 날 밤/ 병원 문이 터져 나가고/ 십대의 꽃송이들이/ 가닥가닥 찢긴 채/ 아직은 꺼져 가는 체온을 걷어가며/ 곁에 와 나란히/ 자리를 마련하던 날"(허의령의 「4월에 알아진 베고니아 꽃」). 그 꽃들은 또 그 날 거리를 채웠던 젊은이들의 열정이기도 하다. "빈 의자 모서리엔 그 때의 그 뜨거운/ 꽃봉오리들이/ 남아 술렁이었어요"(이태수의 「다시 4월은 가고」).

김창완이 "꽃샘바람 불리라 미리 알았다 해도 피고야 말/ 진달래 무더기로 저 길 위에 나뒹군다"(「수유리의 침묵」)고 노래했을 때, 그 꽃샘바람은 반혁명의 바람이었을 것이다. 이 꽃샘바람은 뒷날

하종오의 "남도에서 꽃샘바람에 흔들리던 잎새에/ 보이지 않는 신음소리가 날 때마다/ 피 같이 새붉은 꽃송이가 벙글어/ 우리는 인간의 크고 곧은 목소리를 들었다"(「사월에서 오월로」)라는 시행에서 '(이른바 신군부에 의해) 재생산된 반혁명'의 보조관념이 되기도 했다. 그러니까 정치적으로 해석하자면, 이 꽃샘바람을 일으킨 것은 1961년의 5·16 세력과 1980년의 5·17 세력이리라.

그러나 4월 공간을 살던 시인들의 예민한 감수성은 반동적 군부가 한강다리를 건너기 전부터 이미 혁명의 좌절을 예감하고 있었다. 혁명 직후에 쓴 「푸른 하늘을」에서 자유의 피 냄새와 혁명의 고독을 기꺼이 구가했던 김수영은 몇 달도 안 돼 "혁명은 안되고 나는 방만 바꾸어버렸다"(「그 방을 생각하며」)고 자조했고, 박봉우는 5·16 직전 "어린 4월 피바람에/ 모두들 위대한/ 훈장을 달구/ 혁명을 모독하는구나"(「진달래도 피면 무엇하리」)고 한탄했다.

4·19를 노래한 많은 시인들 가운데, 이 사건을 민중사적 관점에서 파악한 이로는 신동엽이 두드러진다. 신동엽에게 4·19는 갑오농민전쟁과 3·1운동의 연장선 위에 있었다. 그리고 혁명의 4월 하늘은 영원永遠의 얼굴이었다. "우리는 하늘을 봤다/1960년 4월/ 역사를 짓눌던, 검은 구름짱을 찢고/ 영원의 얼굴을 보았다.// 잠깐 빛났던,/ 당신의 얼굴은/ 우리들의 깊은 가슴이었다// 하늘 물 한아름 떠다,/ 1919년 우리는/ 우리 얼굴 닦아 놓았다.// 1894년쯤엔,/ 돌에도 나무등걸에도/ 당신의 얼굴은 전체가 하늘이었다"(「금강」 서화).

역사의 봉우리와 봉우리를 잇는 이런 '능선稜線의 상상력'은 신동엽의 다른 시들에서도 작동한다. "4월이 오면/ 곰나루서 피 터진 동학東學의 함성,/ 광화문서 목 터진 4월의 승리여"(「4월은 갈아엎는 달」)라거나 "껍데기는 가라./ 4월도 알맹이만 남고/ 껍데기는 가라.// 껍데기는 가라./ 동학년東學年 곰나루의, 그 아우성만 살고/ 껍데기는 가라"(「껍데기는 가라」) 같은 시행들이 그렇고, "사월 십구일, (…), 아름다운 치맛자락 매듭 고흔 흰 허리들의 줄기가 3·1의 하늘로 솟았다가 또 다시 오늘 우리들의 눈앞에 솟구쳐오른 아사달 아사녀의 몸부림, 빛나는 앙가슴과 물굽이의 찬란한 반항이었다"(「아사녀」) 같은 시행도 한가지다.

　신동엽의 이런 민중사적 4·19관을 고스란히 이어받은 후배 시인은 이시영이다. 그의 「아, 4월」에서 신동엽의 그림자를 읽는 것은 어렵지 않다. "너는 오지 않고 쉽사리 오지 않고/ 종살이에 지친 누이들/ 칡꽃이 희게 울 때 또 다른 주인 찾아 몸 팔러 갔네/ 종다리 빈 밭에 날 때/ 힘깨나 쓰는 동생들 서울 가 떠돌이가 되었네/ 애비 같은 비렁뱅이 되었네." 이 시의 화자는 기다린다. "감자 대를 뜯다가도 나는 너를 기다렸다/ 오늘도 동냥 나가 나는 너를 기다렸다." 김정환의 「지울 수 없는 노래」의 화자가 어떤 이름들을 미친 듯이 그리워하듯. 그러니까, 기다림은 그리움이다. 4월의 언어는 기다림의 언어, 그리움의 언어였다.

4월에

정희성

보이지 않는 것은 죽음만이 아니다
굳이 돌에 새긴 피
그 시절의 무덤을 홀로
지키고 있는 것은 석탑石塔뿐
이 땅의 정처 없는 넋이
다만 풀 가운데 누워
풀로서 자라게 한다
봄이 와도 우리가 이룬 것은 없고
죽은 자가 또다시 무엇을 이루겠느냐
봄이 오면 속절없이 찾는 자 하나를
젖은 눈물에 다시 젖게 하려느냐
4월이여

언론의 자유, 그 빛과 그림자

오늘은 열세번째 맞는 세계 언론자유의 날*이다. 신문법과 언론중재법에 위헌 요소가 있다고 과점 신문들이 툴툴거리고 있긴 하지만, 오늘날 한국의 언론 기업들이 세계에서 가장 높은 수준의 언론 자유를 누리고 있는 것은 또렷하다. 언론 기업이 대통령을 비롯한 국가 권력 기관들을 한국에서만큼 자유롭고 무람없이 조롱하고 비방할 수 있는 사회도 많지 않다. 신문법에 담긴 독과점 규제와 경영자료 신고의무, 신문 방송 겸영 금지, 그리고 언론중재법이 언론중재위원회에 부여한 오보 정정 권고 권한 같은 것은 과점 신문사들이 주장하듯 언론 출판의 자유를 침해하기는커녕 언론시장의 투명성과 공정성, 언론활동의 공적 성격과 여론의 다양성을 보장하는 자유언론의 버팀대라 할 수 있다.

 오늘 우리가 누리는 언론 자유는 1987년 6월항쟁 이후 풀리기 시작한 정치적 태엽의 동역학 속에서 쟁취됐다. 그러니, 박정희 유신체제와 전두환 5공체제의 제도언론에 만족하던 사람들이 오늘날 한국에 언론자유가 부족하다고 투덜대는 것은 지나치다. 특히 5공 시절 청와대에서 문공부를 거쳐 내려보낸 보도지침에 고분고분 순응하던 언론 종사자들이 지금 정부의 언론 탄압을 운위하는 것은 희극적이다 못해 역겹다. 정보기관원들이 언론사에 상주하던 군사정권 시절엔, '고위층'이라 불렸던 대통령이나 그 주변을 슬그머니 건드리는 것조차 금기였다. 신체의 자유를 포기하기로 마음먹은 용기 있는 기자들만이 겨우 에둘러 권력을 비판할 수 있었다.

대통령이 흔히 '고위층'이라 불렀듯, 그 시절엔 사물을 제 이름으로 부르지 못하는 일이 예사였다. 오늘날 우리가 중국이라 부르는 중화인민공화국을 그 시절의 언론은 중공이라 불렀다. 중공은 중국공산당의 준말이다. 프랑스공산당을 불공佛共이라 줄이고 일본공산당을 일공이라 줄이고 조선공산당을 조공이라 줄여 부르는 식이다. 그러니까 한 나라의 정당 이름을, 비록 그 정당이 일당독재 체제의 지배정당이긴 하지만, 그 나라 이름으로 부른 것이다. 그 시절의 소비에트사회주의공화국연방(소련)을 '소공'이라 부르지 않은 것이 신기하다.

중국을 중국이라 부르지 못하고 중공이라고 불렀던 것은 대만과의 관계에도 이유가 있었다. 그 당시엔 대만이 중국 또는 자유중국이었기 때문이다. 국공내전에서 패배해 1949년 대륙을 버리고 타이완섬으로 건너간 국부國府(국민정부 또는 국민당정부)와의 반공

말들의 풍경 63

주의적 유대는 한국인들이 중국을 중국이라 부르지 못하게 하는 재갈이었다. 유엔에서의 중국 대표권이 타이베이臺北 정부에서 베이징北京 정부로 넘어간 1971년 이후에도, 한국 언론은 여전히 중국을 중공이라 부르고 대만을 (자유)중국이라 불렀다. 그 시절 초중등학교 지리교과서는 중국의 수도를 난징南京으로 가르치고 있었다. 난징은 국민당이 대륙을 장악하고 있던 '먼 옛날'의 수도였을 뿐인데 말이다.

중국을 중공이라고 불러야 했을 정도니, 오늘날 우리가 북한 또는 북측이라 부르는 조선민주주의인민공화국을 '북괴'라고 부른 것도 별난 일은 아니었다. 북측은 남측을 '남조선괴뢰도당'이라 불렀으니, 그 당시의 남북 언론이 보기에 한반도에는 두 괴뢰정권이 있었을 뿐 독립국가는 없었다. 북한이 나라가 아니었으니, 그 지역의 괴뢰정권이 새로 정한 행정구역을 남쪽에서 인정할 수도 없었다. 학교의 지리교과서에만이 아니라 언론에서도 양강도나 자강도 같은 지명은 찾아볼 수 없었다. 분단 이전의 이름만이 언론이 쓸 수 있는 지명이었다.

언론은 권력자의 정적政敵을 부를 때도 바른 이름을 입밖에 내지 못했다. 투옥과 가택연금으로 세월을 보내던 시절의 김대중씨를 언론은 당사자의 이름 석 자 대신 '재야인사'라는 모호한 이름으로 불렀다. 이른바 신군부의 5·17쿠데타 이후 얼마 동안은 김영삼씨도 또 다른 '재야인사'가 되었다. 1983년 5월 18일 광주사건 3주년을 기해 김영삼씨가 자신의 가택연금 해제를 요구하며 단식에

돌입했을 때, 그리고 그 단식이 실제로 김영삼씨의 생명을 위협할 지경이 됐을 때도, 언론은 이 사건을 '정치현안'이라는 말로 표현했다. 전두환 정권이 김영삼씨의 요구를 들어주고 김영삼씨가 단식을 풀었을 때야, 단식은 단식이 되었다.

김대중씨는 '재야인사'의 너울을 벗은 뒤에도 80년대의 서너 해 동안 씨氏가 빠진 김대중으로 거론됐다. 그가 '극악무도한 국사범'이었기 때문이다. 사실은 언론이 그의 이름을 거론하는 것 자체가 한때는 금기였다. (언론이 강력범죄의 당사자나 피의자 이름을 거론하면서 씨를 빠뜨리는 관행은 지금도 이어지고 있다. 연예인이나 스포츠 선수 이름 뒤에 씨를 붙이지 않는 관행과는 다른 맥락이다. 한편으로 이해할 만한 점도 있지만, 옳은 일인지는 알 수 없다.) 김대중씨는 1985년 2·12 총선(12대 총선) 직전 망명지 미국에서 돌아오자마자 자신의 집에 연금됐지만, 이내 국내 제도권 정치의 한 배후자가 됨으로써 이름 뒤의 '씨'를 되찾았다.

그 시절 대통령 부인은 반드시 아무개 여사였다. 지금은 대통령 부인을 일컬을 때 '여사'와 '씨'가 병용되고 있지만, 일부 언론에서나마 현직 대통령 부인을 '씨'로 호칭하기 시작한 것은 노태우씨의 부인 김옥숙씨에 이르러서였다. 이순자씨를 반드시 이순자 여사로 불러야 했던 시절, 영부인, 영식, 영애라는 말도 의미의 변화를 겪었다. 이 말들은 본디 남을 높여서 그의 부인, 아들, 딸을 일컫는 말이지만, 뜻이 좁혀져 대통령 부인, 대통령 아들, 대통령 딸만을 가리켜야 했다. 영부인, 영식, 영애의 '영/령令'이 대통령의

'령領'과 포개져버린 것이다.

  1987년 6월시민항쟁이 흘려보내기 시작한 민주화의 물살은 언론학자 강준만이 '권력변환'이라고 부른 과정을 통해서 언론에 실팍한 힘을 실어주었다. 우리 사회를 주물럭거리는 힘에서 정치권력에 뒤지지 않을 만큼 언론권력은 제 근육을 키웠다. 기품 없는 언어로 정치권력을 저주하고 모욕하는 데 지면의 적잖은 부분을 배당하는 수구 과점 신문들이 그 정치권력을 향해 언론의 자유를 침해하지 말라고 외치는 에스에프SF적 광경도 벌어지고 있다. 오늘날 언론의 힘은 너무나 커져서, 이젠 언론의 자유 못지않게 '언론으로부터의 자유'를 거론해야 할 지경이 되었다.

  그럼에도 불구하고 오늘날 언론의 힘이 무소불위라고는 할 수 없다. 언론은 정치권력쯤은 이제 무시할 수 있게 되었지만, 경제권력을 무시하지는 못한다. 이를테면 언론은 청와대나 국정원보다 삼성을 더 겁낸다. 정확히 말하면 언론은 경제권력을 무서워한다기보다 경제권력과 융합하거나 거기 포섭되고 있다. 경제권력과 융합한 언론권력은 제 언론자유를 극대화하는 한편 타인의 언론자유를 제약하고 있다. 다시 말해 자본은 언론자유의 디딤돌이면서 걸림돌이다.

  언론의 자유를 제약하는 또 다른 힘은 민족주의다. 오늘날의 주류언론이 독자나 시청자들의 민족주의적 감수성을 거스르며 제 논조를 펴기는 힘들다. 여기서도 언론은 민족주의를 무서워한다기보다 민족주의와 융합한다. 그것은 자본-언론 복합체로서도 현명한 일이다. 민족주의야말로 국민국가 시대의 가장 잘 팔리는 상품이기 때문이다. 황우석, 한류, 더블류비시WBC, 월드컵 축구 따위를 전하는 활자들과 이미지들이 지면과 화면 위에서 과장된 정서로 출렁이는 것은 그것이 민족주의-상업주의 코드에 꼭 들어맞기 때문이다. 일본의 국가원수를 천황이 아니라 국왕이나 왕으로 부르는 관행도 이와 관련이 있다. 입헌군주국의 원수는 일반적으로 왕이어서 일본 천황도 왕으로 부른다는 논거는 궁색하기 짝이 없다. 그렇다면 우리 언론은 19세기초 프랑스 황제를 나폴레옹 왕이라고 부를 것인가?

언론의 자유에선 언젠가부터 악취가 새어나오고 있다. 그 위력에서 전통 언론을 제치고 있는 인터넷 언론이 처한 상황도 크게 다르지 않다. 인터넷 언론의 주체들은, 평범한 네티즌까지 포함해, 이미 자본과 민족주의에 깊이 포섭돼 있다. 그리고 인터넷 공간의 익명성 탓에 언론의 자유가 내뿜는 악취는 더 짙어졌다. 상습적인 악플러(악성 댓글을 다는 사람) 때문만은 아니다. 지난해 이래 인터넷을 떠들썩하게 한 이른 바 '7악마 사건' '개똥녀 사건' '서울대 도서관 폭행 사건' '성추행 교사 사건' 등에서 네티즌들이 실천한 '언론활동'은 정의의 실현이 사적 차원에서 어디까지 허용돼야 할 것인지에 대한 진지한 고민거리를 남겼다. 인터넷은 10년 전 문학평론가 정과리씨가 불길하게 내다본 '문화의 크메르루주'를 향해 돌진하고 있는지도 모른다.

●세계 언론자유의 날 World Press Freedom Day

매년 5월 3일을 세계 언론자유의 날로 정한 것은 1993년 12월 20일 유엔 총회에서다. 이에 앞서 1991년 4월 29일부터 5월 3일까지 아프리카 남서부 나미비아의 수도 빈트후크에서는 '독립적이고 다원적인 아프리카 언론을 위하여'라는 주제로 유네스코 세미나가 열린 바 있다. 세미나 마지막 날인 5월 3일 자유언론의 원칙들을 담은 빈트후크선언이 채택됐는데, 세계 언론자유의 날이 5월 3일로 정해진 것은 이 빈트후크선언을 기념하기 위해서다. 빈트후크선언은 독립적 저널리즘과 참여민주주의의 성공 사이에 긴밀한 관계가 있음을 확인하고, 자유로운 언론이 민주주의와 기본적 인권의 핵심 보루라는 점을 강조했다.

세계 언론자유의 날에는 언론자유의 옹호와 신장에 이바지한 개인이나 단체에게 유네스코가 기예르모 카노 세계 언론자유상을 수여한다. 이 상 이름은 콜롬비아 기자 기예르모 카노 이사사의 이름을 딴 것이다. 보고타에서 발행되는 엘에스펙타도르 기자였던 기예르모 카노는 콜롬비아 마약조직을 대담하게 파헤친 기사들로 이름을 얻었으나, 1986년 12월 17일 자기 회사 앞에서 살해되었다. 올해의 기예르모 카노 언론자유상은 레바논의 여성 저널리스트 마이 시디아크에게 돌아갔다. 레바논방송공사LBC의 뉴스앵커인 시디아크는 지난해 9월 25일 그의 목숨을 노린 폭탄 테러로 왼손과 왼다리를 잃었다.

1997년 이 상이 제정된 이래 지난해까지의 역대 수상자는 중국의 가오유, 나이지리아의 크리스티나 아니야누, 멕시코의 헤수스 블랑코르넬라스, 시리아의 니자르 나이유프, 미얀마의 우 윈 틴, 짐바브웨의 제프리 니야로타, 이스라엘의 아미라 하스, 쿠바의 라울 리베로, 중국의 청이종이다.

누리망의 어떤 풍경
'-다'의 압제에 맞서서

교육운동가 이오덕(1925~2003)은 『우리글 바로쓰기』(1989)라는 책에서 전래동화 「해와 달이 된 오누이」(「햇님과 달님」)의 두 가지 텍스트를 부분 인용한 뒤 그 둘의 문체 차이에 눈길을 건넨 바 있다. 이오덕은 글 끝머리가 하나같이 '-다'로 맺어지는 이원수의 동화 문체와 달리, 시골 할머니 입에서 나온 문장은 '-거든', '-드라', '-라구', '-지' 따위의 갖가지 말끝으로 마무리된다는 점을 지적했다. 글쓰기 교육가로서 이오덕은 시골 할머니 쪽을 편들었다. 말을 하듯 글을 써야 한다는 것이 『우리글 바로쓰기』를 꿰뚫는 지론이었으니 당연하다. 이오덕은 한국어 서술어의 평서형 종결어미를 '-다'의 독재에서 해방시키고 싶어했다. 그것이 자연스러운 말의 형식이 아니었기 때문이다. 이오덕이 꿈꾼 것은 진짜배기 언문일치였다. 물론 여기서 언문일치란, 말이 글을 따르는 것이 아니라 글이 말을 따르는 것이다.

생전의 이오덕이 누리망(인터넷)엘 자주 들어갔는지, 이른바 채팅이라는 것을 해보았는지는 모르겠다. 그러나 그가 생전에 누리꾼(네티즌)이었다면, 자신의 평생 꿈이 이상한 방식으로 이뤄지는 것을 목격했을 것이다. 누리망에서는 글들의 끝머리가 '-다'의 독재에서 자주 풀려나 있으니 말이다. 그것은 전자우편이나 채팅이, 엄연히 문자행위이기는 하나, 입말에 가까운 문자행위라는 뜻일 테다. 그런데, 누리망의 언어는 한국어 입말의 가장 흔한 말끝인 조사 '-요'에서도 사뭇 놓여나 있다. 그것은 누리망의 글말이 규범적 표준적 입말보다도 외려 더 자유롭다는, 다시 말해 더 민중적이고 유희적이며 표현적이라는 뜻일 것이다.

누리망 언어의 말끝은(말끝만이 아니라 어휘 일반이 그렇기는 하나) 여느 한국어 '글체'와 다른 경우가 많다. 누리망 언어는 입말과 글말의 경계에 걸터앉아 있기 때문이다. 그런데 이 사회방언은 여느 한국어 '말체'와도 다른 경우가 많다. 이미 확립된 입말조차, 그것이 표준어의 권위로 지나치게 거드름을 피울 땐, 누리꾼들의 존중을 받지 못한다.

누리망 글체 가운데 가장 '고전적인' 것은 하오-체體일 것이다. 하오-체는 두 겹으로 고전적이다. 첫째는 이 글체가 누리망 언어에 매우 일찍 들어왔다는 점에서 고전적이다. 두번째는, 말할 나위 없이, 이 글체가 (오프라인 공간에서도) 사극에서나 들을 수 있는 낡은 말투라는 점에서 고전적이다. 누리망 언어의 글체들이 대개 기존 형태를 비튼 것인 데 비해, 이 하오-체는 기존 형태를 그대로 두고 뉘앙스만, 다시 말해 위계적 의미만 살짝 바꾸었다는 점이 야릇하다.

누리망 바깥의 실제 세계에서 하오-체는 (비록 현대에는 거의 사용되고 있지 않지만) 예사높임의 한 형태다. 그러나 이 글체가 누리망에서 채팅에 사용될 땐 그 위계의 뉘앙스를 잃고 중화돼버리는 듯하다. 누리망 새말의 중요한 분만실 가운데 하나인 디지털 카메라 동호회 사이트 디시인사이드에 따르면, 하오-체는 "상대방을 배려함과 동시에 자신을 깎지 않는 오묘한 말투"다. 누리망에서 '님'이라는 표현이 대화자들 사이의 세속 위계에 무심하듯, 하오-체 역시 서로 얼굴을 볼 수 없는 대화자들 사이의 위계를 평평하게 만든다. 그래서 40대 기업체 간부와 10대 고등학생이 버젓이 이런 대화를 나눈다. "20년 전에 헤어진 앤(애인)을 어제 우연히 보았소! 꽁기꽁기했소(뒤숭숭했소)." "꽁기꽁기라니오? 차라리 므흣하게(기분좋게) 생각할 일 아니겠소?"

그러나 이 하오-체는 이제 누리망에서도 낡은 말투가 되어가고 있는 듯하다. 그것은 이 글체가 표준어 화용 맥락에서 지니고 있는 신파 뉘앙스를 인터넷 공간이 충분히 막아내지 못했다는 뜻일 테다. 하오-체에 밴 장난기가 어느 순간 권태를 불러왔는지도 모른다. 아니면 그저 하오-체의 양식화가 (이미 양식화한 어느 표준어 글체처럼) 누리꾼들에게 갑갑증을 주었는지도 모른다.

피시PC통신 시절부터 지금까지 누리꾼들에게 가장 큰 힘을 행사하고 있는 글체는 표준어 해요-체의 여러 변형들이다. 누리꾼들은 존대를 나타내는 조사 '-요'를 '-여' '-염' '-엽' '-욘' '-용' '-효' 따위로 비틀어 변주하며 인터넷 글체에 다양성을 부여했다. '-요'와 마찬가지로 이 변형된 조사들도 평서, 의문, 명령 등을 가로지르며 사용된다. 그래서 누리망에서는 "안녕하세여?" "반가워염" "쓸쓸해엽" "죄송해용" "빨리 해 주세욘!" "아파효?" 따위의 표현들이 예사로 사용되고 이해된다.

이오덕이 이원수의 「햇님과 달님」을 인용하며 마땅찮게 여겼던 합쇼-체('-습니다'-체)는 누리망에서 어떤 꼴바꿈을 겪었을까? 이른바 하삼-체로 변한 듯하다. 누리꾼들은 "노력하겠습니다"라고 쓸 자리에 "노력하겠삼"이라고 쓰고, "재미있습니까?"라고 쓸 자리에 "재미있삼?"이라고 쓴다. '삼'을 '3'으로 표기하기도 한다. "공부 좀 하3!"(공부 좀 하십시오!)처럼 말이다. 그런데 이른바 이 하삼-체가 표준어 합쇼-체와 정말 대등한 위상을 지녔는지는 또렷하지 않다. 어떤 누리꾼이 "한 번 오삼!"이라고 썼을 때, 이 말은 "한 번 오십시오!"와 대등하게 들릴 때도 있고, "한 번 오세요!"와 대등하게 들릴 때도 있다. 그러니까 하삼-체는 '합쇼-체'와 '해요-체' 사이 어딘가에 자리잡고 있는 것 같다. 실상 누리망 공간은 합쇼-체에 맞먹는 아주 높임이 뿌리내리기 힘든 곳이다.

반면에 하삼-체의 원형이라 할 이른바 하셈-체는 해요-체 쪽에 한결 가까워 보인다. "커피 드셈"이라는 말은 "커피 드십시오"보다는 "커피 드세요" 쪽인 듯하다. 더 나아가, 이젠 관용구가 돼버린 저주 표현 '즐 처드셈'은 (적어도 뉘앙스에서는) 명백히 해라-체에 가깝다. 그러니까 중요한 것은 화용 맥락이다. 어쩌면 하셈-체와 그 변형 하삼-체는 그 위상이 고스란히 포개져 있는지도 모른다. 그것은 둘 다 합쇼-체보다는 낮고, 해요-체와는 동위同位이거나 약간 위인 글체인지도 모른다. 말하자면 사회언어학적으로 이 둘은 거의 같은 값어치를 지니고 있는지도 모른다.

반면에 통사론적으로는 이 두 글체의 값어치가 꽤 다르다. 하삼-체가 평서, 의문, 명령을 자유자재로 넘나드는 데 견주어, 하셈-체는 명령(과 그 곁가지로서 청유)에 주로 사용된다는 점에서 그렇다. "쉬고 싶어요"를 "쉬고 싶삼"이라고는 표현해도 "쉬고 싶셈"이라고는 좀처럼 표현하지 않는다. 또 "가셈"이라는 표현은 "가세요(가십시오)"나 "갑시다" 같은 명령이나 청유의 의미로는 쓰이지만, "갑니다(가십니다)"라는 평서의 뜻으로는 좀처럼 쓰이지 않는다. "갑니까?"라는 의문의 뜻으로도 잘 안 쓰인다. 물론 이 새로운 글체들에 대한 내 언어직관은 아직 또렷하지 않다. 내가 앞에서 '듯하다' '-지도 모른다' '거의' '좀처럼' '잘 안' 같은 말로 조심스러움을 내비친 것도 그 때문이다. 어쩌면 이 새로운 글체들은 아직 제 문법을 완성하지 못한 채 형성 단계에 머물러 있는지도 모른다.

그런데 이 정도의 말 비틀기로 풀어버리기엔 누리꾼들의 권태가 너무 컸던 모양이다. 누리꾼들은 자기들이 좋아하는 연예인의 이름을 말끝으로 가져와 새로운 글체들을 개발해 냈다. "강쌤 저 나버너 아시나영?"(강 선생님 전화번호 아시나요?) 따위의 나영-체,

"아, 그 놋북 레어로근영!"(아, 그 노트북컴퓨터 희귀한 거군요!) 따위의 근영-체, "맘 잡고 열공할 태희야"(맘 잡고 열심히 공부할 테야) 따위의 태희-체, "그 분이 오셨어요환"(쇼핑하고 싶어 죽겠어요) 따위의 요환-체, "엔터 키를 눌러BoA요"(엔터 키를 눌러보아요) 따위의 BoA-체 같은 것이 그렇다. 여기서 '-나영' '-근영' '-태희' '-요환' '-BoA' 같은 말끝들은 연기자 이나영 문근영 김태희, 프로 게이머 임요환, 가수 BoA의 이름에서 따온 것이다. 아무 이름이나 억지로 갖다 붙인 것은 아닌 것이, 대중 스타의 이름이 우연히 표준어 형태소(들)와 닮은 경우에만 그 이름들이 누리망 사회방언의 새 형태소로 채택됐다.

누리꾼들은 이오덕이 그리도 싫어하던 '-다'를 '당'이나 '돠' 따위로 비틀기도 했다. "배고푸당"(배고프다), "나 그만 간돠"(나 그만 간다) 따위가 그 예다. 지하의 이오덕은 자신의 꿈을 '엽기적'으로 이뤄주고 있는 이 누리꾼들을 고마워할까? 그럴 것 같지는 않다. 그는 말끝 '-다'의 독재를 지겹게 여겼던 것 못지않게 새말 만드는 유행을 꺼렸기 때문이다.

누리망에서 펄럭거리는 이 새로운 형태소들이 표준어 형태소와 누리망 바깥에서 힘있게 싸우기는 어려울 것이다. 누리망 언어는 근본적으로 하위문화의 일부이기 때문이다. 그러나 이 새로운 사회방언들은 표준어의 압제에서 벗어나고 싶은 누리꾼들에게 자유의 공기를 실어 나르며, 그들끼리의 연대를 강화하며, 누리망 어느 곳에선가 꽤 오랜 시간 꿈지럭거릴 것이다.

●해와 달이 된 오누이

그러니까 아들 딸을 두고 인제 베를 짜러 갔거든. 베를 매주러 갔거든. 옛날에 베 무녕(무명) 짜구 베 짜는 그걸 매주러 갔거든. 그러니깐 하루 품씩 하루 품삯 받아 가지구서 인제 먹구 사는데, 한 날은 그 쌈(사람)네가 메물(메밀) 범벅을 쒀서 한 암박을 주드랴. 하나 주드랴. 가주 가서 아이들 주라구. 그래 이놈의 메물 범벅을 인제 이구선 오는데, 아 오다가 호랭이를 만났지. (1981년, 이야기한 사람—강화 김순이 81세)

●햇님과 달님

옛날 어느 시골 외딴집에 어린 아들 딸 두 오뉘를 데리고, 세 식구가 오손도손 살아가는 과부 어머니가 있었습니다. 아버지가 일찍 세상을 떠났기 때문에, 어머니는 아기들을 집에 두고, 이웃 마을로 남의 집 일을 해주러 다녔습니다. 어머니가 일하러 나가시고 나면, 어린 오뉘는 집을 지키며, 어머니가 돌아오시기만 기다립니다. 단 두 남매가 집을 보고 있자니 무척 심심합니다. 그래 오빠는 누이동생에게 이야기도 해주고, 소꿉놀이도 같이 해주고 했습니다. (이원수, 『옛날이야기』에서)

여자의 말, 남자의 말
젠더의 사회언어학

한 자연언어 안에 화자의 성별에 따른 방언(일종의 사회방언)이 있을 수 있을까? 이를테면 여성이 쓰는 한국어와 남성이 쓰는 한국어는 다를까? 그렇다. 그러나 한국어의 경우에 그 차이는 매우 작아서 찬찬히 살피지 않으면 알아채기 어렵다. 실상 대부분의 자연언어에서 이런 성적 방언genderlect은 그리 두드러지지 않는다. 아메리카 원주민 언어들 가운데 일부는 화자의 성을 문법 전반의 체계적 범주로 삼고 있어서 언어학자들의 호기심을 자극한 바 있다. 동아시아 언어들 가운데선 일본어가 이런 성적 방언을 제법 간직하고 있다.

한국어의 성적 방언으로 흔히 거론되는 예는 일부 친족명칭이다. 여성화자는 같은 성의 손위 동기同氣나 선배를 '언니'라 부르고, 다른 성의 손위 동기나 선배를 '오빠'라 부른다. 반면에 남성화자는 같은 성의 손위 동기나 선배를 '형'이라 부르고, 다른 성의 손위 동기나 선배를 '누나'라 부른다. 물론 이 규범이 돌처럼 단단한 것은 아니다. 20세기 전반기까지만 해도 일부 지역에선 남성화자가 같은 성의 손위 동기를 '언니'라 부르기도 했고, 1970~1980년대에는 여학생들이 남자 선배를 '형'이라 부르는 일이 예사였다. 또 여성화자가 제 손위 동서를 '형님'이라 부르는 것은 지금도 표준 규범에 속한다.

한국어의 성적 방언은 몇몇 감탄사에서도 눈에 뜨인다. '에구머니!' '어머!' '어머나!' 같은 말을 입밖에 내는 사람은 거의 예외 없이 여성이다. '별꼴이야!' 같은 표현도 마찬가지다. 남성화자가 이런 표현을 썼다면, 그것은 성 뒤집기를 통해 주위 사람들의 웃음을 이끌어내려는 속셈과 관련 있을 테다. 텔레비전의 개그 프로 같은 데서 말이다. 반면에 '에끼!'나 '어험!' 같은 감탄사는 대체로 남성화자들이 사용한다. '호호'가 여성의 웃음이라면, '허허'는 남성의 웃음이다. (물론 이 두 웃음은 의미의 결이 다르다. 그러나 그 서로 다른 의미의 결은 각각 여성과 남성에 대한 사회적 선입견에 대응한다.) 하게-체의 2인칭 대명사 '자네'도 남성화자들만 쓰는 듯하다. (호남 지방에는 부부끼리 상대방을 '자네'로 부르는 관습이 아직 남아 있다고 한다.)

이렇게 비교적 또렷한 예말고 그저 경향을 드러내는 예도 있다. 긍정적 대답인 감탄사 '예'는 남성화자들이 즐겨 쓰는 듯하고, 같은 뜻의 감탄사 '네'는 여성화자들이 더 많이 쓰는 것 같다. "아프니?" "배고프니?"처럼 어미 '니'로 끝나는 의문문도 여성들이 주로 사용한다. 남성화자들은 이 경우에 어미 '냐'를 쓰는 경향이 있다. 물론 이것은 말 그대로 경향일 뿐이어서, "아프냐?"라고 말하는 여자도 적지 않고 "배고프니?"라고 말하는 남자도 수두룩하다. 합쇼-체(아름답습니다, 갑니까?)와 해요-체(아름다워요, 가요?)의 경우도 마찬가지다. 해요-체가 비교적 여성적이고 합쇼-체가 비교적 남성적이라는 느낌은 있지만, 여자가 합쇼-체를 못 쓰란 법 없듯 남자가 해요-체를 못 쓰란 법도 없다. 실상 젊은 세대의 경우 일상어에선 남녀 가림 없이 합쇼-체가 거의 힘을 잃고 해요-체가 득세하는 듯하다.

일본어에선 화자의 성에 따른 변이가 한국어에서보다 더 또렷하다. 그런 성적 방언은 거의 전 품사에 걸쳐 있다. 일본어 1인칭 대명사(한국어의 '나')로는 남녀가 함께 쓰는 '와타시(와타쿠시)'가 있지만, 편한 자리에서 여성화자는 '아타시'나 '아타쿠시'를 쓰고 남성화자는 '보쿠'나 '오레'를 쓴다. '먹는다'는 동사도 여성화자는 '다베루'를 즐겨 쓰고 남성화자는 '구우'를 즐겨 쓴다. 먹어보니 맛이 있을 때, 여성화자는 '오이시이'라고 말하는 경향이 있는 반면에 남성화자는 '우마이'라고 말하는 경향이 있다. 또 남성이 '미즈'라고 부르는 물水을 여성은 '오히야'라고 부르는 경향이 있고, 남성이 '하라'라고 부르는 배腹를 여성은 '오나카'라고 부르는 경향이 있다. 그러나 이 말들에도 화자의 성 차이 못지않게 의미의 결 차이가 스며 있음은 물론이다.

여성 일본어화자들의 말버릇 하나는 겸양이나 공손, 친숙의 기분을 담은 접두사 '오御'나 '고御'를 남용하는 것이다. 여성들은 '벤토(도시락)' '하시(젓가락)' '혼(책)'을 '오벤토' '오하시' '고혼'이라고 즐겨 말한다. 이런 상냥하고 공손한 말투는 여성의 소수자 지위와도 관련이 있을 테다. 미화어 '오'는 일부 외래어에까지도 덧붙어서 '오비이루(맥주, 비어)' '오코피이(복사본, 카피)' '오토이레(화장실, 토일릿)' 같은 표현을 만들어내고 있다. 여성의 말투가 남성의 말투보다 상대를 더 배려한다는 것은 영어화자들에게서도 관찰되었다. 여성 영어화자들은 부가의문문이나 kind of, sort of, I wonder, I think처럼 전언의 강도를 누이는 표현을 남성화자들보다 훨씬 더 자주 사용한다.

영국인 사회언어학자 피터 트럿길은 자신의 고향 노리지를 포함한 여러 영어사용 지역을 조사한 끝에 여성화자의 언어가 남성화자의 언어보다 대체로 더 규범지향적이라는 사실을 밝혀냈다. 예컨대 문법에 어긋나는 것으로 간주되는 중복부정문(예컨대 I don't smoke marijuana no more: 이젠 마리화나 피우지 않아요. 문법에 맞는 표현은 I don't smoke marijuana any more)은 영어 사용자들의 일상회화에서 흔히 들리지만, 모든 계급에 걸쳐서 이런 식 표현을 여성이 남성보다 훨씬 덜 사용한다는 것이 밝혀졌다. 표준영어의 동명사화 접미사 -ing를 /in/으로 발음하는 구어 관행도 모든 계급에 걸쳐서 남성보다 여성 사이에 훨씬 덜 퍼져 있었다.

문법에 어긋나는 비표준 언어가 (상류층을 포함한) 남성 일반에 스며 있는 이유를 설명하면서 트럿길은 또 다른 사회언어학자 윌리엄 레이보브의 '은밀한 위세covert prestige' 개념을 차용했다. 이런 비표준 언어는 대체로 노동계급의 언어지만, 그 '거칢'의 이미지가 '남성다움'의 위세를 은밀히 드러내 모든 계급의 남성화자들에게 매력적으로 비친다는 것이다. 반면에 여성 화자들은 남성에 견주어 사회로부터 '올바른' 행동을 할 것이 더 기대되는 경향이 있고, 그래서 표준어 규범에 더 쉽게 순응한다는 것이다. 계급을 통틀어서 여성화자보다 남성화자가 욕설을 비롯한 금기어들을 더 자주 사용하는 것도 같은 맥락이다. 성적 소수자로서 여성은 남성보다 더 신분을 의식하는 경향이 있어서, 규범언어가 주는 '공공연한 위세overt prestige'에 더 마음을 쏟다고 할 수 있다.

영어화자들을 대상으로 한 트럿길의 이런 관찰은 한국어화자들에게도 뜻을 지니는 것 같다. 지방 출신 서울 거주자 가운데 서울말을 능숙하게 쓰는 여성은 같은 조건의 남성보다 훨씬 많다. 다시 말해 여성화자들은 남성화자들에 견주어 더 쉽게 자신의 방언을 버리고 표준어에 동화/순응하는 경향이 있다. 서울에 살아본 적이 없는 지방 사람들도 서울말을 능숙하게 구사하는 경우가 있다. 대개 여성이다. 교육받은 서울내기도 특정한 맥락에선 부러 방언이나 비속어를 사용하는 경우가 있다. 대개 남성이다.

그래서 표준적 규범 언어가 사용되는 지역과 위세가 약한 방언이 사용되는 지역에선 여성과 남성의 역할이 뒤바뀐다. 표준어가 사용되는 지역에선 여성이 이 규범언어에 집착한다는 점에서 보수적이다. 반면에 위세가 약한 방언이 사용되는 지역에선 남성이 그

방언에 집착한다는 점에서 보수적이다. 그러나 한국어를 포함한 많은 자연언어에서, 여성언어와 남성언어는 중화하고 있는 추세다. 전통적 성 역할 분할선이 점차 흐릿해지고, 매스커뮤니케이션이 언어공동체를 촘촘히 묶고 있기 때문일 것이다.

언어와 성차별

대부분의 자연언어는 여성에 대한 사회적 편견의 흔적을 꽤 짙게 간직하고 있다. 어느 자연언어에서고 욕설의 큰 부분은 성행위와 관련된 것인데, 여성을 비하하는 욕설이 남성을 비하하는 욕설보다 수도 훨씬 많고 강도도 세다. 똑같은 말도 남성에 대해서 쓰일 때와 여성에 대해서 쓰일 때 의미가 크게 달라질 수 있다. 예컨대 "He is a professional"이라는 문장에서 pro-fessional(전문직)은 의사나 법률가를 뜻하게 마련이지만, "She is a pro-fessional"이란 문장에서는 똑같은 단어가 창녀의 은유로 이해된다.

호명 순서에서도 남성이 거의 언제나 여성을 앞선다. '남녀'라는 말 자체가 그렇거니와, 딸 넷에 아들 하나를 둔 부모('부모'도 그렇다)도 '4녀 1남'이라고 말하기보다 '1남 4녀'라고 얘기한다. '아들 딸' '자녀' '신랑 신부' '장인 장모' '소년 소녀' '선남선녀' 같은 표현들이 다 그렇다. 물론 여성이 앞선 경우도 있긴 하다. '총각 처녀'나 '아빠 엄마'보다는 '처녀 총각'이나 '엄마 아빠'가 더 자연스럽게 들린다. 이런 예로 여자와 남자를 낮춰 이르는 '년놈'이라는 말도 있지만, 이 경우 여성이 앞선 것은 이 말의 비속함과 관련 있을 것이다. 게다가 '년'과 '놈'은 대등한 가치를 지닌 욕설이 아니다.

Patrick에서 나온 Patricia, Gerald에서 나온 Geraldine, Paul에서 나온 Paula 등 영어 여성 이름 가운데 적잖은 수가 남성 이름에서 파생됐지만, 그 반대의 경우는 거의 없다. 보통명사도 마찬가지다. hero(영웅)에서 heroine이 나오고 actor(배우)에서 actress가 나오고 lion(사자)에서 lioness가 나왔듯 남성형이 기본형인 예는 한도 끝도 없지만, 그 반대의 경우를 찾기는 매우 어렵다. 프랑스어는 3인칭 복수 대명사를 여성 elles과 남성 ils로 구분하지만, 여자와 남자를 함께 지칭할 때나 여성명사와 남성명사를 아울러 가리킬 때는 남성형 ils을 사용한다. 스페인어로 '의사'는 '메디코'지만 그 여성형 '메디카'는 여의사를 가리키기보다 흔히 의사 부인을 가리킨다. 이젠 점차 사라지고 있지만, '유관순 누나'라는 표현도 지독히 남성중심주의적이다.

현실은 언어 이전에 있는 것이어서 언어를 바꾸려는 노력이 고스란히 현실을 바꾸는 힘이 될 수는 없겠지만, 언어의 비틀림을 응시하는 일은 현실의 비틀림을 살피는 첫걸음이 될 수 있다.

거짓말이게 참말이게?
역설의 풍경

"그들은 당신의 무덤을 만들었나이다, 오 거룩하고 높으신 이여/ 크레타 사람들은 거짓말만 하고, 몹쓸 짐승이며, 게으른 식충이입니다!/ 그러나 당신은 죽지 않으셨습니다 당신은 영원히 사십니다 / 왜냐하면 당신 안에서 우리가 숨쉬고 움직이며 살아가기 때문입니다."

기원전 6세기께 에피메니데스라는 사람이 썼다는 「크레티카 Cretica」라는 시의 일부다. 이 대목은 크레타의 왕 미노스가 제 아버지 제우스에게 하는 말이다. 전설 속 왕 미노스가 제 동포 크레타 사람들을 거짓말만 한다고 책잡은 것은 이들이 제우스 역시 죽음을 피할 수 없다고 생각했기 때문이다. 미노스가 보기에 제우스는 불멸의 존재였다. 크레타섬을 중심으로 한 고대 그리스의 에게문명을 미노아문명이라 부르는 데서도 엿보이듯, 미노스는 크레타 역사의 상징적 이름이다. 그러니까 미노스 자신도 크레타 사람(신을 아버지로 두었으니 반쯤은 신이겠으나)이다. 이 사실을 염두에 두고 "크레타 사람들은 거짓말만 한다"는 그의 말을 되새겨 보면, 미묘한 상황이 빚어진다. 그의 말은 참말일까 거짓말일까?

아니, 미노스의 부분적인 신격神格이 마음에 걸린다면, 이 시의 저자로 알려진 에피메니데스가 이 말을 했다고 생각해보자. 사실 "크레타 사람들은 거짓말만 한다"는 말은, 비록 미노스의 입을 빌어 발설되긴 했으나, 에피메니데스 자신의 말이랄 수 있다. 그는 열렬한 제우스 찬양자였고 이 최고신의 불멸을 믿었다. 에피메니데스의 생애에 대해 우리가 알고 있는 것이 많지는 않다. 그는 크레타섬 크노소스 출신으로, 고대 지식인들이 흔히 그랬듯 시인과 철학자와 점술가를 겸했다. 크레타섬의 한 동굴에서 57년 간 잠을 자고 깼는데, 그 뒤 예언 능력이 생겼다고 전한다.

플루타르코스가 쓴 솔론 전기에 따르면, 에피메니데스는 솔론의 아테네 개혁을 도왔다고 한다. 그는 또 제 예언 능력을 이용해 스파르타의 군사 고문 노릇을 하기도 했다. 에피메니데스가 죽은 뒤 피부에서 문신이 발견됐다는 2세기 그리스 여행가 파우사니아스의 기록에 의지해, 뒷날의 역사가들은 그가 고대 중앙아시아의 샤먼 가계 출신이 아닌가 짐작하기도 한다. 앞에 적은 에피메니데스 시의 일부는 신약성서에서 두 차례 인용된다. 오늘 얘기의 실마리인 둘째 행은 바울로가 크레타섬의 디도에게 보낸 편지(「디도서」1:12)에 어느 크레타 예언자의 말로 인용되고(크레타 사람과 유대교를 포개며 둘 다를 비난하는 맥락이다), 넷째 행은 「사도행전」에 출처를 밝히지 않고 인용된다. "우리는 그 분 안에서/ 숨쉬고 움직이며 살아간다"(「사도행전」 17:28)는 구절이 에피메니데스의 제우스를 기독교적 신으로 바꿔치기하고 있음은 물론이다.

곁가지가 길었다. "크레타 사람들은 거짓말만 한다"는 크레타 사람 에피메니데스의 말은 참말일까 거짓말일까? 일단 참이라고 가정하자. 그러면 이 말을 하는 에피메니데스 역시 크레타 사람이므로 거짓말만 할 것이고, 따라서 그의 입에서 나온 이 문장은 거짓이 된다. 다음, 이 문장이 거짓이라고 가정하자. 그러면 이 말을 하는 크레타 사람 에피메니데스는 거짓말을 하지 않을 것이므로 이 문장은 참이 된다. 말하자면 이 문장은 참말이면서 거짓말이다. 또는 참말도 거짓말도 아니다. 논리학의 모순율(어떤 명제도 동시에 참이면서 거짓일 수 없다)과 배중률(모든 명제는 참이거나 거짓이다)을 어기고 있는 것이다. 이렇게 자가당착으로 보이는 진술을 역설 paradox이라고 한다. 역설은 불합리해 보이지만 타당한 논증이다. 하나의 진술이 명백히 타당한 추론에 의해서 두 개의 모순되는 결론을 낳을 때 역설이 생겨난다. 그리고 이 에피메니데스 역설은 논리학자들이 흔히 거짓말쟁이 역설이라고 부르는 것들 가운데 가장 유명한 것이다.

그런데 곧이곧대로 말하면, 에피메니데스 문장은 역설이 아니다. 앞의 추론에는 중대한 속임수가 하나 있었다. "크레타 사람들은 거짓말만 한다"는 에피메니데스의 말이 거짓일 경우엔, 이 문장이 그대로 거짓으로 남을 수도 있다. 앞의 추론에서 "이 말을 하는 크레타 사람 에피메니데스는 거짓말을 하지 않을 것이므로"라는 말 자체가 속임수였지만, 그가 거짓말을 했다 하더라도 에피메니데스말고 다른 크레타 사람 가운데 참말을 하는 사람이 있을 수 있기 때문이다. 그래서, 엄밀한 의미의 첫 거짓말쟁이 역설을 만들어낸 영예는 에피메니데스보다 200년쯤 뒤에 살았던 밀레토스 철학자 에우불리데스에게 돌아간다. 그는 이렇게 말했다. "자기가 지금 거짓말을 하고 있다고 누군가가 말했다. 그의 이 말은 참말인가 거짓말인가?" 에우불리데스의 말을 이렇게 바꿀 수도 있겠다. "나는 지금 거짓말을 하고 있어. 이 말이 참말이게 거짓말이게?" 참말이라 가정하면 거짓말이라는 결론에 이르고, 거짓말이라 가정하면 참말이라는 결론에 이른다.

오늘날 거짓말쟁이 역설이라 부르는 것은 이 밀레토스 철학자가 한 말의 변주들이다. 대표적인 것이 "이 문장은 거짓이다" 같은 문장이다. 이 문장은 또, 근원적으로는, 에피메니데스의 문장을 조금 손본 것이기도 하다. 도대체 왜 "이 문장은 거짓이다" 같은, 참말인 동시에 거짓말인 문장이 나오는가? 철학자 이승종의 저서 『비트겐슈타인이 살아 있다면』(2002)에 실린 '거짓말쟁이 역설의 분석'이라는 논문을 훔쳐보며 이 문제를 살피자. 이런 역설이 자기 지시적self-referential 문장에서 주로 나온다는 사실은 일찍부터 눈길을 끌었다. "이 문장은 거짓이다"에서 '이'는 이 문장 자체를 가리킨다. 그러나 "다음 문장은 거짓이다. 앞 문장은 참이다" 같은 문장들은 자기 지시적이 아닌데도 거짓말쟁이 역설과 같은 역설을 낳고 있다. 그러니 자기지시적 문장을 피한다고 해서 역설이 안 생기는 것은 아니다.

한 무리의 논리학자들과 언어철학자들은 거짓말쟁이 역설을 의미론의 문제가 아니라 화용론의 문제로 보아, 진리의 개념 대신에 진술의 속성에 주목했다. 말하자면 "내 명령은 어느 것도 따르지 마시오" 같은 문장에서 드러나는 명령의 역설, "나는 어떤 약속도 지키지 않겠다고 약속한다" 같은 문장에서 드러나는 약속의 역설, "나는 내가 어떤 내기에서고 지리라는 쪽에 걸겠다" 같은 문장이 드러내는 내기의 역설 따위가 명령, 약속, 내기라는 언어 '행위'의 조건을 만족시키지 못해 발생하듯, 거짓말쟁이 역설도 '참이다'라는 낱말에 담긴 '동의'라는 행위조건을 만족시키지 못해 생겨난다고 설명한다. 말하자면 '참이다'라는 진리 술어도, '명령하다' '약속하다' '내기 걸다' 같은 전형적 수행동사들처럼, (어떤 진술을 주장하거나 동의한다는) 수행 기능을 지닌다는 것이다.

이에 대해 이승종은 역설을 낳는 것은 진술의 속성이 아니라 진리의 개념이라고 반박한다. 명령의 역설, 약속의 역설, 내기의 역설 따위가 생기는 것도 근원적으로는 거기서 사용된 명령, 약속, 내기가 일상적으로 사용되는 명령의 개념, 약속의 개념, 내기의 개념이 아니기 때문이라는 것이 그의 견해다. 그는 이를 거짓말쟁이 문장으로 확대해 중첩구조론이라는 것을 내세운다. 그는 "이 문장은 거짓이다"라는 문장을 "이 문장은 거짓이다. 이 문장은 거짓이다"라는 동일한 두 문장이 포개진 것으로 분석한 뒤, 이 문장을 자기지시적으로 사용하면서도 그것의 진리치를 그것이 지시하는 문장의 진리치에 의존시키는 논리학자들의 이상한 태도(사용) 때문에 역설이 생긴다고 설명한다. "다음 문장은 거짓이다. 앞 문장은 참이다"가 자기지시적 문장이 아닌데도 거짓말쟁이 역설 같은 역설을 낳는 것 역시 이들이 변형된 중첩구조를 지녔기 때문이라는 것이 이승종의 생각이다.

뭔가 좀 미심쩍어 보일지도 모르겠다. 그저, 비슷한 말일진 모르겠으나 논리학자 알프레드 타르스키의 가르침에 따라, 사실의 언어와 언어의 언어를 분별하지 않은 데서 이런 역설이 나왔다는 정도로 해두자.

이발사의 역설

에피메니데스의 시는 성경을 비롯한 많은 문헌에서 인용됐지만, 그것이 거짓말쟁이 문장으로 이해되지는 않았다. 인솔루빌리아(풀 수 없는 문제들)라는 이름 아래 갖가지 형태의 거짓말쟁이 역설을 살피던 중세 철학자들도 에피메니데스 문장에 주목하지 않았다. 에피메니데스라는 이름이 거짓말쟁이 역설과 명확히 연결된 것은 19세기 말~20세기 초 버트런드 러셀에 이르러서다.

러셀은 그 자신 수학사와 논리학사를 뒤숭숭하게 만든 '러셀의 역설'을 발견하기도 했다. 역설은 크게 집합론적(수학적, 논리적) 역설과 의미론적(인식론적) 역설로 나뉘는데, 러셀의 역설은 대표적인 집합론적 역설이고, 거짓말쟁이 역설은 의미론적 역설에 속한다. 러셀의 역설이란 '자기자신을 원소로 갖지 않는 모든 집합들의 집합'이 맞닥뜨리는 역설이다. 이 집합은 자신을 원소로 갖는가 그렇지 않은가? 갖는다고 가정하면 갖지 않는다는 결론에 이르고, 갖지 않는다고 가정하면 갖는다는 결론에 다다른다.

러셀은 이런 예를 들었다. 어느 마을에 제 머리를 스스로 깎지 않는 사람의 머리만 깎아주는 이발사가 살고 있다. 그는 제 머리를 깎게 될까 그러지 않게 될까? 그가 제 머리를 깎는다면 스스로 머리를 깎는 사람이다. 그러므로 그는 제 머리를 깎아서는 안 된다. 한편 그가 제 머리를 깎지 않는다면, 그는 자신이 머리를 깎아주어야 할 사람들에 속하게 된다. 따라서 그는 제 머리를 깎을 수도 없고, 안 깎을 수도 없다.

논리학자 고틀로프 프레게의 긴 노고를 한 순간에 허물어뜨렸다는 이 역설은 손쉽게 변주할 수 있다. 예컨대 위 이발사의 난처한 처지는 자화상을 그리지 않는 사람들에게만 초상화를 그려주는 화가, 자서전을 쓰지 않는 사람들의 전기만 쓰는 전기 작가, 저 먹을 걸 스스로 만들지 않는 사람에게만 먹을 걸 만들어주는 요리사의 처지와 같다. 이런 직업군 대신에 단어와 숫자를 넣어 조금 까다로워진 그렐링-넬슨의 역설과 리샤르의 역설도 러셀의 역설을 확장한 것이라 할 수 있다.

허영의 전시장
개인숭배의 언어

'위수동' '친지동'이라는 말이 사람들의 입에 오르내리던 시절이 있었다. 1980년대 끝머리쯤이다. '위수동'은 '위대한 수령 김일성 동지'를 줄인 말이고, '친지동'은 '친애하는 지도자 김정일 동지'를 줄인 말이다. 줄이기 전의 말에는 북쪽 사람들이 자신들의 정치 지도자에게 건네는 존경과 사랑의 뜻이 담겼겠으나, 남쪽에서 쓰인 줄임말들은 이와 반대로 비아냥거림의 뜻빛깔이 짙었다. 말하자면 남쪽에서 이 줄임말을 썼던 사람들은 학생운동권과 사회운동권 한 모퉁이에 둥지를 틀고 있던 이른바 주사파(주체사상파)가 아니라, 그 주사파를 빈정거리는 개인숭배 반대자들이었다.

그 시절 남한 운동권의 주사파가 실제로 '위대한 수령 김일성 동지'나 '친애하는 지도자 김정일 동지'를 되뇌었는지는 모르겠다. 게다가, '위수동' '친지동'이라는 말로 북한체제와 남한 주사파를 조롱했던 사람들 가운덴 그들과 이형동질의 전근대적 정조를 나눠 가졌던 박정희 숭배자들도 있었을 테니, 북쪽의 개인숭배에만 눈을 흘기는 것은 공정하지 않을 수도 있다. 그러나 세칭 6·15 시대에도 북한에서 계속되고 있는 이 시대착오적 개인숭배는, 그것의 배경이자 효과인 최고권력의 혈연적 승계와 더불어, 북한체제를 현대의 공산주의 체제로 여길 수 없는 근거다. 이 체제에서 도드라지는 것은 좌익적 현대성이 아니라 우익적 봉건성이다. 이 봉건성은 북한 체제의 공식 언어에, 특히 개인숭배와 관련된 언어에 가장 또렷하게 새겨져 있다.

1979년 북한 공업출판사에서 나온 『우리말 어휘 및 표현』이라는 책은 본문 앞에 '위대한 수령 김일성 동지에 대한 존칭수식사와 수령님을 높이 우러러 칭송하는 표현'과 '경애하는 수령 김일성 동지에 대한 흠모와 충성의 마음을 나타내는 표현'이라는 두 개 장章을 얹었다. 한국어를 숨쉬듯 사용해온 사람이 이 대목을 읽는 일은 고통스럽다. 그것이 모국어의 큰 상처 하나를 엿보는 일이기 때문이다. 거기 적힌 한국어는 가장 장식적인 한국어가 가장 조야한 한국어이자 가장 타락한 한국어라는 것을 거듭 확인시켜준다.

오늘날, 가장 보수적인 역사학자나 논객들도 청년 김일성이 뛰어나고 어기찬 항일무장투쟁 지도자였다는 사실을 부인하지 않는다. 온건한 정치 노선을 지지하는 논자들 가운데도 조선민주주의인민공화국 창건기에 김일성이 내린 정치적 판단들과 그에 따른 실천을 기꺼이 이해하는 사람들이 있다. 1950~1953년 전쟁의 큰 책임이 그에게 돌아가야 마땅하다는 사실과는 별개로, 많은 사람들이 북한의 전후 복구 과정에서 김일성이 보여준 지도력이 걸출했다는 점을 인정한다. 그것을 인정한 사람들이 존 로빈슨 같은 '좌파' 경제학자나 루이제 린저 같은 '주석의 친구'만은 아니었다.

그러나 여느 현대인의 감수성을 지닌 사람이라면, 설령 그가 김일성의 인물됨이나 행적에 비교적 너그러운 사람일지라도, 살아 있는 지도자에게 헌정된 이런 허영의 언어 앞에서 눈살을 찌푸리지 않을 수 없을 테다.

"절세의 애국자이시며 민족적 영웅이시며 백전백승의 강철의 령장이시며 국제공산주의운동과 로동운동의 탁월한 령도자이신 우리 당과 인민의 위대한 수령 김일성 동지 만세!"

"인류가 낳은 혁명의 영재이시며 민족의 태양이시며 전설적 영웅이신 위대한 수령 김일성 동지."

"빛나는 지략과 비범한 통찰력으로 전쟁의 매단계마다 탁월한 군사전략적 방침과 독창적인 전법들을 내놓으시고 강의한 의지와 비상한 혁명적 전개력으로 전체 인민과 인민군 장병들을 전쟁승리에로 령도하신 위대한 수령님."

"한 고지를 점령하시고는 련이어 보다 더 높은 새로운 고지에로 대중을 불러일으키시는 비범한 혁명적 령도예술을 체현하신 위대한 수령님."

"비범한 예지와 과학적 통찰력으로 천만고리 얽힌 매듭을 한 손에 꿰드시고 그 자리에서 명철하게 풀어주시는 위대한 수령님."

"인민의 모든 념원과 소원을 어느 하나도 빠짐없이 다 풀어 주시면서도 오직 하나의 념원, 장구하고 간고한 혁명의 길에서 쌓이고 쌓인 피로를 다문(다만) 하루, 한 시라도 편히 풀어주실 것을 간절히 바라는 인민들의 절절한 그 소원만은 뒤로 미루시며 오늘도 궂은 날씨와 진창길, 이슬 차거운(차가운) 새벽길과 바람 사나운 바다길도 마다하지 않으시고 몸소 현지지도의 길을 걷고 걸으시는 어버이수령님."

이 존칭수식사들에서 드러나는 김일성의 모습은 뛰어난 인간이라기보다 전지전능한 신에 가깝다. 그리고 힘들게 꾸민 이 신격의 겉치레 속에서 '인간 김일성'의 매력은 가뭇없이 사라진다. 이런 존칭수식사들을 만들어낸 북의 선전 담당자들은 이 꾸밈의 언어들이 자신들의 지도자를 거룩하게 하기는커녕 웃음거리로 만들 수 있다는 사실을 정말 몰랐을까? 자신들이 그린 성화聖畫가 희화戲畫로 받아들여질 수 있다는 데 생각이 조금도 미치지 않았을까? 그랬다면 그것은 북의 이데올로그들이 심미적으로 매우 둔감하다는 뜻일 테다. 그리고 그런 심미적 둔감은 북 체제의 봉건성과도 끈이 닿아있을 것이다. 수령에 대한 인민의 충성심을 나타내는 표현으로 그 책에 예시된 문장들도 읽어 내려가기 거북하다. 거기서 들리는 것은 북한 사회의 구성원리이자 작동원리라는 주체사상의 대척에 있는, 극단적으로 비주체적인 인민의 목소리다.

"오직 위대한 수령님께 자기의 모든 운명을 전적으로 의탁하고 주체위업의 종국적 승리를 위하여 싸워나간다."

이 문장이 인민에게 북돋는 것은 (개인으로서의) 주체의 포기다. 그러니까 주체 위업의 승리를 위해서는 주체를 포기해야 한다는 역설이 당당히 선언되고 있다. 이런 '종속된 자'의 다짐, 노예의 다짐이 네 면에 걸쳐 나열된다. 말투도 엇비슷하다.

"위대한 수령님의 교시를 무조건 접수하고 그것을 자로 하여 모든 것을 재어본다."

"위대한 수령님의 사상의지대로만 사고하고 행동한다."

"위대한 수령님의 교시 집행에서 무조건성의 원칙을 철저히 지킨다."

"위대한 수령님의 교시를 곧 법으로, 지상의 명령으로 여기고 그 관철에서 무한한 헌신성과 희생성을 발휘한다."

"경애하는 수령님의 심려를 덜어드리는 것을 최상의 영예로, 신성한 의무로 여기고 오직 어버이수령님께 만족과 기쁨만을 드리기 위해 모든 것을 다 바쳐 투쟁하고 있는 우리 인민."

'혁명의 뇌수이시며 심장이신 위대한 수령님'이 국가의 이름으로 이미 선포된 마당에, 모든 인민이 그 수족이 되는 것은 당연한 일인지도 모르겠다. 이런 미망迷妄의 언어들이 버젓이 활자화되는 것을 놓아두거나 부추긴 사람이 1930년대 한만韓滿 국경을 누비며 민족해방을 위해 헌신하던 바로 그 사람이었다는 데 생각이 미치면 입이 씁쓸하다. 그리고 이런 씁쓸함을 느낄 만한 미각도 없이 저 몽매의 언어들을 태연히 받아들였을 80년대 남한 젊은이 일부가 스무 해 뒤 '뉴라이트'라는 때때옷을 걸치고 또 다른 극단에서 수구반동의 나팔을 불어대는 꼴을 바라보는 것도 씁쓸하다.

개인숭배 앞뒤

절대왕정 시대 궁중 프로토콜의 일부였던 개인숭배 언어는 현대에 와서 좌우의 전체주의 체제를 거들며 민중 영역으로 파고들었다. 1920~30년대 유럽의 파시즘 열풍은 이탈리아, 독일, 스페인에 무솔리니, 히틀러, 프랑코라는 독재자를 차례로 탄생시켰고, 이들은 각각 '두체' '퓌러' '카우디요'(지도자, 수령 따위의 뜻)를 자처하며 개인숭배를 슬며시 또는 까놓고 조장했다. 공산주의 진영에서도 스탈린과 마오쩌둥, 루마니아의 차우셰스쿠 등은 개인숭배를 통치의 한 방편으로 삼았다.

우익독재가 길게 이어진 남한에선, '국부國父' 이승만 치하의 몇몇 돌출적 풍경을 제외하면, 북한이나 순정 파시즘 체제에 견줄 만한 개인숭배는 없었다. 개인숭배의 연료로 삼을 상징자본을 군인정치인들이 권력 찬탈 이전에 마련해놓지 못한 탓(이라기보다 덕분이겠지만)일 수도 있다. 그래도 그런 시도의 흔적은 있다. 예컨대 1972년 10월의 친위쿠데타 이후, 박정희 정권은 이런 말놀이를 아이들에게 유행시켰다. "1 일하시는 대통령, 2 이 나라의 지도자, 3 삼일정신 받들어, 4 사랑하는 겨레에, 5 오일륙 일으키시니, 6 육대주에 빛나고, 7 칠십년대 번영은, 8 팔도강산 뻗쳤네, 9 구국영단 내리니, 10 시월유신이로다." 역겨운 언어다.

발달한 민주적 자본주의 사회에선 개인숭배가 없는가? 고전적 의미의 개인숭배를 찾기는 어렵다. 그러나 문화-스포츠 산업의 스타시스템은 유사 개인숭배를 만들어내고 있다. 실제로 이런 스타시스템과 관련된 광고 카피나 저널리즘 언어, 문학상 심사소감, 팬사이트 언어 따위는 개인숭배 언어와 닮은 데가 적지 않다. 그리고 이런 장식적 언어는 이른바 주례사 비평을 통해서 전통적 글쓰기의 공간으로까지 스며들고 있다.

새로운 사회방언?
외국인들의 한국어

대한민국에 사는 사람 100명 가운데 한 명 이상은 외국인이거나 외국계 한국인이다. 1980년대까지 한국 거주 외국인들의 주류를 이뤘던 북미-유럽계 사람들이 한국어를 거의 할 줄 몰랐던 데 비해, 90년대 이후 한국에 들어온 아시아계 사람들은 대개 한국어를 할 줄 안다. 이들 가운데 적잖은 수가 한국인 배우자를 두고 있고, 그렇지 않더라도 노동 공간에 긴밀히 접속돼 있기 때문이다. 이들에게 한국은 머무는 곳이 아니라 살아가는 곳이다.

한국에 사는 외국인들의 한국어 구사 능력은 적응 정도에 따라 크게 차이지지만, 한국어를 모국어로 배운 사람들의 한국어와는 꽤 다르다. 그들의 모국어가 새로 익힌 한국어에 간섭하고 있기 때문이다. 이것은 한국인이 외국어를, 이를테면 영어를 배울 때도 생기는 일이다. 예컨대 한국어 '결혼하다'는 자동사여서, "나와 결혼해 줘"라고 얘기해야지 "나를 결혼해 줘"라고 말할 수는 없다. 그래서 영어를 처음 배우는 한국인은 "Marry me"라는 두 낱말 사이에 'with'를 끼워 넣고 싶어 입이 근질근질하다. 모국어인 한국어가 새로 배우기 시작한 영어에 간섭하는 것이다.

한국어는 음운구조나 통사구조가 주류 자연언어들과 크게 달라서, 외국인들이 쓰는 한국어에는 이들의 모국어나 (한국어가 아닌) 제2언어가 행사하는 간섭의 흔적이 짙어 보일 수밖에 없다. 많은 자연언어가 조음점이 같은 자음들을 성대 진동 여부(유성/무성)로 변별하는 데 견주어, 한국어는 기식氣息, aspiration의 정도(/h/ 소리를 동반하는 정도)에 따라 이 자음들을 변별한다. 그래서 한국인들에게는 너무 쉬운 /ㄱ/ /ㅋ/ /ㄲ/, /ㄷ/ /ㅌ/ /ㄸ/, /ㅂ/ /ㅍ/ /ㅃ/, /ㅅ/ /ㅆ/의 구별이 어떤 외국인들에게는 넘지 못할 산이다.

한국어에서 유성 자음은 /ㄴ/ /ㄹ/ /ㅁ/ /ㅇ/ 같은 소리말고는 유성음(이들 네 자음과 모음) 사이의 동화를 통해서만 나타난다. 이를테면 '고고학'의 첫 음절과 둘째 음절은 음소 수준에서 둘 다 /ㄱ/으로 시작하지만, 음성 수준에선 각각 [k]와 [g]로 실현된다. 그래서 '고고학'은 [koːgohak]으로 발음된다. 두번째 음절의 무성 평자음 /ㄱ/이 그것을 둘러싼 두 모음(첫 음절의 /ㅗ/와 둘째 음절의 /ㅗ/)의 영향을 받아 유성음으로 변하는 것이다. 한국어 화자들은 어려서부터 이런 규칙을 깊이 내면화하고 있어서 그걸 깨닫지도 못한 채 실현하지만, 제 모국어에 이런 규칙이 없는 외국인들에게는 이게 쉬운 일이 아니다. 그래서 그들은 '고고학'을 흔히 '고코학' '고꼬학' '코코학' '코꼬학' 비슷하게 발음하기 쉽다.

무성 평자음이 두 유성음 사이에서 유성자음으로 변한다는 규칙은 한국어 음운규칙 가운데 가장 간단한 것이다. 한국어는 이보다 훨씬 복잡한 음운규칙들을 수도 없이 지니고 있다. 예컨대 '독립문'을 글자 그대로 [독립문]으로 읽지 않고 왜 [동님문]으로 읽어야 하는지, '불난리'를 쓰여진 글자대로 [불난리]로 읽지 않고 왜 [불랄리]로 읽어야 하는지 한국어를 배우기 시작한 외국인들은 알 도리가 없다. '낯을' '낮을' '낫을'이라고 말할 땐 첫 음절 마지막 음소가 글자대로 [ㅊ] [ㅈ] [ㅅ]으로 실현되는 데 비해, 앞의 명사들이 홀로 남아 '낯' '낮' '낫'이 되면 그 마지막 소리가 왜 하나같이 [ㄷ]으로 중화하는지도 알 길이 없다. 사실 그 정확한 이유는 대다수 한국인들도 모른다. 그들은 다만 그 규칙을 내면화하고 있을 뿐이다. 그런데 그 내면화가 제 모국어에 이런 규칙이 없는 외국인들에겐 절망감이 생길 만큼 어려운 일이다. 이런 복잡한 규칙이 아니더라도, 예컨대 /ㅡ/나 /ㅢ/ 같은 모음을 지닌 자연언어는 매우 드물어서, 외국인들이 이 소리를 제대로 익히는 일도 쉽지 않다.

통사 수준의 어려움은 이보다 훨씬 더하다. 통사구조가 한국어와 꽤 엇비슷한 일본어화자가 아닌 경우에, 한국어를 막 익히기 시작한 외국인들은 낱말들을 똑바른 순서로 배열하는 데 적잖은 어려움을 느낀다. 주격 조사 '이' '가'와 보조사 '는' '은'의 구별은 이들에게 악몽이다. 구별은커녕 많은 외국인들이 제 모국어에 없는, 이 조사라는 괴물을 아예 생략해버린다. 그래서 한국어에 아직 충분히 동화하지 못한 어느 동남아시아 사람이 "아이 학교 가요"

라고 말했을 때, 이것이 "내가 아이(의) 학교에 가요"의 뜻인지, "아이가 학교에 가요"의 뜻인지는 화용 맥락에 따라 판단할 수밖에 없다. 이런 예는 한국어를 익히기로 마음먹은 외국인들이 겪어야 할 끝도 없는 고달픔의 시작일 뿐이다. 통사구조를 익히는 것으로 마무리될 일도 아니다. 한국인들도 더러 헷갈려 할 만큼 복잡한 경어체계가 그 뒤에 기다리고 있다. 설이나 추석 때 텔레비전 프로그램에 나와 한국어를 유창하게 구사하는 외국인들은 이 모든 어려움을 이겨낸 예외적인 사람들이다.

한국에 삶의 터전을 마련하기로 결정하거나 아예 한국인이 되기로 마음먹는 외국인들은 앞으로 점점 늘어날 것이다. 이들에게 한국어 교육 프로그램이 사회 차원에서 집중적으로 제공된다면, 이들의 한국어는 점점 한국인들의 표준 한국어에 가까워질 것이다. 그렇지만 지금처럼 이들이 한국어 교육 바깥에 계속 방치된다면, 그리고 이들이 모국어 집단별로 사용하는 탈규범적 한국어가 어느 수준의 실용성을 획득한다면, 한국에도 일종의 혼합어로서 피진이나 크레올● 비슷한 것이 생겨날 수도 있다.

●**피진과 크레올**

어떤 사회적 이유로 둘 이상의 자연언어가 뒤섞이게 되면 언어학자들이 흔히 '피진' '크레올' 따위로 부르는 혼종어가 생길 수 있다. 피진과 크레올은 이른바 '지리상의 발견' 또는 '대항해' 시대 이래 유럽어와 현지어가 섞여 태어난 '튀기언어'들이다.

피진pidgin은 흔히 상거래에서 사용되는, 문법이 간단하고 음운이 휘어지고 어휘가 제한된 영어를 가리킨다. 피진은 18세기 중국 남부도시 광저우廣州에서 처음 형성됐다. 광둥성

廣東省의 중국인 상인들과 영국인 상인들은 자신들의 모국어인 광둥어나 표준 영어 대신에 이 변형된 영어를 교역 언어로 삼았다. '피진'은 영어 단어 '비즈니스business'의 광둥어식 와전이다. 그러니까 피진은 본디 광둥어와 뒤섞이면서 간략해진 영어를 가리켰고, 지금도 그냥 피진이라 하면 피진 영어pidgin English를 가리키는 일이 예사다.
그러나 이것은 좁은 의미의 피진이다. 이런 식으로 간략해진 혼종 언어는 그 뒤 다른 식민국 언어와 현지 언어 사이에서도 생겨나기 시작했고, 이내 피진은 '영어와 광둥어의 혼종어'라는 본래의 뜻을 벗어나 간략한 혼종어 일반을 가리키게 됐다. 특히 태평양의 멜라네시아 지역에는 유럽어(영어만이 아니라 독일어, 포르투갈어 등) 요소와 말레이어, 멜라네시아어파의 여러 언어 요소들이 뒤섞여 갖가지 피진이 생겼다. 아프리카에서도 프랑스어, 네덜란드어, 영어, 포르투갈어 등 유럽어가 현지어 요소와 섞여 피진을 낳았다.
피진은 서로 다른 언어 배경을 지닌 화자들이 '교통언어' '접촉언어'로 사용하는 혼성어일 뿐 그것 자체를 모국어로 삼는 화자는 없다. 18세기 중국 광저우에서 처음 피진을 사용한 영국인들과 중국인들에게 영어와 광둥어라는 모국어가 따로 있었듯, 그 뒤에 생긴 피진의 화자들도 다 제 모국어를 따로 지니고 있었다. 그러니까 피진은 그것을 사용하는 사람 누구에게도 제1언어가 아니다. 그것은 그저 임시변통의 언어일 뿐이고, 따라서 대개 입말 형태로만 존재할 뿐 기록되지 않는다.
그런데 세월이 지나면 이런 피진을 제1언어로, 다시 말해 모국어로 삼는 화자집단이 생겨날 수 있다. 그럴 경우엔 이 혼종어를 피진이 아니라 크레올creole이라고 부른다. 크레올은 피진과 달리 견고한 문법구조를 지녔고, 그래서 흔히 서기 언어로도 사용된다. 크레올 가운데 가장 잘 알려진 것은 프랑스어에 바탕을 둔 카리브해 일대의 크레올이다. 이 지역의 크레올은 문학 언어로서도 버젓하다. 오늘날 전세계에는 수십종의 크레올이 존재한다.
프랑스어 '크레올'은 16세기말 스페인어 '크리오요'에서 차용됐고, 이 스페인어 단어의 기원은 포르투갈어에 있다. 이 말은 본디 브라질의 흑인 혼혈인을 가리키다가, 아메리카 식민지에서 태어난 유럽계(주로 스페인계) 백인을 가리키게 되었다. 지역에 따라서는 그 반대로 아메리카 식민지의 유색인을 가리키기도 했다. 아무튼 크레올이라는 말은 처음에 언어를 가리킨 것이 아니라 사람을 가리켰다. 요즘도 이런 용법이 남아 있어서, 미국에서는 루이지애나의 프랑스-스페인계 백인이나 이들과 흑인 사이의 혼혈인을 크레올이라 부른다.
크레올이라는 말이 언어와 관련해 사용되기 시작한 것은 17세기 말이다. 당초 세네갈 일부 지역에서 쓰이던 포르투갈어 방언을 가리켰던 이 말은 그 뒤 포르투갈어만이 아니라 프랑스어, 영어, 네덜란드어, 스페인어 등의 식민지 방언을 두루 가리키게 되었고, 더 나아가 오늘날 우리가 '피진'이라고 부르는, 서로 다른 모국어 화자 사이에 통용되는 혼성교통어를 가리키기도 했다. 그러니까 피진과 크레올의 구분은 오래도록 모호했던 셈이다. 크레올이 오늘날 우리가 이해하고 있는 바의 언어학적 의미를 얻게 된 것은 20세기 들어서다.

우리말 안의 그들 말
접촉과 간섭

외국인이 쓰는 한국어가 한국인이 쓰는 한국어와 달라 보이는 것은 그 외국인의 모국어가 새로 배운 한국어에 간섭하기 때문이라고 앞 장에서 지적한 바 있다. (언어)간섭interference은 두 자연언어가 접촉contact했을 때 그 효과로 한쪽 또는 양쪽 언어에서 일어나는 규범이탈이나 규범변경을 가리킨다. 앞서 살핀 것은 한 개인이 부려쓰는 두 자연언어가 그 개인의 두뇌에서 맞닿아 꼬이며 빚어진 간섭이었다. 그러나 한 개인이 어떤 외국어를 구사할 줄 모르더라도 그의 모국어가 오랜 세월 그 언어와 접촉했다면, 이 개인의 모국어에는 그 외국어의 간섭 흔적이 남아 있게 마련이다. 그 외국어가 그의 모국어보다 세력이 큰 언어일 경우에는 더 그렇다. 이때의 간섭은 이 특정한 개인만이 아니라 모국어를 그와 공유하는 화자 집단 전체가 겪는 간섭이다.

19세기 끝머리 이후로 한국어에 가장 크게 간섭한 자연언어는 일본어다. 1945년까지는 일본어와의 접촉이 한반도 주민집단 대부분에게 열려 있거나 강요되었고, 그 뒤에도 일부 지식인들을 통해 그 접촉이 계속되었으니, 간섭의 흔적이 큰 것은 당연하달 수 있다. 일본어의 간섭은 1945년 이후 남한에서 크게 위세를 떨친 영어의 간섭보다도 훨씬 깊고 넓게 이뤄졌다. 그 간섭은 특히 한국어의 한자어 계통 어휘부를 뿌리부터 뒤흔들었다. 그래서 그 전까지 중국어의 그늘을 짙게 드러냈던 한국어 한자어들은 오늘날 일본어 쪽을 훨씬 더 닮게 되었다. 일본인들이 만들어낸 허다한 한자 신조어들이 한국어 어휘부로 밀려들어왔을 뿐만 아니라, 그 전부터 한국어에 있던 한자어들도 일본어의 간섭으로 뜻이 바뀌었다.

예컨대 한국어에서 '생산生產'은 본디 '아이를 낳는 일' 곧 '출산'의 뜻이었으나, 이젠 일본어 '세이산生產'의 쓰임새에 간섭을 받아 '인간 생활에 필요한 물건을 만드는 일'을 뜻하게 되었다. 물론 '생산'이라는 말이 지금도 '출산'의 의미로 쓰이는 일이 더러 있기는 하지만 그것은 주변적 의미가 되었고, 게다가 그런 의미의 '생산'은 낡은 말투로 여겨진다. 남의 아내를 점잖게 이르는 말이었던 '실내室內'도 이제 그런 의미를 거의 잃어버리고 일본어 '시쓰나이室內'의 간섭으로 '방안, 집안'을 뜻하게 되었다.

이런 예는 수두룩하다. 몇 개만 더 살펴보자. '마음속'을 뜻했던 '중심中心'은 일본어 '주신中心'의 간섭으로 '한가운데'를 뜻하게 됐고, 막 결혼한 여성 곧 '새댁'을 뜻했던 '신인新人'은 일본어 '신진新人'의 간섭으로 본디 뜻을 거의 잃어버리고 '어떤 분야에 새로 들어온 사람'을 뜻하게 됐다. '방송放送'은 본디 '죄인을 풀어줌'의 뜻이었으나 일본어 '호소放送'의 간섭으로 '새소식이나 오락물을 전파에 실어 내보냄'을 뜻하게 됐고, '발명發明'은 본디 '죄가 없음을 말하여 밝힘' 곧 '변명'의 뜻이었으나, 이젠 그런 용법은 사극에서나 볼 수 있을 뿐 일본어 '하쓰메이發明'의 간섭으로 '새로운 기술이나 물건을 만들어냄'의 뜻을 지니게 되었다.

일본어가 한국어에 간섭한 것은 의미 수준에서만이 아니다. 현대 한국어와 현대 일본어의 문장 구조가 매우 닮은 것은 이 두 언어의 유형이 본디 비슷했다는 사정말고도, 구한국 시절 이후 한국어가 일본어로부터 받은 통사 간섭에 적잖은 이유가 있다. 일본말투의 전형으로 흔히 지적되는 '-에 있어서'는 말할 것도 없고, 관형사구를 만들어내는 '-에의' '-에로의' '-로서의' '-로부터의' 따위 겹조사 표현도 일본어 통사구조의 간섭으로 태어났다. 일본어를 직역하다보니 그런 간섭을 피할 수 없었을 테다. 또 피동형의 남용도 일본어가 한국어 통사구조에 간섭한 결과랄 수 있다.

두 언어의 접촉에 따른 간섭은 다른 자연언어들 사이에서도 흔히 볼 수 있는 일이다. 1066년 노르망디공 윌리엄의 잉글랜드 정복 이후 수백 년 간 영어에 간섭했던 프랑스어는 20세기 들어 거꾸로 영어의 간섭을 받고 있다. 프랑스어에는 본디 영어의 -ng(우리말의 받침 'ㅇ')에 해당하는 연구개음이 없었지만, parking이나 home banking 같은 영어가 프랑스어 어휘부에 들어오면서 이 음이 독립 음소로 자리잡아 가는 중이다. 또 프랑스어 동사 realiser는 당초

'실현하다, 구현하다'의 뜻만 지니고 있었지만, 영어 realize의 의미 간섭을 받아 지금은 '깨닫다'라는 뜻도 겸하게 되었다. 영어 realize가 본디 프랑스어 realiser의 차용어라는 점을 생각하면 재미있는 역전이다.

가짜 친구 Faux amis

간섭은, 가장 넓은 뜻으로 쓰일 때, 접촉하는 두 자연언어 한쪽 또는 양쪽에서 이 접촉의 효과로 일어나는 변화를 몽땅 가리키기도 한다. 이런 뜻의 간섭은 그 외연이 차용과 거의 겹친다. 옆 기사에서 간섭의 예로 거론한 것들도 결국은 의미, 통사, 음운 수준의 차용이었다. 자연언어들 사이에서 일어나는 차용의 가장 큰 부분은 어휘 형태의 직접적 차용이다. 그래서 한 언어가 다른 언어에 행사하는 간섭의 가장 큰 부분도 어휘 간섭이랄 수 있다. 두 언어의 격렬한 접촉은 양쪽에 이른바 '외래어'를 만들어낸다.
오늘날 영어는 세계의 다른 모든 자연언어의 어휘에 깊이 간섭하고 있지만, 과거엔 프랑스어의 깊은 간섭을 받았다. 그 간섭의 정도는 한국어나 일본어 어휘에 대한 중국어의 간섭에 견줄 수 있을 만큼 컸다. 프랑스어가 영어에 들입다 간섭하기 시작한 것은 프랑스 북서부 노르망디 지방의 영주 윌리엄(프랑스어로는 '기욤')이 잉글랜드에 쳐들어가 노르만왕조를 세운 1066년 이후다.
영국사에서 노르만 정복 Norman Conquest으로 알려진 이 사건 뒤로, 프랑스어는 잉글랜드에서 수백 년 동안 지배계급의 언어 노릇을 했다. 잉글랜드에서 영어가 프랑스어를 제치고 다시 제1공용어가 된 것은 14세기 후반~15세기 전반의 백년전쟁 뒤다. 이 전쟁이 프랑스와 프랑스어에 대한 잉글랜드사람들의 거리낌을 부추긴 덕이다. 그러나 그 뒤로도 프랑스어는 여전히 잉글랜드 법정의 언어였다. 그 나라 법원이 프랑스어를 포기하고 영어를 쓰기 시작한 것은 1731년에 들어서다. 그 때는 이미 영어 어휘의 반 이상이 프랑스어로 채워진 뒤였다.
프랑스어의 영어 간섭은 영어에 셀 수 없이 많은 유의어 쌍을 만들어내 이 언어를 살찌웠다. 물론 그 유의어들은 뉘앙스에서 거의 일관된 차이를 보였다. 프랑스어는 잉글랜드 지배계급의 언어였으므로, 영어에 흡수된 프랑스어 단어도 본디 있던 앵글로색슨 단어(게르만계 단어)보다 더 기품과 격조가 있어 보였다. 예컨대 to begin(시작하다)과 to commence, to end(끝내다)와 to finish, to feed(먹이다)와 to nourish, to help(돕다)와 to aid, to sell(팔다)과 to vend, to keep up(유지하다)과 to maintain, to answer(대답하다)와 to reply, to sweat(땀흘리다)와 to perspire 같은 영어동사들의 유의어 쌍에서, 거의 일관되게 더 격이 있어 보이는 것은 앵글로색슨 계통 어휘인 앞쪽이 아니라 프랑스어에서 차용한 뒤쪽이다. 한국어에서 한자어가 그 고유어 유의어보다 흔히 더 격조 있어 보이는 것과 비슷하다. 물론 격식의 뉘앙스를 띤다는 것이 늘 긍정적이진 않다. 한국어에서 한자어보다는 고유어가 정서를 환기시키는 힘이 더 크고 그래서 더 한국어답게 들리듯, 영어에서도 프랑스어계 낱말보다는 앵글로색슨계 낱말이 그 정서적 환기력 덕분에 더 영어다워 보이는 경우가 많다. 아무튼 한자어가 한국어 어휘를 크게 두 층(고유어와 한자어)으로 만들었듯, 프랑스어계 외래어도 영어 어휘를 크게 두 층으로 만들었다.

프랑스어에서 차용된 영어 낱말들은 그 말들의 원산지인 프랑스어에서보다도 격식의 뉘앙스가 짙다는 점을 지적하자. 프랑스어에서는 그 낱말들에 지배계급의 표지가 없었던 데 비해, 영어에서는 오래도록 지배계급의 표지가 붙어있었기 때문이다. 그래서 예컨대 to commence, to nourish, to vend, to aid 같은 영어동사들은 이 말들의 원래 형태인 프랑스어 동사 commencer, nourrir, vendre, aider 따위보다 격식의 뉘앙스가 짙다. 다시 말해 프랑스사람들에게 이 프랑스어 낱말들이 환기시키는 정서를 영국인들에게 거의 비슷하게 환기시키는 영어 낱말은 프랑스어와 형태가 닮은 이 차용어들이 아니라 to begin, to feed, to sell, to help 같은 고유어다.

그런데 프랑스어 낱말과 이를 차용한 영어 낱말 사이에 이런 뉘앙스 수준에서가 아니라 의미 수준에서 차이가 벌어진 예도 적지 않다. 차용이 이뤄진 뒤에, 프랑스어에서든 영어에서든 또는 양쪽 다에서든, 그 낱말의 뜻이 변했을 때 이런 일이 일어난다. 그 경우에, 도버해협을 건너서 빌려주고 빌려온 이 낱말들은 형태도 닮았고 어원도 같지만, 의미는 다르다. (물론 어원이 같으므로 의미연관이 있긴 하다.) 예컨대 영어 advertisement(광고)는 프랑스어 avertissement(경고)을 차용한 것이지만 그 뜻이 다르다. 15세기에 이 말이 프랑스어에서 영어로 차용됐을 땐 도버해협 양쪽에서 다 '경고'의 뜻이었지만, 그 뒤 영어에서 이 낱말의 뜻이 변해 그 의미 대응이 고스란하지 않게 된 것이다. 그래서 오늘날 프랑스어 avertissement에 해당하는 영어는 warning이고, 영어 advertisement에 해당하는 프랑스어는 publicité다. 언어교사들은 avertissement과 advertisement처럼 겉모습은 닮았지만 의미가 다른 쌍들을 '가짜 친구faux amis'라고 부른다.

프랑스어와 영어 사이엔 이런 가짜 친구들이 적지 않다. 예컨대 프랑스어 librairie는 '서점'(영어의 bookshop)을 뜻하지만 이 단어를 차용한 영어 library는 '도서관'(프랑스어의 bibliothèque)을 뜻하고, 프랑스어 licence는 '학사학위'(영어의 university degree)를 뜻하지만 이 단어를 차용한 영어 license는 '면허'(프랑스어의 permis)를 뜻한다. 이런 가짜 친구들을 솎아내는 것이 프랑스어를 막 배우기 시작한 영국사람이나 영어를 막 배우기 시작한 프랑스사람에겐 가볍지 않은 짐이다. 형태만이 아니라 뜻이 닮은 '진짜 친구'들이 두 언어 사이에 훨씬 더 많기 때문이다. '가짜 친구'들은 프랑스어와 영어 사이에서만이 아니라, 접촉하는 두 언어 사이에서 흔히 발견된다. 이를테면 영어 단어 garden(정원)과 한국어 단어 '가든'(고깃집)도 가짜 친구다.

텔레비전 토론
문화상품으로서의 정치

한국에서 텔레비전 토론이 힘을 얻은 것은 제5공화국 군부파쇼 체제를 무너뜨린 1987년 6월항쟁 뒤다. 제5공화국은 컬러텔레비전 시대를 열어 시청자들의 색채감각을 키웠지만, '땡전 뉴스'라는 말로 상징되는 그 시절 텔레비전의 정치 시사 담론은 편파적 정권 홍보로 일관하며 시민들의 정치감각을 뭉그러뜨리는 데 골몰했다. 그 시절에도 토론 프로그램 비슷한 것이 있기는 했다. 제5공화국 초기에는 케이비에스KBS의 〈90분토론〉〈8시에 만납시다〉와 엠비시MBC의 〈이야기 좀 합시다〉 따위가 전파를 탔고, 80년대 중반에는 KBS의 〈금요토론〉〈시청자 토론〉과 MBC의 〈일요토론〉〈일요광장〉 따위가 편성됐다. 그러나 이 프로그램들은 서로 다른 의견을 지닌 출연자들 사이의 토론에 무게중심을 두었다기보다 비슷한 견해를 지닌 사람들끼리의 좌담을 통해 시청자를 '계도'한다는 취지가 컸다.

기실 이런 형식의 토론 프로그램은 텔레비전이 대중의 일상생활에 파고들기 시작한 1960년대부터 있었다. KBS의 〈TV 응접실〉(1962)과 〈어떻게 생각하십니까〉(1965), 티비시(TBC: 동양방송. 삼성 계열의 민영방송사로 1980년 언론통폐합 때 KBS에 흡수됐다)의 〈동서남북〉(1967)과 〈TBC 공개토론회〉(1969), MBC의 〈젊은 대화〉(1969) 따위가 대표적이다. 특히 TBC의 〈동서남북〉은 최초의 본격 텔레비전 토론 프로그램으로 꼽히기도 한다. 그러나 박정희 정권 시절의 이 프로그램들 역시 80년대 토론 프로그램들처럼 당대 정치체제의 폭력성에 주눅들 수밖에 없었고, 정권의 눈치를 세심히 살피는 방송사 쪽의 잦은 개편으로 그 수명도 길지 못했다. 1987년 시민항쟁이 정치적 민주주의의 물살을 흘려보내기 시작한 뒤에야, 텔레비전은 토론다운 토론의 마당이 되기 시작했다.

그 선편을 쥔 것은 KBS의 〈심야토론〉이다. 1987년 10월에 돛을 단 〈심야토론〉은 그 뒤 우후죽순처럼 생겨난 텔레비전 토론 프로그램의 본보기 노릇을 하며 여론의 바다를 주항해 오늘날 최장수 토론 프로그램이 되었다. 초창기에는 사회자가 노골적으로 한 쪽 의견을 편들어 시청자들의 빈축을 사기도 했으나, 서로 다른 정치적 사회적 견해 사이의 대화를 그럴 듯하게 이끌기 시작했다는 점에서 〈심야토론〉의 의의는 크다. 〈심야토론〉이 풀무질한 텔레비전 토론 프로그램 활성화 바람은 다른 방송사들로도 퍼져나가, 오늘날엔 지상파 방송 모두가 두세 개씩 텔레비전 토론 프로그램을 운영하고 있다. 그 가운데 가장 영향력 있는 프로그램으로 꼽히는

MBC의 〈백분토론〉은 1999년에 시작됐다.

〈백분토론〉은 손석희라는 이름과 떼어놓을 수 없다. 작고한 경제학자 정운영씨와 지금 복지행정 수장으로 있는 유시민씨가 손석희씨 이전에 이 프로그램의 사회를 맡긴 했지만, 〈백분토론〉에 다른 방송사들의 비슷한 프로그램과 확연히 다른 경쟁력을 공급한 것은 손석희씨다. 전문 아나운서 출신답게 말씨도 스타일도 깔끔한 그는 공정한 진행자로서 토론 분위기의 이완을 조절하며 그 흐름을 장악함으로써, 한국에서 가장 영향력 있는 토론 사회자가 되었다. 〈백분토론〉과 손석희씨의 영향은 상호적이었다. 〈백분토론〉을 가장 영향력 있는 토론 프로그램으로 만든 것은 손석희씨지만, 손석희씨를 가장 영향력 있는 언론인으로 만든 것도 (그가 MBC 라디오에서 진행하는 아침 프로 〈손석희의 시선집중〉과 더불어) 〈백분토론〉이라 할 수 있다. 올해(2006년) 3월 성신여대 교수로 자리를 옮긴 손석희씨는 지금도 〈백분토론〉과 〈손석희의 시선집중〉을 진행하고 있다. 그는 지난해 시사주간지 『시사저널』에 의해 한국에서 가장 영향력 있는 언론인으로 선정된 바 있다.

손석희씨의 예에서 보듯, 텔레비전 토론 프로그램은 스타를 낳는 분만실이 될 수 있다. 토론 프로그램을 진행하거나 단골 손님으로 거기 초대되는 이들은 시청자들에게 연예인 못지않게 친숙해질 기회를 얻게 돼 '명망성'이라는 무형 자산을 쌓을 수 있기 때문이다. 텔레비전 토론 프로그램 덕분에 태어난 또 다른 스타는 유시민씨다. 그는 손석희씨 이전의 〈백분토론〉 진행자로도 꽤 훌륭했지만, 토론자로서 훨씬 더 유능했다. 유시민씨는 누구에게도 지지 않는 논리와 박식과 능변으로 상대 토론자들을 제압하며 '똑똑한 사람'의 이미지를 얻었고, 스튜디오에서의 뜨거운 논쟁을 효과적인 정치 마당으로 활용함으로써 수많은 팬과 안티팬을 얻었다. 글싸움에서 시사평론가 진중권씨에게 이길 사람이 없다면, 말싸움에서 유시민씨에게 이길 사람은 없어 보인다. (말싸움에서 유시민씨를 눌렀다고 판정받은 이로 국회의원 전여옥씨가 있긴 하지만, 그것은 논리의 타래를 팽개친 채 막가는 '기싸움' 얘기이므로 '토론'과는 무관하다.) 본디 글 잘 쓰는 논객이었던 유시민씨는 사람을 압도하는 말솜씨를 보여줌으로써, 글 잘 쓰는 사람은 어눌하다는 속설을 불식시켰다.

텔레비전 토론 프로그램의 영향력이 커지면서, 이젠 토론에 능하지 않으면 정치인으로 성공하기 어려운 시대가 되었다. 유시민씨가 짧은 기간에 정치적 자산을 크게 불릴 수 있었던 것도 그가 토론에 능하다는 사실과 꽤 관련이 있을 테다. 텔레비전 토론이 정치에 가장 깊이 간여하는 것은 대통령 선거 때다. 대통령 후보 사이의 토론이 시작된 것은 1997년 제15대 대선 때부터다. 그 전에도 텔레비전 토론에 대한 여론의 요구는 있었으나, 우세한 후보가 이를 꺼려 당사자들끼리의 토론은 이뤄지지 않았다. 특히 16대 대통령 선거에서 텔레비전 토론은 정치에 깊숙이 끼여들었다. 민주당 대통령 후보 경선에서부터 본선에 이르기까지, 노무현 후보는 논리와 달변에 더해 신뢰감 주는 말투로 자신의 지적 능력과 도덕성을 과시하고 국가 비전을 제시했다.

텔레비전 토론의 융성은 정치인들을 비디오형 인간으로 만들었다. 토론에서는 논리의 힘도 중요하지만, 난처한 질문을 빠져나갈 수 있는 재치와 순발력, 시청자들을 매혹할 수 있는 감성적 소구 능력, 게다가 외모와 표정과 제스처 따위가 그 못지않게 중요하기 때문이다. 그래서 오늘날 뛰어난 정치인의 능력은 뛰어난 연예인의 능력과 많은 부분 겹치게 되었다. 그것은 정치가 문화상품이 되어가고 있다는 뜻이기도 하다. 정치인들은 정책 결정과 수행이라는 본업을 잊은 채 늘 미디어에 볼거리를 제공해야 한다는 강박관념에 시달린다. 시청률 경쟁이 미디어의 논리라면, 미디어에 대한 경쟁이 정치의 논리가 돼버린 셈이다.

말 잘하는 사람은 미덥지 않은 사람이라는 전통적 편견은 이제 빠르게 무너지고 있다. 정치인이나 연예인이 되기 위해서만이 아니라, 대학이나 직장에 들어가기 위해서도 말을 잘해야 하는 시대가 되었다. 토론하는 능력은 한 사람의 총체적 정신 능력의 큰 부분을 보여주므로, 이것은 바람직한 일이다. 그러나 텔레비전 시청자를 포함한 대중 앞에서의 토론이 근본적으로 '연극적' 성격을 띠고 있는 것도 사실이다. 토론자들은 토론 상대자에게 얘기한다기보다 시청자에게 얘기하는 것이다.

토론 언어는 내면의 언어가 아니라 외면의 언어다. 아니 내면을 가장한 외면의 언어다. 노무현 대통령과 유시민 장관은 그 점에서 가장 뛰어난 토론자였다. 그들은 치밀한 논리에다 간절한 진정성의 분위기를 더해 열광적 지지자들을 만들어냈다. 그러나 자신들의 언어가 일종의 연극대사였다는 것을 오래도록 숨기지는 못했다. 정치는 그 시작부터 연극의 성격을 띠었지만, 오늘날처럼 그 연극적 성격이 짙어지는 것이 좋은 일인지는 모르겠다.

도정일 최재천의 『대담』

영문학자 도정일씨와 생물학자 최재천씨의 대담을 수록한 『대담』(휴머니스트, 2005)은 방금 우리가 살핀 텔레비전 토론과는 여러 모로 다르다. 우선 이 책은, 그 부제 '인문학과 자연과학이 만나다'가 드러내듯, 좁은 의미의 정치 담론이 아니라 두 문화 사이의 대화를 시도하고 있다. 이름이 알려진 '교양인' 사이의 토론답게, 견해 차이의 '격렬함'도 비교적 우아한 언어의 면사포로 가려져 있다. 지면 대담의 언어는 텔레비전 대담의 언어와 다를 수밖에 없다. 녹취된 언어가 고스란히 옮겨지는 것이 아니라 윤문과 편집을 거치게 마련이기 때문이다. 그래서 지면 대담은 텔레비전 토론의 입말과 서신 토론의 글말 사이 어딘가쯤에 자리잡게 된다. 도정일씨와 최재천씨의 『대담』도 그렇다. 그들의 언어는 텔레비전 토론 언어보다는 화장을 한 언어지만, 서신 토론의 언어에 비하면 맨살에 가까운 언어다.

그런데도 『대담』에서 더러 텔레비전 토론 언어의 '불완전성'이 드러나는 게 흥미롭다. 가장 두드러진 것은 '동문서답'이랄까 '딴소리'랄까 하는 특징이다. 상대방의 물음이나 이의 제기에 곧이곧대로 답변하는 것이 아니라 딴청을 부리는 것이다. 특히 연장자인 도정일씨 쪽이 그렇다. 그럴 때 토론 상대자나 토론 진행자가 집요하게 물고늘어질 만도 하건만, 대개는 다음 주제로 넘어가버린다. 대담자에 대한 배려이기는 하겠으나, 독자에 대한 배려는 아니다. 또 대담공간이 공적 자리는 아니었을지라도 출판을 염두에 둔 대담이므로, 이들의 언어는 상대방을 향하는 동시에 불특정 다수 독자를 향하고 있다. 텔레비전 토론 언어가 상대방 못지않게 시청자를 향하듯 말이다. 이 책의 대담자들은 겸손과 허세를 뒤섞으며, 드물게는 자가당착을 무릅쓰며, 일종의 연극 언어를 구사하고 있다.

『대담』은 젊은이들이 읽어둘 만한, 좋은 책이다. 대담자들이 대화의 결론으로 내놓은 '공생인共生人'이나 '두터운 세계' 같은 말은 모든 지혜의 언어가 그렇듯 진부하지만, 거기 이르기 위해 그들이 네 해 가까이 이야기를 나누며 들여다본 문화와 유전자의 세계는 동물이면서도 끝내는 동물이 아닌 인간의 자리를 가늠할 수 있게 해 준다. 두 대담자가 상대 영역에 대해 만만찮은 교양을 지니고 있다는 점에서 캐스팅은 성공적이었다. 그러나 이들의 교양이나 전문성은 동아시아 전통 속에 있다기보다 유럽 전통 속에 있다. 아쉬우면서도 이해할 만하다. 그 사실 자체가 지금 단계 한국 문화의 좌표를 드러내는 것이니.

가장 아름다운 우리말 열 개

누구에게나 모국어는 세상에서 가장 아름다운 언어다. 그것은 아름다움이 그 심판관의 편견에 깊숙이 연루돼 있다는 뜻이기도 하고, 아름다움을 느끼기 위해선 먼저 깊이 알아야 한다는 뜻이기도 하다. 자라서 외국어로 배운 언어에서도 아름다움을 느낄 수는 있겠으나, 그 아름다움에는 문화적 허영이라는 불순물이 섞여 있기 쉽다. 프랑스 바깥에서 프랑스 문화를 숭배하는 사람들이 제 몸뚱어리에도 이물감을 주는 프랑스어를 세상에서 가장 아름다운 언어로 꼽는 것 따위가 그 예다. 마흔일곱 해 동안 한국어를 써온 한 남자에게 가장 아름답게 들리는 낱말 열 개를 벌여놓는다.

하나, 가시내. 컴퓨터 모니터 속 활자 '가시내'에는 붉은 밑금이 그어져 있다. 그것은 이 낱말이 규범 한국어가 아니라는 뜻이다. 이 말은 한국어 사전에 올라 있지 않다. 그것이 표준어 '계집애'의 서남 방언이기 때문이다. '가시내'라는 말에 깊은 울림을 입힌 이로 서남 출신의 시인 서정주가 있다. "가시내두 가시내두 가시내두 가시내두/ 콩밭 속으로만 작구 다라나고/ 울타리는 막우 자빠트려 노코/ 오라고 오라고 오라고만 그러면"(「입마춤」)이나, "눈물이 나서 눈물이 나서/ 머리깜어 느리여도 능금만 먹곺어서/ 어쩌나… 하늬바람 울타리한 달밤에/ 한 집웅 박아지꽃 허이여케 피었네"(「가시내」) 같은 시행에서, 가시내는 순애와 애욕을 동시에 체현하고 있다. 사랑과 관련된 정서적 소구력의 크기에서, 표준어 '계집애'는 도저히 '가시내'에 다다를 수 없다.

둘, 서리서리. 부사 '서리서리'는 동사 '서리다'에서 나왔다. 서린다는 것은 (국수나 새끼 따위를) 헝클어지지 않게 빙빙 둘러서 포개 감는다는 뜻이다. 그러니까 '서리서리'는 포개어 감기는 모양과 관련 있는 부사다. 국수 뭉치를 세는 단위 '사리'가 '서리서리'와 동원어同源語임은 물론이다. '서리서리'는 사랑의 부사다. 이 낱말을 사랑의 부사로 만든 사람은 황진이라는 여자다. 이 여자의 유명한 시조 한 수는 이렇다. "동짓달 기나긴 밤을 한 허리를 버혀 내여/ 춘풍 니불 아래 서리서리 너헛다가/ 어른 님 오신 날 밤이여든 구뷔구뷔 펴리라." 애인과 떨어져 있는 황진이에게 겨울밤은 한없이 길다. 그런데 그 밤은 애인과 함께라면 너무나 빨리 새버릴 밤이다. 시간의 빠르기는 각자의 심리 상태에 달렸으니 말이다. 그래서 우리 시인은 이 밤을 여투어두기로 한다. 그녀는 밤을 한 토막 잘라내 이불 아래 서리서리 넣어놓기로 한다. 애인이 온 날 밤에 굽이굽이 펴기 위해서. 황진이의 놀라운 상상력은 시간을 공간으로, 물질로 바꿔놓고 있다.

셋, 그리움. 그리움은 결핍의 정서적 효과다. 프랑스어 화자들은 "나는 네가 그리워"를 "너는 내게 결핍돼 있어Tu me manques"라고 표현한다. 모든 사랑의 시는 그리움의 시다. 사랑은 결핍과 부재의 상태에서 가장 격렬하기 때문이다. "아! 그립다/ 내 혼자 마음 날같이 아실 이/ 꿈에나 아득히 보이는가"(김영랑의 「내 마음을 아실 이」)나 "'그립다' 생각하면/ '그립다' 생각하는 아지랑이"(서정주의 「아지랑이」) 같은 시행에서 그리움은 사사로운 감정이지만, "쓰러지고 쓰러지고 다시 일어서서 드리는/ 이 피 묻은 그리움"(이성부의 「벼」)이나 "그러나 불현듯, 어느 날 갑자기/ 미친 듯이 내 가슴에 불을 지르는/ 그리움은 있다"(김정환의 「지울 수 없는 노래」) 같은 시행에서 그리움은 정치적 사랑과 이어져 있다. 그 둘은 다른 것이 아니다. 그것들은 둘 다 빈 데를 채우려는 마음의 움직임이다. 그 마음의 움직임을 좀더 객관적으로는 '기다림'이라 부른다.

넷, 저절로. '저절로'는 인텔리전트빌딩이나 하이테크파크의 작동 원리다. 그것은 인간을 노동에서 해방시키는, 또는 노동에서 배제하는 새로운 사회의 부사다. 다시 말해 '저절로'의 공간은 '인간이 거세된 인공'의 공간이다. 그러나 그것은 또 자연의 공간이기도 하다. 16세기 문신 김인후金麟厚는 "청산도 절로절로 녹수도 절로절로/ 산山 절로 수水 절로 산수간에 나도 절로/ 이 중에 절로 자란 몸이 늙기도 절로절로"라 노래한 바 있다. '저절로'는 애씀이나 집착을 넘어선, 마음과 몸의 가장 높은 단계이기도 하다. 인위와 자연을 동시에 품고 있는 것이 '저절로'의 매력 또는 마력이다.

다섯, 설레다. 설렘은 마음의 나풀거림이다. 그것은 정서적 정신적 미숙의 증상일 수도 있다. 부동심不動心은 동서고금의 많은 현인들이 다다르려 애쓴 이상적 마음상태였다. 그러나 설렘이 없다면 생은 얼마나 권태로울 것인가. 소풍 전날의, 정인情人을 기다리는 찻집에서의, 설날 해돋이 직전의 설렘을 기억하고 되새기는 것은 생의 정당한 사치다. 그것은 생의 밋밋함을 녹이는 와사비다.

여섯, 짠하다. 내가 늘 펼치는 한국어 사전에는 '짠하다'가 "지난 일이 뉘우쳐져 못내 마음이 언짢고 아프다"로 풀이돼 있다. 내가 굳이 사전을 펼쳐본 것은 컴퓨터 모니터 속 활자 '짠하다'에 붉은 밑금이 생기지 않았기 때문이다. 나는 당연히 밑금이 그어지리라 지레짐작했다. 이 말을 서남 방언으로 알고 있었기 때문이다. 사전의 설명이 표준어 '짠하다'의 올바른 정의일지는 모르겠으나, 내가 아는 '짠하다'는 사전의 정의와 뉘앙스가 조금 다르다. 그 뉘앙스를 잘 알고 있는 사람들은 한국어 화자 가운데서도 서남 지방 사람들일 것이다. 서남 사람들이 잘 쓰는 '짠하다'는 표준어 '안쓰럽다'와 뜻이 비슷하지만, 그렇다고 고스란히 겹치지는 않는 것 같다. '짠하다'에는 안쓰러움과 애틋함이 버무려져 있다. '짠하다'는 마음 가장 깊숙한 곳에서 우러나오는 연민의 형용사다.

일곱, 아내. '아내'라는 말이 내게 아름답게 들리는 것은 내가 남자이기 때문일 테다. 요즘엔 젊은 세대고 나이든 세대고 할 것 없이 '아내' 대신 '와이프'라는 말을 즐겨 쓰는 듯하다. 힘센 언어에서 차용된 외래어는 그 비릿한 사용 맥락에도 불구하고 우아하게 들리게 마련이지만, 이 '와이프'는 전혀 그렇지 않은 것 같다. 한국어 속에 끼여든 '와이프'는 그 본적지에서와 달리 천박하게 들린다. 나만 그런가?

여덟, 가을. 지방에 따라 '가을'이라는 말이 '가을걷이' 곧 '추수'의 뜻으로도 쓰이고 있는 걸 보면 한국인들의 상상 속에서 가을은 무엇보다도 결실의 계절이었던 모양이다. 그러나 가을은 또 조락凋落의 계절이기도 하다. 미국 사람들의 '가을fall'에는 그 조락의 상상력이 또렷하다. 성함의 끝과 쇠함의 시작이 맞닿아 있는 때가 가을이다.

아홉, 넋. 넋에 대한 믿음을 지닌 사람들이 점점 줄어들고 있다. 그것은 공식 통계와 상관없이 인류의 종교적 심성이 점점 엷어지고 있다는 뜻일 테다. 넋이 과학의 까탈스러운 눈 앞에 제 모습을 번듯하게 드러내지 못했으니, 이것은 당연한 일이기도 하다. 그러나 넋이 사라진 세상은 얼마나 허전할 것인가. 얼마나 납작할 것인가.

열, 술. 이 말이 아름답게 들리는 것인지 이 말이 가리키는 물질이 아름답게 보이는 것인지 섞갈릴 때가 있다. 아무튼 '술'이라는 말만큼 술처럼 들리는 말이 내가 아는 외국어에는 없다. '술'의 마지막 소리인 설측음 /ㄹ/은 술의 물리적 성질을, 다시 말해 액체로서의 유동성을, 그 흐름의 본성을 드러내는 것처럼 들린다. 한편 그 첫 소리인 치마찰음 /ㅅ/은 술이 예컨대 증류수 같은 무미 무취

무색의 액체가 아니라 빛깔과 향기와 맛을 지닌 매력적인 액체라는 것을 상상하게 한다. 그리고 그 두 자음을 이어주는 원순 후설 모음 /ㅜ/는, 내게, 술은 내뱉는 것이 아니라 마시는 것이라는 점을, 또 마시되 예컨대 모음 /ㅏ/가 연상시켰을 수도 있듯 폭음하는 것이 아니라 절제 있게 느릿느릿 마시는 것이라는 점을 함축하는 것처럼 보인다. 그러므로 술은 뇌세포에 상처를 낼 정도로, 또는 그렇게까지는 아니더라도 청각이 흐릿해져 서로 악다구니를 써대거나, 과장된, 또는 가장된 애상의 몸짓이 펄럭일 정도로 마실 일이 아니다. 이 말을 해 놓고 보니 쑥스럽긴 하다. 나 자신 '음주인'의 직업윤리를 잘 지키지 못하고 있으니.

* 신문 글은 대체로 서둘러 쓰게 마련이다. 이 글도 예외는 아니어서, 아름다운 우리말 열 개를 내가 평소에 꼽아놓고 있었던 것은 아니다. 마감 직전에 주제를 정하고 나서 잠시 궁리한 끝에, 낱말 열 개를 순식간에 골라냈을 따름이다. 글이 나간 뒤 시간을 두고 따져 보노라니, 내가 아름답게 여기는 우리말 낱말 가운데 부당하게 이 열 개에 오르지 못한 것이 여럿 떠오른다. 그 낱말들을 죄다 늘어놓을 수는 없겠으나, 하나는 꼭 보태고 싶다. 형용사 '그윽하다'가 그것이다. 지니고 있는 한국어사전을 뒤적여보니 '그윽하다'가 "① 깊숙하고 으늑하다. ② 뜻이나 생각이 깊다. ③ 은근하다"로 풀이돼 있다.

내가 어설프게 읽을 줄 아는 몇몇 외국어를 떠올리며 '그윽하다'에 꼭 들어맞는 말이 뭘까 생각해봤는데, 짚어내기가 쉽지 않았다. 한자어 '유현幽玄하다'가 얼추 비슷한 듯한데, 내 귀엔 '유현하다'가 '그윽하다' 만큼 그윽이 들리지 않는다.

'그윽하다'는 한국인이 이상적으로 여겼던 어떤 마음의 경지가 아닌가 싶다. 그것은 납작한 마음이 아니라 깊이를 통해 부피를 얻은 마음이고, 날쌔되 자발 없는 마음이 아니라 더디되 넉넉한 마음이고, 신경증보다는 분열증에 친화적인 마음이다. 이 마음이 밖으로 드러난 형태를 나는 '기품'이라 부르고 싶다.

아무튼 내가 꼽은 '가장 아름다운 우리말 열 개'는 '그윽하다' 때문에 열한 개가 돼버렸는데, 꼭 열 개로 맞춰야 한다면 열번째로 고른 '숲'을 들어내야겠지.

김수영金洙暎의 경우

시인 김수영(1921~1968)은 「가장 아름다운 우리말 열 개」라는 수필에서 자신이 아름답다고 생각하는 말들로 마수걸이, 에누리, 색주가, 은근짜, 군것질, 총채, 글방, 서산대, 버릇돌, 부싯돌을 꼽은 바 있다. 시인 자신이 "내가 아름답다고 생각하는 말들은 아무래도 내가 어렸을 때에 들은 말들이다. 우리 아버지는 상인이라 나는 어려서 서울 아래대의 장사꾼 말들을 자연히 많이 배웠다"고도 고백하고 있거니와, 이 말들 가운데는 '시장 언어'가 꽤 있다. 장사꾼의 공간이라는 '아래대'란 동대문에서 광희문에 이르는 지역을 가리킨다. 그 맞은편의 서울 서북 지역은 '우대'라 불렀다.

젊은 독자들 귀에 설지도 모를 말들을 설명하자면 '마수걸이'는 하루나 한 해 중 처음으로 물건을 파는 일을 뜻하고, '은근짜'는 몸을 파는 여자를 뜻하며, '서산대'는 옛날 글방에서 학동들이 책의 글자를 짚는 데 사용하던 막대기다. 먼지떨이라는 뜻의 '총채'도 요즘은 많이 쓰지 않는 듯하다.

김수영이 꼽은 이 말들은 '가장 아름다운 우리말'이 세대(와 출신지역과 계급)에 따라, 더 나아가 개인에 따라 다를 수밖에 없다는 것을 보여준다. 요즘 젊은 세대라면, 설령 이 말들의 의미를 알고 있다 하더라도, 그 아름다움을 느끼는 단계로 건너가기 위해 포착해야 할 뉘앙스를 도무지 잡아낼 도리가 없을 것이다. 시간이 지남에 따라 말(의 뉘앙스)이 변하는 것은, 그래서 아름다운 말의 기준이 변하는 것은 자연스러운 일이다.

김수영은 이 수필에서 자신이 '매우 엉거주춤한 입장'에 있다며 "'알밉다' '야속하다' '섭섭하다' '방정맞다' 정도의 낱말이 퇴색한 말로 생각되고 선뜻 쓰여지지 않는 반면에, '쉼표' '숨표' '마침표' '다슬기' '망초' '메꽃' 같은 말들을 실감 있게 쓸 수 없는 어중간한 비극적 세대가 우리의 세대"라고 푸념하고 있다. 그렇지만 김수영 세대만이 아니라 모든 세대는 언어의 생태학 속에서 '매우 엉거주춤한 입장'에 있을 수밖에 없고, 그래서 '어중간한 비극적 세대'일 수밖에 없다. KBS 2텔레비전의 오락 프로그램 〈상상플러스〉의 '세대 공감 OLD & NEW'라는 코너는 한 세대의 말이 다음 세대로 고스란히 옮겨지는 것이 거의 불가능하다는 것을 실감나게 보여준다. 각자 자신의 '가장 아름다운 우리말 열 개'를 꼽아보자.

한자 단상
그 유혹적인, 치명적인 매력과 마력

한국어 텍스트에서 한자를 보는 일이 점점 드물어지고 있다. 극소수 학술 서적을 빼면, 한국어는 오로지 한글로만 적히고 있다. 1945년 해방 뒤 오래도록 국어학계를 갈라놓았던 한글전용론과 한자혼용론 사이의 드잡이에서 한글전용론이 결국 이긴 것이다. 한글전용론의 승리는 이론이나 논리의 승리가 아니다. 이론적으로는, 한국어를 한글로만 적어야 한다는 주장의 논거 못지않게 한자를 섞어 써야 한다는 주장의 논거도 튼실하다. 더 나아가, 같은 수준의 논리적 타당성으로 한국어를 로마문자로만 써야 한다는 주장도 내세우자면 내세울 수 있다.

한글전용론의 승리는 또 법규범의 승리도 아니다. 정부 수립 직후인 1948년 10월 9일 법률 제6호로 공포된 '한글전용에 관한 법률'은 "대한민국의 공문서는 한글로 쓴다. 다만, 얼마 동안 필요한 때에는 한자를 병용할 수 있다"고 이미 규정하고 있었다. 그러나 그 '얼마 동안 필요한 때'가 한없이 늘어지면서 이 법률은 죽은 거나 진배없이 돼 버렸다. 이 법의 폐지와 함께 지난해 제정된 국어기본법이 그 14조 1항에서 "공공기관의 공문서는 어문규범에 맞추어 한글로 작성하여야 한다. 다만, 대통령령이 정하는 경우에는 괄호 안에 한자 또는 다른 외국문자를 쓸 수 있다"고 규정한 것은 한글전용론의 승리를 뒤늦게 확인한 것일 뿐 거기 어떤 운동량을 준 것은 아니다.

한글전용론의 승리는 민주주의라는 가치의 승리이자 어찌 보면 시장의 승리다. 다시 말해 한국어 텍스트의 소비자인 한국 민중이 한글 전용을 바랐기 때문에 한글 전용이 이긴 것이다. 한자혼용론의 실천적 성채였던 일간신문이 하나 둘 한글 전용으로 돌아선 것도 새 세대 독자들의 문자 감수성을 마냥 거스를 수 없었기 때문일 테다. 가장 어기차게 한자 혼용을 고집했던 법학 교과서조차, 이제 한글만을 쓰되 필요한 경우엔 한자를 괄호 안에 가두어 덧대는 식으로 표기 체계를 바꾸고 있다. 한글 전용의 확산은 가로쓰기의 확산과 궤를 같이 했다. 한 세대 이전에는 흔히 볼 수 있었던, 세로쓰기 조판에 한자투성이 한국어 텍스트를 요즘 젊은 세대는 쉽사리 읽어낼 수 없을 것이다.

사실, 한 자연언어를 한 문자체계로만 적는 것은 아주 자연스러운 일이다. 한 텍스트나 한 문장 안에 이질적 문자체계를 뒤섞는 관습은 일본어나 한국어 바깥에서는 쉬 찾아볼 수 없다. 옛 유고슬라비아 지역의 제1공용어인 세르보크로아티아어는 키릴문자로도 적고 로마문자로도 적지만, 이 언어의 경우에도 한 텍스트 전체를 키릴문자로 쓰거나 로마문자로 쓸 뿐 한 텍스트 안에, 심지어 한 문장 안에 서로 다른 문자체계를 섞어 쓰는 것은 아니다. 그래서, 태어날 때부터 이미 한국어 형태음운론에 바짝 달라붙어 있던 한글 한 가지로 한국어를 적는 것은 매우 자연스럽다.

그렇더라도, 한국어 화자가 한자에서 온전히 독립할 수는 없을 것이다. 고대 이래 지난 세기 말까지 한국인이 쌓아온 문화 자산이 대부분 고전중국어, 곧 한문 안에 담겨 있다는 사정 때문만은 아니다. 넓은 의미의 중국어(19세기 말 이래 한국어로 쏟아져 들어온 일본제 한자어를 포함한)는 지난 2000년 이상 주로 문자통로를 거쳐 한국어에 깊숙이 파고들었고, 이제 중국계 한국어 곧 한자어는 한국어 어휘의 반을 훨씬 넘게 되었다. 이 한자어들의 적잖은 수는 한자에 대한 지식 없이 쉬이 이해되지 않는다. 우리가 한글로만 쓴 한국어 문장을 쉬이 이해할 수 있는 것도 한자 지식이 어슴푸레하게나마 그 밑바탕에 있기 때문이다.

설령 한자어를 이해하는 데 한자 지식이 반드시 필요한 것은 아니라 할지라도, 한자 지식이 한자어 이해를 돕는 것은 사실이다. 한국어 문장을 한글로만 적는 관습을 확립하는 것과 나란히, 초중등학교에서부터 한자를 가르쳐야 하는 이유가 거기 있다. 한자 교육을 탐탁지 않게 여기는 이들은 한자 교육 얘기만 나오면 "그 수만에 이르는 글자를?"이라며 과장하지만, 한국어 감각을 키우고 유지하는 덴 2000자 안팎이면 넉넉하다. 한 통계에 따르면 심지어 중국어에서도 출판물의 90%를 차지하는 것은 950자에 지나지 않고, 99%는 2400자로 채워진다.

　　루쉰魯迅이나 궈모뤄郭沫若 같은 20세기 중국 지식인들은 "한자가 망하지 않으면 중국이 망한다漢字不亡, 中國必亡"며 이 네모난 글자(方塊字: 한글도 음절 단위로 네모나게 모아쓴다는 점에서 '방괴자'의 일종이다)의 궁극적 퇴출을 전망하고 모색했지만, 결국 한자도 중국도 망하지 않았다. 사실, 익히기 어렵다는 점을 잠시 잊고 너그러운 마음으로 살피면, 한자만큼 매력적인 문자체계도 없다. 한자는 지금 살아 있는 문자 가운데 가장 긴 역사를 지닌 체계다. 갑골문자가 사용되던 기원전 1300년께부터 3천 수백 년 동안 바탕을 흩뜨리지 않으며 이어진 그 문자사의 연면성은, 거기 담긴 중국 문화의 찬란함과 더불어, 인류 전체의 자부심을 큰 부분 떠받치고 있다.

　　상商 왕실의 점복占卜 기록인 갑골문에서 시작해 주대周代의 금문金文, 춘추전국시대의 대전大篆과 고문古文, 진秦의 소전小篆을 거쳐, 한대漢代 이후의 예서隷書 해서楷書 초서草書 행서行書에 이르는 그 필체의 변전도 보는 이의 눈을 즐겁게 한다. 한자는 '글' 쓰기가 아닌 '글자' 쓰기를 하나의 버젓한 예술 갈래로 만든 거의 유일한 문자체계다. 이른바 인쇄체와 구별되는 필기체를 고안해낸 문자체계들도 글자쓰기를 깊이 있는 예술로 만들어내진 못했다. 게다가 상형象形 지사指事 회의會意 형성形聲의 네 조자법造字法과 전주轉注 가차假借의 두 용자법用字法 등 이른바 육서六書를 통한 기호와 현실의 율동적인 짝짓기도 눈 호사를 베풀기에 넉넉할 만큼 현란하다. 다른 모든 문자체계처럼 한자 역시 음성언어의 그림자일 뿐이지만, 한자의 이 별난 진화과정은 한자 하나하나가 실물이라는 환상을 때로 불러일으킨다.

형태가 소리만이 아니라 뜻에 대응하는, 그래서 한 음절로 발음하는 한 글자가 그대로 한 형태소가 되는 표의성表意性은, 육서를 통한 그 독특한 발달 자취와 함께, 한자 물신주의를 부추긴다. 그것은 위험한 유혹이지만 뿌리치기 힘든 유혹이기도 하다. 한자는 그 하나하나가 의미 단위다. 다시 말해 형태소다. 또 한자는 그 하나하나가 음절단위다. 다시 말해 부분적으로는 소리글자이기도 하다. 한자의 대부분을 차지하는 형성자는 '소리글자로서의 한자'라는 만화경 속에서 아름답고 진기하게 펼쳐지는 의미의 풍경들이다.

역사적으로 존재했던 이런저런 속자俗字들, 국민당 정권의 간체자簡體字와 공산당 정권의 간화자簡化字, 일본식 약자略字 등 수많은 이체자異體字들의 존재도 호사가들의 눈길을 끈다. 이런 이체자들은 로마문자 I와 J가 한 뿌리에서 나왔다거나 V와 U가 본디 한 글자였다는 것과는 급이 다른 문자의 화사한 곡예다. 이런 매력들 대부분은 자주 한자의 약점으로 거론되는 것이기도 하다. 그러나 그것은 기나긴 세월 한 문자체계가 겪은 모험과 장정의 위대한 흔적이다.

이 한자의 모험에 주동적으로 참가한 것은 오늘날 우리가 '중국인' 이라 부르는 대륙 사람들이지만, 한반도와 일본열도와 (한 때의) 베트남 지식인들도 그 모험의 동반자들이었다. 그래서, 비록 베트남어 표기에서는 가뭇없이 사라졌고 한국어 표기에서도 점차 사라지고 있지만, 한자는 동아시아 공통문자라고도 할 수 있다. 일본인 커뮤니케이션 이론가 니시가키 도루西垣通도 지적했듯, 한자란 무릇 중국어의 음성 표기라기보다 동아시아의 다양한 음성 언어를 연결하는 일종의 '번역'으로 기능해왔다. 니시가키는 한 논문에서 인터넷이 '커뮤니케이션 수단으로서의 문자(시각기호)'라는 가능성을 새롭게 연 미디어라는 점을 지적한 뒤, 기본적으로 '시각 언어'인 한자가 인터넷 커뮤니케이션이라는 새 생태환경의 적자適者가 될 수도 있다고 전망한 바 있다. 추상 개념을 표현하는 아이콘으로 한자보다 더 나아간 시각 기호는 없기 때문이다(미우라 노부타카三浦信孝 외 엮음, 이연숙 외 옮김, 『언어제국주의란 무엇인가』, 2005).

니시가키의 전망이 들어맞든 그렇지 않든, 한자 지식은 지금보다 훨씬 빨리 동아시아 바깥으로 퍼져나갈 것이다. 중국어와 일본어를, 그리고 한국어를 외국어로 배우는 사람들이 점차 늘어날 것이기 때문이다.

한국 한자음의 특성

한국 한자음은 한국어 음운체계의 변화에 한편으로 순응하고 다른 한편으로 저항하며 제 나름의 체계를 이뤘다. 그래서 한자음 체계는 고유어 소리체계와 꽤 다르다. 중세 후기와 근대를 거치며 고유어 음운체계에서 반치음과 아래아가 사라지는 것과 나란히 한자음도 반치음과 아래아를 구축해버린 것은 순응의 예다. 그러나 한자음은 그 시기 고유어에 매우 흔하게 된 /ㅋ/ 소리는 거의 받아들이지 않았다. 그래서, /ㅋ/을 포함하는 한자음은 '쾌' 음절 하나밖에 없다. 또 내과內科, 불소弗素, 활달豁達, 격정激情의 둘째 음절에서처럼 한자음이 환경에 따라 된소리로 실현될 수는 있지만, 낱낱의 한자음에선 고유어에서와 달리 된소리가 체계적으로 존재하지 않는다. 드물게, 깍獲, 쌍雙, 씨氏 따위가 있을 따름이다. 한자음은 /ㄷ/ /ㅅ/ /ㅈ/ /ㅊ/ /ㅋ/ /ㅌ/ /ㅍ/ /ㅎ/ 따위를 마지막 음소로, 다시 말해 받침으로 취하지 않는다. 고유어에서라면 '믿다' '웃다' '멎다' '낯' '부엌' '밭' '뒤엎다' '좋다'에서처럼 이런 음소들이 한 음절의 종성으로도 가능하다. 또 고유어에는 넓다, 굵다에서처럼 겹받침이 존재하지만 한자음에는 존재하지 않는다. 그리고 고유어에서 볼 수 있는 /ㅂ/ 소리와 /w/ 소리의 역사적 음운교체 현상(예컨대 '덥다' '춥다' 따위가 '더운, 더워서' '추운, 추워서' 따위로 활용하는 것) 따위가 한자어에는 존재하지 않는다.

또 한자음에는 지역적 변이체, 다시 말해 방언이 존재하지 않는다. 고유어는 여러 방언으로 분화돼 있고 그 방언에 따라 제 나름의 음운체계를 지니고 있다. 그러나 한자음은 통일된 규범에 따라 오직 하나의 체계로 존재할 뿐 방언 차이를 보이지 않는다. 물론 예컨대 /ㅡ/ 소리와 /ㅓ/ 소리를 구별하지 않는 일부 영남 방언에서 금슥과 검檢이 중화할 수는 있겠으나, 그것은 매우 예외적인 현상이다. 일반적으로 한자음에 방언이 존재하지 않는다는 것은 그것이 지식인들의 보편적 규범어로 기능했다는 사정과 관련 있을 테다.

한글, 견줄 데 없는 문자학적 호사

한국인이 제 윗대로부터 물려받은 문화유산 가운데 가장 값어치 있는 것 하나만을 골라내라고 한다면, 많은 사람들이 한글을 꼽을 것이다. 간송미술관이 간직하고 있는 『훈민정음』 해례본(국보 70호)을 국보 1호로 새롭게 지정해야 한다는 목소리가 간간이 들리는 것도 그래서일 테다. 한글에 대한 이런 자부심에는 넉넉한 근거가 있다. 한글은 인류가 만들어낸 문자체계 가운데 가장 진화한 것이니 말이다.

문자체계의 진화는 대체로 그림글자(상형문자)에서 시작해 그것의 추상적 변형인 뜻글자(표의문자)를 거쳐 음절문자, 음소문자로 나아가는 경로를 밟아왔다. 음절문자와 음소문자를 아울러 소리글자(표음문자)라 이른다. 고대 이집트 문자나 고대 중국의 갑골문자는 그 추상도의 차이는 있으나 그림문자로 뭉뚱그릴 수 있고, 갑골문자에 바탕을 둔 한자는 전형적인 뜻글자이며, 한자의 초서체에서 나온 일본의 히라가나와 이를 모난 꼴로 다듬은 가타카나는 음절문자다. 그리고 현대에 가장 널리 쓰이는 문자체계인 로마문자(라틴문자)와 키릴문자, 그리고 그것의 어버이격인 그리스문자는 음소문자다. 한글은 로마문자나 키릴문자 같은 음소문자에 속한다.

글자 하나를 음소 하나에 대응시키는 음소문자가 고안됐다는 것은 사람들이 음절을 자음과 모음으로 분석할 수 있었다는 것을 뜻한다. 이를테면 /가/ 소리를 /ㄱ/ 소리와 /ㅏ/ 소리로 나눌 수 있었다는 것을 뜻한다. 음절문자인 가나문자를 만든 사람들은 그런 분석을 할 수 없었거나, 설령 할 수 있었다 하더라도 그것을 문자체계에 반영할 필요를 느끼지 않았을 테다. 그래서, 로마문자나 한글 같은 음소문자에서와 달리, 가나문자 체계에서는 /가/ 소리가 낱글자로 표현된다.

그런데 한글이 음소문자라는 사실만으로 한글에 대한 저 큰 자부심을 정당화할 수 있을까? 그럴 수는 없을 것이다. 앞서 그리스문자 로마문자 키릴문자 따위를 거론하기도 했거니와, 음소문자 체계는 인류사회에 드물지 않다. 게다가 그리스문자는 기원전 10세기께 이미 틀이 잡혔고, 로마문자는 기원전 7세기께 확립됐으며, 늦둥이라 할 키릴문자가 고안된 것도 9세기다. 그에 비해 한글이 만들어진 것은 15세기에 이르러서다. 대표적 음소문자들과 한글의 탄생에는 길게 보아 2500년, 짧게 보아도 600년의 시차가 있는 것이다. 그렇다면 한글이 음소문자라는 사실만으로 으스대는 것은 한국인들이 서양사람들보다 수백 년에서 수천 년이나 늦깎이였다는 사실을 자랑스레 내세우는 것과 다름없을 테다.

그런데 한글은 그 제자製字원리에서 다른 음소문자 체계와는 격이 다르다. 현존하는 주류 음소문자의 기원이 고대 이집트 그림문자에 있는 만큼, 이 문자들에는 별다른 제자원리라 할 만한 것이 없다. 앞선 시대의 문자 꼴을 조금씩 바꾼 것이 전부다. 반면에, 훈민정음에는 고도의 음성학 음운론 지식이 응축돼 있다. 훈민정음 연구로 학위를 받은 미국인 동아시아학자 게리 레드야드는 제 학위 논문에 이렇게 썼다. "글자 꼴에 그 기능을 관련시킨다는 착상과 그 착상을 실현한 방식에 정녕 경탄을 금할 수 없다. 오래고 다양한 문자사에서 그 같은 일은 있어본 적이 없다. 소리 종류에 맞춰 글자 꼴을 체계화한 것만 해도 엄청난 일이다. 그런데 그 글자 꼴 자체가 그 소리와 관련된 조음 기관을 본뜬 것이라니. 이것은 견줄 데 없는 문자학적 호사다."

레드야드가 지적했듯, 한글 닿소리글자들은 조음 기관을 본떴다. 예컨대 'ㄱ'과 'ㄴ'은 이 글자들이 나타내는 소리를 낼 때 혀가 놓이는 모양을 본뜬 것이다. 'ㅁ'은 입 모양을 본뜬 것이고, 'ㅅ'은 이 모양을 본뜬 것이며, 'ㅇ'은 목구멍을 본뜬 것이다. 조음기관의 생김새를 본떠 글자를 만든다는 착상 자체가 참으로 놀랍다. 그런데 놀라운 점은 거기서 그치지 않는다. "소리 종류에 맞춰 글자 꼴을 체계화"했다는 레드야드의 말은 무슨 뜻인가? 조음 기관을 본뜬 기본 글자 다섯(ㄱ, ㄴ, ㅁ, ㅅ, ㅇ)에다 획을 더함으로써, 소리나는 곳은 같되 자질(소리바탕)이 다른 새 글자들을 만들어냈다는 뜻이다. 예컨대 연구개음(어금닛소리) 글자인 'ㄱ'에 획을 더해 같은 연구개음이되 유기음(거센소리) 글자인 'ㅋ'을 만들고, 양순음(입술소리) 글자인 'ㅁ'에 획을 차례로 더해 같은 양순음이되 새로운 자질이 더해진 'ㅂ'과 'ㅍ'을 만들어냈다는 것이다. 홀소리글자의 경우에도, 이를테면 'ㅗ'와 'ㅜ'는 이것들이 둘 다 원순모음이면서도 한 쪽은 밝음이라는 (상징적) 자질을 지닌 데 비해 다른 쪽은 어두움이라는 자질을 지녔다는 점을, 덧댄 획의 위아래로 구분하고 있다.

우리에게 익숙한 로마문자와 견줘보면 한글에 녹아든 음성학 음운론 지식이 얼마나 깊고 정교한지 이내 드러난다. 예컨대 이나 잇몸에 혀를 댔다 떼면서 내는 소리들을 로마문자로는 N, D, T로 표현하지만, 이 글자들 사이에는 그 모양의 닮음이 전혀 없다. 그러나 한글은 이와 비슷한 소리들을 내는 글자들을 'ㄴ' 'ㄷ' 'ㅌ' 처럼 형태적으로 비슷하게 계열화함으로써, 이 소리들이 비록 자질은 다르지만 나는 곳이 같다는 것을 한눈에 보여준다. 즉 훈민정음 창제자들은 음절을 음소로 분석하는 데서 한발 더 나아가, 현대 언어학자들처럼 음소를 다시 자질로 분석할 줄 알았다. 그래서 영국인 언어학자 제프리 샘슨은 한글을 로마문자 같은 음소문자에서 한 걸음 더 나아간 '자질문자'라 불렀다. '견줄 데 없는 문자학적 호사'라는 레드야드의 찬탄은 과장이 아니다. 훈민정음은 그때까지 인류가 축적한 음운론 음성학 지식을 집대성해놓았던 것이다.

이런 제자 원리를 떠나서라도, 소리를 섬세하게 나타내는 기능에서 한글에 앞설 만한 문자체계는 찾기 어렵다. 근년에 이르러 한글 꼴을 다양하게 손질한 기호로 국제음성문자IPA를 갈음하려는 한국인 학자들의 시도도 있었거니와, 이런 시도는 기실 훈민정음이 창제된 15세기부터 일찍이 이뤄진 바 있다. 훈민정음은 공들여 만들어진 뒤에도 한자의 위세에 눌려 문자왕국의 변두리에서 오래도록 숨죽이고 있어야 했지만, 그 기간에도 그 꼴이 조금씩 바뀌어 중국어나 만주어, 몽고어, 일본어 같은 외국어의 소리를 표기하는 발음기호로 사용돼왔던 것이다.

이렇게 한글은 소리를 드러내는 데 체계적이고 섬세하다. 그렇다면 한글은 보탤 것이 전혀 없는, 완벽한 문자체계인가? 그렇지는 않다. 로마문자나 그리스문자와 한글을 순수하게 '미적으로' 견줘보자. 어느 쪽이 더 아름다운가? 보는 이에 따라 판단이 다르겠지만, 로마문자나 그리스문자 쪽을 편드는 사람이 더 많을 것이다. 아직 한글 자체字體가 충분히 개발되지 않은 탓도 있을 게다. 그러나 근본적 문제는 한글이, 로마문자나 그리스문자와 달리, 음절 단위로 모아쓰게 돼 있다는 데 있는 듯하다. 이렇게 음절 단위로 네모나게 모아쓰는 이상, 아무리 자체를 다양화해 봐야 미적 세련의 정도에는 한계가 있게 마련이다.

훈민정음 창제자들이 일껏 고생해서 음소문자를 만들어놓고도 그것을 음절 단위로 네모나게 모아쓰도록 한 데는 한자의 영향이

컸을 테다. 뜻글자인 한자 역시 그 한 글자 한 글자가 네모난 형상 속에 한 음절씩을 담아놓고 있는 음절문자 성격을 겸하고 있다. '훈민정음'의 첫 음절 '훈'을 굳이 네모나게 모아쓸 게 아니라 소리의 선조성에 따라 'ㅎㅜㄴ'처럼 한 줄로 벌여놓을 수도 있다는 데까지 생각이 미치기엔 한자의 그림자가 너무 짙었으리라. 아무튼 한글은 본질적으로 음소문자이고 그 제자원리를 보면 거기서 더 나아간 자질문자의 성격을 띠고 있으면서도, 그 실제 운용에서는 음소문자에 못 미치는 음절문자에 머물러 있다.

　이런 한계를 넘어서기 위해 주시경 이래 한글을 풀어쓰려는 시도가 더러 있었다. 예컨대 '한국'을 'ㅎㅏㄴㄱㅜㄱ'처럼 쓰는 것이다. 이렇게 풀어쓰게 되면 자체에 변화를 주며 미적 치장을 할 여지가 지금보다 훨씬 더 커진다. 북한은 정권 초기에 주시경의 제자 김두봉의 제창으로 한글 풀어쓰기를 진지하게 고려했으나, 과격한 문자혁명이 남북한 사이의 문자 소통을 가로막을 수 있다는 판단 아래 이를 통일 뒤로 미룬 바 있다. 한글을 지금처럼 음절 단위로 모아쓰는 것과 로마문자처럼 음소 단위로 풀어쓰는 것 가운데 어느 쪽이 읽기 편한지에 대해서는 서로 다른 의견이 있다. 또 오랜 관습을 한꺼번에 허무는 문자혁명은 적잖은 부작용을 낳을 테다. 그러나 이런 모아쓰기가 한글 속에 남아 있는 한자체계의 화석이라는 점은 분명하다.

한글 글자 수는 몇 개?

"어리석은 백성들이 말하고자 하는 바가 있어도 그 뜻을 나타내지 못하는 이가 많아 이를 안쓰럽게 여겨 새로 스물여덟 자를 만들었다"는 세종의 말처럼, 훈민정음은 보통 스물여덟 자로 치는 것이 상례다. 그 가운데 넉 자가 없어져, 지금은 보통 한글 글자 수를 스물넷으로 친다. 그런데 한국어엔 이 스물넉 자로 적을 수 없는 소리도 많다. 그럴 땐 두 개 이상의 자모를 어울러서 적는다. 그런 겹글자는 닿소리글자 다섯(ㄲ, ㄸ, ㅃ, ㅆ, ㅉ)에 홀소리글자 열하나(ㅐ, ㅒ, ㅔ, ㅖ, ㅘ, ㅙ, ㅚ, ㅝ, ㅞ, ㅟ, ㅢ)를 더해 열여섯이다. 흔히 '한글 스물넉 자'라고 말하는 것은 이런 겹글자들을 독립적 글자로 취급하지 않는다는 뜻이다.

그러나 북한에서는 겹글자들도 독립적 글자로 취급한다. 그래서 북한의 '조선어 자모' 수는 마흔이다. 어느 쪽이 옳은지에 대해서는 이견이 있을 수 있겠으나, 이론적으로는 북한 쪽 체제가 더 합리적이다. 특히 남쪽에서처럼 'ㅐ'나 'ㅔ' 같은 단모음 글자를 독립된 글자로 여기지 않고 'ㅏ'와 'ㅣ', 'ㅓ'와 'ㅣ'의 병렬로 치는 것은 언어 직관에서 많이 벗어난 것이다. 겹글자들을 독립된 글자로 취급하는 북한에서는 사전에 말을 올리는 순서를 정할 때 홑글자로 시작하는 말들을 모두 배열한 뒤에야 겹글자로 시작하는 말들을 배열한다. 그래서 이를테면 'ㄲ'으로 시작하는 말은 'ㅎ'으로 시작하는 말보다 뒤에 나온다. 또 모음으로 시작하는 말들(소리값 없는 'ㅇ'으로 시작하는 말들)은 남한 사전에서처럼 'ㅅ' 항목 다음에 올리는 것이 아니라, 자음으로 시작하는 낱말들이 모두 끝난 뒤에, 즉 사전의 맨 뒤에 올린다. 모음 겹글자의 순서도 남쪽과 사뭇 다르다. 이 순서를 익혀야 북쪽 사전을 찾아보는 데 어려움이 덜하다. 그 순서는 'ㅐ, ㅒ, ㅔ, ㅖ, ㅚ, ㅟ, ㅢ, ㅘ, ㅝ, ㅙ, ㅞ'다.

'국어'라는 이름
자존自尊과 유아唯我

한국인들은 제 언어를 보통 ('한국어'가 아니라) '국어'라 부른다. 영국인들이 제 일상어를 '영어'라 부르고 프랑스인들이 제 일상어를 '프랑스어'라 부르는 것과 견줘볼 만하다. 여기엔 납득할 만한 구석이 있다. 우리가 보통 영국이라 부르는 '연합왕국the United Kingdom'에서는 영어만 쓰이는 게 아니다. 공용어 영어말고도 지역 공용어로 웨일스어와 프랑스어가 인정되고 있고, 이 밖에도 스코틀랜드 북아일랜드 등 지방별로 여섯 개 군소 언어가 영국 영토 안에서 지역어로 사용된다.

프랑스의 언어생태계는 종種 다양성이 훨씬 더 또렷하다. 공용어 프랑스어말고도 서른 가지가 넘는 언어가 그 나라 각지에서 쓰이고 있다. 10세기 말 이후 '국왕의 언어'가 되면서 그 나라의 제1 언어로 권위를 세운 프랑스어는 대혁명 이후 뿌리내린 보통교육에 신세지면서 이젠 거의 모든 프랑스인의 언어가 되었지만, 아직 프랑스 전국을 통일하지는 못했다. 프랑스 영토 안의 이 군소 언어들은 프랑스어의 위세에 밀려 점점 사라져 가는 추세이기는 하다. 그러나 이 작은 언어들은, 비록 독립된 언어와 방언의 경계가 늘 또렷한 것은 아니지만, 프랑스어 방언이 아니라 프랑스어와는 다른 언어로 받아들여지고 있다. 그러니, 영어나 프랑스어를 영국이나 프랑스의 '국어'라 명토박는 것은 어색한 일이다. 사실 한 나라 영토 안에서 한 언어만 쓰이는 것은, 비록 한국인들이 거기 익숙해져 있긴 하지만, 매우 드문 현상이다.

반면에 대한민국 영토 안에서는 오직 한국어만 사용된다. 그래서 이 언어를 '국어'라 부르는 것도 그럴 듯하다. 지난해 공포된 국어기본법은 제3조 1항에서 "'국어'라 함은 대한민국의 공용어로서 한국어를 말한다"고 규정하고 있다. 그러나 이 '국어'라는 말이 한국 영토 안에선 오로지 한국어 한 가지만 사용된다는 현실을 '반영'하는 것만은 아니다. '국어'라는 말은, 한국 영토 안에서는 한국어 한 가지만 사용해야 한다는 '규범'을 창조하는 노릇도 슬며시 겸하고 있다. 대한민국 '국민'이면(다시 말해 한국인이면) 누구나 '국어'를(다시 말해 한국어를) 사용해야 한다는 전제가 이 '국어'라는 말에 배어있는 것이다. 그런데 이 전제는, 앞에서 살폈듯, 대부분의 나라들에선 결코 자명하지 않은 것이다.

한국 역사를 '국사'라 부르고 한국 문학을 '국문학'이라 부르는 관행과 마찬가지로, 한국 언어를 '국어'라 부르는 관행에는 자존自尊의 동역학이 작동하고 있다. 한국문화를 대상으로 삼는 학문을 뭉뚱그려 이르는 '국학'도 마찬가지다. 이 말들에서는 또 에도 시대 (도쿠가와 이에야스가 지금의 도쿄에 막부를 세운 1603년부터 메이지유신이 일어난 1868년까지의 시대) 이래 일본 국학(고쿠가쿠: 일본 고전 문헌의 연구를 통해 일본 고유의 정신과 문화를 선양하려던 17세기 이래의 학풍)의 메아리가 울린다. 에도 시대 이래 일본 국학자들(고쿠가쿠샤)이 중국 문화에 맞서는 자존을 제 학문의 심리적 밑받침으로 삼았듯, 한국의 국학자들도 외국 문화에 맞버티는 자존에 기대어 제 학문을 다져 왔다. 그러니까 그들이 기댄 자존의 이념적 표현은, 저항적이든 패권적이든, 민족주의나 국가주의라 할 수 있다. 일제시대의 조선어(학), 조선사(학), 조선문학이 해방 뒤 국어(학), 국사(학), 국문학이라는 '본래의' 이름을 되찾았을 때, 그 개명改名의 본보기가 된 것은 일본인들의 관행이었을 게다. (그러나 일본에서 고쿠고國語와 고쿠고가쿠國語學가 확립되는 과정엔 '국학파(고학파)'와 '근대언어학파(과학파)' 사이의 격렬한 싸움이 끼여들었고, 고쿠고와 고쿠가쿠의 거푸집을 만들어낸 것은 외려 '근대언어학파'였다. 그 과정은 이 책 pp. 360~366의 「고쿠고國語의 생태학—이연숙의 『국어라는 사상』」을 참조하라.)

'국어'라는 말이 '국민'을 전제한다는 점으로 되돌아가보자. '국어' 개념이 '국민' 개념과 깊은 관련을 맺고 있는 것은 한국에서만이 아니라 이 말의 본적지 일본에서도 마찬가지다. 외려 더하다고 보아야 할 것이다. 일본에서 '고쿠고가쿠國語學'와 '고쿠고 교육國語教育'은 '일본인을 위한 것'이고 '일본어학'과 '일본어 교육'은 '외국인을 위한 것'으로 이해된다. 그런데 재일 사회언어학자

이연숙에 따르면, '고쿠고/일본어'의 구별은 그런 '안/밖'의 구별에 대응하면서도 거기서 몇 걸음 더 나아간다. 고쿠고(국어)는 '세계의 많은 언어들 가운데 하나로 이해되기를 거부하는 개념'(「'고쿠고'와 언어적 공공성」, 『언어 제국주의란 무엇인가』, 2005)이다. 이연숙이 이 논문에서 인용하고 있는 시다 노부요시志田延義의 「대동아 언어 건설의 기본」(1943)에 따르면, "고쿠고는 국체를 수호하고, 국민을 양생 육성하며, 국체로 유지된다. 고쿠고는 '우리나라 말'이라는 뜻이지 국제적으로 통용되는 나열적인 뜻으로 일본어를 일컫는 말이 아니다." 고쿠고는 곧 일본 '국민'의 모어인 것이다.

이런 고쿠고론은 일제 강점기 한국인들에게 기묘한 열패감을 심었을 것이다. 그 시절의 반도 주민들은 열도 주민들처럼 일본어를 '국어'라 불렀다. 그리고 제 일상어를 '조선어'라 불렀다. 학교나 공공장소에서 사용하는 언어를 '국어'라 불렀다는 것은 반도 주민들이 '(일본) 국민'이었다는 뜻이다. 조선이 일본의 정식 영토였으므로, 조선인이 대외적으로 '일본 국민'이었던 것은 확실하다. 그러나 조선인들에게는 참정권이 없었고, 반도는 내무성이 아닌 총독부가 관할했다. 따라서 조선인들은 대내적으로 여전히 '비일본인', '비국민'이었다. 조선보다 앞서 점령된 오키나와와 홋카이도를 내무성이 관할하고 그 지역 주민들에게 참정권이 부여된 것과 대조적이다. 그것은 조선이 오키나와 홋카이도와 달리 일본제국에 충분히 통합되지 않았다는 뜻일 테다. 일제 말기에 이르러서는 반도에서 조선어의 지위를 '고쿠고'의 '방언' 수준으로 끌어내려 궁극적으로 몰아내려는 움직임도 있었다. 소위 '고쿠고 상용어화 운동'이나 '고쿠고 생활어화 운동'이 그 예다. 경성제국대학 교수로 있던 일본어학자 도키에다 모토키時枝誠記는 조선어의 폐절, 다시 말해 '고쿠고 일원화'가 조선인의 복리福利라 주장하기까지 했다.

한국어를 '국어'라 부르는 관행에 일본어를 '고쿠고'라 부르는 관행만큼 국가주의 충동이 웅크리고 있는 것이 아니라 할지라도, '국어/한국어'의 쓰임새와 '고쿠고/일본어'의 쓰임새에선 나란한 편향이 읽힌다. 다시 말해 '국어'는 '한국 국민이 배우고 사용하는 한국어'인데 비해, '한국어'는 '외국인이 배우고 사용하는 한국어'라는 뉘앙스가 있다. 그런데 이 둘을 꼭 갈라놓아야 할까? 한국인이 쓰는 한국어를 지금처럼 꼭 '국어'라 불러야 할까? 이 책의 부제에서도 드러냈듯, 나는 '국어'보다는 '한국어'라는 말을 선호한다. 딱히 국가주의가 아니라 할지라도, '국어'라는 말이 드러내는 자기중심주의나 주관주의는 정신적 미숙의 표지다. '국문학'이나 '국사'라는 말도 다르지 않다. 외국인 한국어학자, 외국인 한국문학자, 외국인 한국사학자만이 아니라 한국인 한국어학자, 한국인 한국문학자, 한국인 한국사학자도 보고 싶다. 물론 여기서 '한국'은 딱히 대한민국이라는 국호의 약칭이라기보다 한반도라는 공간 또는 한반도 남반부라는 공간을 무심히, 다시 말해 별다른 정서적 이입 없이 가리키는 말이어야 할 테다.

'조선어'와 '한국어'

'국어'라는 유아적唯我的 이름을 버리기로 했을 때, 한반도와 해외 한인 사회에서 사용되는 언어를 '한국어'라 불러야 하느냐 '조선어'라 불러야 하느냐의 문제가 남는다. 풀기가 쉽지 않은 문제다. 현실정치가 거기 깊이 끼여들어 있기 때문이다. 다시 말해 '조선'이 일제 강점 이전 반도에 존재했던 전제 군주국의 이름일 뿐만 아니라, 오늘날 반도 북반부에 자리잡고 있는 전체주의 공화국의 이름이기도 하기 때문이다.

사실, 한국어라는 말은 1948년 대한민국 정부가 수립된 이후에야 사용되기 시작한 말이다. 일제 시대엔 이 언어를 조선어라 불렀고, 해방 뒤에도 반도 북쪽에서는 여전히 조선어라 부르고 있으며, 일본(과 중국)에서도 오래도록 조선어라 불러왔다. 한반도에 두 국가가 수립된 뒤에도 일본에서 조선어라는 말을 사용한 것은 일본인들이 북쪽에 우호적이어서가 아니라, '조선'이라는 말을 반도 전체의 지역 이름으로 이해했기 때문이다. 그러나 남북 두 나라 사이의 균형이 대한민국 쪽으로 크게 쏠린 데다가 한국 쪽의 집요한 로비가 먹혀 들어가, 이젠 일본에서도 한국어라는 말이 꽤 널리 쓰이고 있는 듯하다.

사실, 조선을 분단 이전의 한반도를 가리키는 말로 이해한다면, 조선어라는 말이 한국어라는 말보다 객관적 서술에 더 어울릴 것이다. 그러나 남한 지역 주민집단의 심상 속에서 '조선'이라는 말이 특정한 시기의 봉건 왕조나 지금의 북한 체제와 자주 겹치며 이물감을 자아낸다는 사실을 마냥 허투루 볼 수만도 없다. 그러니 통일이 되기 전까지는, 이 언어를 남쪽에선 '한국어'로, 북쪽에선 '조선어'로 부를 수밖에 없겠다.

불행하게도 분단 상태가 계속 이어진다면, 언젠가 '한국어'와 '조선어'는 순수한 언어학 차원에서는 서로 방언관계에 있으되 정치적 이유로 서로 다른 이름을 갖게 된 언어들에 합류하게 될지 모른다. 덴마크어와 노르웨이어, 네덜란드어와 플랑드르어 따위가 언어학적으로는 한 언어의 방언에 지나지 않으면서도 정치적 이유 때문에 서로 다른 이름으로 불리듯 말이다. '한국어'와 '조선어'는 사실상 이미 그 단계에 들어섰는지도 모른다. 그 사실이 쉽게 드러나지 않는 것은 한자문화권 바깥에서 이 언어가 한 가지 이름(Korean, coreano, coréen 등)으로 불리고 있기 때문일 것이다.

또 다른 가능성도 있다. 주류미국인들이 특별한 맥락 바깥에선 제 언어를 ('미국어'가 아니라) 영어로 부르듯, 한반도에서 쓰는 언어 이름이 어떤 '문화적 결단'에 의해 '한국어' 또는 '조선어'로, 또는 제3의 이름으로(예컨대 남북 양쪽이 공유했던 역사시대를 상기시키는 '고려어'나 국어운동가들이 즐겨 사용하는 '배달말'로) 통일될 수도 있겠다.

말들의 풍경 139

헌사獻詞
사랑과 우정, 또는 교태와 굴신

『한국일보』에 연재했던 「시인공화국 풍경들」을 『모국어의 속살』(2006)이라는 표제로 묶어 출간하며, 나는 그 책을 가까운 친구 두 사람에게 헌정했다. 헌사를 가족 바깥 사람에게 건넨 건 그 때가 처음이다. 나는 책 앞에 덧붙이는 헌사에 헤픈 편이다. 세 권에 한 번 꼴로는 헌사를 쓴 듯하다. 그간 내 헌사의 수신인은 아내, 누이, 조카 같은 가족이었다.

내 경우가 아니더라도, 헌사의 대상으로 가장 흔히 이름이 오르는 이들은 가족이나 친구다. 가족에게 건네는 헌사로 내게 가장 깊은 인상을 준 것은 시인 황지우가 세번째 시집 『나는 너다』(1987)에 붙인 문장이다. "나를 길러주신 나의 장형長兄 우성宇晟 스님께, 세상의 부채負債를 지고 지금도 땅밑을 기는 나의 아우 광우에게, 그러므로 이 세상의 모든 형제들에게 바칩니다."

이 헌사에 담긴 정보는 시인의 형이 승려고 시인의 동생이 혁명

가라는 사실이다. 둘 다 예사로운 직업은 아니다. 시인이라는 직업도 그렇다. 사실, 그 시절 황지우의 직업은 시인 말고는 없었다. 불우하다면 불우했던(그 시기의 황지우에게도 이미 명성이라는 자산은 넘쳐났다. 그의 재능은 충분히 보상받고 있었던 셈이다. 그러나 그는 경제적으로 매우 불안정한 상태였고, 그래서 주류 사회 바깥에 머물러 있었다) 이 청년 시인의 이미지는 승려 형과 혁명가 아우의 이미지와 버무려지며 기이한 아우라를 만들어냈다.

시집 후기의 "선사禪師들은 검객을 닮았다. 내 골통을 반半으로 가르는 가장 빠른 생각은 메모다. 메모랜덤: 기억을 위한 부적符籍!"이라는 문장은 이 아우라에 더욱 두터운 신비의 켜를 보탰다. 시인은 후기에서, 이 문장에 이어, 시집 『나는 너다』에 묶인 작품들이 "두 번째 시집을 묶을 때 함께 넣을까 말까 망설였던, 메모 같은 시들"이라며 사양지심을 보였으나, 이 사양의 몸가짐은 그보다 앞서 발설된 선사와 검객의 유비에서 이미 효력이 반감될 운명이었다. 선사(승려)는 검객(혁명가)을 닮았다! 그리고 선사와 검객 사이에 끼인 우리 시인은 선사로서, 검객으로서 (궁핍한 시대의) 기억을 위한 부적을, 메모랜덤을 날린다! 그의 가족은 자연스레 2000년 전 팔레스타인 땅의 성聖가족을 연상시켰고, 그 연상의 포물선은 강렬한 연대와 사랑을 함축하는 헌사 마지막 대목 '이 세상의 모든 형제들'에서 최고점에 이르렀다.

친구에게 건네는 헌사로 가장 널리 알려진 것은 프랑스 작가 앙투안 드 생텍쥐페리(1900~1944)가 『어린 왕자』(1943)에 붙인 헌사일 테다. 유럽이 제2차 세계대전의 포화에 휩싸여 있던 때 뉴욕에서 『어린 왕자』를 탈고한 생텍쥐페리는 '레옹 베르트에게'라는 헌사 뒤에다 이 헌사에 대한 '변명'을 덧붙였다. "이 책을 어른에게 바친 것을 어린이들이 용서해주었으면 좋겠다. 내겐 진지한 핑계거리가 있다. 이 어른은 세상에서 나와 가장 친한 친구다. 내겐 또 다른 핑계거리도 있다. 이 어른은 뭐든지 이해할 수 있다. 어린이들을 위한 책까지도 말이다. 내겐 세번째 핑계거리도 있다. 이 어른은 프랑스에 살고 있는데, 그는 그 곳에서 춥고 배고프다. 그는 위로 받아야 할 처지에 놓여 있는 것이다. 이 모든 핑계거리로도 모자란다면, 나는 이 책을 예전 어린 시절의 이 어른에게 바치고 싶다. 어른들은 모두 한때 어린이들이었다.(그걸 기억하는 어른은 거의 없지만.) 그러니 나는 내 헌사를 이렇게 고친다. 어린 시절의 레옹 베르트에게."

레옹 베르트(1878~1955)는 소설가 겸 미술비평가다. 생텍쥐페리보다는 스물두 살이나 손위였으나, 1931년 처음 만난 뒤 마음이 통해 단박 친해졌다. 견결한 평화주의자이자 무정부주의자였던 베르트는 생텍쥐페리와 닮은 점이 거의 없었지만, 우편항공기 조종사들말고는 생텍쥐페리의 가장 친한 친구로 남았다. 그는 스위스 국경 부근의 산악지대 쥐라에 처박혀 독일군의 프랑스 점령시기를 보냈다. 생텍쥐페리가 최고령 참전 비행사로 정찰 비행을 하다가 실종된 뒤 조국이 해방되고 나서야, 베르트는 자신에게 건네는 헌사가 담긴 친구 책을 읽어볼 수 있었다.

학술서적의 경우엔, 가족이나 친구 못지않게 헌정 대상으로 흔히 이름이 오르는 사람이 스승이나 동료일 테다. 비평가 김현(1942~1990)은 프랑스 인류학자 르네 지라르에 대한 에세이 『르네 지라르 혹은 폭력의 구조』(1987)을 동료 비평가 김주연에게 헌정했다. 그는 "주연에게, 기독교를 둘러싼 너와의 오랜 토론이 이 책으로 나를 이끌었기 때문에, 이 책을 너에게 바친다"고 썼다. 독일 철학자 마르틴 하이데거(1889~1976)는 주저 『존재와 시간』(1927)을 자신의 프라이부르크대학 스승 에드문트 후설(1859~1938)에게 헌정했다. 이 책의 초판에는 "존경과 우정으로 에드문트 후설에게 바친다. 1926년 4월 8일 바덴주州 슈바르츠발트의 토트나우베르크에서"라는 헌사가 붙었다. 그러나 하이데거는 재판再版에서 이 헌사를 지워버렸다. 저 자신이 참여했던 나치 정권이 유대인 탄압을 시작했기 때문이다. 하이데거의 스승 후설은, 생텍쥐페리의 친구 베르트처럼, 유대인이었다.

초판과 개정판의 헌사를 다른 사람에게 건넨 예도 있다. 언어학자 김진우는 『언어, 이론과 응용』의 초판(1985)에 "부모님께와 학생들에게"라는 헌사를 붙였지만, 2003년에 나온 '깁더본'(개정증보판)에서는 "낭낭공주에게"로 헌사를 바꿨다. '낭낭공주'는, 개정증보판 서문에 따르면, 저자의 아내를 가리킨다. 부모와 더불어 아내는, 헌사에서, 이름을 드러내지 않고 그저 '사랑하는 아내에게' 따위로 존재를 흐릿하게 드러내는 것이 예사지만, 좀더 '개명된' 저자들은 아내 이름을 당당히 드러냄으로써 존중과 사랑을 동시에 표현한다. 문학비평가 김병익은 칠순을 두 해 앞두고 낸 평론집 『그래도 문학이 있어야 할 이유』(2005)에 "내 몸 안으로 들어오는 아픔을 채뜨려 자신의 것으로 삼아, 대신 앓는 지영에게"라는 헌사를 붙였다. '지영'은 이 원로 비평가의 동갑내기 부인 이름이다.

생텍쥐페리가 쓴 길고 아름다운 헌사의 예가 있긴 하지만, 가족이나 친구에게 건네는 현대의 헌사들은 대개 한 줄에 담긴다. 동갑내기 비평가 권성우와 이광호는 꽉 찬 서른 살이 되던 1993년에 각각 자신들의 첫 평론집을 냈다. 권성우의 『비평의 매혹』과 이광호의 『위반의 시학』은 둘 다 저자의 부모님께 헌정됐다. 권성우는 "문학의 진정한 의미에 대해서 생각할 겨를이 없으셨지만, 누구보다도 문학적 삶을 살아오셨던 부모님께"라고 썼고, 이광호는 간결하게 "아버님, 어머님께 바칩니다"라고 썼다. 권성우의 헌사가 조금 길긴 하지만, 그래 봐야 한 문장이다.

그러나 인쇄술이 보편화의 시동을 걸 무렵부터 시민계급이 역사의 전면에 나서기까지, 책의 헌사들은 몇 페이지에 걸칠 정도로 길고 그 문체도 장식적인 것이 예사였다. 저자로 하여금 익명의 다수 독자들을 대상으로 책을 쓰게 만든 자본주의적 서적 시장이 뿌리내리기 전에는, 저자의 생계를 책임지는 사람들이 주로 귀족 출신 후원자(파트롱)였기 때문이다. 그래서 그 시대 저자들은 오직 한 사람의 호의에 기대어 책을 썼고, 실제의 또는 잠재적 파트롱에게 바치는 헌사는 상대를 높이고 자신을 낮추기가 노골적 아첨과 다름없었다. 마키아벨리(1469~1527)가 『군주론』(1532)에 부친 헌사●

는 그 때 기준으로 전혀 호들갑이 아니었다.

헌사는 인쇄 형태로만 이뤄지는 것이 아니다. 저자들은 친지나 서평 기자들에게 책을 보낼 때 '아무개에게'라는 말을 쓴 뒤 서명을 하는 것이 예사다. 이런 친필 헌사를 저자 자신과 친분이 없는 다수 독자들에게 하나하나 건네는 일도 있다. 그 전형적인 것이 이른바 '저자 사인회'에서 책을 사는 사람에게 쓰는 헌사다. 저자 사인회는 오늘날 신간 서적의 홍보와 판매 촉진에 만만찮은 구실을 하는 이벤트다. 대개 서점에서 이뤄지는 저자 사인회는 근자에 스타벅스 같은 커피전문점으로까지 공간을 넓히고 있다. 꼭 저자 사인회에서가 아니더라도, 저자의 서명은 대체로 책의 교환가치를 높이고 저자와 독자 사이의 유대를 굳건히 하는 데 이바지한다. 이른바 전문체電文體, telegraphic style(낱말을 과감히 생략함으로써 문장의 파편들만을 남기는 건조체) 문장으로 범죄소설의 새 경지를 개척한 미국 작가 제임스 엘로이는 자서전 『내 어두운 장소들』(1996)의 1쇄 6만5000부 전체에 저자 서명을 한 바 있다.

●「군주론」헌사

니콜로 마키아벨리가 위대한 로렌초 데 메디치 전하께

군주의 은혜를 얻으려는 자는 보통 제가 가장 값지게 여기는 물건이나 군주를 가장 기쁘게 할 물건을 바치게 마련입니다. 그래서 군주에게는 말이나 무기, 황금옷, 보석 같은, 군주의 위대함에 걸맞은 장신구가 헌정됩니다. 이제 저 자신 전하께 제 충성심의 증거를 바치고자 하옵는데, 제가 가진 것 가운데 가장 귀한 것은 근래 사건들에 대한 오랜 경험과 고대사에 대한 끊임없는 연구를 통해 얻은, 위대한 사람들의 행적에 대한 지식입니다.

(…)
비록 전하께 올리기엔 이 책이 크게 부족하다는 것을 알고 있사오나, 자비로우신 마음으로 이것을 받아주시옵소서. (…)
저처럼 신분이 낮은 자가 군주들의 행위를 논하고 방향을 제시하는 것이 주제넘은 일로 받아들여지지 않기 바라나이다. 왜냐하면 풍경화가가 산과 고지의 형상을 관찰하려면 낮은 평지에 있어야 하고 낮은 곳의 특성을 연구하려면 고지로 높이 올라가야 하듯, 인민의 특성을 잘 알기 위해서는 군주가 돼야 하고 군주의 특성을 잘 이해하기 위해서는 인민에 속해야 하기 때문입니다.
그러므로 전하께서는 제가 이 보잘것없는 선물을 올리는 바로 그 마음으로 이것을 받아주시옵소서. 이 책을 읽으시고 숙고하신다면, 운명과 탁월한 자질이 약속하는 위대함에 전하께서 도달하시기를 우러러 바라는 제 마음을 간취하시게 될 것이옵니다. 그리고 전하께서 그 혜안을 저 드높은 곳에서 이 낮은 곳으로 옮기신다면, 제가 잔혹한 운명에 얼마나 심하고 오래도록, 또 얼마나 부당하게 시달려왔는지 아시게 될 것이옵니다.

가르랑말과 으르렁말
'-빠'와 '-까'의 생태학

황우석이라는 이름이 매스미디어를 달구던 지난해(2005년) 말, 대한민국은 '황빠'와 '황까'로 쪼개졌다. '황빠'는 황우석씨를 (뜨겁게) 지지하는 사람을 뜻하고, '황까'는 황우석씨를 (거세게) 비판하는 사람을 뜻한다. 처음에 한국인들의 압도적 다수는 황빠였다. 거의 모든 언론이 황우석씨의 성인전聖人傳을 써대고 노무현 대통령은 그의 줄기세포 기술을 '마술'이라고까지 추어올렸으니 그럴 만도 했다. 그러나 황우석씨가 여러 차례 논문을 조작했다는 것이 드러나고 그 사실이 밝혀진 뒤에도 황씨의 비상식적 처신이 이어지자, 어느 시점부터는 황까가 다수가 된 듯하다. 물론 황빠는 하나의 세력으로서 아직 건재하다. 그리고 이것은 놀라운 일이 아니다. 모든 '빠순이(열성적 여성 팬)' '빠돌이(열성적 남성 팬)'들이 그렇듯, 황빠 역시 논리적으로 설득된 사람들이 아니라 감성적으로 매혹된 사람들이기 때문이다. 매혹된 영혼 앞에서 '사실'과 '논리'는 별다른 힘을 쓰지 못한다.

황우석 사건은 한국인들의 언어 생활에 적잖은 영향을 끼쳤다. 가장 눈에 띄는 것은 이 사건이 생명공학 분야의 전문 술어들을 일상어로 끌어들였다는 점일 테다. 그만큼 눈에 띄지는 않았지만, 이 사건은 또 그 전까지 주로 젊은 네티즌들 사이에 통용되던 접미사 '-빠'와 '-까'를 인터넷 바깥으로까지 끌어내 일반인들의 입에 널리 오르내리게 만들었다. '-빠'는 어떤 사람의 열성적 지지자나 열렬한 팬을 뜻한다. 남성 연예인을 '오빠'라 부르며 따라다니는 극성 여성 팬을 가리키는 '빠순이'(또는 집합적으로 '오빠부대')가 이 신종 접미사의 어원일 것이다. '빠순이'는 '오빠부대'의 일원인 만큼 대체로 여중생이나 여고생이기 마련이지만, '-빠'는 '빠순이' 나 '오빠부대'의 성적性的 세대적 벽을 허물었다. 그래서 황빠는 60대 남성일 수도 있다.

그래서 '-빠'에 속하는 사람들은, 성별에 따라, 앞에서 거론한 '빠순이'와 '빠돌이'로 나뉜다. 그러나 '-빠'와 '-빠순이' '빠돌이' 사이엔 뉘앙스 차이가 있다. '-빠'라는 접미사에도 얼마간의 경멸 뉘앙스가 배어 있지만, '빠순이' '빠돌이'에서는 이 뉘앙스가 한결 더 짙어진다. 그래서 '황우석 빠순이'나 '황우석 빠돌이'는 그것의 줄임말이라 할 '황빠'보다도 한결 더 비이성적이고 막무가내라는 느낌을 준다. 남성형 '빠돌이'의 기본형이자 접미사 '-빠' 의 어원인 '빠순이'는 인터넷에서 (음이 비슷한) '박순희'라는 고유명사의 옷이 입혀진 채 에둘러 표현되기도 했다.

'빠순이' '빠돌이'는 근본적으로 10대 언어이자 속어다. 그러니, 2002년 대선 때, 한 후보가 이 말을 사용함으로써 자신의 귀족이미지와 노인이미지를 중화하려 시도한 것도 이해할 만하다. 안타깝게도, 그는 이 말을 발설함으로써 웃음거리가 됐다. 이 말의 '젊음'과 '비속함'을 제것으로 만들 연기력이나 진심이 그에게 없었기 때문일 테다.

접미사 '-빠'의 대척에 있는 '-까'는 드센 반대자, 이른바 '안티팬'을 뜻한다. '남의 결점을 들어 말하다'라는 뜻의 동사 '까다'에서 온 말이라는 견해도 있고, 하드코어 비속어인 'x까!'(헛소리 집어치워!)나 '까고 있네'(웃기고 있네) 같은 표현에서 온 말이라는 견해도 있다. 아마 그 둘 다가 버무려지면서 이 새로운 접미사가 태어났을 것이다. 접미사 '-까'의 생년일이 '-빠'의 생년일보다 늦은 것은 확실하다. 수많은 종류의 '-빠'가 등장한 뒤에야 '-까'가 모습을 드러냈다. 인터넷에 숱하게 웅크리고 있는 팬사이트들이 '-빠'의 근거지라면, 안티사이트(안티인터넷)들은 '-까'의 거처다.

황우석 사건이 접미사 '-빠'와 '-까'의 대중화에 결정적 모멘텀을 주긴 했으나, 이 말들의 대중화에 시동을 건 것은 2002년 대통령 선거다. 노무현 후보의 열렬한 지지자들을 그 반대자들이 '노빠'라 부르기 시작하자, 지지자들은 이 말에 담긴 경멸 뉘앙스를 걷어내고 기꺼이 '노빠'를 자임했다. 선거 뒤, 대통령의 정치적 친위활동을 이끈 한 정치인은 '노빠주식회사 대표이사'를 자임하기도 했다.

여기에 맞서 '노까'도 등장했다. 노 대통령의 실정이 거듭되자, '노까'는 영남 지역의 전통적 보수층에서만이 아니라 지역과 계급과 이념을 가로지르는 다양한 유권자들로부터 충원됐다. '노빠'가 노 대통령에게 논리적으로 설득된 사람이라기보다 감성적으로 매혹된 사람이듯, '노까' 역시, 적어도 일부는, 노 대통령의 정책이나 스타일에 논리적으로 반대하는 사람들이라기보다 그에게 일단 증오부터 드러내고 보는 사람들이랄 수 있다. 깊이 따져보는 일 없이 그저 노무현은 '비호감'이라고 결정해버린 사람들 말이다. 일반적으로, '-빠'와 '-까'는 옳은가 그른가에 대한 논리적 판단보다는 좋은가 싫은가에 대한 정서적 판단에 익숙한 사람들이다.

'-빠'의 언어들은 이른바 가르랑말 purr words에 속하고, '-까'의 언어들은 이른바 으르렁말 snarl words에 속한다. 이 생생한 조어를 통한 깔끔한 분류는 새뮤얼 하야카와라는 캐나다 출신 일본계 미국인 언어학자의 것이다. 그는 '생각과 행동 속의 언어'라는 책에서 언어의 함축 의미를 따져보며, 으르렁말과 가르랑말을 맞세웠다. 하야카와가 든 예를 옮기자면, "이런 버러지같은 놈! You filthy scum!"은 전형적인 으르렁말이고 "당신은 세상에서 제일가는 여자야 You're the sweetest girl in all the world"는 전형적인 가르랑말이다. 앞의 말은 남을 위협하거나 모욕하는 으르렁거림이고, 뒤의 말은 고양이가 가르랑거리듯 남의 호감을 사려는 언어행위다.

으르렁말이나 가르랑말에서는 언어의 소통 기능 가운데 중립적 정보 기능이 거의 사라지고, 그 대신 표현적 기능이 두드러진다.

그래서 이런 말들에 담긴 의미는 개념보다 정서에 가깝다. 으르렁말의 극단적 형태는 욕설이나 저주다. 반면에 연인들 사이의 밀어 蜜語나 독재자(또는 전제 군주) 이름 앞에 흔히 붙는 갖가지 존칭 수식사들은 가르랑말의 극단적 형태라 할 수 있다.

으르렁말이나 가르랑말이 가장 시끌시끌하게 날아다니는 곳은 인터넷이다. 연예인들의 팬사이트만이 아니라, 무슨무슨 '사모(사랑하는 사람들의 모임)' 돌림의 정치인 지지자 사이트에선 가르랑말이 휘날린다. 반면에 안티사이트에서는 해당 연예인이나 정치인을 향한 으르렁말이 펄럭인다. 놀랍지 않게도, 숱한 가르랑말의 대상이 되는 '스타'는 동시에 으르렁말의 표적이 되는 일이 흔하다. 그것은 한쪽에서 격렬한 사랑을 받는 사람은 다른 쪽에서 격렬한 미움을 받는다는 뜻이기도 하고, '-빠'와 '-까'의 존재론이 작용 반작용의 법칙을 따른다는 뜻이기도 하다. 이를테면 노빠들의 가르랑말이 화려해질수록 노까들의 으르렁말은 사나워지고, 노까들의 그 사나워진 으르렁말은 다시 노빠들의 가르랑말을 더 화려하게 만든다.

한 개인이 으르렁말만 쓴다거나 가르랑말만 쓰는 것도 아니다. 왜냐하면 누군가의 '-빠'는 그 경쟁자나 적대자의 '-까'이기 쉽기 때문이다. 예컨대 노빠는 노 대통령의 정치적 경쟁자나 적대자들에 대해서 '-까'이기 십상이다. 그래서 한 개인이 누군가의 '빠돌이'로서 가르랑말을 늘어놓는 한편 다른 누군가의 '까돌이'로서 으르렁말을 늘어놓는 일도 드물지 않다. '노비어천가'니 '노기도 문'이니 하는 비아냥거림을 받은 최상의 가르랑말을 정치인 노무현에게 바친 어느 시인은 노무현의 정치적 경쟁자나 적대자들에게는 넘친다 싶을 만큼 가혹한 으르렁말을 던지기 일쑤였다. 또 으르렁말끼리도 상승작용을 일으킨다. 노 대통령을 표적으로 삼은 노까들의 으르렁말이 사나워지면, 노 대통령의 정적들을 향한 노빠들의 으르렁말은 더 사나워지고, 노빠들의 사나워진 으르렁말은 노까들의 으르렁말을 더욱 사납게 만든다.

가르랑말이든 으르렁말이든, 이런 정서적 언어들은 커뮤니케이션을 다채롭게 하는 한편 교란시킨다. 그것이 상대방을 인정하는 '대화'보다는 자족적이고 과시적인 '표현'에 더 기여하기 때문이다. 가르랑말은 더러 듣기 역겹다. 특히 그것이 권력의 맥락을 타고 발설될 때 더욱 그렇다. 그러나 커뮤니케이션을 더욱 위태롭게 하는 것은 으르렁말이다. 인터넷에 난무하는 욕설들은 대화나 설득에 조금도 이바지할 수 없다. 그것은 같은 편끼리의 씁쓰레한 자족감을 고양하고 동아리 의식을 강화하는 데 기여할 수 있을 따름이다. 그런데 그런 욕설에 가까운 으르렁말이 익명의 너울을 쓴 네티즌들의 손가락에서만이 아니라 공식석상의 정치인들 입에서도 드물지 않게 나오고 있다. 한나라당의 한 여성 의원은 바로 그런 으르렁말의 일상적 사용으로 자신의 정치적 자산을 크게 불렸다. 어떤 공동체가 지금 한국 사회처럼 '-빠'와 '-까'로 선명히 쪼개져 있을 때, 아무리 비속한 으르렁말도(그리고 아무리 역겨운 가르랑말도) 절반의 지지를 얻게 마련이다. 그 여성 정치인은 지혜롭게도 그 점을 놓치지 않았다.

으르렁말의 사용에선 지식인 출신 정치인도 예외가 아니다. 으르렁말을 던지면서도 '먹물 티'를 슬그머니 또는 노골적으로 낸다는 점이 차이라면 차이다. 언론학자 강준만씨가 거론한 예지만, "노 대통령은 왼쪽, 오른쪽 뇌를 연결시켜 주는 부분에 문제가 있어서 정상국가를 기대하기 어렵다"(한나라당 공성진 의원)거나, "종땡 치면 밥 주는 걸로 아는 '파블로프의 개'처럼 그렇게 말하면 안 된다"(열린우리당 유시민 의원)는 발언이 대화에 이바지하기는 어렵다. 그것들은 그저 발설자의 호승심好勝心을 충족시켜주는 모욕의 언어일 뿐이기 때문이다.

공적 담론의 마당에서까지 오늘날의 한국어가 으르렁말과 가르랑말로 채워지고 있다는 것은 오늘날의 한국인들이 정서적으로 뜨겁다는 뜻일 테다. 말하자면 열정적이라는 뜻일 테다. 역사가 가르치듯 열정은 모든 진보의 동력이지만, 파괴와 자기파괴를 부추기는 영혼의 병이기도 하다.

유언遺言, 마지막 말들의 비범함과 평범함

지니고 있는 한국어 사전에서 '유언遺言'의 뜻을 찾아보니, "① 죽음에 이르러서 부탁하여 남기는 말. 유음遺音. ② 죽은 뒤에 법률상의 효력을 발생시킬 목적으로 일정한 방식에 따라 하는 단독 의사표시"라고 풀이돼 있다. 두번째 뜻의 유언은 재산상속과 깊이 관련돼 있는 법률 용어다. 민법전은 제5편 '상속'의 제2장 전체를 '유언'에 할당하고 있다. 제1060조에서 시작해 제1111조에서 마무리되는 상세한 규정이다. '유언' 규정이 그리도 자세한 것은 재산상속을 둘러싼 법률 분쟁이 그만큼 잦고 민감하다는 뜻이겠다.

그러나 이 자리에서 살필 유언은 첫번째 뜻의 유언, 곧 일반적으로 죽음을 앞두고 남기는 말들이다. 이른바 '마지막 말들' 말이다. 자기가 언제 죽을지를 아는 일이 누구에게나 가능하지는 않은 만큼, 누구나 그럴싸한 유언을 남길 수 있는 것은 아니다. 돌연사의 경우엔 유언 자체가 불가능하다. 그러나 그런 경우에 대비해서 미리 유서를 써 놓을 수는 있겠다.

자살을 결심한 사람도 더러 유서를 쓴다. 정몽헌 전 현대그룹 회장(2003년 몰)은 충격적인 투신에 앞서 쓴 유서들 가운데 한 통에서 김윤규 당시 현대아산 사장에게 "당신, 너무 자주 하는 윙크 버릇 고치십시오"라는 말을 남겼다. 앞이 창창한 듯 보였던 재계 거물의 마지막 말에 배어 있는 따스함과 유머 감각은 그의 자살을 둘러싼 구설의 휘장을 가뿐히 뚫고 자연인 정몽헌의 매력을 드러냈다.

한국인이 남긴 유언 가운데 가장 비통한 것 하나는 구한말 유학자 황현(1910년 몰)의 손에서 나왔다. 국치 직후 그는 절명시絶命詩 네 편을 하룻밤 사이에 짓고 아편을 삼켜 목숨을 끊었다. 그 가운데 세번째 시는 이렇다. "새도 짐승도 슬피 울고 강산도 찡그리네/ 무궁화 온 세상이 이젠 물 속으로 가라앉네/ 가을등불 아래 책 덮고 지난 역사를 되새기니/ 어렵구나, 세상에서 글 아는 사람 노릇 하기가鳥獸哀鳴海岳嚬/ 槿花世界已沈淪/ 秋燈掩卷懷千古/ 難作人間識字人."

이순신(1598년 몰)이 노량해전에서 적탄을 맞은 뒤 남겼다는, "싸움이 한창이다. 내 죽음을 적에게 알리지 말라"는 유언은 이 위대한 군인의 아우라에 숭고함을 한껏 더하며 사람들을 숙연하게 한다. 무용武勇과 지략에서 더러 이순신에 비견되는 영국의 제독 호레이쇼 넬슨(1805년 몰)은 트라팔가르 해전에서 이순신의 마지막 순간과 비슷한 처지에 놓이게 되자, "내 의무를 다할 수 있게 해주신 걸 하느님께 감사한다"는 말을 남겼다.

그러나 이런 기개와 대범함은 최량의 무인들에게서나 기대할 수 있는 것이다. 병상에서 죽음을 맞은 문인들의 마지막 말은 한결 소박하다. 문학평론가 김현(1990년 몰)이 서울대 병원에서 마지막으로 흘린 말은 '녹즙'이었다고 한다. 김현의 제자인 소설가 이인성은 고인을 회고하는 글에서 이 일화를 전하며, "그것(녹즙)이 선생이 상상한 가장 순결한 음식, 생명의 엑기스였을까?"라고 덧붙이고 있다. 김현의 이 녹즙은, 그보다 반세기 앞서 소설가 이상(1937년 몰)이 도쿄대 병원에서 발설했다는 '멜론'(이 아니라면 레몬?)을 연상시킨다.

1970년대를 열어제친 전태일(1970년 몰)의 분신 이후 적잖은 공적 자살자들은 사회를 향한 요구를 유언으로 남겼다. 전태일은 제 몸을 불사르며 "근로기준법을 준수하라! 노동자들을 혹사하지 말라! 내 죽음을 헛되이 말라!"고 외쳤다. 그는 병원으로 옮겨져 생명이 다하기 직전 "배가 고프다"는 말을 남겼다고 한다. 그의 이 마지막 말은 그가 몸을 사르며 외쳤던 정치 구호를 육체적으로 완성하고 있다. 그것은 인간적인, 너무나 인간적인 유언이다. 반미자주화의 대의가 젊은 영혼을 사로잡았던 시절, 대학생 김세진과 이재호(1986년 몰)는 한 날 한 시에 제 몸을 불사르며 "반전반핵! 양키 고 홈!"을 외쳤다.

지리산 뱀사골에서 급류에 휩쓸려 삶을 마감한 시인 고정희(1991년 몰)는 「독신자」라는 시를 정서해 책상 위에 남겨놓았는데, 마치 자신의 죽음을 미리 그린 듯해 오슬오슬하다. "크고 넓은 세상에/ 객사인지 횡사인지 모를 한 독신자의 시신이/ 기나긴 사연의 흰 시트에 덮이고/ 내가 잠시도 잊어본 적 없는 사람들이 달려와/ 지상의 작별을 노래하는 모습 보인다."

고정희의 영국인 선배 크리스티나 로세티(1894년 몰)의 시 「노래」는 그 자체가 어여쁘고 구슬픈 유언이다. 그 첫 연은 이렇다. "내가 죽으면, 사랑하는 이여/ 나를 위해 슬픈 노래 부르지 마세요/ 머리맡에 장미도 심지 말고/ 그늘 만들 사이프레스도 심지 마세요/ 내 몸 위의 녹색 풀이/ 비와 이슬방울에 젖게 하세요/ 기억하고 싶으면 나를 기억하시고/ 잊고 싶으면 잊으세요."

조너선 그린이라는 사람이 엮은 『널리 알려진 마지막 말들 Famous Last Words』(『마지막 1분』이란 제목으로 한국어판이 나왔다)은 역사적 인물들의 마지막 말들을 주제와 상황에 따라 분류해 모아놓았다. 그 출처들을 밝혀놓고 있지 않은 것을 보면, 이 마지막 말들 가운덴 와전되거나 조작된 것도 꽤 있을지 모른다. 아무렇거나 그 마지막 말들의 상당수는 때론 너무 비범해서, 때론 너무 평범해서 인상적이다. 국내외 구명운동에도 불구하고 모호한 살인혐의로 교수대 앞에 서게 된 이탈리아계 미국인 무정부주의자 바르톨로메오 반제티(1927년 몰)는 "당신들이 나를 두 번 처형한다 해도 내가 올바로 살았다는 사실을 바꾸지는 못한다"고 항변했다. 반제티는 미국 법정이 '조작된 살인혐의' 때문이 아니라 '무정부주의 사상' 때문에 제게 사형을 선고했다는 것을 알고 있었다. 미국 사법부는 1977년 반제티에 대한 유죄 선고를 취소함으로써, 그가 정치 재판의 희생자였음을 시인했다.

보헤미아의 종교개혁가 얀 후스(1415년 몰)가 이단 혐의로 화형을 당하며 남긴 말은 그 잠언적 울림으로 널리 회자된다. 그는 불길이 세어지도록 계속 장작을 얹는 신앙심 깊은 노파를 바라보며, 라틴어로 "아, 거룩한 단순함이여!(오, 상크타 심플리키타스!)"라고 한탄했다 한다.

작곡가 베토벤(1827년 몰)은 장년기 이후의 청각 장애가 지긋지긋했던지 죽음을 앞두고 "하늘에선 나도 들을 수 있을 거야"라고 중얼거렸고, 시인 하이네(1856년 몰)는 "하느님은 날 용서하실 거야. 용서하는 게 그 분의 일이니까"라는 말을 남겼다. 기독교 교육을 받고 자라났으나 만년엔 무신론으로 기운 볼테르(1778년 몰)는 마지막 순간에 회심을 요구하는 신부에게 "하느님의 이름으로, 제발 편히 죽게 날 좀 내버려둬요"라며 짜증을 냈다 한다. 그러나 전태일의 '배고프다'는 마지막 말만큼이나 인간적인 것은 테너가수 엔리코 카루소(1921년 몰)의 마지막 말이다. 그는 아내 도로시를 애칭으로 부르며 이렇게 말했다. "도로, 숨이 쉬어지지가 않아."

끔찍한, 그리고 부끄러운…

근년에 한국인들이 들은 가장 끔찍한 '마지막 말'은 이라크 무장세력에게 납치돼 살해된 김선일(2004년 몰)씨의 유언이다. 그 유언은 의도하지 않은 유언이라는 점에서, 정부가 마음먹기에 따라선 그 말을 유언으로 만들지 않았을 수도 있다는 점에서 한국인들의 마음에 깊숙한 상처를 남겼다. 공개된 동영상에서 그는 서툴고 다급한 영어로 울먹이며 이렇게 말했다. 그러나 한국 정부는 그의 이 절박한 호소를 묵살했고, 몇몇 정치인들과 종교인들은 그의 이 마지막 말을 비열한 언사로 모욕했다.

To President Roh Moo Hyun.
I want to live.
I want to go to Korea.
Please, don't send to Iraq Korean soldiers.
Please! This is your mistake.
This is your mistake.
Many Korean people don't like their (government) to send (soldiers) to Iraq.
All Korean soldier(s) must (stay) out of Iraq.
Please, please! This is your mistake.
Why do you send, why do you send Korean soldiers to Iraq?
To my all people all Korean people.
Please support me. Please!
President please Bush, to President Roh Moo Hyun.
Please. I want to live, I want to go to Korea.

노무현 대통령님,
나는 살고 싶습니다.
한국으로 돌아가고 싶습니다.
제발 이라크에 한국군을 보내지 말아 주십시오.
제발! 이건 당신의 실수입니다.
이건 당신의 실수입니다.
많은 한국인들이 (정부가) 이라크에 (군인을 보내는 걸) 바라지 않습니다.
한국군은 모두 이라크에서 나가야합니다.
제발, 제발. 이건 당신의 실수입니다.
왜 당신은, 왜 당신은 한국군을 이라크에 보냈나요?
고국의 동포 여러분께,
제발 저를 도와주십시오, 제발.
제발, 부시 대통령님, 노무현 대통령님.
제발. 나는 살고 싶습니다. 한국에 가고 싶습니다.

무수한 침묵의 소리들
신체언어의 겉과 속

익숙하지 않은 외국어로 대화할 때 누구나 깨닫는 점 하나는 대화 상대자와 얼굴을 맞대고 얘기를 나누는 것보다 전화로 얘기를 주고받는 것이 사뭇 어렵다는 사실이다. 그것은 전화의 음감이 마주 보고 하는 말의 음감보다 덜 또렷해서만은 아니다. 전화로 대화하기가 마주보고 대화하기보다 어려운 가장 큰 이유는 거기에 오로지 좁은 의미의 언어, 곧 소리연쇄로서의 음성언어만이 개입하기 때문이다. 그렇다는 것은 사람들이 의사를 소통할 때 오직 음성언어만을 사용하는 것은 아니라는 뜻이다. 우리는 대화할 때 표정이나 몸짓 같은 신체언어(보디랭귀지)로 음성언어를 보완한다. 전화로 얘기할 때 더러 상대방의 뜻을 곧바로 이해하지 못해 되묻게 되는 것은 그 대화에 신체언어가 끼여들 자리가 없기 때문이다.

소리연쇄로 이뤄진 전형적 언어가 생겨난 것이 언제인지는 알 수 없지만, 음성언어가 생겨나기 전엔 인류가 신체언어를 사용했으리라는 짐작은 할 수 있다. 신체언어는, 사람들 사이의 커뮤니케이션에선 보조적으로 사용되지만, 동물계에서 흔히 볼 수 있는 커뮤니케이션 수단이다. 제스처를 의미소로 삼은 이런 신체언어를 더 느슨하게는 사인언어(기호언어, sign language)라고도 부른다. 인류는 음성언어를 만들어내기 전에 이런 사인언어를 주고받았을 테고, 음성언어를 만들어낸 뒤에도 서로 말이 다른 부족들끼리는 이런 사인언어로 의사를 소통했을 테다. 현대인들도 외국어로 얘기할 때는 모국어로 얘기할 때보다 제스처를 더 많이 쓰게 된다. 아무래도 외국어로는 제 의사를 즉각적이고 고스란하게 표현하기가 상대적으로 어렵기 때문일 것이다.

소리 바깥의 언어라는 뜻에서 신체언어를 침묵의 언어(사일런트 랭귀지)라고도 한다. 흔히 '무언극'이나 '묵극默劇'이라 번역되는 팬터마임은 침묵의 언어만으로 이뤄지는 연극 형식이다. 이런 침묵의 언어 또는 신체언어를 연구하는 분과학문이 키니식스 kinesics(어원적으로 '움직임에 관한 학문'의 뜻)다. 1950년대에 키니식스라는 말을 고안해낸 이는 무용가 출신의 인류학자 레이 버드위스텔이다. 버드위스텔에 따르면 사람의 몸짓들은 죄다 일정한 의미를 지니고 있다. 다시 말해 우연적이지 않다. 그리고 이 몸짓들로 이뤄지는 언어는 소리연쇄로 이뤄진 자연언어에 견줄 만한 문법구조를 지니고 있다. 음성언어의 최소단위인 '포님(음소)'이나 '모핌(형태소)'에 해당하는 것이 신체언어에서는 '키님(운동소)'이다. 신체언어의 의미는 이 키님의 연산을 통해 생산된다는 것이 버드위스텔의 생각이었다. 마거릿 미드나 그레고리 베잇슨 같은 인류학자들도 이내 키니식스 연구에 손을 뻗쳤다.

커뮤니케이션 연구에서 키니식스의 중요성은 점점 더 커져가고 있다. 의사 소통에서 음성언어가 차지하는 비중이 생각만큼 크지 않다는 사실이 밝혀지고 있기 때문이다. 메시지는 압도적으로 음성언어 바깥에서 교환된다. 갖가지 상황에 놓인 사람들의 대화를 꼼꼼히 관찰한 끝에, 버드위스텔은 의사 소통에서 어휘가 감당하는 비중이 30%에서 35%를 넘지 못한다는 결론을 내렸다. 심리학자 앨버트 메라비언은 이 비중을 더욱 끌어내렸다. 그는 『침묵의 메시지』(1971)라는 책에서 '7-38-55 법칙'이라는 것을 내놓았다. 메라비언에 따르면 대면對面, face-to-face 커뮤니케이션은 어휘, 목소리 톤, 신체언어 세 요소로 이뤄진다. 그리고 이 세 요소가 메시지 의미를 실어 나르는 데 감당하는 비중이 각각 7%, 38%, 55%다.

효과적이고 의미 있는 커뮤니케이션이 이뤄지기 위해서는 이 세 요소가 서로를 보완해야 한다. 다시 말해 이 세 요소의 메시지가 조화로워야 한다. 그러나 실제 커뮤니케이션에서는 이 세 요소가 부조화를 이루는 경우가 많다. 이렇게 커뮤니케이션의 요소들이 부조화를 이룰 때, 수신자는 발신자의 메시지를 해석하기 위해 가중치를 반영한 의미 연산을 시도한다. 메라비언이 든 예 하나는 이렇다. 어떤 사람이 상대방에게 "난 너랑 아무 문제가 없어."라고 말했다 치자. 그런데 그는 상대방과 눈도 마주치려 하지 않고, 표정은 뿌루퉁하며, 목소리는 위축돼 있다. 언어요소(어휘)와 비언어

요소(목소리 톤과 신체언어)가 서로 반대되는 메시지를 실어 나르고 있는 상황이다. 이 때 수신자는 언어요소(7%)와 비언어요소(38%+55%)의 벡터를 합산해 발신자가 자신에게 부정적 판단을 하고 있다는 결론에 이른다.

메라비언이 제시한 수치가 적절히 산출됐는지에 대해선 말들이 많지만, 커뮤니케이션에서 비언어 요소가 언어 요소를 압도하고 있다는 데에 인지심리학자들의 견해는 대체로 일치한다. 메라비언의 신체언어는 꼭 제스처만을 뜻하는 것은 아니다. 거기엔 외모나 복장 같은 시각 요소 일반이 포함된다. 그러나 메라비언이 염두에 둔 시각요소는 이른바 시각언어visual language와 고스란히 포개지지 않는다. 제스처도 크게 보아 시각언어의 일종이랄 수 있지만, 좁은 의미의 시각언어는 사진이나 동영상, 조형예술, 픽토그램이나 로고타이프처럼 세계를 인체 바깥에서 시각적으로 재현한 형태를 일컫는 것이 예사다. (물론 4년 주기로 한국에서 크게 유행하는 보디페인팅은 좁은 의미의 시각언어와 메라비언의 신체언어를 겸하고 있다 할 수 있다.) 문자도 엄밀히 말하자면 시각언어의 일종이지만, 일반적으로 문자를 시각언어라 부르지는 않는다.

신체언어 가운데 어떤 것은 인류 보편적이고, 어떤 것은 문화권에 따라 다르다. 기쁨, 슬픔, 화남, 두려움 따위를 표현하는 표정언어는 인류에게 대체로 공통적인 듯하다. 그것들이 문화 못지않게 생물학에 기원을 두고 있어서 그런지도 모른다. 무릎을 꿇는 것은 대부분의 문화권에서 굴복을 의미한다. 고개를 위아래로 흔드는 것이 긍정을 뜻하고 좌우로 흔드는 것이 부정을 뜻하는 것도, 그 반대의 예가 보고되기는 했으나, 거의 보편적이라 할 수 있다. 반면에 어깨를 으쓱거림으로써 무관심이나 경멸을 드러내는 것은 일부 서양 문화권에 국한돼 있다. 가장 적나라한 욕설의 메시지를 담은 손가락언어도 한국의 경우와 서양의 경우가 다르다.

문화권에 따라 신체언어가 다양한 것은 사실이지만, 신체언어는 음성언어에 견주어 한결 통通/統-문화적이다. 신체언어의 적잖은 부분은 그것을 굳이 따로 배우지 않더라도 그 의미를 알아차리는 데 큰 어려움이 없다. 그것은 신체언어의 본원적 보편성에 기인할 것일 수도 있고, 문화접촉에 기인한 것일 수도 있다. 상대방 이야기를 들으며 자주 고개를 끄덕이는 것은 수신자가 발신자의 메시지를 주의 깊게, 공감하며 듣고 있음을 뜻한다. 머리를 긁적이는 것은 수줍음이나 난처함, 자책을 의미하고, 턱을 듦으로써 뭔가를 지시하는 것은 수신자에 대한 발신자의 우위를 드러낸다. 처음 보는 사람에게 미소를 짓는 것은 그에게 적의가 없음을 의미하고, 엄지손가락을 치켜세우는 것은 '최고'라는 것을 뜻한다.

신체언어는 음성언어만큼 정교할 수 없다. 신체언어의 형태소들이 음성언어에서만큼 다양할 수 없기 때문이다. 그러나 언어 일반의 표현적 기능에서 신체언어는 음성언어에 뒤지지 않는다. 감정을 가장 솔직히 드러내는 것은 어휘가 아니라 몸이다.

수화手話와 구화口話

수화는 청각장애인(농아인)들의 커뮤니케이션을 위해 체계적으로 고안된 신체언어다. 비장애인들의 신체언어처럼 수화도 몸짓과 표정, 손가락을 사용하지만, 그보다 훨씬 더 정교하게 다듬어졌다. 수화는 일반적 신체언어와 달리 음성언어의 보완물이 아니라 대체물이 돼야 했기 때문이다. 18세기 중엽 프랑스인 신부 샤를 미셸 드 레페(1712~1789)가 창안한 수화는 그 뒤 각 자연언어의 문법에 맞춰 손질되며 농아인 교육의 새 장을 열었다. 수화에도 음성언어에서처럼 체계적인 의미장이 존재한다. 가장 간단한 것은 사용하는 몸 부위에 따라 메시지의 의미를 계열화한 것이다. 예컨대 한국어 수화의 경우에, 머리 부위의 수화 기호는 대체로 지적知的 정신적 활동을 지칭하고, 코 부위 수화 기호는 가치 평가와 관련 있다. 목 부위 수화 기호는 경험이나 욕망과 관련 있고, 어깨 부위 수화 기호는 의무나 책임의 뜻으로 많이 쓰인다. 또 위팔은 힘이나 권세와, 아래팔은 노동과 관련돼 있다. 몸짓의 방향이나 양태에 따라서도 상징적 의미가 한결 섬세하게 계열화돼 있다. 그러니까 수화에도 문법이 존재하는 셈이다. (수화의 의미적 계열화에 대한 설명은 장진권의 논문「한국 수화의 어원적 의미」를 참조했다.)

농아인 교육에는 수화법manual method말고도 구화법oral method이 쓰인다. 구화법은 농아인이 상대의 입술 움직임을 읽어서 메시지를 이해하는 한편 소리내는 연습을 통해 음성언어를 제한적으로나마 익히게 하는 교육법이다. 독순법lip reading이라고도 한다. 구화법은 드 레페 신부와 동시대인이었던 독일인 교육자 자무엘 하이니케(1727~1790)가 제창했다.

하이니케가 구화법을 제창한 것은 드 레페의 수화법이 청각장애인의 커뮤니케이션을 장애인들 사이로 한정하기 십상이라는 깨달음 때문이었다. 사실 수화법의 틀 안에서는, 비장애인이 수화를 배우지 않는 한, 청각장애인과 비장애인 사이의 커뮤니케이션은 이뤄질 수 없다. 반면에 구화법은 청각장애인과 비장애인 사이의 커뮤니케이션을 전제하고 있다. 그런 한편 구화법은, 수화법과 달리, 청각장애인과 비장애인을 바라보는 관점이 확연히 비대칭적이다. 구화법은 비장애인을 기준으로 삼은 청각장애인 교육법이고, 그래서 수화법에 견주어 청각장애인들에게 더 많은 노력을 요구한다. 수화법과 구화법 가운데 어느 쪽이 농아인 교육에 더 효과적인지에 대해서는 아직까지 논란이 있으나, 구화법이 주류화하고 있는 추세다.

광고 카피
탈근대의 문학

흔히 광고를 자본주의의 꽃이라 이른다. 상품과 서비스의(그리고 때론 정치이념이나 신앙 같은 무형 가치들의) 자본주의적 유통에서 광고가 차지하는 몫이 그만큼 크다는 뜻일 테다. 광고가 자본주의의 꽃이라는 것은 광고 카피가 가장 자본주의적인 언어라는 뜻이기도 하다. 광고 카피는 거룩한 시장 위에서 나풀거리는 매력의 언어다. 그 매력은 대체로 화사함에서 오지만, 광고 카피가 늘 화사한 것은 아니다. 광고 카피에서 화사함은 절대가치가 아니다. 절대가치는 구매충동의 부추김이다. 탈근대 사회의 데카르트적 잠언 둘은 "나는 산다購買, 고로 나는 산다存在"와 "나는 소비한다, 고로 나는 존재한다"이기 때문이다. 구매충동과 소비욕구를 부추기기 위해, 광고 카피는 가장 소박한 언어가 될 수도 있다.

구매충동이 이는 것을 요즘 젊은 세대는 흔히 "지름신이 오셨다"고 표현한다. 광고 카피는 바로 그 지름신을 불러내는 주문이다. 그 주문에는 현대 행동심리학의 고갱이가 들어 있다. 그것은 소비사회가 찬양하는 욕망의 집중적 표현이다. 이 유혹의 언어들은 대체로 과장됐고 때로 유치하지만, 바로 그 과장과 유치함이 '구매 인간' '소비 인간'의 평균 감각인 것도 엄연하다.

자동차는 현대인이 꽤 많은 시간을 보내는 사적 공간이다. 그 움직이는 공간을 팔기 위해 상인들은 이렇게 말한다. "햇빛 아래 눈부신 차는 많습니다. 그렇지만, 빗길에서도 눈부신 차는 흔치 않습니다" "당신을 만나기 위해 시대를 앞서 왔습니다" "길이여, 세상이여, 숨을 죽여라!" "서른두 살, 당신을 흥분시키러 왔다" "품격으로 세상을 리드하는 당신이 그랜저입니다" "당신의 깊이, 그것은 렉서스의 힘" "숨이 멎는다고 하면 지나친 말일까?" 물론 이 말들은 다 '지나친 말'이다. 그러나 소비자들은 이 지나친 말을 원하고, 이 지나친 말이 제게 건네지는 것에 우쭐해 한다.

광고 카피들은 소비자들에게 이러이러한 상품을 사서 씀으로써 당신의 신분을 드러내고 당신의 품격을 뽐내라고 들쑤신다. 대중 소비사회에서 한 사람의 값어치를 결정하는 것은 그가 '티내며' 소비하는 것의 교환가치이기 때문이다. 그 '티내기'의 수단은 자동차이기도 하고, 집이기도 하고("당신이 사는 곳이 당신이 누구인지 말해줍니다" "당신에게서 인생의 깊이가 느껴집니다" "방배동 센트레빌에는 누가 살길래…… 우리 집에서 본 한강이 아름답습니다. 한강에서 본 우리 집이 아름답습니다" "당신의 이름이 됩니다" "비교할 수 없는 가치"), 신용카드이기도 하고("진정한 성공의 의미를 아는 당신―당신의 행복에

삼성카드가 함께 합니다" "나의 데스크는 작지만 나의 세계는 넓다"), 가전제품이기도 하고("이 기준을 넘지 못하면 무선노트북이 아닙니다" "걸러내기만 하는 정수기라면 당신을 기다리게 하지 않았습니다" "저 요즘 대우받고 살아요"), 입성이기도 하고("그의 이야기를 입는다"), 술이기도 하고("당신의 걸음은 세상의 길이 됩니다"), 젊은 피부이기도 하다("당신의 가치는 피부가 말해줍니다").

젊은 피부! 그렇다. 당신의 '젊고 아름다운' 몸이 당신의 가치를 결정한다. 그것이 가장 노골적으로 드러나는 것은 화장품 광고카피에서다. "감출수록 드러나는 그녀" "나이의 흔적을 지워줍니다" "어느 순간 여자들 사이에서 촉촉함이 차이 나기 시작했다" "시간조차 숨죽이는 아름다움" "시간이 멈춘 피부" "50cm쯤 그녀의 얼굴이 다가왔을 때 차이가 느껴졌다" 같은 카피는 젊음과 아름다움에 대한 현대인의 집착에 슬기롭게 호소한다. 몸 이미지는 흔히 섹스 이미지로 전환한다. 그리고 그것은 화장품 광고 카피에 멈추지 않는다. "나만 마신다고 약속해요"나 "탱글탱글, 연한 알갱이가 톡톡!" 같은 식품 광고 카피나 "여자만이 느끼는 열정" 같은 가전제품 광고 카피, "집이 여자를 닮았다" 같은 아파트 광고 카피에서도 섹스의 은유는 슬그머니 또는 까놓고 펄럭인다.

광고 카피는 최신 문학이다. 거기서는 대구對句, 비교, 대조, 중의中意, 은유, 인유, 의인, 역설, 반어, 반복, 생략 등 온갖 수사학이 나부끼고, 형태주의 시학자들의 눈길을 끌 만한 운율론 기술들이 범벅된다. 광고 카피는 또 굳이 규범언어에 얽매이지 않는다. "당신을 감탄합니다!"(자동차)나 "소녀, 입술하다"(화장품) 같은 광고 카피 앞에서 문법학자들은 눈살을 찌푸릴지도 모른다. 그렇지만 카피라이터들이 문법에 어두워서 이런 카피를 만든 것은 아닐 테다. 그들은 문법을 살짝 구부림으로써, 소비자들의 감각을 자극할 강렬함을 제 언어에 부여하고 싶어했을 게다. 그리고 그들은 흔히 거기에 성공한다. 그 점에서도 카피라이터들은 현대의 시인들이다. 그들은 전통적인 '시적 허용'을 '광고적 허용'으로 대치하고 있다.

광고의 역사를 기원 전 이집트의 로제타석으로까지 끌어올리려는 시도가 있기는 하지만, 근대적 의미의 광고는 17세기 중엽 영국에서 시작됐다고 보는 게 통례다. 한국 최초의 광고 카피로는 『한성주보』 1886년 2월 22일자(제4호)에 실린 세창양행世昌洋行의 광고●를 흔히 꼽는다. 세창양행Edward Meyer & Co.은 함부르크에 본사를 둔 독일 무역회사로, 그 시절 홍콩에 아시아본점을 두고 인천을 포함해 아시아 몇몇 도시에 지점을 두었다. 마정미의 『광고로 읽는 한국 사회문화사』(2004)에 인용된 초창기 광고 카피를 살피다보면, 지난 한 세기 동안 변한 것은 한국어의 스타일만이 아니라 소비자들과 상인들의 감수성이기도 하다는 걸 깨닫게 된다. 예컨대 『독립신문』에 실린 말라리아 치료제 금계랍(염산키니네) 광고카피는 이렇게 소박하다. "세창양행 제물포. 세계에(서) 제일 좋은 금계랍을 이 회사에서 또 새로 많이 가져와서 파니 누구든지 금계랍 장사 하고 싶은 이는 이 회사에 와서 사거드면 도매금으로 싸게 주리라."

『광고로 읽는 한국 사회문화사』 서문에서 저자는 "우리는 광고를 통해 사회사의 흔적을 추적하게 될지 모른다. 유행과 열광의 일어남과 스러짐을, 음식과 의복 분야의 관심과 기호 변화를, 오락과 악습을, 또 당대 삶의 파노라마를 들여다볼 수 있게 될지 모른다"는 광고인 캘킨스의 말을 인용하고 있다. 그것은 좀더 확신에 찬 어조로 말해도 좋았을, 올바른 진단이었다. 광고 카피는, 바로 그 맥락을 따라 더 나아가, 사회사만이 아니라 심성사의 사료가 될 법도 하다. 인간의 욕망 회로가 어떻게 변해왔는지를 가장 생생히 보여주는 것이 광고 카피이기 때문이다. 그런 한편, 한 세기는 인간의 심성이 달라지기엔 너무 짧은 기간 같기도 하다. 20세기 전반기 광고 카피들이, 비록 요즘 카피들보다 문장이 소박하고 정보전달에 무게중심을 두고 있긴 하나, 당대 주류 가치에 대한 허영심을 부추긴다는 점에선 지금의 광고들과 본질적 차이가 없어 보여 하는 말이다. 1926년 『동아일보』에 실린 한 비누 광고 카피의 헤드라인은 "흑인이 변하야 미인이 된다"였다.

해방 뒤에야 모습을 드러낸 정치광고에 대해서도 같은 말을 할 수 있겠다. 물론 1963년 제5대 대통령 선거에서 박정희 후보측이 내세운 "유권자 여러분! 이순신을 택할 것인가 원균을 택할 것인가, 놀부를 택할 것인가 흥부를 택할 것인가"와 2002년 제16대 대통령 선거에서 노무현 후보측이 내세운 "노무현의 눈물 한 방울이 대한민국을 바꿉니다"는 그 세련의 정도에서 인상적인 차이를 보여준다. 그리고 그 차이는 그 동안 정치 광고 카피가 겪은 진화의 정도를 드러낸다. 그러나 기본적으로 인간의 이성과 대화하기보다 감성을 뒤흔들어대려 한다는 광고의 본질적 속성에서, 노무현의 정치광고는 박정희의 정치광고와 다를 바 없다.

넓은 의미의 정치광고, 곧 의견광고의 역사에서 누락시킬 수 없는 것이 1975년 첫 사분기에 『동아일보』 지면을 메웠던 격려광고일 테다. 당시 박정희 유신체제에 비판적 논조를 보였던 『동아일보』에선 1974년 12월 중순부터 광고가 사라지기 시작했는데, 여기 정권의 손이 작용했다고 판단한 이 신문 독자들이 이듬해 신년호부터 유료 격려광고를 내 자유언론 운동을 지지하는 유례 없는 일이 일어났다. '언론의 자유를 지키려는 한 시민'이라는 익명으로 나간 첫 격려광고를 낸 이가 당시의 '재야인사' 김대중씨였음이 올해 들어서야 밝혀졌거니와, 이 광고 이후 『동아일보』에는 "이렇게 국민을 우롱할 수가!" "배운 대로 실행 못해 부끄럽다" "나도 이 작은 마음을" "동아여 암흑에 한 줄기 빛을" "동아 탄압 발상發想한 자여! 세세손손이 잘 먹고 잘 살아라" 같은 카피의 광고들이 익명이나 반半익명 또는 단체의 이름으로 쉼 없이 실렸다. 그러나 동아일보사는 시민들의 격려 대상이었던 비판적 기자들을 그 해 3월 무더기로 쫓아냄으로써 정권에 무릎을 꿇었고, 이내 『동아일보』 광고 난은 '정상화' 됐다.

한국 최초의 광고가 『한성주보』에 실렸다는 사실에서도 암시되듯, 광고의 역사는 매스미디어의 역사와 궤를 같이했다. 광고는 신문과 잡지, 라디오와 텔레비전, 인터넷 덕분에 대중을 만날 수 있었고, 이런 대중매체들은 광고 덕분에 수지를 맞출 수 있었다. 오늘날 광고는 좁은 의미의 대중매체만이 아니라, 버스, 택시, 지하철 같은 대중교통수단이나 대형건조물들까지 거처로 삼고 있다. '광고의 홍수'라는 말은 그래서 상투적인 만큼이나 옳은 표현이다. 그 표현은 우리가 압도적으로 감성의 언어에 둘러싸여 있다는 뜻이기도 하다.

●덕상(德商: 독일회사) 세창양행 고백(告白: 광고)

"알릴 것은 이번 저희 세창양행이 조선에서 개업하여 호랑이 수달피 검은담비 흰담비 소 말 여우 개 등 각종 가죽과 사람의 머리카락, 소 말 돼지의 갈기털, 꼬리, 뿔, 발톱, 조개와 소라, 담배, 종이, 오배자, 옛 동전 등 여러 가지 물건을 사들이고 있습니다. 손님과 상점 주인들이 가지고 있는 이러한 물건들은 그 수량이 많고 적음을 막론 모두 사들이고 있으니 이러한 물건을 가지고 저희 세창양행에 와서 공평하게 교역하시기 바랍니다. 그러므로 특별히 기록하여 알립니다. (…)
알릴 것은 이번 저희 세창양행이 조선에서 개업하여 외국에서 자명종시계, 들여다보는 풍경peep show, 뮤직박스, 호박, 유리, 각종 램프, 서양단추, 각색 서양직물, 서양 천을 비롯해 염색한 옷과 선명한 염료, 서양바늘, 서양실, 성냥 등 여러 가지 물건을 수입하여 물품의 구색을 맞추어 공정한 가격으로 팔고 있으니 모든 손님과 상인은 찾아와 주시기 바랍니다. 소매상이든 도매상이든 시세에 따라 교역할 것입니다. 아이나 노인이 온다 해도 속이지 않을 것입니다. 바라건대 저희 세창양행의 상표를 확인하시면 거의 잘못이 없을 것입니다." (번역문 『한성주보』, 1886년 2월 22일)

구별짓기와 차이 지우기
방언의 사회정치학

언어가 의식의 분비선이고 의식을 존재가 구속한다면, 언어에 존재의 흔적이, 다시 말해 화자를 얽매는 사회조건의 그림자가 드리워지는 것은 당연하다. 하나의 자연언어 내부가 동질적이지 않고 여러 수준의 변이형(방언)들로 버무려지는 것은 그래서다. 그렇다고 자연언어 화자들이 자신의 사회조건을 고스란히 제 언어에 반영하기만 하는 수동적 존재는 아니다. 그들은 언어를 부리면서 제 사회조건의 가능성을 적극적으로 창출하기도 한다. 다시 말해, 그들은 제 불리한 사회조건의 흔적을 제 언어에서 지워내고 유리한 사회조건을 제 언어에서 과장한다. 경제학자 제임스 듀젠베리가 개인들의 장기적 소비함수를 관찰하며 발견한 '전시효과(과시효과, demonstration effect)'나 사회학자 피에르 부르디외가 계급들의 취향을 관찰하며 찾아낸 '구별짓기 distinction'는 언어 수준에서도 발현되고 실천된다.

한 개인의 소비지출 크기는 그 개인의 절대소득 수준에 달려있기도 하지만, 둘레의 소비수준이나 그 개인의 과거 최고 소득에 달려 있는 경우도 적지 않다. 서울 강남의 좁은 아파트에 사는, 한 때는 잘 나갔던 프티부르주아가 강북의 같은 계급 사람보다 씀씀이가 크게 되는 것이 그 예다. 또 한 개인의 취향은 그 개인의 소질이나 내적 충동의 표현이기도 하지만, 그 개인이 소속감을 느끼는 계급의 표지인 경우도 많다. 상류층은 축구보다는 승마를, 텔레비전 드라마보다는 클래식 오페라를, 맥주보다는 그럴싸한 빈티지 와인을 더 즐긴다. 속으론 승마보다 축구에 더 끌려도 그런 내색을 하지 않는다. 축구를 좋아한다고 말하는 것은 자신이 별 볼 일 없는 민중계급의 장삼이사라는 것을 드러내는 일이기 때문이다.

만약에 어떤 계기로 승마가 대중화한다면, 상류층은 자신을 대중으로부터 구별해줄 수 있는 다른 스포츠를 악착같이 찾아내 자신이 대중에 속하지 않는다는 티를 낼 것이다. 마찬가지로, 자신이 상류층은 아니지만 상류층이 되기를 열망하는 사람은 상류층의 표지가 붙은 취향을 부러 실천함으로써 허위의식을 통한 자족감을 누린다. 그러니까 구별짓기는 늘 차이 지우기를 '부대사건附帶事件'으로 거느린다.

언어 사용도 마찬가지다. 최상류층 사람들이 그들만의 방언을 쓰며 계급적 동질감을 확인하는 한편 여타 계급으로부터 자신들을 구별하는 경우가 있다. 이 시리즈의 두번째 글 「표준어의 폭력」에서 소개한 프랑스 상류층의 방언 NAP는 그런 구별짓기를 겨냥한

계급방언의 전형이다. 한국어에는 이런 계급방언이 또렷하지 않다. 그러나 한국어 화자들 역시, 계급이라는 테두리 안팎에서, 그것을 가로지르며, 언어를 통한 구별짓기와 차이 지우기를 다양하게 실천하고 있다. 불리한(불리하다고 판단된) 사회조건의 흔적을 지우기 위한 언어적 실천은 유리한(유리하다고 판단된) 사회조건의 흔적을 내보이기 위한 언어적 실천과 부단히 경합하고 결합한다.

한국어에서 가장 위세가 큰 방언은 표준어의 근간을 이루는 서울-경기방언이다. 그래서 다른 방언 배경을 지닌 사람들은 되도록 서울말에 동화하려 애쓴다. 그러나 이런 차이 지우기의 실천이 늘 성공적인 것은 아니다. 예컨대 해라체의 의문형 종결어미 '-니'는 전형적 서울방언으로 간주된다. 주류 동남방언의 경우, 이 '-니'는 의문대명사나 의문부사를 지닌 의문문에서는 '-노'로, 의문사를 지니지 않은 의문문에서는 '-나'로 실현된다. 그리고 서남방언을 포함한 대부분의 다른 방언들에선, 서울방언에도 뉘앙스를 달리해 존재하는 '-냐'로 실현되는 듯하다. 그런데 서울방언 이외의 방언 화자들이 서울방언의 위세에 끌려 '-니'를 사용해 봐야, 이 차이 지우기는 대개 실패로 끝나고 만다. 서울말을 서울말처럼 들리게 하는 결정적 특질은 서울말만의 독특한 형태소에 있다기보다 밋밋하기 짝이 없는 억양에 있기 때문이다.

그래서, 방언 억양을 유지한 채 발설된 "너 나 사랑하니?"라는 물음에는 그 메시지를 설핏 덮어버리는 부조화의 그늘이 드리워진다. 더구나 이 말이 남성화자의 입에서 나왔다면 그 부조화는 거의 기괴하다할 수준에까지 이른다. 서울말에서조차 의문형 종결어미 '-니'는 여성어나 어린이 말의 감촉을 짙게 지니고 있기 때문이다. 남자들은, 자라서는, '-니'를 버리고 '-냐'를 쓰는 경향이 압도적이다. 물론 어린아이나 여성과 얘기할 땐 남자들도 '-니'를 더러 쓰지만, 이것은 정겨움의 표시로 제 말투를 상대방 말투에 맞춘 일종의 배려행위일 따름이다. 그러니, 다 큰 남자가 억센 방언 억양을 흩뜨리며 "너 나 사랑하니?"라고 말했을 때, 그렇다고 대답하는 서울 여자는 눈에 콩깍지가 씌었다고 보아도 좋다.

여타 방언 화자들의 표준어 사용이 차이 지우기의 실천이라면, 서울내기들의 표준어 일탈은 구별짓기의 실천이다. 표준어 사용이 보편화하면 거기서 위세의 상징이 제거돼버리겠지만, 서울내기들은 이것을 그리 두려워하지 않는다. 그들은, 그 경우에도, 표준어에 포섭되지 못한 서울말을 꿋꿋이 쓰며 다른 지방 출신 화자들과 자신들을 구별할 수 있으니 말이다. 문어에서야 표준어 바깥으로 나갈 수 없으니, 이 실천은 주로 구어에서 이뤄진다. 예컨대 "그 기집애두 아프겠지만, 나두 아퍼. 그러길래 내가 이 혼사 안 된댔잖어"는, 표준어로라면, "그 계집애도 아프겠지만, 나도 아파. 그러기에 내가 이 혼사 안 된댔잖아"가 돼야겠지만, 제 입에 익숙한 말투를 굳이 표준어로 바꾸는 서울사람은 없을 테다. 주로 구어 수준에서 서울말의 일부분은 표준어의 지위를 얻지 못했다. 그러나 서울방언 화자들은 표준어에 동화해야 한다는 압력을 거의 느끼지 않는다. 그들 생각에 서울방언은 표준어보다 더 큰 위세를 지닌 방언, 표준어 위의 '명품 방언'이기 때문이다. 그래서 이들은 유들유들하게도 '무릎이'를 (/무르피/가 아니라) /무르비/로 읽고, '부엌에서'를 (/부어케서/가 아니라) /부어게서/로 읽는다.

지식인들은 더러 추상적 어휘로 이뤄진 번역 말투를 대화에서까지 부림으로써 제 교양을 뽐낸다. "아는 게 돈인 세상이야"를 "지식의 자본화가 가속화하는 시대야"로 뒤치며, "사는 게 다 그렇지 뭐"를 "일상의 문화적 물질대사를 통해 축적된 습속의 각질을 깨고 우아한 가능세계로 탈주하는 건 실존의 개연적 사태 너머에 있어"로 비비꼬며, 이들은 제 알량한 허위의식을 만족시킨다. 이런 실천은 더러 역겹고 자주 코믹하지만, 이해 못할 일은 아니다. 구별짓기는, 언어를 통하든 소비지출이나 취향의 실천을 통하든, '실존의 개연적 사태'이기 때문이다.

우리 사회에서 그다지 위세가 큰 직업이랄 순 없는 기자들도 (잠재)의식적으로 언어를 통한 구별짓기를 시도한다. 이제 젊은 기자들은 잘 안 쓰는 추세라곤 하지만, 아직도 언론계에는 (아마도 일제시대 때부터 전수된) 일본어 용어들이 남아있다. 사스마리(사쓰마와리: 경찰기자), 마와리(담당 구역을 한 바퀴 돎), 하리꼬미(잠복근무), 도꾸다니(단독 보도, 특종. 바른 발음은 도꾸다네), 우라까이(남의 기사를 베껴쓰기. '뒤집다'를 뜻하는 '우라가에스'에서 온 듯), 도리(문서절취), 가께모찌(두 군데 이상 출입처를 겹치기로 담당함), 나와바리(출입처), 간지(분위기, 기분, 느낌) 같은 말들이 그 예다. 영어 '캡틴captain'의 준말일 캡(사건 팀장을 맡는 시경 출입 기자)도 기자 사회의 방언이랄 수 있다. 이런 말들이 쉬이 없어지지 않는 이유 하나는 기자들이 이런 '은어'를 사용함으로써 제 직업적 정체성을 드러내고 싶어하는 데서 찾을 수 있을 법하다.

1980년대 학생운동권과 노동운동권의 문건들을 어지럽히던 암호성暗號性 약자 은어들이나 요즈음 인터넷에 흩날리는 젊은 세대의 속어들도 마찬가지다. 이 은어들과 속어들은, NAP나 서울말이나 다른 여러 형태의 방언들처럼, 바깥 사회로부터 그 사용자들을 구별하고 이 사회방언권 내부의 동질성을 강화하는 데 기여한다.

어떤 말들은 그 말을 사용하는 사람의 정치적 이데올로기적 자리를 반영하고 표출한다. 한국 사회에서 '친북 좌파'나 '빨갱이'라는 말은 이 말들을 사용하는 사람이 극단적 보수주의자임을 드러내고, '페미'(여성주의자를 뜻하는 '페미니스트'의 준말이지만, 극단적 여성우월주의자라는 부정적 뉘앙스가 짙다)라는 말은 이 말을 사용하는 사람이 극단적 남성우월주의자, 곧 마초임을 드러낸다. 반면에 '수구 냉전 세력'이나 '반동세력'이라는 말은 이 말을 쓰는 사람이 리버럴이거나 좌파라는 것을 드러낸다. 또 '깜둥이' '흰둥이' '짱꼴라' '쪽바리' 같은 말들은 이 말을 사용하는 사람이 제 인종주의를 부끄러워할 줄 모르는 특이한 영혼의 소유자임을 드러낸다.

'깜둥이'처럼 정치적 사회적으로 민감한 금기어들을 다른 말로 에둘러 표현하려는 자유주의자들의 시도는 1990년대 들어 미국에서 '정치적 올바름political correctness, PC'이라는 이름을 얻었다. 본디 PC는 보수주의자들이 비아냥거림의 맥락에서 만든 말이지만, 자유주의자들은 이내 이 말을 긍정적 의미로 받아들여 제 정체성의 일부로 삼았다. PC의 지지자들은 '깜둥이'나 '흑인'이라는 말 대신에 '아프리카계 미국인'이라는 말을 사용했고, '정신박약'이라는 말을 대체하기 위해 '학습곤란'이라는 말을 만들어냈다. 한국어에서 '식모'가 '가정부'로, '파출부'가 '가사도우미'로, '운전사'가 '기사'로, '차장'이 '안내양'으로, '보험외판원'이 '보험설계사'나 '생활설계사'로, '청소부'가 '환경미화원'으로, '때밀이'가 '피부청결사'로, '간호원'이 '간호사'로, '광부'가 '광원'으로 바뀐 것도 PC의 정치언어학에 따른 것이랄 수 있다.

  PC는 어떤 이름에서 편견을 제거하려는 고귀한 노력이지만, 그것이 늘 그 효과를 보는 것은 아니다. 본디이름에 들러붙어 있던 부정적 이미지들이 이내 새 이름으로 옮겨 붙는 경우가 많기 때문이다. 그래서 PC를 반대하는 사람들은 보수주의자들만이 아니다. 가장 급진적인 사람들도 PC의 반대자가 될 수 있다. 이들 생각에, 언어가 반영하는 사회적 불평등이나 불공정함 자체를 바로잡지 않는 한, 말을 다듬고 바꾸는 것은 큰 뜻이 없는 일이기 때문이다. 일리 있는 견해다. 며느리밑씻개를 장미라 부른다 해서 며느리밑씻개의 생김새가 변하는 것은 아니다. 그런 한편, 편견을 드러내는 언어의 사용 자체가 불평등과 불의를 고착시키고 강화하는 것 역시 사실이다. 현실과 언어가 맺는 관계는 이렇게 복합적이고 유동적이다. 그저, 한 개인의 사회적 자아는 그 개인의 언어에 깊은 자국을 내게 마련이라는 점만 다시 지적하기로 하자.

사전, 언어의 곳집

사전은 한 언어공동체가 쌓은 지식과 정보의 곳간이다. 사항사전 事典이든 어휘사전辭典이든, 사전의 가짓수와 됨됨이는 그 사회 정신문화의 키를 보여준다. 사전은 또 18세기 프랑스 백과전서파가 보여주었듯, 계몽의 거점이기도 하다. 백과전서파의 고향에서 몇 철을 보내며 그 사회의 사전 편집중을 엿본 적이 있다. 어원사전만 하더라도 세계 최대 규모라는 두 권짜리 『프랑스어 역사 사전』(알랭 레 책임 편집, 르로베르 사전출판사)을 시작으로 중등학생을 대상으로 한 호주머니판 사전들까지 여러 종류가 나와 있었다. 각종 이름사전(프랑스어의 땅이름 사람이름 강이름 따위의 기원을 밝혀놓은 사전)에서 시작해 유의어 사전(뉘앙스사전), 연상어聯想語사전, 발음사전, 각운(라임)사전, 사투리사전, 외래어 사전을 거쳐 각 분과학문별 술어사전, 직업별 계층별 은어사전 전문어사전과 욕설사전에 이르기까지, 프랑스인들은 제 언어공동체에서 채집할 수 있는 모든 말들을 사전 속에 체계적으로 갈무리해 두고 싶어하는 듯 했다.

프랑스인들 못지않은 사전 편집증이 일본인들에게도 있는 것 같다. 어떤 언어나 분야에 관한 최대 규모, 최고 수준의 사전은 그 해당 언어공동체가 아니라 흔히 일본에서 만들어진다. 프랑스인들이나 스위스인들은 생각하지도 않고 있던 『소쉬르 언어학 사전』이 일본에선 오래 전에 나왔다. 또 일본인들은 미국인들보다 먼저 『촘스키 언어학 사전』을 편찬했다.

눈길을 나라 안으로 돌리면 마음이 스산하다. 분과별 술어사전이야 그 사회의 총체적 학문 수준과 긴밀히 연관된 것이니 일단 접어두자. 버젓한 한국어 어원 사전 한 권 없는 것도 사전편찬자들을 탓할 일은 아니다. 어원 사전이 나오기 위해서는 그 이전에 언어사 연구가 꽤 두툼하게 축적돼야 하는데, 안타깝게도 한국어사는 아직 그 분야 전문가들에게도 속살을 드러내 보이지 않았다. 프랑스에서 최대 규모의 어원사전이 나올 수 있었던 것은 19세기 이래의 역사비교언어학 연구가 인도-유럽어를 중심으로, 특히 프랑스어를 포함하는 로만어(고대 로마의 라틴어에서 분화한 언어들)를 중심으로 이뤄졌기 때문이다.

그러나 한국에는 든든한 뜻풀이 사전도 드물다. 근자의 묵직한 사전들에선 꽤 달라졌으나, 이름난 출판사에서 이름 있는 한국어학자를 감수자로 내세워 출간한 사전도 용례 하나 싣지 않은 표제어들로 건조하게 채워져 있다. 독자들은 제가 모르는 말을 사전에서 찾아봐도 그 뜻을 어렴풋이 알게 될 뿐, 그 뉘앙스를 짐작할 수도 없고 제 글에 그 낱말을 안전하게 끌어다 쓸 수도 없다.

풀이도 대충대충이다. 특히 한자어 풀이는 일본어 사전을 베낀 흔적이 또렷하다. 한국어 사전 편찬자들은, 해방 뒤에도, 한자어의 뜻을 매기면서 (모국어의 실상을 관찰하는 번거로움을 피한 채) 일본어 사전의 풀이를 거의 옮겨놓다시피 했다. 그것은 20세기 한국의 언어민족주의를 이끌어온 한글학회의 『우리말큰사전』에도 해당하는 이야기다. (사전에 실려 있는) 현대 한국어와 현대 일본어의 한자어가 쌍둥이처럼 닮은 데는, 다른 언어적 언어외적 상황말고도, 한국어사전 편찬자들이 우리말 한자어의 뜻을 일본어 사전에 타성적으로 조회해왔다는 부차적 이유가 있다. 한 언어의 어휘가 다른 언어에 차용돼 새 언어의 어휘장에 흡수되면 의미의 굴절을 겪는 일이 언어사에서는 흔한데, 개화기 이래 일본어에서 한국어로 차용된 한자어들은 그런 의미 굴절을 거의 겪지 않았다.

지금도 한국어사전과 일본어사전에서 표제어로 내세운 한자어들은 거의 일치하고, 그 한자어 표제어들의 풀이 역시 놀라울 만큼 겹친다. 그것의 일차적 원인은 말할 나위 없이 지난 한 세기 동안 일본(어)이 한국(어)에 끼친 막대한 언어적 정치적 영향이지만, 한 낱말이 자국어의 의미장 속에서 어떤 값을 지니고 있는지 꼼꼼히 따져보기보다 그 낱말의 원산지에서 나온 사전을 손쉽게 베끼기로 결정한 우리 사전 편찬자들의 편의주의도 이 언어적 '내선일체'를 거들었다. 초창기의 한국어사전은 일본어사전을 베꼈고, 뒤이어 나온 한국어사전은 초창기의 한국어사전을 베꼈다. 사전 편찬이 얼마나 지난한 작업인지를 잘 알고 있는 사람도 이런 편의주의를 칭찬하지는 않을 것이다.

제 문자의 창제를 기념하는 날이 따로 지정돼 있고 외래어 추방 운동이 시도 때도 없이 벌어질 만큼 언어민족주의가 드센 사회에서 제 언어사전에 대한 관심이 이렇게 빈약한 것은 얄궂다. 국어 사랑은 국어 사랑이라는 구호 속에 있지 않다. 그 사랑은 낱말 하나를 두고 몇날 며칠을 씨름하는 사전편찬자의 고뇌 속에 있다. 그 사랑은 또 정확하고 아름다운 글을 쓰려는 언어사용자들 각자의 세심한 노력 속에 있다.

사전편찬인 박용수

품은 많이 들고 빛은 안 나는 일로 사전 편찬만 한 것을 찾기 어렵다. 사전 편찬은 끈기와 견딜성을 갖춘 사람들이 손을 맞잡고 오랜 세월을 보내야 이룰 수 있는 일이다. 그것은 또 지극한 언어 사랑 없이는 불가능한 일이다. 장시長詩『바람소리』(1984)의 시인 박용수씨를 사전편찬인으로 만든 것도 모국어에 대한 지극한 사랑이었을 것이다.

박용수씨는 국어학이나 사전편찬에 대한 전문 훈련을 받지 않았다. 받을 수가 없었다. 그의 제도교육은 진주고등학교 2학년 때 멈췄다. 그 전 해 발병한 장티푸스로 청력을 잃었기 때문이다. 그러나 자신의 모국어를 들을 수 없다는 것이 그에게서 모국어에 대한 사랑을 빼앗지는 못했다. 그는 무덤 같은 고요 속에서 모국어의 살을 더듬으며 시인이 되었고, 마침내 그 모국어를 갈무리하는 사전편찬자가 되었다.

박용수씨는 시인과 사전편찬인 사이에 또 하나의 중요한 경력을 지녔다. 그는 1970~80년대의 사진작가이자 사진저널리스트였다. 의회가 아니라 거리에서 가장 중요한 정치가 이뤄지던 그 시절, 박용수씨는 바로 그 정치의 현장에 있었다. 군사파쇼정권에 맞서는 집회와 시위가 있는 곳마다 카메라를 든 그의 모습이 보였다. 박용수씨는 파시즘과 민주주의의 육박전을 차갑게 바라보는 중립적 관찰자가 아니라, 뜨거운 심장으로 민주주의 편에 선 참여적 관찰자였다. 그는 1980년대에 민주통일민중운동연합 중앙위원 겸 보도실장이라는 직책을 맡기도 했다.

한국 민주주의가 기지개를 켜던 1989년, 박용수씨는 『우리말 갈래사전』을 내놓았다. 900쪽이 채 안 되니 사전으로서는 크다 할 수 없지만, 『우리말 갈래사전』은 한국어사전 편찬의 역사에서 획기적 의미를 지닌다. 박용수씨는 이 사전을 통해서 한국어 분류사전의 영역을 개척했다. 유럽에서는 흔히 이미지사전, 주제사전, 연상사전이라고도 부르는 분류사전은 어떤 단어의 뜻을 몰라 찾아보는 사전이 아니라, 어떤 사물이나 개념을 뭐라고 부르는지 모르거나 생각나지 않을 때 찾아보는 사전이다. 분류사전에서, 단어 뭉치는 주제별로 분류되고 최하위 주제 아래 묶인 단어들만 가나다순으로 배열된다. 예컨대『우리말 갈래사전』의 의생활衣生活 항목은「길쌈과 옷감」「바느질과 옷, 손질」「매무시와 신변용구」「신」을 그 하위갈래로 삼은 뒤, 그 하위갈래 안에서 의미 연관을 지닌 단어들을 가나다순으로 배열했다.

분류사전은 글읽기를 돕는 사전이 아니라 글쓰기를 돕는 사전이다. 박용수씨 표현으로는 '작문용 사전'이다. 글쓰기가 직업인 사람은 이런 사전의 필요성을 늘 느낄 것이다. 박용수씨가 이런 분류사전의 필요성을 깨닫고 마침내 편찬한 것은 그가 시인이라는 사실과도 관련 있을 테다. 1989년, 시인이기도 했던 고 문익환 목사가 평양을 방문하면서 김일성 주석에게 줄 선물로 가져간 것이 바로 박용수씨의 『우리말 갈래사전』이었다.

혼자서는 더 큰 규모의 사전을 편찬할 수 없겠다고 판단한 박용수씨는 1990년 사단법인 한글문화연구회를 만들어 연구원들과 공동작업을 시작했다. 그 결과로 나온 것이『겨레말 갈래큰사전』(1993)과『겨레말 용례사전』(1996)이다. 한글문화연구회는『겨레말 갈래큰사전』의 표제어 수를 늘리고 구성을 더욱 체계화면서 사이버 공간 쪽으로 눈을 돌렸다. 지금 편찬이 이뤄지고 있는『자연어검색 전자갈래사전』과『만능국어사전』은 전자사전 형태를 띠게 될 것이다.

『만능국어사전』은 어떤 표제어가 그 자연언어 안에서 맺는 모든 연관과 그 용례를 한 눈에 보여주는 사전이다. 이를테면 '사람'이라는 표제어를 찾았다 치자. 여느 사전이라면 '사람'의 뜻풀이와 용례를 보여주는 정도로 그칠 것이다. 갈래사전이라면 여러 부류의 사람을 가리키는 말들을 구조적으로 배열할 것이다. 그러나『만능국어사전』은 여기서 그치지 않는다. 이 사전은 여기에 더해 '사람'의 파생어, 합성어, 유의어, 반의어와 더 느슨한 수준의 온갖 연관어들을, 거기서 더 나아가 문법적 결합관계(통사관계) 따위를 세밀히 보여준다. 다시 말해 거의 모든 종류와 체제의 어휘사전을 한 책에 담아놓는 것이다. 종이사전으로라면 표제어의 연관어까지는 보여줄 수 있어도, 표제어의 연관어의 연관어의 연관어……를 곧바로 보여줄 수는 없을 것이다. 북한 편찬자들의『우리말 글쓰기 연관어 대사전』(2006)은『만능국어사전』의 개념에 닿아 있지만, 그처럼 방대한 규모(자음 편 1942쪽, 모음 편 295쪽)의 일급 연관어 사전도 종이 사전의 물질적 한계에서 자유롭지 않다. 편찬자가 모아 쟁여놓은 모든 언어정보를 유기적으로 잇기에는, 클릭 한 번으로 이동이 가능한 전자사전이 한결 편리하다.

『만능국어사전』은 어쩌면 박용수씨 생전에 완성되지 못할지 모른다. 그러나 이것은 무의미한 말이다. 사전은, 본질적으로, 완성될 수 없는 운명이다. 사전에는 결정판이라는 게 없다. 개정 증보는 모든 사전의 숙명이기 때문이다. 그리고 개정 증보에 민첩할 수 있다는 것은 전자사전의 큰 장점이다. 종이사전이든 전자사전이든, 사전편찬은 끈기 못지 않게 돈이 드는 일이다. 정부 부처나 독지가들이『만능국어사전』편찬에 눈길을 건넸으면 한다.

모호한, 그리고 물렁물렁한
한국어의 경계

지구 행성에는 얼마나 많은 자연언어가 있을까? 정확한 수는 아무도 모른다. 아니, 대강의 수도 모른다. 언어학자들이나 인류학자들도 자신들의 '전문성'을 웃음거리로 만들며 수천에서 1만여라고 두루뭉술하게 대답할 수 있을 따름이다. 자연언어의 수를 얼추라도 헤아리기 어려운 이유는 크게 셋이다. 첫째, 아직 찾아내지 못한 언어가 많으리라고 추정되기 때문이다. 기록되는 언어의 수야 쉽사리 셀 수 있지만, 이 행성에는 오직 입말로만 전해 내려오는 언어가 더 많다. 그리고 그런 작은 언어들은 언어학자나 인류학자의 그물에 남김없이 걸려들 수가 없다. 둘째, 언어가 (기존 언어의 분화를 통해) 끊임없이 생겨나고 (기존 언어의 힘에 밀려) 사라지기 때문이다. 커뮤니케이션 망이 촘촘히 퍼진 요즘엔 새로 생겨나는 언어보다 없어지는 언어가 훨씬 많다. 이 행성에서 가장 힘센 종인 인류의 횡포로 다른 생물들이 가뭇없이 멸종해가듯, 힘센 언어의 자기 확장 욕망에 휩쓸려 많은 언어들이 사라져가고 있다. 자연언어의 수를 확정할 수 없는 마지막 이유는, 이론적으론 가장 골치 아픈 이유이기도 한데, 개별언어와 방언의 경계를 긋기가 쉽지 않다는 것이다.

개별언어와 방언을 구분하는 데 가장 널리 쓰는 기준은 소통 가능성이다. 어떤 사람이 제 언어로 타인과 의사를 소통할 수 있을 때, 이들은 한 언어를 쓰는 것으로 간주된다. 다시 말해, 이들의 말씨가 꽤 다르더라도 그들은 한 언어의 방언을 사용하고 있는 것으로 간주된다. 그러나 여기에도 난점이 있다. '소통의 정도' 문제다. 말하자면 얼마만큼 소통이 돼야 한 언어를 사용하고 있다고 여길 수 있는가의 문제다. 서울말 화자는 (경북) 봉화말 화자와 얘기할 때보다 (강원도) 홍천말 화자와 얘기할 때 소통이 더 매끄러울 것이다. 또 그는 (제주도) 서귀포말 화자와 얘기할 때보다는 봉화말 화자와 얘기할 때 소통이 더 매끄러울 것이다. 장면에 따라서, 서울말 화자와 봉화말 화자의 대화나 서울말 화자와 서귀포말 화자의 대화는 많은 오해로 얼룩질 수 있다. 그러니까 소통의 어려움을 겪을 수 있다. 그 소통의 어려움이 어느 정도에까지 이르렀을 때 이를 소통 불능으로 판단할 것인지는 일차적으로 화자들의 언어 직관에 따를 수밖에 없다. 이 직관에 따라 서울말과 봉화말은 한국어라는 한 언어의 방언들로 간주된다.

그러나 언어와 방언을 가르는 기준이 이렇듯 순수하게 언어학적인 것만은 아니다. 예컨대 서귀포 출신 화자가 어려서 가족에게서 배운 말로 서울 출신 화자와 의사를 소통하기는 매우 어렵다. 그 소통의 어려움은 덴마크어 화자와 스웨덴어 화자가 서로 말을 나누며 겪는 어려움보다도 훨씬 더 크다. 그러니 언어학적 기준만으로는, 서귀포말을 포함한 제주도말을 한국어와는 다른 언어로 분류할 수도 있다. (물론 그 언어는 한국어와 가장 가까운 언어가 될 테다.) 그러나 대한민국이라는 정치공동체는 제 영토 안에서 사용되는, 사뭇 닮은 여러 형태의 말들을 서로 다른 개별언어들로 여기는 걸 허락하지 않는다. 그런 '학문적으로 엄격한' 분류가 정치공동체의 분열을 다그칠 수도 있으리라는 염려 때문이다. 만약에 제주섬에 독립 국가가 들어서 있다면, 그 나라 언어학자들만이 아니라 뭍의 언어학자들도 제주도 토박이들의 말을 한국어와는 다른 언어로 분류할 것이다. 언어학적으로는 한 언어의 방언에 지나지 않는 이월란반도(유틀란트반도)의 말과 스칸디나비아반도의 말이 정치공동체의 구획에 따라 덴마크어, 스웨덴어, 노르웨이어 따위로 개별언어의 지위를 얻었듯 말이다. 이렇게 정치는 언어와 방언의 공간을 휘어놓는다.

언어 경계에 대한 정치의 개입은, 이보다 눈에 덜 띄지만 훨씬 더 중요하게, 시간 축에서도 이뤄진다. 서울 출신의 한 신문기자가 한글날 특집 기사를 쓰기 위해 타임머신을 타고 15세기 한성으로 날아가 세종대왕과 인터뷰를 했다 치자. 그는, 필담에 의지하지 않는 한, 세종과 거의 말을 나눌 수 없을 게다. 설령 그가 고등학교 시절 고문古文 공부를 열심히 해 15세기 한국어를 제법 익혔다 해도 마찬가지다. 현대한국어에선 사라진 성조에 실려 나오는 세종의 말은 그 신문기자에게 외국어처럼 들릴 게 분명하다. 현대한국어 화자는, 그가 중세한국어 전공자가 아닌 한, 15세기 한국어화자와 의사를 소통할 수 없다. 다시 말해, 언어 경계를 의사 소통 가능성에 두는 언어학적 기준에 따르면 15세기 한국어와 현대한국어는 서로 다른 언어다. 그러나 일상적 용법으로는, 지금의 서울말도 15세기 서울말도 둘 다 '한국어'라 부른다. 단지 지금의 서울말은 현대한국어라 부르고, 15세기 서울말은 중세한국어라 부를 뿐이다.

이렇게 서로 다른 두 언어를 '한국어'라는 한 이름으로 묶는 것은 15세기 조선조와 21세기 대한민국의 공동체적 연속성이 고려됐기 때문이다. 그러나 이런 편의적 용법이 중세한국어와 현대한국어가 엄연히 '다른' 언어라는 사실을 가리지는 못한다. 현대한국어는 중세한국어가 진화한 것이지만, 그 둘은 서로 다른 언어다. 두 언어의 화자들이 의사를 소통할 수 없기 때문이다. 15세기 한국어도 이럴진대, 그보다 훨씬 이전의 고대한국어가 현대한국어와 다른 언어라는 것은 말할 나위도 없다. 현대 한국인들이 고대한국어를 이해하는 것은 그들이 현대일본어를 이해하는 것보다 더 어렵다. 말하자면 고대한국어는 현대일본어보다도 현대한국어에서 멀찍이 떨어져 있는 언어다. 10세기부터 20세기 중반까지 한반도 주민집단이 한 정치공동체에서 살아왔다는 사실에 눈길을 주느라, 우리는 고대·중세한국어와 현대한국어가 서로 다른 언어라는 사실을 자주 잊는다. 따로 배우지 않고서는 고대·중세한국어를 이해할 수 없다는 사실은 고대·중세한국어가 현대한국어와 '다른' 언어라는 사실의 가장 확실한 예증이다.

시간대를 더 좁혀 잡아도 마찬가지다. 18세기 서울 사람과 지금의 서울 사람도 의사 소통하기가 쉽지 않을 게다. 이를테면 위에서 언급한 가상의 신문기자가 연암 박지원을 인터뷰하는 일도 쉽지 않을 게다. 이들은 서로 (거의) 다른 자연언어를 쓰고 있는 것이다. 그러니, 시간여행자들은 미리 해당 시공간의 언어를 익히는 수고를 하든지, 그렇지 않으면 자동통역기를 반드시 갖추어야 하리라.

우리가 한국어라고 부르는 대상은 여러 차원에서 중층적인 구성물이다. 우선 한국어는 많은 지리적 방언들(중부방언, 서북방언, 동남 방언 등)과 사회방언들(민중의 속어나 은어, 특정 지식집단의 전문어 따위)의 중층적 구성물이다. 더 나아가 한국어는 시간 축을 타고 나타났다가 사라진 수많은 언어들의 중층적 구성물이다. 그러니까 존재하는 것은 한국어가 아니라 한국어들이라 할 수 있다. 그 한국어가 정확히 몇 개인지는 확정하기 어렵다. 한 시점의(이를테면 1700년의) 한국어가 정확히 그 전 어느 시점부터 이 언어로 변했고 (즉 그 이전의 한국어와 의사소통 가능성이 사라졌고) 그 이후 어느 시점부터 다른 언어로 변했는지 확정하기가 어렵기 때문이다. 사실은 어렵다기보다 불가능하다. 당대의 언어 변화는 의사소통 가능성 안쪽에서 이뤄지기 마련이지만, 그 자잘한 변화들이 쌓이면서 한 언어는 아무도 모르게 기준시점 언어와의 소통불능 영역으로 들어가기 때문이다. 이를테면 1600년대의 한국어와 1700년대의 한국어는 소통이 가능했고(다시 말해 한 언어였고), 1700년대의 한국어와 1800년대의 한국어, 1800년대의 한국어와 1900년대의 한국어, 1900년대의 한국어와 2000년대의 한국어 역시 마찬가지였다 하더라도, 최초의 기준시점인 1600년대 한국어와 2000년대 한국어는 소통이 불가능하다. 다시 말해 서로 다른 언어다.

이것은 다른 자연언어의 경우에도 마찬가지다. 프랑스어나 스페인어나 이탈리아어는 고대 로마인들이 쓰던 속(俗)라틴어가 진화한 것이다. 문자로 기록됐던 고전 라틴어는 로마제국이 멸망한 뒤에도 지식인들의 문자언어로 전수되며 거의 변하지 않았지만, 저잣거리에서 쓰던 속라틴어는 각 지역 기층언어 위에 얹혀지며 진화의 방향을 조금씩 다르게 취했고, 정치공동체들의 성쇠에 따라 여러 언어로 분화했다. 그런데 여기서도, 어디가 속라틴어의 끝머리고 어디가 프랑스어나 이탈리아어의 시작인지를 정확하게 가늠하기는 어렵다. 또 속라틴어의 한 진화 형태가 프랑스어라는 이름을 얻은 뒤에도, 의사소통 가능성을 기준으로 몇 개의 프랑스어가 시간 축 위에 존재했는지 확정하는 것도 불가능하다. 확실한 것은, 현대 한국인이 따로 공부하지 않고는 신라 향가를 읽을 수 없듯, 현대 프랑스인이나 이탈리아인도 따로 공부하지 않고는 베르길리우스의 서사시 「아이네이스」를 읽을 수 없다는 것이다. 현대프랑스어나 현대이탈리아어가 라틴어와 '다른' 언어이듯, 현대한국어도 고대한국어와 '다른' 언어다.

위에서 거론한 중층성은 한국어라는 뭉치들이 여럿 있다는 의미의 중층성이었다. 그러나 한국어는 그 내부적 기원에서도 중층적이다. 이를테면, 가장 이해하기 쉬운 것으로, 흔히 고유어라고 부르는 어휘와 중국이나 일본에서 건너온 한자어들과 그 밖의 외래 어휘를 제 어휘장 안에 시간 축과 나란히 포개 왔다는 점에서 한국어는 중층적이다. 그러나 이런 외래어가 쏟아져 들어오기 전의 한국어도 중층적이었을 수 있다. 언어학자 김방한은 『한국어의 계통』(1983)이라는 책에서 고대 한국어에 이미 두 개의 층이 있었으리라 추정한다. 한국어는 알타이어계, 그 가운데서도 특히 퉁구스어계와 가까운 관계에 있는 언어이지만, 그 밑에는 그가 원시한반도어라고 부르는 정체불명의 기층 언어가 눌려 있을 개연성이 높다는 것이 김방한의 견해다. 다시 말해 비非알타이어인 이 기층 언어에 알타이어계의 언어가 얹혀서 한국어가 형성되었으리라고 김방한은 추정한다.

물론 누구도 그것을 확인할 수는 없다. 타임머신을 타고 그 시대로 거슬러 올라가 그 시대 언어를 분석해보기 전에는. 확실한 것은 이런 중층성이 (지금까지 언어학자들에게 알려진) 거의 모든 자연언어에서 발견된다는 것이다. 한국어(나 일본어나 영어)의 내부적 중층성은 '순수한 한국어'(나 '순수한 일본어'나 '순수한 영어')라는 것을 획정할 수 없게 하고, 그 외부적 중층성은 '한국어'(나 '일본어'나 '영어')라는 것 자체의 경계를 획정하기 어렵게 한다. 그것은 우리가 한국어라고 부르는 대상이 대단히 모호하고 물렁물렁하다는 뜻이다. 그런 모호함과 물렁물렁함을 곱씹어보고 나면, 언어를 둘러싼 갈등에 지불하는 정열을 꽤 줄일 수 있을 것이다.

설득과 선동
연설의 풍경

정치인의 유세든 웅변대회나 시위 현장에서의 선동이든 노벨상 시상식에서의 수상 소감이든, 연설은 그 주체에게 특혜적 발언권을 베푸는 매스커뮤니케이션 형식이다. 연설의 기회나 능력 자체가 고루 주어지는 것은 아니어서, 연사는 무리 가운데서 두드러진 사람으로, 흔히 지도자로 간주된다. 주장을 일방적으로 건넨다는 점에서, 연설은 민주적 커뮤니케이션 형식은 아니다. 그러나 역사적으로 연설의 융성은 민주주의의 개화와 밀접한 관련을 맺었다. 연설의 목표는 넓은 의미의 정치행위자 노릇을 하는 다중을 설득하고 선동하는 것인데, 민주주의 이전의 전제 사회에선 다중의 정치행위자 성격이 매우 옅었기 때문이다. 고대 그리스 로마의 공화정 시대에 연설이 활짝 꽃핀 것은 당연하다. 웅변술이라는 연설 기법이 고안된 것도 그 때다.

웅변술의 이론가들은 걸출한 실천가들이기도 했다. 역사상 가장 뛰어난 웅변가로 꼽히는 고대 그리스의 데모스테네스나 로마의 키케로가 그 예다. 전문성에서는 이들에게 못 미쳤겠으나, 이들 못지않게 인상적인 연설을 남긴 고대인으로 브루투스와 안토니우스가 있다. 종신 독재관 율리우스 카이사르가 암살된 직후, 그의 오른팔이었던 안토니우스는 암살에 가담한 브루투스와 정치적 운명을 건 연설 대결을 벌였다. 브루투스는 은인을 죽인 자신을 변호했고, 안토니우스는 고인을 추도했다. 말재간이 난형난제였던 두 사람의 연설은 플루타르코스의 『영웅전』에 실려 후세에 전해졌고, 뒷날 윌리엄 셰익스피어의 희곡 「줄리어스 시저」를 통해 불멸의 아름다움을 얻었다. 자신은 "카이사르를 덜 사랑해서가 아니라 로마를 더 사랑했기 때문에" 카이사르를 죽일 수밖에 없었다는 브루투스의 논변도 그럴 듯하지만, 정치적 열세 상황에서 카이사르를 변호하는 안토니우스의 추도사야말로 그 꾀의 교묘함과 선동의 힘에서 연설 언어의 파천황이라 이를 만하다.

안토니우스는 처음엔 카이사르를 옹호하지 않는다. 브루투스와 다른 암살자들이 바로 옆에서 지켜보고 있으니 만큼 대뜸 그럴 수는 없다. 카이사르를 치켜세울 생각은 추호도 없으며 그저 장례식에 참석하러 왔다는 말로 안토니우스는 제 연설을 시작한다. 그는 외려 브루투스를 치켜세움으로써 반-카이사르파를 안심시킨다. 그러나 뭉툭하게 시작된 안토니우스의 언어는 카이사르의 비참한 죽음을 환기시키며 브루투스가 얼마나 배은망덕한 자였는지를 적시하는 칼날로 변한다. 안토니우스는 현대 광고의 티저 기법까지 사용한다. 그는 카이사르의 서재에서 발견했다는 유서를 청중 앞에서 흔든다. 그리고는 이 유서를 공개하면 카이사르가 여러분을 얼마나 사랑했는지 알게 되겠지만, 그렇게 되면 로마에 걷잡을 수 없는 일이 일어날지 몰라 유서를 공개할 수 없다며 청중을 감질나게 한다. 안달이 난 청중은 유서를 읽으라고 안토니우스에게 요구하며 반역자 브루투스의 집에 불을 지르자고 외친다. 브루투스는 이제 안토니우스의 연설을 제지할 힘을 잃어버린다.

현대 문학교육에서 수사학은 작문법과 밀접한 관련을 지니고 있지만, 본디는 웅변술의 체계적 연구 결과로 태어난 것이다. 연설의 목적은 청중을 설득하고 선동하는 것이었으므로, 연설 이론가들은 이 목적을 위해서 말을 어떻게 고르고 배치할 것인지 궁리했다. 직유 은유 환유 과장 돈호 대조 점층 반복 도치 반어 완곡 설의 영탄 등 현대의 갖가지 수사법은 이미 고대 웅변술에서 그 틀이 짜였다. 안토니우스의 카이사르 옹호 연설은 특히 점층과 대조와 반어와 반복의 기술을 절묘하게 버무려 브루투스를 궁지로 몰았다.

비록 제한적이나마 민주주의가 실천되던 고대 그리스 로마 시대의 한때를 제외하면, 사람들의 뇌리에 깊은 인상을 심은 역사적 연설들은 대체로 시민혁명과 나란히 또는 그 이후에 나왔다. 이 사실은 연설과 민주주의의 관계를 새삼 일깨운다. 그 역사적 연설들은, 비록 그 전문이 사람들에게 기억되고 있지는 않을지라도, 격언 수준의 위의威儀를 그 핵심 문장에 부여했다. "오! 하늘이여! 신이여! 용서하소서. 다른 사람은 어떤 길을 택할지 모르지만, 나는 자유를 달라, 아니면 죽음을 달라, 라고 절규합니다"(패트릭 헨리), "인민의, 인민에 의한, 인민을 위한 정부를 지상에서 영속시켜야 합니다"(에이브러햄 링컨), "나는 오직 피와 땀과 눈물로써 헌신할 따름입니다"(윈스턴 처칠), "웨스트포인트 육군사관학교에 다니던 시절 가장 인기 있던 군가의 후렴을 아직 기억합니다. '노병은 죽지 않는다. 다만 사라질 뿐이다'"(더글러스 맥아더), "친애하는 미국 국민 여러분, 조국이 여러분을 위해 무엇을 할 수 있는지 묻지 마시고 여러분이 조국을 위해 무엇을 할 수 있는지 물으십시오. 친애하는 세계 시민 여러분, 미국이 여러분을 위해 무엇을 해줄 것인지 묻지 마시고 우리가 손을 맞잡고 인류의 자유를 위해 무엇을 할 수 있는지 물으십시오"(존 케네디), "내게는 꿈이 있습니다. 과거 노예의 후손과 과거 노예 소유자의 후손이 언젠가는 조지아의 붉은 언덕 위 식탁에 함께 둘러앉아 형제애를 나눌 수 있으리라는 꿈입니다"(마틴 루터 킹) 같은 문장들은 당대의 역사적 전환을 그 속에 담으며 오늘날에도 널리 회자되고 있다.

연설은 정치인들의 유세처럼 흔히 가두에서 이뤄지기도 하고, 대통령 취임사처럼 의회나 그 근처에서 이뤄지기도 하며, 추도사처럼 장례식장에서 이뤄지기도 하고, 피고인의 최후 진술처럼 법정에서 이뤄지기도 한다. 웅변술의 본적지가 고대 그리스의 법정(과 민회)이긴 하지만, 피고인의 법정 진술이 연설이 되는 사회는 불행한 사회다. 한국의 1970~1980년대가 그런 시대였다. 그 시대의 정치범들은 법정의 판사와 검사를 상대로, 방청객을 상대로,

더 크게는 역사를 상대로 연설을 했다. '일장 연설'이라는 말에는 더러 부정적 뉘앙스가 있지만, 그 시절 법정의 피고인 입에서 흘러나온 일장 연설은, 이를테면 시인 김지하의 진술이 그랬듯, 적잖은 사람을 감동시켰다. 시대를 더 거슬러 오르면, 이토 히로부미伊藤博文를 쓰러뜨린 안중근도 감동적 연설에 해당할 진술을 법정에서 했다.

일급 연설가들은 흔히 정치인들이었다. '위대한 커뮤니케이터'로 불렸던 로널드 레이건은 근년의 가장 뛰어난 정치인 웅변가였다. 연설은 민주주의의 산물이지만, 뛰어난 웅변가가 반드시 민주주의자였던 것은 아니다. 예컨대 아돌프 히틀러는 역사상 최악의 독재자 가운데 한 사람이었지만, 청중의 마음을 뒤흔드는 말의 재능에서도 일급이었다.

한국인들이 제도정치권 바깥에 있었던 일제 시대의 뛰어난 한국인 웅변가들도 사회운동가나 혁명가 같은 넓은 의미의 정치인들이었다. 안창호의 연설도 많은 사람을 감복시켰지만, 여운형이야말로 당대의 웅변가였다. 3·1운동 얼마 뒤인 1919년 12월 27일 도쿄東京 데이코쿠帝國 호텔에서 여운형이 행한 연설●은 그 자리에 모인 내외신 기자와 각계 인사 500여 명의 입과 글을 통해 일본 조야와 전세계에 한국 문제를 환기시켰다. 해방 뒤에도 방송 매체가 몸집을 불리기 전엔, 연설은 가장 효과적인 정치적 커뮤니케이션 수단이었다. 1956년 5월 3일 청중 50여 만 명이 모인 한강 백사장에서 민주당 대통령 후보 신익희가 행한 연설은 한국 정치사의 인상적 장면으로 남아 있다. 1971년 4월 18일 서울 장충단 공원과 남산 한 편을 그득 메운 사람들에게 신민당 대통령 후보 김대중이 행한 연설도 그렇다.

 매스미디어가 정치에 깊이 개입하면서, 가두 연설의 정치적 중요성은 이제 많이 잦아들었다. 오늘날 가두 연설은 미디어의 동행이라는 조건 아래서만 효과를 거둘 수 있다. 정치인에게 필요한 언어 재능도 연설에서 토론으로 옮아가고 있다. 텔레비전 방송국 스튜디오에서 차분한 언어로 설득할 수 있는 유권자 수가 가두에서 격정적 언어로 설득할 수 있는 유권자 수의 수백 배에 이르기 때문이다. 큰 선거를 앞두고 저명한 당원이나 지지자가 특정 정당이나 후보의 지지 연설을 방송국 스튜디오에서 하는 경우가 있지만, 그 경우에도 목소리 톤이 가두연설의 뜨거움과는 사뭇 다르다.

 그러나 인터넷을 포함한 미디어의 조명이라는 조건만 따른다면, 연설은 앞으로도 정치의 중요한 말길이 될 것이다. 지난 5월 지방선거 때 후보들의 가두연설은 인터넷에 동영상으로 옮겨지며 지지자들을 결집시키는 노릇을 했다. 그러니까 연설의 정치 기능은 고대 그리스 시대부터 지금까지 본질적 변화를 겪지 않은 셈이다. 당연하다. 그 때나 지금이나 정치커뮤니케이션의 요체는 설득과 선동인데, 연설이라는 장르의 탄생 이유가 바로 거기 있으니 말이다.

● 여운형의 도쿄 데이코쿠호텔 연설(1919년 12월 27일) 발췌 요약

주린 자가 먹을 것을 찾고 목마른 자가 마실 것을 찾는 것은 생존을 위한 인간 본연의 원리입니다. 이것을 막을 자가 있겠습니까! 일본인에게 생존권이 있다면 우리 한민족이라고 어찌 생존권이 없겠습니까? 일본인에게 생존권이 있다는 것은 한인이 긍정하는 바이요, 한인이 민족적 자각으로 자유와 평등을 요구하는 것은 신神이 허락하는 바입니다. 일본 정부에게 이것을 방해할 무슨 권리가 있습니까?
일본은 자기방위를 위해 한국을 병합하지 않을 수 없었다고 주장합니다. 그러나 러시아가 차제此際에 무너진 이상 그 이유는 성립되지 않습니다. 우리가 세울 나라는 인민이 주인이 돼 인민이 다스리는 나라가 될 것입니다. 이 민주공화국은 대한민족의 절대적 요구요, 세계 대세의 요구이기도 합니다.
평화는 형식적 단결로는 이루지 못합니다. 지금 일본이 첩첩이구喋喋利口로 일중친선日中親善을 아무리 말한들, 무슨 유익이 있습니까? 오직 정신적 단결이 필요한 것입니다. 우리가 모두 동양인으로서 이런 처지에 서로 반목하는 것이 복된 일이겠습니까? 우리가 꼭 전쟁을 해야만 평화를 얻을 수 있습니까? 싸우지 않고는 인류가 누릴 자유와 평화를 얻지 못하는 것입니까? 일본 인사들은 깊이 생각하기 바랍니다.

현상변경의 언어
선언의 풍경

선언은, 앞에서 엿본 연설과 한가지로, 썩 일방적인 커뮤니케이션 형식이다. 개전선언 곧 선전포고는 선언의 그 일방적 성격을 두드러지게 드러내는 예다. 전쟁은 "다른 수단들을 통한 정치의 계속"(카를 폰 클라우제비츠)이라는 유명한 정의가 있기는 하나, 개전선언은 외교라는 통상적 대화(쌍방향 커뮤니케이션)의 노력을 공식적으로 접고 이를 군사행동으로 대치하겠다는 한쪽 나라의 일방적 의사 표시다. 선언은 그러나, 개전선언에서도 보듯, 연설에 견주어 집단의사의 표현이라는 성격이 더 강하다. 개인들의 이름이 그 선언의 주체로 도드라질 경우에도 다르지 않다. 이를테면 「공산당선언」(1848)의 저자는 카를 마르크스와 프리드리히 엥겔스라는 개인들이었지만, 이 선언의 주체는 이들 개인을 포함한 공산주의자동맹이었다.

선언의 서명자가 어떤 집단을 대표한다는 사실이 명시되지 않은 경우에도 한가지다. 「러셀-아인슈타인 선언」(1955. 정식 이름은 「핵무기 없는 세계와 분쟁의 평화적 해결을 호소하는 선언」)에는 선언에 제 이름을 포갠 두 지식인 외에 유카와 히데키, 프레데리크 졸리오-퀴리 등 9명의 저명한 과학자들이 서명했다. 선언의 명시적 주체는 11명이었지만, 이들은 반전 반핵 평화진영의 과학자 집단을 대표해서 이 선언을 했다고 봐야 할 테다. 이렇게 제 이름을 선언 이름으로 만든 개인들이 어떤 이념 집단이나 의견 집단을 대표하는 경우도 있지만, 정부를 대표하는 경우도 있다. 그 선언의 주체가 (특히 고위) 공직자인 경우다. 아랍인들과 유대인들에게 각각 독립국가 수립의 기회를 주겠다고 (모순되게) 약속함으로써 제2차 세계대전 이후 팔레스타인 분쟁의 씨앗을 뿌린 「맥마흔선언」(1915)과 「밸푸어선언」(1917)의 주체는 각각 이집트 주재 영국 고등판무관 헨리 맥마흔과 영국 외무장관 아서 제임스 밸푸어라는 개인이었는데, 이들의 선언은 영국 정부의 입장을 담은 것으로 이해되었다.

입말을 통해 완성되는 연설과 달리, 선언은 문자 텍스트만으로 완결되는 일이 흔하다. 물론 「기미독립선언」(1919)이나 「6·15남북공동선언」(2000)●처럼 글로 작성된 뒤 공적인 자리에서 낭독된 선언도 있고, 혼례식장에서 주례가 하는 성혼선언처럼 사람들 앞에서 읽힘으로써야 완결되는 선언도 있다. 그러나 통상적으로는, 선언이 마무리되기 위해 꼭 입을 거쳐야 하는 것은 아니다. 이탈리아 작가 필리포 마리네티의 「미래주의 선언」(1909)은 파리의 일간신문 『르 피가로』에 실리며 완료됐고, 프랑스 작가 앙드레 브르통의 「초현실주의 선언」(1924, 1929) 역시 활자화되는 동시에 완료됐다. 세계 주요 강대국의 국가수반과 정부수반을 수신자로 삼은 「러셀-아인슈타인 선언」이나, 시오니즘 운동의 재정적 지원자였던 유대계 은행가 월터 로스차일드를 수신자로 삼은 「밸푸어선언」처럼, 편지 형식으로 이뤄진 선언도 있다. 아무튼 선언은, 그것이 출판물이 됐든 편지가 됐든, 문서 형식(선언문이나 선언서 또는 성명서)을 띠는 것이 예사다.

(사적인 선언은 입말만으로 완료될 수도 있다. 예컨대 연인이나 친구 사이의 절교 선언이 그렇다. 이 경우에도 물론 선언이 편지 형식을 띨 수도 있다. 양심선언 역시 입말과 글말을 선택적으로 취하는 사적 선언의 예다. 공적 선언도 길이가 짧을 경우에는 입말만으로 완성된다. 어떤 행사의 개회 선언이나 폐회 선언이 그렇다.)

문자 텍스트로 완료되므로, 선언은 연설보다 한결 정제된 언어로, 세련된 문어로 이뤄지게 마련이다. 그래서 역사상의 선언문 가운덴 그 힘과 아름다움에서 모범이 될 만한 문장이 수두룩하다. 「공산당선언」의 도입부와 마무리는 이 선언문을 완독하지 않은 사람들에게도, 또 이 선언에 격렬히 반대하는 사람들에게도 깊은 인상을 남겼다. 이 선언은 "유령 하나가 유럽을 배회하고 있다. 공산주의라는 유령이. 낡은 유럽의 모든 세력이 이 유령을 쫓아내기 위해 신성동맹을 맺었다: 교황과 차르가, 메테르니히와 기조가, 프랑스 급진파와 독일 비밀경찰이"로 시작해 "지배계급들이 공산주의

혁명에 떨게 하라. 프롤레타리아가 잃을 것은 사슬뿐이고, 얻을 것은 세계다. 모든 나라의 노동자들이여 단결하라"로 끝난다.

일상어에서 "그건 선언적 의미밖에 없어"라는 표현은 어떤 말이 구속력을 지니지 못한 맹탕 언어라는 뜻이다. 그것은 선언이라는 언어행위의 일방적 성격을 적나라하게 드러내는 표현이기도 하다. 그러나 역사상의 위대한 선언들은, 설령 그 즉시가 아니었을지라도, 뒷날의 법규범에 그 핵심 내용을 이식하며 구속력을 얻는 일이 제법 있었다. 그리고 그 선언의 내용이 보편적일수록, 그 핵심 메시지는 국경을 넘어 여러 사회의 법규범으로 수용됐다. 현대의 국제법과 헌법과 형법이 수용하고 있는 천부인권이나 주권재민, 법 앞의 평등, 죄형법정주의, 피의자 무죄추정원칙, 고문금지 따위는 부르주아 민주주의가 깃발을 쳐들던 18세기의 「미국독립선언」(1776)과 「프랑스인권선언」(1789. 정식 이름은 「인간과 시민의 권리선언」)에서 이미 명시되었다.

힘센 쪽에서 내놓는 선언의 내용은 선언 주체에게 진지함만 있다면 대체로 실현된다. 예컨대 한국의 독립은 제2차 세계대전 중의 「카이로선언」(1943)에 "3대 연합국은, 한국 인민의 노예 상태에 유의해, 한국이 적절한 절차를 밟아 자유로운 독립국가가 되어야 한다고 결의한다"는 문구가 들어감으로써 국제사회에서 동력을 얻었고, 전쟁이 끝난 뒤 마침내 이뤄졌다. 카이로선언을 낳은 카이로회담에는 미국 대통령 프랭클린 루스벨트, 영국 총리 윈스턴 처칠, 중화민국 총통 장제스蔣介石 등 당시 세계에서 가장 힘센 사람들이 참가했다.

그러나 더 많은 경우에 선언은, "선언적 의미에 불과하다"는 표현이 암시하듯, (부당한) 현실이 바뀌기를 바라며 힘이 약한 쪽에서 내놓는 '희망의 피력'에 머무르곤 했다. 「미국독립선언」이나 「프랑스인권선언」도 그 선언이 이뤄진 시점에서는 부분적으로 약자의 선언이라는 성격을 띠고 있었거니와, 20세기 이후의 유명한 선언들도 대개는 소수파의(소수파에 의하거나 소수파를 위한) 선언인 경우가 많았다. 이 경우에 그 선언은, 적어도 단기적으로는, 현실과 유리돼 '선언적 의미'만을 지니게 된다. 여성해방운동의 한 이정표가 된 「레드스타킹 선언」(1969)도 그랬고, 「국제연합 아동권리선언」(1959)이나 「장애인권리선언」(1975)도 그랬다.

한국의 경우, 독재정권 시절의 민족민주운동은 '반파쇼학우투쟁선언' '반제자주투쟁선언' '구국선언' 류의 문건을 수없이 낳았다. 대학교수를 포함한 기성 지식인 집단은 권위주의 정권에 맞서 종종 '시국선언'이라는 것을 발표하기도 했다. 한국에 정치적 민주주의가 정착하면서, 이제 구국선언이나 투쟁선언 따위의 시국선언은 정치권력의 핵심에서 밀려난 수구 보수 세력에게서 더 활발히 나오고 있다. 그 문구도 70~80년대 학생운동권의 선언문 못지않게 격렬하다. 그 거친 언어에는 자신들이 주류에서 밀려나고 있다는 조바심이 반영돼 있을 테다. 상상된 공포나 자기연민, 자기기만의 소산이긴 하겠지만, 이들 선언의 주체들은 자신을 이 사회의 '약자'로 내세우고 있는 것이다.

선언에 '선언적 의미' 이상이 담기지 않게 될 때, 그것이 꼭 선언주체에게 힘이 없어서만은 아니다. 선언주체에게 힘이 있어도 진심이 없다면, 선언은 '선언적 의미' 이상을 담지 못한다. 이 경우에 선언의 아름다운 언어들은 그 주체가 마지못해 수행하는 립서비스일 뿐이다. 부패인식지수나 투명성지수가 유달리 낮은 한국 사회에서 이런저런 집단들이 주기적으로 내놓는 자정선언이 그 예일 것이다. 지난해 9월 19일 6자회담 참가국의 차관급 대표들이 베이징에서 발표한 「6자회담 공동선언」(9·19선언)도, 미국 입장에서는, 힘이 없어서가 아니라 진심이 없어서 거의 휴지로 만들어버린 선언일 테다. 북한을 국제사회에 통합할 힘을 지닌 유일한 나라는 미국이지만, 지금 미국의 정권 담당자들에게 그럴 뜻이 있는지는 확실치 않다.

● 6·15 남북공동선언 전문(2000년 6월 15일)

조국의 평화적 통일을 염원하는 온 겨레의 숭고한 뜻에 따라 대한민국 김대중 대통령과 조선민주주의인민공화국 김정일 국방위원장은 2000년 6월 13일부터 6월 15일까지 평양에서 역사적인 상봉을 하였으며 정상회담을 가졌다. 남북정상들은 분단 역사상 처음으로 열린 이번 상봉과 회담이 서로 이해를 증진시키고 남북관계를 발전시키며 평화통일을 실현하는 데 중대한 의의를 가진다고 평가하고 다음과 같이 선언한다.

1. 남과 북은 나라의 통일문제를 그 주인인 우리 민족끼리 서로 힘을 합쳐 자주적으로 해결해 나가기로 하였다.
2. 남과 북은 나라의 통일을 위한 남측의 연합제 안과 북측의 낮은 단계의 연방제 안이 서로 공통성이 있다고 인정하고 앞으로 이 방향에서 통일을 지향시켜 나가기로 하였다.
3. 남과 북은 올해 8·15에 즈음하여 흩어진 가족, 친척 방문단을 교환하며, 비전향 장기수 문제를 해결하는 등 인도적 문제를 조속히 풀어 나가기로 하였다.

4. 남과 북은 경제협력을 통하여 민족경제를 균형적으로 발전시키고, 사회, 문화, 체육, 보건, 환경 등 제반분야의 협력과 교류를 활성화하여 서로의 신뢰를 다져 나가기로 하였다.
5. 남과 북은 이상과 같은 합의사항을 조속히 실천에 옮기기 위하여 빠른 시일 안에 당국 사이의 대화를 개최하기로 하였다.

김대중 대통령은 김정일 국방위원장이 서울을 방문하도록 정중히 초청하였으며, 김정일 국방위원장은 앞으로 적절한 시기에 서울을 방문하기로 하였다.

2000년 6월 15일
대한민국 대통령 김대중
조선민주주의인민공화국 국방위원장 김정일

예절의 언어적 돋을새김
경어체계의 풍경

한 자연언어에 대한 앎은 좁은 의미의 문법이라는 테두리 안에 갇혀서는 오롯할 수 없다. 예컨대 "명숙아, 이리 좀 와 봐!"라는 한국어 문장은 문법적으로 완전하다. 그러나 이 말을 국무조정실장이 국무총리에게 건넸다면, 매우 부적절한 언어를 썼다고 비난받을 것이다. 국무조정실장은 사표를 내야 할지도 모른다. 그가 이런 처지에 놓이지 않으려면, 썩 공손한 어조로, "총리님, 대단히 죄송합니다만 이쪽으로 잠깐 오시겠습니까?"라고 말하는 것이 안전하다.

이렇게 똑같은 내용의 말도 사회적 맥락에 따라 그 형태가 달라진다. 다시 말해 한 언어에 대한 지식은 문법 지식만이 아니라 화용話用 지식(더 넓게는 사회언어학 지식)까지 포함한다. 언어에 대한 지식의 장場에서 화용 지식은 문법 지식에 견줘 주변적이랄 수 있지만, 실제의 언어 생활에서는 훨씬 더 중요한 경우가 많다. 문법 규칙을 어겼다고 해서 사표를 내게 되는 경우는 거의 없겠지만, 화용 규칙을 너무 떳떳이 어기면, 앞서 예로 든 가상의 국무조정실장처럼, 일자리를 잃기 십상이다. 실상 말에 얽힌 갈등은 대체로 한쪽 또는 양쪽 화자가 이 화용 규칙을 어겨서 생기게 마련이다. 말이 주먹질로 이어지는 것은, 흔히, 그 말의 시비是非 탓이 아니라 적부適否 탓이다.

경어체계에 잘 적응하는 것은 부분적으로 화용 지식의 영역에 속한다. 경어체계가 매우 섬세하고 까탈스러운 한국어는 어느 자연언어보다도 화용 지식을 한결 더 요구하는 언어다. 한국어 화자는 상대방에게 말을 걸기 전에 우선 자신과 상대의 위계를 판단해야 한다. 그래야만 서술어의 어미를 어떻게 처리할 것인지, 존칭조사를 넣을 것인지 말 것인지, 상대방을 뭐라고 부를지를 결정할 수 있기 때문이다. 이 때, 위계를 판단하는 기준으로 핵심적인 것은 나이와 사회적 신분이다. 이것은 경어체계가 매우 단순한 언어에서도 대체로 통용되는 기준이다. 나이가 적거나 사회적 신분이 낮은 사람은 나이가 많거나 사회적 신분이 높은 사람에게 높임말을 쓰는 것이 상례다.

그래서, 나이 지긋한 이가 한 나라의 국무총리까지 하고 있다면, 누구나 그를 '총리님!'이라고 부를 수밖에 없다. 그러나 나이나 사회적 신분이 절대적 기준은 아니다. 친분이나 친족 관계는 이런 공식적 기준을 흩뜨리며 경어법 규칙을 더 복잡하게 만든다. 예컨대 여고 시절부터 총리와 가깝게 지냈던 동창이라면 사석에서 그를 "명숙아!"라고 부를 수 있다. 총리의 이질姨姪은, 사석에서, 그를

"이모!"라고 부르는 것이 정상이다. 총리 쪽에서도, 15년 연하의 시동생이 설령 날건달로 살고 있다 해도, 그에게 말을 낮출 수 없다. 그 시동생이 미혼이라면 "도련님!"으로, 기혼이라면 "서방님!"으로 불러야 한다. 서술어도 그 호칭에 조응하는 경어체 어미로 마무리해야 한다.

우리에게 잘 알려진 유럽어들은 2인칭 대명사와 거기 대응하는 동사 형태를 통해 대체로 두 등급의 경어체계를 부리고 있다. 이를테면 프랑스어에서는 주격 2인칭 대명사 '튀tu'와 '부(vous: 단수 존칭대명사로도 쓰이지만 본디 복수 대명사다. 그래서 거기 따르는 동사들도 주어가 복수일 때처럼 변화한다)'가, 스페인어에서는 주격 2인칭 대명사 '투tu'와 '우스텟(usted: 존칭대명사처럼 쓰이지만, 실제로는 '당신의 은혜'라는 뜻의 명사구 vuestra merced의 축약형이다. 그래서 거기 따르는 동사들도 주어가 3인칭일 때처럼 변화한다)'이 각각 낮춤말과 높임말을 대표한다. 특별히 정중함이 요구되는 맥락을 빼놓고는, 이 언어들에서 경어체계는 낮춤말 쪽으로 이끌리며 중화하고 있는 추세다. '부'와 '우스텟'을 쓰는 경우가 점점 줄어들고 있는 것이다. 특히 젊은 층에서는 처음 보는 사람들끼리도 너나들이('tu'로 말하기: 프랑스어로는 'tutoyer', 스페인어로는 'tutear')를 하는 경우가 적지 않다.

경어체계의 약화는 한국어에서도 관찰되고 있다. 그러나 그 본바탕이 워낙 복잡하고 섬세했던 터라, 지금도 경어체계는 이 언어를 배우는 외국인들에게 악몽이다. 우선 어휘론 수준에서, 한국어는 일반적으로 두(드물게는 세) 등급의 단순한 경어체계를 지니고 있다. 예컨대 '자다'와 '주무시다', '먹다'와 '들다'('드시다')와 '자시다'('잡수다' '잡수시다'), '있다'와 '계시다', '주다'와 '드리다', '묻다'와 '여쭈다'('여쭙다') 같은 동사들, '이/가'와 '께서', '에게'와 '께' 같은 조사들, '밥'과 '진지', '말'과 '말씀' 같은 명사들이 이 두 등급 경어체계의 낮춤말과 높임말들이다.

그러나 사정은 겉으로 보이는 것보다 훨씬 더 복잡하다. '잡수시다'나 '주무시다'나 '계시다'는 그 행위의 주체를 높이는 것이지만, '여쭙다'나 '드리다'는 그 행위의 객체를 높이는 것이다. 즉 '여쭙다'와 '드리다'는 묻거나 주는 행위의 주체를 낮추는 것이다. 한국어의 경어체계에는 존경법과 겸손법이 뒤섞여 있는 것이다. '말씀' 같은 말은, 더 나아가, 존경법과 겸손법을 겸한다. 다시 말해 '말씀'은 맥락에 따라 그 주체를 높이기도 하고 낮추기도 한다. "총리께서 그렇게 말씀하셨습니다"에서 '말씀'은 총리를 높이는 것이지만, "제가 그렇게 말씀드렸습니다"에서 '말씀'은 자신을 낮추는 것이다.

이런 어휘론 수준의 두 등급 경어법 가운데 일부 한국어학자들이 '압존법'이라 부르는 것이 있다. 압존법이란 아주 높은 청자 앞에서 그보다 덜 높은 사람에 대해 언급할 때 그가 화자의 손윗사람일지라도 낮추어 표현하는 법을 말한다. 압존법에 따르면, 손자가 할아버지에게 아버지의 병세를 고할 때 "할아버님, 애비가 많이 아픕니다"라고 말해야 옳다. 언급의 대상이 된 사람(아버지)이 청자(할아버지)보다 손아래이므로, 비록 화자가 그 대상보다 손아래일지라도 그를 높일 수 없는 것이다. 물론 아버지의 그 같은 처지를 어머니에게 고할 때는 "어머님, 아버님께서 많이 편찮으십니다"라고 말해야 한다.

압존법은 가족을 포함한 친족 관계에 주로 적용되지만, 청자가 (이를테면 텔레비전 시청자처럼) 불특정 다수일 때도 적용된다. 예컨대 쇼 프로그램의 사회를 보는 연예인이 자신의 연예계 스승이나 선배에 대해 언급하며 '아무개 선생님'이라거나 '아무개 선배님'이라고 말할 수는 없다. 듣는 사람 가운데는 그 선배나 스승보다 훨씬 손윗사람이 있을 수 있기 때문이다. 그래서 이럴 때는, 언급의 대상이 되는 사람에 대한 예의를 잠시 접고, '아무개씨'라고 말해야 한다. 이런 경우에도 더러 압존법을 무시하고 '선배님' '스승님'을 고집하는 방송인이 있긴 하다. 그러나 그런 언어사용에 비난이 이는 걸 보면, 아직까지 평균적 한국어 화자의 언어의식 속에선 압존법이 규범력을 지니고 있는 듯하다. 친족 사이의 압존법은 현대한국어에서 약화하는 추세다.

한국어 경어체계가 그 복잡성의 본성을 드러내는 것은 형태론 수준, 구체적으로 용언의 종결형에서다. 예컨대 동사 '하다'는 명령형에서만도 화자와 청자의 위계에 따라 '해, 해라, 하라, 하게, 하시게, 해요, 하세요(하시오), 하십시오, 하소서, 하옵소서, 하시옵소서' 따위로 변한다. (물론 하소서-체의 일부 형태는 문어나 사극 대사에서나 사용될 뿐, 구어에서는 사용되지 않는다. 구어에서 사용됐다면, 그것은 '비틀기'의 맥락에서 사용된 것이다.) 서술형과 의문형에서는 화자와 청자만이 아니라 언급되는 대상까지 끼여들어 위계질서와 경어체계를 한결 더 복잡하게 만든다.

용언 어미에 따라서 한국어 경어체계를 세운다면 그 안에는 몇 개의 등급이 있을까? 전문적 관찰자 곧 한국어학자들 사이에서도 견해가 엇갈리지만, 세대에 따라서도 경어체계 내부에 지니고 있는 등급의 수가 달라 보인다. 이를테면 농촌의 나이든 어르신들은 여섯 이상의 등급을 내면화하고 있는 경우도 있지만, 경어체계를 막 익히기 시작한 어린아이는 상대가 어른이냐 아니냐에 따라 두 등급만을 내면화하고 있는 것이 보통이다. 청장년층은 보통 서너 개의 등급을 내면화하고 있는 듯하다. 이 때 농촌 노인들이 지닌, 가장 복잡하고 발달한 경어체계를 한국어의 표준적 경어체계라고 볼 수는 없다. 청장년층이 노년층이 된다 해서, 새 규칙을 익히며 제 한국어의 경어체계를 더 복잡하게 만들리라고 볼 근거가 없기 때문이다. 사실, 자신이 지닌 서너 개의 등급을 생애 마지막까지 그대로 가져갈 확률이 훨씬 높다. 그것은 한국어 경어체계가 점차 간소화하고 있다는 뜻이기도 하다.

그러나 그것이 한꺼번에 무너지는 일은 없을 것이다. 한국어 경어체계의 완고함을 드러내는 예로, 2인칭 대명사가 손아랫사람이나 허물없는 친구를 가리키는 때를 빼고는 거의 쓰이지 않는다는 사실도 지적할 만하다. 문법 교과서는 2인칭 대명사를 여럿 늘어놓고 있지만, 한국어 2인칭 대명사는, 적어도 구어 수준에서는, 평칭의 '너(너희/너희들)' 하나뿐이다. 약간의 높임을 지닌 대명사로

2인칭 '당신'이 있기는 하지만, 이 말은 중년 이상의 부부 사이에서나 극히 제한적으로 사용된다. 물론 부부가 아닌 경우에도 '당신'이 사용되는 경우가 있기는 하다. 직장에서 또래의 동료나 후배를 살갑지 않게 부를 때나, 싸움판에서 막말이 나오기 직전에 상대방에게 '당신'이라는 말을 쓴다. 아무튼 이 말은 부부 사이에서가 아니라면 일정한 갈등이나 냉담을 함축하고 있는 말이어서, 여느 맥락에서는 거의 쓰이지 않는다.

'너'라고 지칭할 수 없는 상대를, 그러니까 존칭을 써야 할 상대를 2인칭으로 삼아 말을 꺼내려면 한국어 화자는 어떻게 해야 하는가? 그럴 때 그는 그 자리를 비워놓는다. 예컨대 "이것 드셔보셨습니까?"처럼. 꼭 2인칭 대명사가 올 자리가 아니어도 한국어에서는 주어의 생략이 본디 자연스럽다. 2인칭 주어를 생략하기 싫으면, 이 화자는 연령적 친족적 직업적 신분적 위계를 표시하는 명사(예컨대 선배님, 할아버님, 장관님, 박사님)를 대명사처럼 사용해야 한다. 예컨대 "장관님께서 저를 보호해주시지 않으면 저는 어쩝니까?"처럼.

경어체계는 언어예절의 가장 두드러진 형식이다. 예절은 한 공동체의 파열을 막는 거푸집이다. 그러나 그것이 너무 자질구레할 땐, 또 너무 경직되게 운용될 땐 공동체 구성원의 생기와 친밀감을 옥죄는 사슬이 될 수도 있다. 경어체계가 형식화하고 있는 예절은 거푸집보다는 사슬 쪽에 더 가까운 것 같다. 그 예절이, 특히 한국어 경어체계에서 보듯, 수평적이 아니라 수직적이고, 상호적이라기보다 일방적이기 때문이다. 말하자면 경어체계는 아주 깊은 수준에서 민주주의에 적대적이다. 한국어 경어체계의 흔들림은 한국 민주주의의 성장통일 수 있다.

부르는 말과 가리키는 말
친족명칭의 풍경

'누이'는 남성을 기준으로 여성 동기同氣를 가리키는 말이다. 손위 손아래를 가리지 않는다. 그것을 구별하고자 할 때는, 손위 누이는 '누나' 또는 '누님'이라 부르고, 손아래 누이는 '누이동생'이라 이른다. 그러나 이 말들의 용법은 보기보다 더 섬세하다. 첫 문장의 동사 '가리키다'와 셋째 문장의 동사 '부르다' '이르다'에 주목하자. 여기서 '가리키다' '이르다'와 '부르다'는 서로 뒤바꿀 수 없는 말이다. 그러니까 '누이' '누이동생'과 '누나' '누님'은 서로 다른 층위의 말이다. 원칙적으로, 앞쪽은 가리키는 말 곧 지칭어 reference form고, 뒤쪽은 부르는 말 곧 호칭어 address form다.

전혜린(40세), 전철수(37세), 전채린(33세) 삼남매가 있다고 치자. 전철수는 전혜린을 "누나!" 또는 "누님!"이라 부를 것이다. 전철수는 전혜린에게 말을 걸며 '누나'나 '누님'을 2인칭 대명사 대신 사용할 수도 있다. "누님이 쓴 글이에요?"라거나 "누나가 쓴 글

말들의 풍경 215

이야?"처럼. 한국어 화자가 손윗사람과 얘기할 때 2인칭 대명사를 사용하지 않고 이를 호칭 형태의 명사로 대치한다는 건 앞에서 살핀 바 있다. 이 두 경우에 전철수는 '누님'보다는 '누나'를 쓸 가능성이 훨씬 높다. '누님'은 화자와 청자의 나이 차이가 크거나, 둘 사이에 친밀감이 덜 하거나, 화자가 '양반 노인네' 티를 내고 싶을 때 쓰는 게 보통이다. 30대 남성 화자가 세 살 손위의 친누이를 '누님'이라고 부르는 풍경은 유교 격식이 짙게 남아 있는 농촌 '명문가'에서가 아니라면 찾아보기 힘들 게다.

다음, 전철수는 전채린을 "채린아!"라고 부를 것이다. 한국어에서 손아래 친족을 부를 땐 친족명칭 대신 이름을 직접 사용하는 일이 흔하다. 물론 그렇지 않은 경우도 많다. 예컨대 상대방이 항렬은 낮은데 나이는 엇비슷하다거나, 손아래이지만 신분이 높을 경우에는 친족명칭에 '님'을 붙여 부른다. "아우님!" "조카님!"처럼. 인척 사이에서도 한가지다. 사돈댁 사람을 부를 때는, 상대가 나이나 항렬이 낮은 사람일지라도, 이름으로 직접 부르지 못한다. 그러나 전채린은 전철수의 친누이동생이니, 전철수는 전채린을 "채린아!"라고 부를 수 있다. 또, 전철수가 전채린과 얘기를 나누면서 전채린을 지칭할 때는 '너'라는 2인칭 대명사를 당당히 사용할 수 있다. "이거 니가(네가) 썼니?"처럼.

(호격조사 '아/야'는 성명 뒤에는 붙지 않는다. 그러니까, "전채린아!"나 "전철수야!"라는 표현은, 익살을 떨기 위해서가 아니라면, 사용되지 않는다. 이럴 땐 "전채린!" "전철수!"라고 해야 한다. 성명을 부르는 것은 이름

만을 부르는 것에 견주어 청자에 대한 화자의 거리감을 드러낸다. 이름만을 부를 때는 호격조사가 붙는 것이 상례지만, 조사를 빼고 "채린!" "철수!"라고 할 수도 있다. 이때 호격조사의 제거가 낳는 효과는 매우 유동적이다. 그것은, 맥락에 따라, 친밀감과 거리감이라는 상반된 효과를 낳는다. 자음으로 끝나는 이름이 호칭어가 아니라 지칭어로 사용될 때는 접미사 '이'가 붙는 것이 일반적이다. "채린이가 그랬어"처럼. 이 때 접미사 '이'를 빼고 "채린이 그랬어"라고 말하면 격식이나 과장의 느낌을 낳는다. 다시 말해 친밀감을 줄인다. 그러나 접미사 '이'가 이름이 아니라 성명 뒤에 붙으면, 친밀감이 아니라 경멸이나 비난의 효과를 낳는다. "전채린이가 그랬어"처럼. 그래서, 성명을 다 드러낼 생각이면 접미사 '이'를 빼는 것이 덜 도발적이다. "전채린이 그랬어"처럼. 이름이 자음으로 끝나는 방송기자들은, 한 때, 리포트 끝에 제 성명을 말하면서 접미사 '이'를 넣으라고 교육받았다. "파리에서 엠비시뉴스 전채린이가 말씀드렸습니다"처럼. 방송기자가 제 성명 뒤에 '이'를 넣은 것은 자신을 낮추기 위해서라기보다 시청자에게 제 성명의 마지막 자음을 더 똑똑히 알리기 위해서였다. 접미사 '이'는 지칭어 이름 뒤에만 붙는 것이 원칙이지만, 일부 방언 배경을 지닌 화자들은 이 접미사를 호칭어 이름 뒤에도 사용한다. "어이, 채린이!"처럼. 이때 접미사 '이'는 친밀감을 드러낸다.)

그런데 전철수의 스승이 전철수에게 전혜린과의 관계를 물었다 치자. 이때 전철수는 "제 누이입니다"라거나 "제 손위 누이입니다"라고 대답하는 것이 옳다. "제 누님입니다"는 물론이고, "제 누나입니다"라고 대답해서도 안 된다. 적어도 원칙적으로는 그렇다.

존칭어 '누님'을 사용하는 것이 압존법에 어긋나서만이 아니라, '누나'나 '누님'은, 원칙적으로, 지칭어가 아니라 호칭어이기 때문이다. 스승이 전철수에게 전채린과의 관계를 물었을 땐, '누이동생'은 '누이'와 마찬가지로 지칭어이므로, "제 누이동생입니다"나 "제 손아래 누이입니다"라고 대답할 수 있다.

이렇게 한국어 친족명칭은, 부분적으로, 지칭어와 호칭어를 구별해왔다. 이를테면 '며느리'라는 지칭어에 상응하는 호칭어는 "아기야!"나 "악아!"고, '삼촌'이나 '당숙' 같은 숙항叔行의 지칭어에 상응하는 호칭어는 "아저씨!"(서남 방언에서는 "아제!", 서울방언의 낮춤말이나 동남방언에서는 "아재비!")이며, '형수'라는 지칭어에 상응하는 호칭어는 "아주머니!"(서남 방언에서는 "아짐!", 동남방언에서는 "아지매!")다. '아주머니'는 부모와 같은 항렬의 여성친족을 부르는 말이기도 했다. 또 '(손위) 동서'라는 지칭어에 상응하는 호칭어는 "형님!"이고, '시동생'이라는 지칭어에 상응하는 호칭어는 "도련님!"(미혼의 경우)과 "서방님!"(기혼의 경우)이다.

그러나 현대한국어의 친족명칭에서 지칭어와 호칭어의 구별은 거의 의미를 찾을 수 없을 만큼 급속히 무너지고 있다. 많은 경우에, 전통적 지칭어가 호칭어를 대치해 상대를 부를 때 사용된다. "당숙모!" "형수님!"이라는 말은 흔히 들을 수 있어도, 그런 뜻의 "아주머니!"는 이제 들을 수 없다. 마찬가지로, "삼촌!"이나 "당숙!"은 흔히 들을 수 있어도, 그런 뜻의 "아저씨!"는 이제 들을 수 없다. 삼촌이나 형수를 "아저씨!"나 "아주머니!"라고 부르면 당사자가 서운해하거나 화를 낼 게다. '아주머니' '아저씨'는 친족명칭 기능을 잃고 새로운 의미를 얻었기 때문이다. 여성화자들은, 더러, 제 아이들을 기준으로 삼은 지칭어를 호칭어로 쓰기도 한다. 시누이를 "고모!"라고 부른다거나, (미혼의) 시동생을 "삼촌!"이라고 부르는 것이 그 예다.

지칭어 '누이'는, 비틀기의 맥락에서가 아니라면, 아직 호칭어가 되지 못했다. 제 누이를 일상적으로 "누이!"라고 부르는 사람은 찾기 어렵다. (명백한 지칭어를 호칭어로 사용하는 것은 상투를 벗어나려는 언어 전술이기도 하다. 예전의 어느 텔레비전 드라마에서 어머니가 아들을 부르며 친밀감을 담아 "아들!" 했던 것처럼. 물론 이 전술도 거듭되면 상투가 된다.) 이와 반대로 호칭어 '누나'나 '누님'이 지칭어가 됐다. 앞서 등장한 전철수는, 특히 또래 친구들에게라면, "전혜린씨가 내 누나야"라거나 "전혜린씨가 누님이야"라고 자연스럽게 말할 수 있을 것이다.

한국어의 기본적인 친족호칭어들은, 은유적으로, 친족 아닌 사람들에게 사용되는 일이 흔하다. 이것은 다른 자연언어들에서도 더러 볼 수 있는 현상이지만, 한국어의 경우엔 정도가 심하다. '형님'이나 '누나'나 '오빠'나 '언니'는 본디 손위 동기를 부르는 말이었고 동기가 아니더라도 같은 항렬의 손위 친족에게나 쓰는 말이었지만, 이젠 나이가 부모만큼 많지는 않은 손위 사람 일반을 친밀하게 부르는 말이 되었다. ('언니'는, 그 친밀함이 지나쳐, 유흥업소 여성종업원을 무람없이 부를 때 사용되기도 한다.) '할아버님'이나 '할

머님'역시 나이 지긋한 어르신을 부르는 말로 뜻이 넓혀졌다.

'어머님'이나 '아버님'도 친구의 어머니나 아버지를 부르는 데 흔히 쓴다. (어린아이의 경우엔, 친구의 어머니나 아버지를 '아줌마'나 '아저씨'라고 부른다.) 더 나아가, 어떤 상품을 실제 사용하는 사람은 아이들이지만 그 값을 지불하는 사람은 그 아이들의 어머니나 아버지일 때, 이 상품을 파는 사람이 그 구매자(아이들의 어머니나 아버지)를 "어머님!" "아버님!"이라 부르는 경우도 있다. "어머님들! 어린이용 내의를 반값에 팔고 있습니다"라고 외치는 의류상의 호객언어에서 이런 용법의 "어머님!"이 보인다. '아주머니'('아줌마')와 '아저씨'는, 이런 은유적 용법이 본디 뜻을 몰아내서, 친족을 부를 땐 아예 사용되지 않는다. 게다가 이 말들은 원래의 품격을 많이 잃어버려 사용하기 조심스러울 때도 있다. 어린아이들이 제 부모의 친구나 친구의 부모를 부를 때 빼고는, '아주머니'('아줌마')나 '아저씨'에는 설핏 반말의 뉘앙스가 배어있다.

이런 은유적 용법은 친족명칭 가운데 호칭어에만 적용될 뿐 지칭어에는 적용되지 않는다. 그래서 학교 선배 김혜린을 "누님!"이라고 부르는 전철수도, 스승이 김혜린과의 관계를 물었을 때, "제 손위 누이입니다"라고 대답하지는 않을 것이다. 지칭어와 호칭어가 포개진 친족명칭에서도 마찬가지다. 중년 여성만 눈에 띄면 "어머니!"를 부르짖는 어린이 용품 판매자도, 그 중년 여성을 남에게 소개하면서 "제 어머니십니다"라고 말할 리는 없다.

친족호칭어가 은유적으로 확대된 최근의 예로서 주목할 만한 것이 '오빠'다. 최근 10여 년 사이에, 대학생을 비롯한 젊은 여성들이 남자 선배를 '오빠'라고 부르는 것이 상례가 되었다. 그 이전 세대 여성은 남자 선배를 '형'이라 불렀다. 이 '오빠'는, 이내, 젊은 여성이 자기보다 나이 많은 애인을 부르는 말을 겸하게 되었다. (거기에 맞춰, 젊은 남성이 자기보다 나이 많은 애인을 '누나'라고 부르는 관습도 정착하고 있는 듯하다.) 그런데 이 호칭은 연인 사이에서만이 아니라 부부 사이에서도 통용되고 있다. 젊은 아내는, 남편이 자기보다 나이가 위일 경우, 남편을 '오빠'라고 부른다. 결혼하기 전에 '오빠'라고 부르던 습관이 그대로 남은 탓일 게다. 남자 선배들을 '형'이라고 불렀던 세대 여성들 역시, 그 '형' 가운데 한 사람과 결혼하게 된 뒤에도 남편을 '형'이라고 부르는 경우가 많다. 그러니까 저보다 나이 많은 남편을 부르는 말로서 "형!"과 "오빠!"는 하나의 세대 징표이기도 하다. "여보!"는 그 앞세대의 징표일 것이다.

한국어 친족명칭 가운데 고유어로 된 것은 그리 많지 않다. 그러나 한자어 친족명칭을 포함하면, 한국어는 가장 많은 친족명칭을 지닌 자연언어에 속할 것이다. 그 많은 친족명칭들은 '가문'을 중시했던 유교적 세계관의 흔적일 테다. 그 세계관 속에서는 친족 사이의 위계를 정하는 것이 중요한 일이었을 테고, 그것이 복잡한 친족명칭을 낳았을 것이다. 실제로, 한국어의 복잡한 경어체계는 친족명칭과 깊게 연결돼 있다. 오늘날의 젊은 세대에게 이 친족명칭들은 점점 낯설어지고 있다. 전통 사회의 '가문'이 독립적인 핵가족들로 분화한 만큼, 그것은 자연스러운 일이다.

합치고 뭉개고
흔들리는 모음체계

케이비에스KBS 2텔레비전의 오락 프로그램 〈상상플러스〉의 '세대 공감 OLD & NEW' 코너는 같은 시대를 살고 있는 사람들도 세대에 따라 서로 다른 어휘목록을 지니고 있음을 실감나게 보여준다. '벌충하다'나 '넙데데하다' 같은 말이 10대 청소년들의 귀에 선 것 이상으로 '지대(멋지다, 엄청나다)'나 '므훗하다(흐뭇하다)' 같은 유행어, 속어들은 기성세대의 귀에 설면하다. 새로운 세대가 쓰는 수많은 신어新語들 가운데 상당수는 그것들이 난데없이 나타난 만큼이나 어느 순간 가뭇없이 사라져버릴 것이다. 그것들은 그 본바탕이 '인스턴트 어휘'이기 때문이다. 그러나 그 가운데 일부는 한국어 어휘장 속의 세력경쟁에서 살아남아 언젠가는 한국어 사전에 오를 것이다.

한 언어공동체 안에서 개인들에게 서로 다른 어휘 목록을 제공하는 것은 세대라는 테두리만이 아니다. 지역, 직업, 계급, 성 같은 소속 범주에 따라서도 개인들은 서로 조금씩 다른 어휘 목록을 지닌다. 이를테면 똑같은 한국어 화자일지라도 강원도 사람의 어휘 목록과 전라도 사람의 어휘목록은 고스란히 포개지지 않는다. 서정시인의 어휘목록과 분자생물학자의 어휘목록도 마찬가지다. 그러나 이런 가로축 위의 차이들은 한 자연언어의 변화에 결정적 모멘텀을 주지 않는다. 반면에 세로축 위의 차이, 곧 세대에 따른 어휘목록 차이는 그 언어가 앞으로 어떻게 변할지를 가늠하게 한다. 장강의 뒷물결이 앞물결을 밀어내듯, 새 세대의 언어는 앞 세대의 언어를 밀어내며 한 자연언어의 총체적 모습을 변화시킨다.

〈상상플러스〉는 세대간 말 차이를 '어휘 수준에서' 끄집어내 보여준다. 그것도 문법의 여러 층위와 단절된 형태로만 보여준다. 예컨대 동사 '웃기다'가 새 세대 한국어에선 형용사로 진화하고 있는 것(새 세대는 '웃기다'를 형용사로 보아 "정말 웃기다!" "웃긴 대학" 같은 표현을 쓴다. '웃기다'를 동사로 여기는 규범한국어에서라면 "정말 웃긴다!" "웃기는 대학"이라고 말해야 할 테다)이나, '부엌'의 마지막 소리 /ㅋ/가 /ㄱ/로 바뀌고 있는 것(특히 서울방언 화자들은 '부엌에서'를 /부어케서/가 아니라 /부어게서/로 읽는 경향이 있다) 따위에 대한 관찰은 이 프로그램에서 이뤄질 수 없을 것이다. 그런 변화는, 비록 어휘 수준이기는 해도, 문법의 다른 층위가 개입한 탓에 일반 시청자들이 단박 납득하기 어려울 테니 말이다.

그런데 언어 변화는 어휘 수준에서만, 더구나 문법의 다른 층위와 단절된 어휘 수준에서만 일어나는 것이 아니다. 현대 한국어에서 가장 주목할 만한 변화는 오히려 음운 수준에서 진행되고 있다. 근년에 백낙청씨는 '흔들리는 분단체제'를 거듭 거론한 바 있지만, 목하 분단체제보다 훨씬 더 불안정하게 흔들리고 있는 것이 한국어 모음 체계다. 구체적으로, 현실 한국어(또는 새 세대 한국어)는 규범한국어(또는 옛 세대 한국어)에 비해 모음이 한결 단출해지는 방향으로 진화하고 있다. 오늘은 이 '흔들리는 모음체계'를 엿살피자.

우선, 서울말을 포함한 대부분의 한국어 방언에서, 단모음 /ㅚ/(독일 작가 이름 Goethe의 첫 모음)는 거의 사라져버린 듯하다. 나이든 세대든 젊은 세대든 한국인들은 '외'를 복모음 /ㅞ/로 발음한다. 그래서 '괴멸'과 '궤멸'은 시각적으로만 구별될 뿐 청각적으로는 구별되지 않는다. 단모음 /ㅚ/를 아직 간직하고 있는 서남 방언에서도, 적잖은 새 세대 화자들이 이 소리를 /ㅞ/로 발음하는 것 같다. 그래서 단모음 /ㅚ/가 한국어에서 쫓겨날 날은 멀지 않아 보인다. 또 환경에 따라 단모음(프랑스 작가 이름 Hugo의 첫 모음)으로 실현되기도 하던 /ㅟ/도 젊은 세대로 올수록 환경에 상관없이 복모음('마법사'를 뜻하는 영어 단어 wizard의 첫 두 음소)으로 발음되는 것 같다. 실은, 나이든 세대가 단모음이라 여기며 내는 /ㅟ/ 소리도 찬찬히 들어보면 또 다른 복모음('밤'을 뜻하는 프랑스어 단어 nuit의 모음)이기 일쑤다. 그러니, 「표준어규정」의 「표준발음법」 제4항에 명시된 "'ㅚ, ㅟ'는 단모음으로 발음하되 이중 모음으로 발음할 수도 있다"는 지침은 "'ㅚ, ㅟ'는 이중 모음으로 발음하되 단모음으로 발음할 수도 있다"고 고치는 것이 좋겠다.

다음, 대부분의 한국어 방언에서 /ㅔ/ 소리와 /ㅐ/ 소리는 합쳐지는 추세에 있다. 이젠 서울말을 쓰는 중년 이상 화자들만이 이 두 소리를 구별해서 내는 것 같다. 한국어 화자들 대부분이 '제재'의 첫번째 모음과 두번째 모음을 같은 소리로 내고, 그들의 귀에 '때' 와 '떼', '개' 와 '게', '배다' 와 '베다', '매다' 와 '메다' 는 구별되지 않는다. 나이든 세대의 규범한국어에서조차 /ㅐ/ 소리와 /ㅔ/ 소리의 거리가 아주 멀지는 않았다는 사정이, 이 두 소리의 중화를 부추긴 것 같기도 하다. 규범한국어 /ㅐ/와 /ㅔ/ 사이의 거리는 예컨대 영어단어 apple의 첫 모음과 any의 첫 모음 사이의 거리보다 가깝다.

단모음 /ㅚ/가 중모음 /ㅞ/에 합쳐지고 두 단모음 /ㅐ/와 /ㅔ/가 중화하고 있다는 것은 /ㅚ/와 /ㅙ/가 구별되지 않는다는 뜻이기도 하다. 그래서 한국 역사를 슬프게 만들었던 '왜적'과 '외적'도 소리로는 구분되지 않는다. 역사 시간에 교사나 학생이 "/웨적/의 침입"을 거론했을 때, 그 적이 일본에서 건너왔다는 것인지 아니면 막연히 나라 바깥에서 왔다는 것인지 알기 어렵다.

「표준발음법」 제5항이 "이중모음으로 발음한다"고 규정하고 있는 /ㅢ/도, '의존'에서처럼 단어의 첫 음소로 쓰인 경우말고는, 대체로 단모음 /ㅣ/로 발음된다. 「표준발음법」도 이런 현실을 반영해 단서를 붙이고 있다. 그 단서조항의 예를 옮겨오자면, '띄어쓰기'는 '띠어쓰기'로, '희망'은 '히망'으로, '틔어'는 '티어'로, '무니'는 '무니'로 발음된다.

사라져가는 모음은 이것들말고도 또 있다. 전통 서울말에서 모음 /ㅓ/는 짧게 발음될 때와 길게 발음될 때 그 소릿값이 달랐다. 짧게 발음될 때는 여느 /ㅓ/지만, 길게 발음될 때는 음성학자들이 '슈와schwa'라고 부르는, /ㅡ/와 /ㅓ/의 중간소리(영어단어 ago의 첫 소리를 길게 냈다고 상상하자)로 실현되는 것이 예사였다. 그래서 '거적때기'나 '건더기'의 첫 음절(짧은소리 /ㅓ/)과 '거지'나 '건강'의 첫 음절(긴소리 /ㅓ/)은 그 길이만이 아니라 조음점 자체가 달랐다. 그러나 이제 이 두 소리를 구별해서 내는 사람들은 서울내기 노인들말고는 없는 것 같다. 중년 이하 세대는, 서울내기들조차, '거지'의 '거'를 '거적때기'의 '거'로 발음한다.

어찌 보면 이 두 개의 /ㅓ/가 중화하는 것은 피할 수 없는 현상이랄 수 있다. 모음의 장단 자체가 한국어에서 빠르게 사라지고 있으니 말이다. 젊은 세대는 마음의 창이라는 '눈'(짧은소리)과 하늘에서 내리는 '눈'(긴소리)을 구별하지 않는다. 먹는 '밤'(긴소리)과 어두운 '밤'(짧은소리)도 마찬가지다. 강조의 맥락에서가 아니라면, 대체로 짧은소리 쪽으로 합쳐지는 것 같다.

표준한국어에서 긴소리가 날 수 있는 환경은 매우 제한돼 있다. 긴소리는 복합어가 아닌 경우엔 첫 음절에서만 나타나는 것이 원칙이다. 그래서 '눈사람'의 '눈'은 긴소리지만 '첫눈'의 '눈'은 짧은소리이고, '말씨'의 '말'은 긴소리지만 '거짓말'의 '말'은 짧은소리다. 그러나 첫 음절의 경우에도 긴소리가 날 수 없는 제약조건이 여럿 있다. 어려서부터 입에 배어 있다면 몰라도 '이론적으로' 배워 실행하기엔 그 조건들이 너무 까다롭고 불규칙하다. 그래서, 모음들을 죄다 짧은소리로 내는 젊은 세대의 말버릇이 차라리 합리적으로 보이기까지 한다.

젊은 세대가 주도하는 한국어 모음 체계의 변화 물결은 이제 언어 교육으로 되돌릴 수 있는 수준을 넘어선 듯하다. 말의 전문가라할 방송 아나운서들조차 한국어사전이나 '표준발음법'에 명시된 규범적 소리를 내지 못하고 있으니 말이다. 21세기 한국어가 20세기 한국어와 사뭇 다른 모음체계를 지니게 되리라는 사실을 무심히 받아들여야 할 것 같다. 중세한국어에 있었던 것으로 추정되는 성조가 사라진 것을 지금의 우리가 무심히 받아들이듯.

두 가지 /ㄴ/, 두 가지 /니/

'무늬'를 /무니/로 발음할 때의 /니/는, 아주 풀어진 말투에서는 "아프니?"의 /니/로 실현되기도 하지만, 대개는 "니가(네가) 그랬지?"의 /니/로 실현된다. 조금 전문적인 이야기이긴 하나 이 문제를 잠깐 살피자.

'아프니?'의 '니'는 '니가'의 '니'와 소리가 다르다. 앞쪽 '니'의 /ㄴ/는 입천장소리(구개음)인 데 비해, 뒤쪽 '니'의 /ㄴ/는 혀끝소리(설단음 또는 치조음)다. 이 두 소리의 차이는 /ㅈ/와 /ㄷ/의 차이나 /ㅊ/와 /ㅌ/의 차이와 같다. 외국어 단어의 예를 끌어오자면, '아프니?'의 /니/는 '동행, 회사' 따위를 뜻하는 프랑스어 단어 compagnie(대략 /꽁빠니/)의 마지막 음절과 소리가 엇비슷하고, '니가'의 /니/는 같은 뜻의 영어단어 company(대략 /컴퍼니/)의 마지막 음절과 소리가 엇비슷하다.

/ㄴ/는 여느 환경에서 혀끝소리로 실현된다. 예컨대 /나, 너, 노, 누, 느/의 /ㄴ/는 죄다 혀끝소리다. 그런데 이 혀끝소리 /ㄴ/는, 한국어 음운규칙에 따르면, /ㅣ/ 모음이나 /ㅣ/ 선행모음(/ㅑ, ㅕ, ㅛ, ㅠ/) 앞에서 입천장소리로 변한다(구개음화). 예컨대 '아프니?'의 /니/만이 아니라 '냠냠'의 /냠/이나 '오뉴월'의 /뉴/에서 실현되는 /ㄴ/가 구개음화한 /ㄴ/다. 그러니까 이 규칙에 따르면 '니가'('네가'의 구어)의 첫 소리 /ㄴ/나 '무늬'('무늬'의 현실 발음)의 둘째 음절 첫 소리 /ㄴ/도 입천장소리로 변해야 한다. 그런데도 이 소리들이 입

천장소리로 변하지 않고 혀끝소리로 고스란히 실현되는 것은 그 다음 소리 /ㅣ/가 온전한 /ㅣ/가 아니라는 뜻이다. 다시 말해 그 /ㅣ/는, '니가'에서는 /ㅔ/('네가'의 /ㅔ/)의 변형이고, '무니'에서는 /ㅢ/('무늬'의 /ㅢ/)의 변형이다. 본딧말의 모음이 변한 말에 잔상을 남겨 화자의 (무)의식 속에서 구개음화를 방해하는 것이다.

'한글소설'이라는 허깨비

최초의 한글소설은 뭘까? 중고등학교 시절 문학사 수업을 그럭저럭 따라간 이라면 앞의 질문에 쉽사리 대답할 수 있을 테다. 두루 알려진 정답은 허균許筠(1569~1618)의 『홍길동전洪吉童傳』이다. 그러다가, 지난 1997년 채수蔡壽(1449~1515)의 『설공찬전薛公瓚傳』이라는 소설 일부가 발견되면서, 한글소설의 효시를 어느 작품으로 잡아야 할지가 모호해졌다. 일종의 귀신소설인 『설공찬전』은, 왕명으로 모조리 불살라서 지금 전해지지 않는 한문 원본만이 아니라 1997년에 그 앞부분이 발견된 국문번역본도, 『홍길동전』보다 한 세기 이상 앞선 것으로 짐작되기 때문이다. 여전히 『홍길동전』을 한글소설의 효시로 보아야 한다고 주장하는 논자들은 『설공찬전』이 본디 한문으로 쓰여졌다는 점을 중요한 논거로 삼는다. 한글소설은 '한글로 창작한다'는 작가의 의식을 담아야 하는데, 『설공찬전』은 그렇지 못하다는 것이다. 그래서 그 '한글번역본'이 『홍길동전』보다 이르다 할지라도, 여전히 『홍길동전』을 첫 한글소설로 보아야 한다는 것이 이들의 견해다.

  이 문제를 들춘 것은 거기 딱 부러진 해답을 내놓기 위해서가 아니다. 나는 그저, 이 논란이 품고 있는 쟁점 둘을 끄집어내 그에 대한 내 생각을 밝히려 한다. 하나는 관행의 늪 깊숙이 숨겨져 논자들도 거의 의식하지 못하는 생각거리로, '한글문학'이라는 것이 도대체 성립될 수 있는 개념인가 하는 것이다. 또 하나는 겉으로 드러나 논자들이 드문드문 의식하는 생각거리로, 번역문학은 출발언어(번역되는 언어)의 문학에 속하는가 그렇지 않으면 도착언어(번역하는 언어)의 문학에 속하는가 하는 것이다.

  우선, '한글문학' 또는 '한글소설'이란 뭘까? 손쉽게, '한글을 표기수단으로 삼은 문학', '한글로 쓴 소설'이라 말할 수 있을 테다. 한국 고전소설을 '한문소설/한글소설'로 나누는 관점에도, 사용하는 '문자'에 대한 의식이 개입해 있을 게다. 그런데 이것이 타당한 분류일까? 적어도, 자연스러운 분류일까? 그 관행 바깥에서 잠시만 생각해보면, '한문소설'과 '한글소설'은 맞세울수 없는 개념이라는 점이 또렷해진다. 그것은 한문과 한글이 맞세울 수 없는 개념이기 때문이다. 한문과 한글은 왜 맞세울 수 없는가? 한문Classical Chinese은 고전중국어라는 자연언어나 그 자연언어로 짜인 텍스트를 가리키는 데 비해, 한글Korean alphabet은 1446년에 반포된 표음문자를 가리키기 때문이다. 그 둘은 층위가 크게 다르다. 한글과 맞세울 수 있는 개념은 한문이 아니라 한자Chinese characters다.

그러니까 한문소설(고전중국어로 쓴 소설)은 성립될 수 있는 개념이지만, '한글소설'(한글이라는 문자로 표기한 소설)은 아예 성립될 수 없거나 성립될 수 있더라도 거의 쓸모없는 개념이다. '한글소설'이 성립될 수 없거나 거의 쓸모없는 개념인 것은, '로마문자소설'이나 '키릴문자소설'이 성립될 수 없거나 거의 쓸모없는 개념인 것과 마찬가지다. '로마문자소설'(로마문자로 표기한 소설)은 통상 로마자로 표기되는 이탈리아어소설, 영어소설, 스페인어소설, 프랑스어소설, 포르투갈어소설, 독일어소설, 터키어소설, 베트남어소설, 이 밖의 수많은 언어로 쓴 소설을 다 아우를 것이다. 더 나아가, '로마문자소설'은 통상적으론 로마문자로 표기되지 않는 한국어소설, 일본어소설, 중국어소설, 아랍어소설 따위를 로마문자로 전사轉寫한 텍스트까지 포함하게 될 테다. 이렇게 잡다하고 들쭉날쭉한 대상들을 한꺼번에 끌어안는 개념이 쓸모 있을 수는 없다.

이것은 '한글로 창작한다'거나 '한글로 번역한다'는 표현이 (거의) 어불성설이라는 것을 뜻한다. 우리는 어떤 문자로 '표기'하거나 '전사'할 수는 있지만, '창작'하거나 '번역'할 수는 없다. 적어도 표준적 언어 사용에 따르면 그렇다. 텍스트를 짜는 것은 문자가 아니라 언어이기 때문이다. 그러니 앞의 표현은 '한국어로 창작한다'거나 '한국어로 번역한다'로 고쳐져야 할 테다. 『홍길동전』은 한글로 창작된 소설이 아니라 (중세)한국어로 창작된 소설이고, 본디 한문으로 창작된 『설공찬전』은 한자에서 한글로 번역된 것이 아니라 고전중국어에서 (중세)한국어로 번역된 것이다. 그러니까 효시든 아니든 『홍길동전』은 '한글소설'이 아니라 '한국어소설'이고, 따라서 '한글문학'에 속하는 것이 아니라 '한국어문학'에 속한다.

'국문소설'이라는 개념은, '한글소설'과 달리, 성립할 수 있다. '국문'은, '한글'과 달리, 텍스트를 가리킬 수 있기 때문이다. 그러니까 '한문소설/국문소설'은 개념화할 수 있는 대립이다. 물론, 거기서 '국문'이 한글이라는 문자체계를 가리키는 것이 아니라 한국어(텍스트)를 가리킨다는 전제 아래서 말이다. 그러나 '국문'은 완강히 자기중심적인 말이고, 이 말과 형태적으로 연결된 '국문학'은 통상 한반도에서 생산된 한문텍스트까지를 포함하므로, '한문소설/국문소설'의 병립보다는 '한문소설(고전중국어소설)/한국어소설'의 병립이 한결 깔끔하다.

마땅히 '한국어소설', '한국어문학'이라 불러야 할 대상을 '한글소설' '한글문학'이라 이르는 관행에 이해할 점이 전혀 없는 것은 아니다. 향찰로 쓰인 향가나 부분적으로 이두를 사용했던 공문서들을 제외하면, 한국어는 한글이 만들어진 뒤에야 본격적으로 기록되기 시작했기 때문이다. 그러니까 한국어가 서기언어로서 살아온 역사는 한글의 역사와 거의 포개진다. 한글이 반포되기 전까지 한국어는, 예외적인 경우를 빼곤, 회화언어일 뿐이었다. 그러나 이런 사정이 한국어라는 언어와 한글이라는 문자의 차이를 흐릴 수는 없다. 문자는 언어의 그림일 뿐이다. 그리고 이 화단畵壇에선 너무나 다양한 유파들이 제 개성을 뽐내고 있어서, 어떤 자연언어와 어떤 문자체계의 결합이 필연적인 경우는 (거의) 없다.

'한글소설' '한글문학' 이라는 말에서 드러나는 '학술적' 혼동은 일상어 수준에까지 널따랗게 퍼져 있다. 예컨대 "생텍쥐페리의 『어린 왕자』는 한글(번역)판이 수십 종이나 나왔어" "4·19세대는 첫 한글세대야. 그 세대부터는 학교에서 일본어를 쓰지 않아도 됐거든" "카자흐스탄 알마아타시에 고려인들을 위해 한글학교가 새로 들어섰다네" 같은 표현을 보자. 이미 관용적 표현이 된 터에 이런 식의 언어사용을 무턱대고 타박할 수는 없겠으나, 여기서 '한글'은 죄다 '한국어'로 고치는 것이 낫겠다. 물론 '한자를 전혀 쓰지 않고 한글로만 표기한 번역텍스트'라는 뜻으로는 '한글(번역)판'이라는 말을 쓸 수 있다. 또 '과도한 한글전용 정책 탓에 한자교육을 받지 않은(못한) 세대'라는 뜻으로는 '한글세대'라는 말을 쓸 수 있고, '(한국어를 가르치는 것이 아니라) 한글 스물넉 자와 그 맞춤법 원리만을 가르치는 학교'라면 '한글학교'라 부를 수도 있겠다. 그러나 위에 예시한 문장에서 '한글(번역)판' '한글세대' '한글학교'는 그런 뜻으로 쓰인 것이 아니다. 그러니, 수십 종이 나온 것은 『어린 왕자』의 '한국어(번역)판'이고, 4·19세대는 첫 '한국어세대'이며, 알마아타시에 들어선 것은 '한국어학교'다.

다음, 『홍길동전』과 『설공찬전』의 '명예전쟁'이 제기하는 두번째 문제를 서둘러 살피자. 번역문학은 출발언어의 문학에 속하는

가 아니면 도착언어의 문학에 속하는가? 예컨대 생텍쥐페리의 『어린 왕자』를 한국어로 번역하는 것은 프랑스어문학에 속하는가 아니면 한국어문학에 속하는가? 말할 나위 없이 그 둘 다에 속한다. 번역문학자는 프랑스어로 읽고 한국어로 쓰기 때문이다. 그러나 번역된 텍스트만을 놓고 보면, 그것은 한국어문학 쪽에 훨씬 더 가깝다. 문학에서 가장 본질적인 것은 거기 사용된 언어이기 때문이다. 그것이 번역이냐 창작이냐는 본질적 문제가 아니다. 실상 근대 독일어는 루터의 번역성경으로 시동을 걸었고, 유럽의 다른 많은 언어들도 고대그리스어나 라틴어 같은 고전언어의 번역문들로 초창기 규범을 확립했다. 한국어도 예외는 아니니, 한글로 적힌 첫번째 한국어문장은 『훈민정음 언해』라는 이름의 번역문이다. 그러니까 한국어는, 다른 많은 언어들과 마찬가지로, 번역을 통해서 본격적인 기록언어로 출발했다.

사정이 이렇다면, 고전중국어(한문)로 창작된 『설공찬전』의 한국어 번역본이 한국어문학에 속하는지 아니면 고전중국어문학(한문)에 속하는지도 어려운 문제가 아니다. 한국어본 『설공찬전』은 고전중국어문학과도 발생적 관련이 있겠으나, 압도적으로 한국어문학에 속한다. 그 텍스트를 짜고 있는 언어가 한국어이기 때문이다. 다시 말해 그것은 한국어소설이다. 그렇다는 것은, 『홍길동전』이 오래도록 누려온, '첫 한국어소설'이라는 영예가 『설공찬전』으로 건너갈 수밖에 없다는 뜻이다. 또 다른 가능성을 상상할 수도 있다. 현전하지는 않으나, 한글 창제 이후 명대明代 소설의 조선어 번역본이 적잖이 나왔다는 기록이 있다. 그 번역소설 가운데 혹시라도 『설공찬전』의 한국어본보다 더 시기가 이른 것이 있다면, 첫 한국어소설의 영예는 그쪽으로 돌아갈 수도 있겠다. 그렇더라도 『홍길동전』의 영예는 여전하다. 비록 그 주제와 구성에서 『수호전』의 그림자가 엿보이기는 하나, 『홍길동전』은 고전중국어 소설텍스트와의 직접적 연관 바깥에서 쓰여진 첫 한국어소설이기 때문이다.

눈에 거슬려도 따라야 할
「국어의 로마자 표기법」

로마문자는 세계에 가장 널리 퍼져 있는 문자체계다. 영어를 흔히 국제어라 이르지만, 세계 언어생태계에서 영어가 차지하는 몫은 세계 문자생태계에서 로마문자가 차지하는 몫에 비교가 되지 않는다. 로마문자야말로 진정한 국제문자다. 로마문자말고 제법 널리 퍼진 문자체계로는 러시아와 동유럽 일부 나라, 몽골 등지에서 쓰는 키릴문자, 이슬람권 일부에서 쓰는 아랍문자, 동북아시아에서 쓰는 한자가 있지만, 그 통通-문화적 보편성에서 로마문자는 이들 문자체계를 가볍게 뛰어넘는다. 말레이-인도네시아어, 베트남어, 터키어 같은 아시아 지역 언어들을 포함해 로마문자는 지구의 이 구석 저 모퉁이 언어에 두루 쓰이고 있다. 문자체계를 갖추지 못한 언어를 새로 찾아냈을 때, 그것을 적는 것도 일차적으로 로마문자를 통해서다. 그러니, 로마문자를 쓰지 않는 사회에서도 제 언어의 로마자 표기법 문제를 피할 수 없다.

한국어를 로마자로 적는 것은 언뜻 보기보다 복잡한 문제들을 지녔다. 그 가운데 가장 큰 것은 한국어를 음성 수준에서 베껴내느냐 음소 수준에서 베껴내느냐 형태음소 수준에서 베껴내느냐의 문제다. 여느 언어에서보다 특히 한국어에서 이것이 문제가 되는 것은, 이 언어의 음성, 음소, 형태음소를 잇는 경사가 매우 급하기 때문이다. 이 세 수준에 얼추 대응하는 로마자 표기법이 각각 매큔-라이샤워식, 문화관광부식, 예일식이다. 매큔-라이샤워식 표기법은 1937년 미국인 조지 매큔과 에드윈 라이샤워가 고안했고, 예일식 표기법은 그보다 다섯 해 뒤 미국 군부의 위촉을 받아 새뮤얼 마틴이 만들어냈으며, 정식 이름이 「국어의 로마자 표기법」인 문화관광부식 표기법은 2000년 7월 7일 문화관광부 고시 제2000-8호로 공포됐다. '국어의 로마자 표기법'은 제2장 표기일람에서 로마자 표기의 기본 테두리를 제시한 뒤, 제3장에 이런저런 예외 규정을 두어 이를 보완하고 있다. 마틴이 고안한 표기법을 예일식이라 부르는 것은 마틴이 오래도록 예일대학에서 한국어와 일본어를 가르쳤기 때문이다.

한국 바깥에서 가장 널리 쓰는 한국어 로마자 표기법은 매큔-라이샤워식이지만 국내에서는 문화관광부식 표기법이 자리잡는 추세고, 나라 안팎의 언어학자들은 예일식 표기법을 쓴다. 언어학자들이 예일식 표기법을 쓰는 것은 그것이 한글 맞춤법을 베껴낸 형태음소 표기여서 그것을 한글로 고스란히 되돌려놓을 수 있기 때문이다. 문화관광부식 표기법은 대한민국 정부의 공식 로마자 표기법이다. 공식 표기법으로는 해방 이후 네번째다. 1948년 정부 수립 직후에 고시한 로마자 표기법을 1959년에 처음 고쳤고, 1984년 다시 고친 데 이어 2000년에 세번째로 고쳤다. 문화부가 설치되기 전엔 어문정책을 문교부(지금의 교육인적자원부)가 맡았던 터라, 지금 로마자 표기법 이전의 세 종류 표기법을 문교부식 표기법이라 부른다.

매큔-라이샤워식, 문화관광부식, 예일식이 한국어를 대략 음성, 음소, 형태음소 수준에서 적는 풍경을 대명사 '그것'의 표기에 기대어 살펴보자. '그것'을 매큔-라이샤워식은 kugot으로, 문화관광부식은 geugeot으로, 예일식은 kukes으로 적는다. 한국어 파열음과 파찰음 가운데 소위 평음(예사소리. ㄱ, ㄷ, ㅂ, ㅈ)을 로마자 k, t, p, ch로 적을 것인지, g, d, b, j로 적을 것인지는 까다로운 문제다. 이 소리들의 고유값은 /k, t, p, ch/에 가깝지만, 두 유성음 사이에선 /g, d, b, j/에 가깝게 실현되기 때문이다. '그것'의 첫번째 /ㄱ/는 무성음인 데 비해, 두번째 /ㄱ/는 유성음이다. 유성음 /ㅡ/와 유성음 /ㅓ/ 사이에 놓인 탓에, 무성음 /ㄱ/가 유성음으로 변한 것이다. 이 차이는 한국인들 귀에는 거의 들리지 않지만, 여느 외국인들 귀에는 또렷이 들린다. 매큔과 라이샤워는 이 차이를 한국어 로마자 표기에 반영하기로 결정했다. 다시 말해 제 귀에 들리는 대로 적기로 했다. 그래서 '그것'의 첫번째 /ㄱ/는 k로, 두번째 /ㄱ/는 g로 적게 되었다.

그런데 이 표기법은 한국어에서 무성음 /ㄱ/와 유성음 /ㄱ/가

한 음소라는 점을 도외시하고 있다. 비록 환경에 따라 음성 수준에서는 달리 실현되지만, 한국어 화자들은 그 두 소리를 같은 소리로 인식한다. 한국어 화자가 같게 여기는 소리들을 서로 다른 문자로 적는 것은 자연스럽지 못하다. 문화관광부식과 예일식이 이 두 소리를 같은 문자로 적는 것은 이런 부자연스러움을 없애기 위해서다. 그러면 이 소리를 k로 적어야 할까 아니면 g로 적어야 할까? 예일식은 'ㄱ'의 고유한 소리값을 존중해 k를 골랐고, 문화관광부식은 체계를 고려해서 g를 골랐다. 체계를 고려했다는 것은 예컨대 'ㅋ'을 위한 자리를 고려했다는 것이다. 문화관광부식 표기법 고안자들은 알파벳말고는 다른 부호들을 되도록 사용하지 않는다는 원칙을 미리 정해놓은 터라, 'ㄱ'을 k로 적기로 결정했다면 'ㅋ'을 어떤 문자로 적어야 할지 막막했을 것이다.

이런 격음(거센소리. ㅋ, ㅌ, ㅍ, ㅊ)을 적기 위해 예일식은 문자 h를 덧붙이고, 매큔-라이샤워식은 어깻점을 덧붙인다. 그래서 '칼'을 문화관광부식은 kal로, 예일식은 khal로, 매큔-라이샤워식은 k'al로 적는다. 그러나 어깻점은 보기에 좀 지저분하다. 그래서 학술서적이 아닌 일반 출판물에선, 매큔-라이샤워식 표기법도 어깻점을 빼는 것이 예사다. 이것이 이른바 간이 매큔-라이샤워식이다. 그러니까 간이 매큔-라이샤워식에서는 '갈'과 '칼'이 구분되지 않는다. 한국인이 같게 여기는 소리(무성음 /ㄱ/와 유성음 /ㄱ/)를 k와 g로 달리 적었던 매큔과 라이샤워가 정작 한국인이 또렷이 구분하는 두 소리(/ㄱ/와 /ㅋ/)는 같은 문자로 적었던 것이다.

다시 '그것'으로 돌아가자. 이 낱말의 마지막 소리 /ㅅ/를 매큔-라이샤워식과 문화관광부식은 t로 적었고, 예일식은 s로 적었다. 귀에 들리는 대로 적는 것(표음)을 원칙으로 하는 매큔-라이샤워식이 이 소리를 t로 적은 것은 당연하다. 다시 말해 논리적으로 일관돼 있다. /ㅅ/는 어말에서 /ㄷ/로 변하니 말이다. 한국어 형태음소론을 존중해 한글로 되돌릴 가능성을 늘 염두에 두는 예일식이 이 소리를 s로 적은 것도 논리적으로 일관돼 있다. 형태음소란 같은 형태소에 속하는 음소 무리들(또는 이형태들)의 추상적 대표형(원형)을 뜻한다. 이런 이형태들에서 보이는 음소 교체 현상을 따져보는 분과가 형태음소론이다.

한국어 형태소 '그것'은 '그것은'에서는 /그것/으로 실현되고, '그것과'에서는 /그걷/으로 실현되고, '그것만'에서는 /그건/으로 실현된다. 다시 말해 /그것/ /그걷/ /그건/이라는 이형태들이 존재한다. 한글 맞춤법을 고안한 이들은 이 세 가지 이형태의 추상적 대표형(원형)이 {그것}이라 판단했고, 그래서 이 형태소가 환경에 따라 어떻게 실현되든 '그것' 한가지로 적기로 결정했다. 예일식은 이런 형태음소론적 한글 표기법을 고스란히 전자轉字한 것이므로, '그것'의 마지막 소리를 s로 적는 것이 당연하다.

그러나 문화관광부식에서 '그것'의 마지막 소리를 t로 적는 것은, 이해할 만한 일이긴 하지만, 논리적으로 깔끔하진 못하다. '그것'의 두 /ㄱ/를 g로 통일했을 땐 전자轉字 원칙에 따랐다가, 그 어말음 /ㅅ/([ㄷ]로 실현되는)를 s도 d도 아닌 t로 적을 땐 표음表音 원칙을 따르고 있기 때문이다. 기실 문화관광부식 표기의 큰 특징은 예일식 전자와 매큔-라이샤워식 표음의 절충에 있다. 이런 절충이 이론적으론 깔끔하지 못하다는 것을 문화관광부식 표기법의 고안자들도 알고 있었다. 그래서 '국어의 로마자 표기법'의 맨 마지막 항(제3장 제8항)은 "학술 연구 논문 등 특수 분야에서 한글 복원을 전제로 표기할 경우에는 한글 표기를 대상으로 적는다"고 규정함으로써, 예일식과 비슷한 체계를 허용하고 있다.

다음, '그것'의 모음 부분을 살피자. 될 수 있는 대로 모음 한 글자를 로마자 한 글자와 짝짓고 있는 매큔-라이샤워식과 예일식은 /ㅡ/와 /ㅓ/를 각각 u, o/ u, e로 적고, 그런 원칙에 얽매이지 않는 문화관광부식은 이 소리들을 eu, eo로 적는다. 정식 매큔-라이샤워 표기법에서는 /ㅡ/, /ㅓ/를 나타내는 u, o 위에 반달점을 덧대서 /ㅜ/, /ㅗ/를 나타내는 u, o와 구별하지만, 이 반달표 역시 어깻점처럼 학술 서적 이외 출판물에서는 빼는 것이 예사다. 그래서 간이 매큔-라이샤워식에서는 /ㅡ/와 /ㅜ/, /ㅓ/와 /ㅗ/가 구분되지 않는다. 간이 표기에서의 이런 혼동은, 한글로 복원하는 것이 불가능하다는 점과 더불어, 매큔-라이샤워식의 큰 약점으로 지적돼 왔다.

영어 철자법에 익숙한 사람들에게는 '그것'을 geugeot으로 적는 문화관광부식 표기가 몹시 거슬릴 것이다. 그러나 이젠 한국어 로마자 표기법을 두고 벌여온 논쟁을 접을 때도 됐다. 부족한 점이 있는 대로 일단 정해진 것이니, 또 다른 '개정'의 미련은 버리고 이를 정착시켜 나가는 것이 좋겠다.

* 「국어의 로마자 표기법」은 국립국어원 홈페이지에서 자세히 볼 수 있다.
http://www.korean.go.kr/09_new/dic/rule/rule_roman.jsp

이름의 생태학

'이름 석 자'라거나 '성명 석 자'라는 표현이 드러내듯, 한국사람의 성명은 보통 세 음절이다. 성姓이 대체로 한 음절이고, (성을 뺀 좁은 의미의) 이름이 통상 두 음절이다. 성은 아버지로부터 물려받은 것이고, 이름 두 음절 가운데 한 음절은 흔히 (종)형제와 공유해 항렬을 드러낸다. 그러니까 성명 석 자 가운데 당사자에게 고유한 것은 한 음절뿐인 경우가 많다.

흔하진 않으나 한국사람의 성 가운덴 두 음절로 이뤄진 것들도 있다. 선우, 제갈, 황보, 사공, 남궁, 독고 같은 성들이 그렇다. 또 고전古田, 길강吉岡, 길성吉省, 망절網切처럼 그리 멀지 않은 과거에 생긴 일본계 귀화 성도 있다. 이런 두 음절 성을 지닌 사람들은 이름 두 음절과 함께 네 음절 성명을 지니게 된다. 본명인지는 모르겠으나, 연기인 선우은숙씨나 가수 남궁옥분씨가 그 예다. 그러나 두 음절 성을 지닌 사람들은 자식 이름을 외자로 지어 '성명 석

자'의 관습을 존중하는 예가 적지 않다. 『조선일보』 주필을 지낸 소설가 선우휘씨나 제5공화국 때 청와대 경제수석과 재무부 장관을 지낸 사공일씨의 (조)부모가 그랬을 게다.

한국사람의 성명이 이렇게 세 음절로 일반화한 것은 중국의 영향을 받아서다. 중국사람들도 성 한 음절(글자)에 이름 두 음절인 것이 상례다. 또 흔히 이름 두 음절 가운데 한 음절로 항렬을 드러내 왔다. 그래서, 이름으로 선호하는 글자가 서로 조금씩 다르고 두 나라에 고유한 성들이 있긴 하지만, 성명이 한자로 표기되면 당사자가 중국사람인지 한국사람인지 판단하기 어려울 때가 적지 않다. 1970년대 이후 일부 한국인들은 자식의 이름을 (한자로 표기할 수 없는) 고유어로 지으며 언어민족주의를 실천했다. 그리고 이런 고유어 이름(소위 '한글 이름')의 등장과 함께 한국어 성명의 음절수 제약이 부분적으로 무너지고 있다.

그 기다란 이름 탓에 언론에도 오르내린 박차고나온놈이샘이나씨나 황금독수리온세상을놀라게하다씨는 매우 예외적인 경우이겠으나, 그렇게 별나지 않더라도 고유어 이름이 두 음절 제약에서 풀려나는 경우는 드물지 않다. 젊은 국문학자 권보드래씨도 그런 경우다. 그러나 고유어로 이름을 지을 때도, 한국인들은 '성명 석 자'의 관습을 따라 두 음절 이름을 짓는 일이 많다. 예컨대 (역시 본명인지는 모르겠으나) 연기인 한고은씨나 한예슬씨가 그렇고, 문학평론가 정끝별씨가 그렇다. 그것은 자식의 이름을 너무 이질적으로 만들지 않으려는 부모의 배려와 관련 있을 게다. 주류 한자어

이름으로부터 떨려나가려는 고유어 이름의 원심력을 두 음절이라는 관례의 구심력이 맞버텨주는 것이다.

'성명 석 자' 관습의 해체는 언어민족주의자들의 고유어 이름보다는 귀화인들의 외국어 이름에서 더 큰 동력을 얻을지 모른다. 최근의 귀화인 가운데는, 이한우라는 예명으로 잘 알려진 독일 출신 방송인 이참씨나 러시아 출신 축구선수 신의손씨처럼 한국식 성명을 쓰는 사람도 있지만, 본디 성(명)을 그대로 쓰는 사람도 있다. 지난해 초 『주간한국』의 기사에 따르면, 한국에는 필리핀계의 골라낙콘치타와 궐랑로즈, 베트남계의 누그엔티수안, 태국계의 남캉캉마, 방글라데시계의 루비악달 같은 성씨가 있다고 한다. 어차피 한국인으로 귀화했으니 한국식 성을 갖는 것이 자연스럽지 않겠느냐는 견해도 있을 수 있겠으나, 한국 성씨의 다양성을 위해서 본래 성을 그대로 가져다 쓰는 것도 나쁠 것 없어 보인다. 실제로 유럽이나 미국에선, 귀화인들이 이름은 몰라도 성은 바꾸지 않는 것이 상례다.

현대 유럽인들의 성명은 이름(퍼스트 네임)과 성(라스트 네임) 둘로 이뤄진 경우가 많다. 가운데이름(미들 네임)이 있어도 일상적으론 잘 드러내지 않는다. 가운데이름이 들어간 성명은 얼마쯤 귀족적으로, 다시 말해 젠체하는 듯 들리기 때문이다. 현대 이전에는 그런 가운데이름들이 둘 이상 나열되기도 했다. 독일관념론을 완성한 철학자 헤겔의 정식 이름은 게오르크 빌헬름 프리드리히 헤겔이고, '질풍노도(슈투름 운트 드랑)'를 이끈 시인 실러의 정식 이름은 요한 흐리스토프 프리드리히 폰 실러다.

　이름 뒤에 아버지 성과 어머니 성을 나란히 붙이는 일이 흔한 스페인어권에서는 성명이 세 부분으로(스페인어권에선 이름이 둘인 경우가 적지 않으므로 그 경우엔 네 부분으로) 이뤄지기도 한다. 1982년 노벨문학상을 받은 콜롬비아 소설가 가브리엘 가르시아 마르케스의 가르시아는 아버지 성이고 마르케스는 어머니 성이다. 기혼 여성은 어머니 성을 넣을 자리에 전치사 '데de'를 앞세운 남편 성을 넣는 것이 일반적이다. 아버지 이름을 변형한 부칭父稱을 이름과 성 사이에 넣는 러시아어권 사람들의 성명도 세 부분으로 이뤄졌다 할 수 있다. 러시아어를 쓰는 사람들은 알렉세이 콘스탄티노비치 톨스토이라는 성명만 들으면 이 사람 아버지의 이름이 콘스탄틴이라는 것을 저절로 알게 된다.

　한국인의 성은 가짓수가 그리 많지 않다. 게다가 김, 이, 박, 정, 최 같은 큰 성씨의 비중이 워낙 높아 외국인들 눈에는 한국인 대부분이 같은 집안 사람처럼 보인다. 한자가 다르다거나 같은 한자라도 본관이 서로 다르다고 해 봐야 외국인들을 쉽게 납득시킬 수 없을 것이다. 이렇게 한국인 성의 다양성이 모자란 데는 큰 성들의 비중이 높다는 사정말고도 성씨 대다수가 한 음절이라는 사정이 개입하고 있다. 반면에 이름 두 자는, 비록 이름에 잘 쓰이는 한자들이 있기는 하지만, 두 글자의 순열로 이뤄지므로 성보다는 한결 다양하다. 그래도 큰 성씨의 비중이 워낙 높고 특정한 이름들(이나 한자들)이 선호되는 터라 동명이인이 흔하다. 문단에서만도 김명인이나 채광석이라는 이름을 거론할 땐, '어느 김명인'이고 '어느 채광석'인지를 분명히 해야 한다.

유럽이나 아메리카에서는 일상적으로 채용되는 이름의 가짓수가 한국보다 적다. 현대유럽어 이름들은 대체로 성서나 고대 역사에 등장했던 이름들이다. 그 이름들은 언어에 따라 조금씩 형태를 달리한다. 예컨대 '하느님은 은혜로우시다'는 뜻의 히브리어를 어원으로 삼은 영어 이름 '존'은 프랑스어 이름 '장', 독일어 이름 '요한'이나 '요하네스'나 '한스', 스페인어 이름 '후안', 이탈리아어 이름 '조반니', 체코어 이름 '얀', 러시아어 이름 '이반' 따위에 해당한다. 유럽인들은, 관습적으로, 역사적 인물의 이름은 자기 언어형태로 변형해 부르고, 덜 알려진 사람이나 현대인은 현지 언어 형태로 부른다. 예컨대 세례 요한은 영어에선 존, 프랑스어에선 장, 스페인어에선 후안이다. 그러나 영국인 필부 존 스미스John Smith는 유럽 어디에서나 John이다. 또 잔 다르크Jeanne d'Arc는 영어로 조운 어브 아크Joan of Arc지만, 영국인 마르크스주의 경제학자 조운 로빈슨Joan Robinson은 유럽 어디에서나 Joan이다. 한국인들이 중국인들 이름을 부를 때 신해혁명을 기준으로 그 이전 사람은 한국어 한자 발음으로 부르고 그 이후 사람은 중국어 한자 발음으로 부르는 것을 설핏 연상시키는 관습이다.

유럽인들에겐 한국의 김, 이, 박에 견줄 만한 큰 성이 (거의) 없으므로 성의 변별력은 한국보다 크다 할 수 있다. 그렇지만 특정한 이름들에 대한 선호가 집중적이어서 동명이인이 반드시 우리보다 적다고는 할 수 없다. 그저 프랜시스 베이컨이라고만 말하면, 17세기 철학자를 가리키는지 20세기 화가를 가리키는지 알기 어렵다. 어떤 저명인사가 제 아들을 너무 사랑한 나머지 퍼스트 네임만이 아니라 미들 네임까지를 고스란히 물려주었을 땐 더 그렇다. 올리버 웬델 홈스가 그 예다. 올리버 웬델 홈스는 19세기 미국 내과학계와 문학계에 큰 자취를 남긴 인물이다. 그는 자기 아들에게도 올리버 웬델이라는 이름을 붙였는데, 이 아들은 자라 미국 법조계의 정상에 올랐다. "사상의 자유를 보장한다는 것은 우리가 동의하는 사상의 자유를 보장하는 것이 아니라 우리가 증오하는 사상의 자유를 보장한다는 뜻"이라는 유명한 발언은 '위대한 반대자the Great Dissenter'로 불렸던 이 법률가의 입에서 처음 발설됐다. 그를 아버지 올리버 웬델 홈스와 구별하기 위해선 성명 뒤에 '주니어'를 반드시 붙여야 한다.

　유럽어 이름에는 흔히 애칭이 있다. 애칭을 만드는 방식은 크게 두 가지다. 형태의 일부분을 잘라내 버리거나, (그 남아 있는 형태에) 지소사를 붙이는 것이다. 영어 이름의 경우 가장 흔한 지소사는 -y나 -ie다. 이를테면 '일리저버스'('엘리자베스')는 앞뒤를 잘라내고 '리즈'라 불리거나, 뒷부분에 지소사를 붙여 '베티'로 불린다. 또 '토머스'는 뒤를 잘라내고 '톰'이 되거나 '톰'에 지소사를 붙여 '토미'가 된다. '수전'과 '수'와 '수지', '리베카'와 '리버'와 '베키', '신시어'와 '신스'와 '신디', '새뮤얼'과 '샘'과 '새미', '에드워드'와 '테드'('에드')와 '테디'('에디'), '로버트'와 '봅'과 '보비',

'윌리엄'과 '빌'('윌')과 '빌리'('월리'), '티머시'와 '팀'과 '티미', '제임스'와 '짐'과 '지미', '마이클'과 '마이크'와 '미키'의 관계도 이와 같다.

이런 애칭형 이름이나 지소형 이름은 영어 바깥에서도 광범위하게 발견된다. 스페인어에서 '호세'와 '페페', '프란시스코'와 '파코', '루이스'와 '루초', '안토니오'와 '토뇨', '돌로레스'와 '롤라', '그라시엘라'와 '첼라', '에르네스토'와 '네토', '과달루페'와 '루페', '기예르모'와 '메모', '콘셉시온'과 '콘차'는 같은 이름이다. 이미 애칭인 '콘차'는 지소사가 덧붙어 '콘치타'가 되기도 한다. 스페인어 이름의 가장 흔한 지소사는 -ita(여성)와 -ito(남성)다. 톨스토이를 통해 유명해진 러시아 민담 덕분에 '바보'의 대명사가 된 러시아어 이름 '이반'은, 더 친근하게는, '바냐' '바뉴쉬카' '바네츠카' '바뉴쉐츠카' '이바뉴쉬카' 따위로 불린다. 한국어에서와 달리 유럽어에서 이렇게 애칭형 이름이 발달한 것은 유럽인들이 한국인들보다 너나들이에 한결 관대하다는 점과 관련 있을 게다.

양洋의 동서를 막론하고 역사의 대부분 기간동안 성姓은 사회구성원 일부만이 지닐 수 있는 일종의 특권이었다. 사회구성원 모두가 성을 갖게 된 것은 평등이라는 가치가 선양되고 주민집단에 대한 국가의 '관리'가 보편화한 국민국가의 출현 이후다. 한국의 경우에도 갑오경장 이후 신분제가 철폐되고 민적부가 만들어진 뒤에야 모든 사람이 성을 지니게 되었다. 그 이전까지 노비를 포함한 하층민 대다수는 성이 없었다. 지난 한 세기 동안 통혼의 신분적

제약이 크게 흔들렸다는 점을 생각하면, 오늘날 한국인 대부분의 (적어도 한쪽) 조상은 성이 없는 사람들—노비이거나 노비에 가까운 하층민—이었다고 볼 수 있다. 먼 조상이 아니라 불과 한 세기 남짓 전의 조상 말이다. 허망한 것이 '집안' 자랑이다.

* 이 글이 『한국일보』에 처음 인쇄됐을 때는 '권보드래'가 '권보드레'로, '콘스탄틴'이 '콘스탄티노프'로 적혀 있었다. 지금 돌이켜보아도 낯이 화끈거리는 잘못인데, 거기에 더해 스스로 그 잘못을 깨닫지도 못했다. 이 글이 나가고 보름쯤 뒤, 내 '오보'를 지적하는 글이 인터넷에 올라 있다는 얘기를 한 지인으로부터 듣고서야 내가 큰 잘못을 저질렀음을 깨달았다. 창졸간에 이름이 바뀐 권보드래 선생님과 콘스탄틴 톨스토이 동지께, 그리고 내 무지와 부주의를 지적해주신 로쟈 님께 심심한 사의(謝意: 이해찬 전 총리 덕분에 인구에 회자된 이 말에는 사죄와 감사의 뜻이 동시에 담겼다고 한다)를 표한다.

언어는 생각의 감옥인가?
사피어-워프 가설에 대하여

흔히 '일곱 빛깔 무지개'라는 말을 한다. 서로 다른 빛깔의 띠 일곱 개가 무지개를 이루고 있다는 뜻이다. 영어(Seven colors of the rainbow)나 프랑스어(Sept couleurs de l'arc-en-ciel)를 비롯해 다른 자연언어들에도 이와 똑같은 표현이 있다. (사실 '일곱 빛깔 무지개'라는 한국어 표현은 그 같은 유럽어 표현들을 일본어에 기대어 차용한 것일 테다.) 그러나 무지개는 빛깔의 연속체이므로, 육안으로 또렷이 구분되는 띠가 거기 있을 리 없다. 빛깔들의 경계를 획정하는 것은 사실상 불가능하다. 사람들은 무지개에서, 그저, 제 모국어가 지닌 기본 색채 어휘 수만큼의 띠를 들춰낼 뿐이다. 그러니, 무지개가 '빨주노초파남보'라는 일곱 빛깔을 '공식적으로' 띠게 된 것은 유럽어(와 유럽어 표현을 번역차용한 한국어)를 포함한 많은 자연언어가 무지개의 색상에 얼추 대응하는 색채 어휘를 우연히도 일곱 개씩 지녔기 때문이랄 수 있다. (17세기 말 유럽인들이 무지개 빛깔을 일곱으로 확정한 데는 기독교 신화의 그림자가 설핏 드리워져 있지만, 이 문제는 접어두자.)

독일 출신의 미국인 언어학자 에드워드 사피어(1884~1939)와 그의 제자 벤저민 리 워프(1897~1941)는 여기서 어떤 영감을 얻었다. 그들은 서로 다른 언어를 쓰는 아메리카 원주민들에게 무지개의 띠가 몇 개냐고 물었다. 대답은 제각기 달랐다. 사피어와 워프는 이 설문 결과에 기대어, 사람들은 자신의 언어에 얽매인 채 세계를 경험한다고 판단했다. 이 판단으로부터, "우리는 우리 모국어가 그어놓은 선에 따라 자연세계를 분단한다"는 워프의 유명한 발언이 나왔다. 언어가 의식을, 사고와 세계관을 결정한다는 이 견해는 사피어-워프 가설 또는 언어결정론이라 불리며 그 뒤 언어학과 인지과학의 논란거리가 돼왔다.

워프는 제 주장을 뒷받침하기 위해 이누이트(에스키모)의 어떤 언어공동체에는 '눈(영어의 snow)'에 해당하는 말이 400개나 된 사실을 내세웠다. 이 400개 운운은 워프의 조작(이 아니라면 심한 과장)이었음이 뒷날 드러났다. 이누이트의 언어에 눈을 가리키는 말이 영어보다 많다는 사실을 처음 밝힌 서양인은 독일 출신의 미국인 인류학자 프란츠 보아스(1858~1942)인데, 그가 제시한 단어는 네 개에 불과했다. 보아스는 이누이트의 일부 언어가 '내리고 있는 눈'과 '땅에 쌓인 눈'과 '바람에 흩날리고 있는 눈'과 '바람에 흩날려 한 곳에 쌓인 눈'을 각각 다른 단어로 부른다고 지적했다. 그러나 400개든 네 개든, 워프에게는 차이가 없었을 것이다. 눈을 가리키는 단어를 네 개나 지닌 이누이트는 거기 해당하는 단어를 하나밖에 지니지 못한 영어화자보다 눈을 네 배나 넓고 섬세하게 경험한다고 말할 수 있을 테니 말이다.

사실, '눈'에 해당하는 이누이트어 단어들을 제시하며 보아스가 내놓은 주장은 문화나 삶의 방식이 언어에 반영된다는 것이었다. 다시 말해 언어는 현실의 거울이라는 것이었다. 이것은 매우 상식적인 판단이다. 사피어는 여기서 조금 더 나아가, 언어가 현실의 거울일 뿐만 아니라 현실과 영향을 주고받는다고 보았다. 그러니까 언어와 현실이 서로를 규정한다고 보았다. 이것도 경험적으로 받아들일 수 있는 견해다. 흔히 '정치적 올바름'이라 부르는 완곡어 운동(예컨대 '검둥이'나 '흑인'을 '아프리카계 미국인'으로 대치하는)은 언어가 현실을 부분적으로는 규정할 수(개선하거나 악화할 수) 있다는 인식에 바탕을 두고 있다. 그런데 워프는 스승보다도 더 나아갔다. 그는 언어와 세계의 상호작용에서 언어 쪽의 힘을 더 크게 평가하며, 세계가 언어를 결정한다기보다 언어가 세계(인식)를 결정한다고 과감히 주장했다. 이때, 인간의 인식이나 사고나 문화 따위는 언어 안에 갇혀 있게 된다. 이것도 받아들일 만한 견해일까?

이런 언어결정론은 20세기 전반기의 '흘러간 이론'이 아니다. 2004년, 피터 고든이라는 미국인 심리학자는 브라질에서 피라하족族이라는 수렵채취 종족을 관찰했다. 고든은 그 과정에서 피라하족의 언어에는 수사가 '하나' '둘' '많다'의 셋밖에 없을 뿐 아니라 이 종족의 많은 사람들이 셋 이상의 수를 셈하는 걸 매우 힘들어한다는 사실을 발견했고, 이 관찰에 기대어, 피라하족의 언어가 피라하족의 세계인식을 규정하고 있다고 주장했다.

워프가 언어결정론을 주장했을 때, 그 언어는 특정한 어휘라기보다는 문법 범주들을 가리켰다. 그의 이런 착상은 그 뒤 수많은 작가들(주로 과학소설 작가들)의 상상력을 자극해, 그들로 하여금 갖가지 '별난' 언어들을 가공의 공간 속에 배치하게 만들었다. 혁명이나 반항을 연상시킬 수 있는 어휘 자체를 없애버린 『1984년』(조지 오웰)의 '뉴스피크(신어)'를 위시해, 1인칭 단수 대명사('나')가 없는 언어, 구체명사가 없는 언어, 소유대명사나 소유형용사가 없는 언어 따위가 이런저런 소설 속에서 설정됐다. 그리고 그 가공의 공간 속에서, 그 언어들은 그 언어 화자들을 순응주의자로, 집단주의자로, 관념주의자로, 공산주의자로 만들었다. 이 소설들의 등장인물들에게 언어는, 워프가 생각했듯, 사고와 행동을 가두는 감옥이었다.

그러나 오늘날 언어학자나 인지과학자의 주류는 이런 언어결정론을 부정한다. 사람의 생각은 그가 쓰는 자연언어로부터 완전히 독립적이라고까지 판단하는 이론가도 있다. 캐나다 출신의 미국인 인지과학자 스티븐 핑커가 그 예다. 핑커에 따르면, 사람은 영어나 중국어나 아파치어로 생각하는 것이 아니라 '사고의 언어 language of thought'로 생각한다. 그 '사고의 언어'는 모든 자연언어들에 선행하는 메타언어다. 핑커는 자연언어들로부터 독립적인 이 추상언어를 '멘털리즈mentalese'라 불렀다. 핑커의 이런 견해는 모든 자연언어가 심층구조에서는 동일한 문법을 지녔다는 촘스키 이후 언어학자들의 생각과 통한다. 이런 보편문법이나 '멘털리즈'를 상정하는 한, 지각의 근본적 범주와 인식작용은 인류에게 종種 보편적이고, 따라서 자연언어들의 다양하고 변덕스러운 표면구조로부터 독립적일 수밖에 없다.

촘스키나 핑커 같은 전문가들의 견해가 아니더라도, 언어결정론은 경험적으로도 미심쩍다. 사람의 사고와 인식이 모국어와 어느 정도 상호작용을 하는 듯 보이긴 하지만, 더 큰 결정력을 행사하는 것은 사고와 인식 쪽이지 언어 쪽은 아니다. 이를테면 한국어는 그 고유어에 빛깔의 미묘한 차이를 드러내는 어휘들이 '징그러울 정도로' 많다. '빨갛다' 계통의 형용사만 해도 한국어 사전에 올라 있는 것이 예순 개 가까이 된다. (일부만 예를 들자면 빨그스레하다, 빨그스름하다, 뻘겋다, 뻘그스레하다, 뻘그스름하다, 뻘그죽죽하다, 발갛다, 발그레하다, 발그무레하다, 발그스레하다, 발그스름하다, 벌겋다, 벌그레하다, 벌그스레하다, 벌그스름하다, 벌그죽죽하다, 새빨갛다, 시뻘겋다, 붉다, 불그데데하다, 불그레하다, 불그름하다, 불그무레하다, 불그스레하다, 불그스름하다, 불그죽죽하다, 불긋하다, 불긋불긋하다, 검붉다 등.) 그런데 자음이나 모음을 교체하고 이런저런 접사를 붙여가며 한국어가 제 어휘장 안에 마련한 이 섬세한 색채어휘 덕분에 한국인들의 색채 감각은 다른 자연언어 사용자보다 훨씬 더 섬세해졌는가? 조형예술사 책에서 한국인들의 이름을 찾기 어려운 걸 보면 그건 아닌 듯하다. 다시 말해, 사람들이 육안으로 변별할 수 있는 무지개 빛깔의 수는 제 모국어가 구별하는 무지개 빛깔의 수보다 많을 수도 있고 적을 수도 있다.

영어나 한국어에 눈을 가리키는 말이 네 개가 아니라 하나뿐이라 해서 영어화자나 한국어화자가 (하늘에서) 내리는 눈과 (땅에) 쌓인 눈을 구별할 수 없는 것은 아니다. 이누이트 이외의 사람들이 일상적으로 그 눈들을 구별하지 않는 것은 구별할 필요가 없기 때문이다. 다시 말해 그것은 그들이 쓰는 언어 때문이 아니다. 셋 이상의 수를 헤아리는 데 서툴다는 브라질의 피라하족도 마찬가지다. 그들이 수 계산에 익숙하지 않은 것은 그들의 언어에 수사가 부족해서가 아니라, 수렵 채취 활동에 수 계산이 그리 필요하지 않기 때문일 것이다.

영어의 to be에 해당하는 동사가 스페인어에는 둘이 있다. ser와 estar가 그것이다. ser는 불변적 본질적 속성과 관련이 있고, estar는 가변적 상태나 존재를 나타낸다. 예컨대 영어의 good에 해당하는 형용사 bueno를 ser 동사와 함께 쓰면 '선량하다'는 뜻이 되고 estar 동사와 함께 쓰면 '건강하다'는 뜻이 된다. 또 영어의 pretty에 해당하는 여성형 형용사 guapa를 ser 뒤에 붙이면 원래부터 예쁘다는 뜻이지만 estar 뒤에 붙이면 일시적으로 예뻐 보인다는 뜻이다. 그러나 이 사실이 스페인어화자가 영어화자보다 존재와 상태에 대한 인식이 더 섬세하다는 증거는 되지 못한다. 원칙적으로, 스페인어는 영어로 충분히 번역될 수 있고, 영어도 스페인어로 충분히 번역될 수 있다. 또 다른 예로, 관사를 사용하지 않는 한국어

화자들이라 해서 "He loves a girl"과 "He loves the girl"의 차이를 분간할 수 없는 것은 아니다.

사고나 인식보다, 더 나아가 세계보다 언어가 우위에 있다는 생각은 언뜻 매력적으로 보인다. 그것은 언어라는 것에 어떤 위광을 드리우기 때문이다. 사실 이런 생각은 사피어-워프 가설이라는 이름으로 20세기에 등장하기 훨씬 전부터 지적 논쟁의 흥미로운 주제였다. 언어결정론은, 유구한 반-이성주의 전통 속에서, 고대 인도의 언어학자들로부터 근대 독일의 낭만주의 문필가들에 이르는 강력한 지지자들을 얻었다. 이런 전통과는 이질적인 기반 위에 선 철학자 루트비히 비트겐슈타인도 "내 언어의 한계들은 내 세계의 한계들을 뜻한다"는 멋진 정식으로 다른 방향에서 언어결정론을 거들었다. (물론 비트겐슈타인의 언어결정론은 자연언어들의 세계 분절 방식 차이에 바탕을 둔 워프의 언어결정론과 층위를 달리 하는 관점이다.)

그런데 이런 견해를 속화하며 기계적으로 밀고 나가다 보면, 기이한 언어신비주의에 이를 수밖에 없다. 일본어에는 특별한 주술적 힘이 있어서 그것이 일본에 복을 가져다 준다고 여기는 이른바 고토다마言靈 신앙은 이런 언어신비주의의 극단적 예다. 또 자연언어가 사고를 결정한다는 말을 곧이곧대로 들이댄다면, 실어증 환자는 생각이라는 것 자체를 할 수 없다는 이상한 결론에 이를 것이다.

분명히, 언어는 사고나 세계관에 일정한 영향을 끼친다. 그러나 언어가 사고나 세계관을 '결정한다'고 말할 수는 없다. 우리는 언어의 도움을 받아 세계를 인식하지만, 어떤 상황에서는 언어의 도움 없이도 세계를 인식할 수 있다. 적어도 일반적 수준에서는, 언어가 사고의 흔적이고 세계관의 흔적인 것이지, 그 거꾸로가 아니다. 다시 말해, 사고나 세계관이 언어의 흔적인 것은 아니다. 영어화자에게도, 한국어화자에게도, 스와힐리어화자에게도, 사고와 인식의 가능성은 똑같이, 무한히 열려 있다. 그가 호모 사피엔스 사피엔스인 한, 그에겐 보편문법으로 운용되는 '멘털리즈'가 있기 때문이다.

두 혀로 말하기
다이글로시아의 풍경

한 개인이나 사회가 두 언어를 쓰는 상태(2개 언어 병용)를 영어로는 바일링구얼리즘bilingualism 또는 다이글로시아diglossia라고 한다. 앞쪽 말은 라틴어에 뿌리를 두고 있고 뒤쪽 말은 그리스어에 뿌리를 두고 있지만, 둘 다 어원적으로 '두 개의 혀'라는 뜻이다. 사회 구성원 대부분이 한 자연언어만을 쓰는 정치공동체는 언어생태계에 매우 드물다. 한국이 그 드문 예다. 한 정치공동체 안에 수십, 수백 개 언어를 품고 있는 중국이나 인도를 비롯해 대부분의 사회는 둘 이상의 혀를 지녔고, 그 사회에 사는 사람들도 흔히 둘 이상의 혀를 지녔다. 바일링구얼리즘은 한 개인의 언어구사 능력이나 습관을 주로 가리키고 다이글로시아는 한 사회의 언어 분포에 초점을 맞춘다는 뉘앙스 차이가 있긴 하지만, 이 두 낱말은 개인과 사회에 두루 쓸 수 있는 말이다. 개인이든 사회든 2개 언어를 쓰고 있으면 그는, 또는 그 사회는 바일링구얼리즘이나 다이글로시아 상태에 있다.

그러나 사회언어학자들은 이 두 낱말을 구분해서 쓴다. 바일링구얼리즘은 한 개인이나 사회가 두 개 언어를 쓰고, 그 두 언어가 사회적 기능에서 차별적이지 않은 경우를 가리킨다. 예컨대 벨기에의 수도 브뤼셀에서는 프랑스어와 네덜란드어(플랑드르어)가 둘 다 통용되고, 시민들 상당수가 이 두 언어를 병용한다. 그리고 이 두 언어가 기능적 차이를 거의 지니지 않는다. 이 때, 브뤼셀이라는 도시는 바일링구얼리즘 상태에 있고, 두 언어를 병용하는 시민 개개인도 바일링구얼리즘 상태에 있다.

반면에 다이글로시아는 한 개인이나 사회가 두 개 언어를 쓰되, 그 두 언어가 사회적 기능에서 차별적인 경우를 가리킨다. 다시 말해 두 언어를 쓰는 장소나 상황이 서로 다른 경우를 가리킨다. 예컨대 캘리포니아의 코리아타운에 사는 한국계 미국인들은 영어로 교육을 받고 영어로 공적 활동을 하지만, 이웃끼리 파티를 열거나 모여서 화투를 칠 때는 한국어를 쓸 것이다. 여기서 한국어의 기능은 영어의 기능과 다르다. 이 때, 캘리포니아의 코리아타운은 다이글로시아 상태에 있고, 코리아타운의 한국계 미국인들 개개인도 다이글로시아 상태에 있다.

근대 초기까지의 유럽이나 19세기까지의 한국 지식인 사회에는 라틴어와 민족어, 고전중국어(한문)와 한국어가 사회적 기능을 달리한 채 병존하고 있었다. 유럽 지식인들이 말은 제 민족어로 하면서도 글은 라틴어로 썼듯, 한국 지식인들도 말은 한국어로 하면서

글은 한문으로 썼다. 그러니, 그 시절 유럽이나 한국의 지식인 사회는 다이글로시아 상태에 있었고, 라틴어를 알았던 유럽 지식인이나 한문을 알았던 한국 지식인 개개인들도 다이글로시아 상태에 있었다 할 수 있다.

한 사회가 바일링구얼리즘 상태에 있을 땐, 다시 말해 그 사회에서 쓰는 두 언어의 지위나 기능이 비슷할 땐, 한 개인이 꼭 바일링구얼bilingual(이언어 사용자)이 될 필요는 없다. 그는 두 언어 가운데 한 언어만 알아도 별다른 불이익을 겪지 않는다. 예컨대 어떤 브뤼셀 시민이 프랑스어나 네덜란드어 한 가지만 알아도, 살아가는 데 큰 불편은 없다. 동료시민들 상당수가 두 언어를 동시에 알고 있으니 의사 소통이 안 될 염려도 없고, 도로표지판에서부터 관청 공문서에 이르기까지 모든 공적 커뮤니케이션이 프랑스어와 네덜란드어로 함께 이뤄지므로 공민권을 행사하는 데 불편을 겪을 염려도 없다.

그러나 한 사회가 다이글로시아 상태에 있을 땐, 그 사회의 구성원 개인이 다이글롯diglot(이언어 사용자)이 되지 않으면 불이익을 받는다. 예컨대 영어를 모르는 캘리포니아의 한국계 미국인은 일상적 커뮤니케이션에서든 공민권 행사에서든 큰 불편을 겪을 수밖에 없다. 물론 다이글로시아 사회에서도 그 주류 언어 배경을 지닌 사람은 꼭 다이글롯이 될 필요가 없다. 예컨대 영어를 제1언어로 쓰는 캘리포니아 사람이 그 지역에서 사용되는 스페인어나 중국어나 한국어를 꼭 익힐 필요는 없다. 그러나 스페인어나 중국어나 한

말들의 풍경 261

국어를 제1언어로 쓰는 캘리포니아 사람은 영어를 반드시 익혀야 한다.

보통 이언어 사회라고 부르는 언어공동체는 대부분 (바일링구얼리즘이 아니라) 다이글로시아 상태에 놓여 있다. 프랑스어와 네덜란드어가 거의 대등한 자리를 차지하고 거의 동일한 기능을 수행하는 브뤼셀은 바일링구얼리즘의 아주 희귀한 예다. 그것은 대부분의 이언어 사회에서 두 언어의 존재 양태가 비대칭적이라는 뜻이다. 근대 이후 많은 다이글로시아 사회에서 영어는 주류 언어 노릇을 해왔다. 그러나 정작 영어의 고향 잉글랜드에서 영어가 비주류 언어 구실을 한 시절이 있었다. 1066년의 노르만 정복(노르망디공 윌리엄 1세의 잉글랜드 정복) 때부터 적어도 너덧 세기 동안, 잉글랜드는 프랑스어와 영어가 공존하는 다이글로시아 사회였다. 거기서 주류 언어는 프랑스어였다. 그 시절 잉글랜드에서는 프랑스어를 쓰는 것이 지배계급의 표지였다.

바일링구얼리즘이든 다이글로시아든, 이언어 병용은 벨기에의 브뤼셀이나 캘리포니아의 한국계 미국인 사회처럼 비교적 좁은 지역사회에서나 볼 수 있는 현상이다. 국가 단위로 범위를 넓히면, 한 공동체 안에서 셋 이상의 언어가 쓰이는 경우가 훨씬 흔하다. 이 다언어 사용의 양태도, 사용되는 언어들의 힘이나 기능이 엇비슷한 멀틸링구얼리즘multilingualism과, 힘이나 기능이 차이나는 폴리글로시아polyglossia로 나눌 수 있다. 이언어 사회 대부분이 (바일링구얼리즘이 아니라) 다이글로시아 상태에 놓여 있듯, 다언어 사회

대부분도 (멀틸링구얼리즘이 아니라) 폴리글로시아 상태에 놓여 있다. 다시 말해, 그 공동체에서 쓰이는 언어들 사이에 위계가 존재한다. 예컨대 싱가포르는 베이징어(보통화), 영어, 광둥어, 말레이어 등 여러 언어가 공존하는 폴리글로시아 사회인데, 언어 사다리의 맨 위에 있는 것은 베이징어와 영어다.

앞에서 적었듯, 한국은 전형적인 다이글로시아나 바일링구얼리즘을 찾기 어려운 단일 언어 사회다. 그러나 한국에 다이글로시아(나 폴리글로시아) 현상이 아예 없는 것은 아니다. 우선, 이주 노동자 사회가 다이글로시아(나 폴리글로시아) 상태에 있다. 예컨대 필리핀 출신 노동자들이 일하는 작업장은 타갈로그어와 영어가 한국어와 공존하는 폴리글로시아이기 쉬울 것이다. 그리고 거기 존재하는 언어 사다리의 맨 위에는 한국어가 자리잡고 있을 것이다.

그 다음, 한국어의 방언 화자들 다수는 자신의 방언과 표준어를 동시에 사용하며 다이글로시아를 만들어낸다. 다수의 사회언어학자들은 개별 언어들의 병용만이 아니라 동일언어의 변종들 곧 방언의 병용을 가리킬 때도 다이글로시아라는 말을 쓴다. 예컨대 스위스의 일부 도시에서는 표준독일어와 스위스독일어가 다이글로시아를 이루고 있고, 대부분의 아랍 나라에서는 고전아랍어와 현지 아랍어가 다이글로시아를 이루고 있다. 이렇게 다이글로시아라는 말을 느슨하게 쓸 경우에, 한국에도 다이글로시아가 또렷이 존재한다. 서울말을 완벽하게 구사하는 지방 출신 서울 거주자들은 고향 친구를 만난 자리에선 자신의 방언을 사용할 가능성이 높다. 이 때 서울말과 화자의 방언은 다이글로시아를 이룬다. 이 두 방언 가운데 더 고급의 변종으로 간주되는 것은 서울말이다.

다이글로시아라는 개념은 이언어 사용자가 특정한 장소나 상황(사회언어학자들은 이를 '도메인domain' 이라 부른다)에 특정한 언어(방언)를 할당한다는 가정에 바탕을 두고 있다. 예컨대 모로코계 프랑스인은 가족끼리는 아랍어를 쓰고 학교나 직장에서는 프랑스어를 쓴다는 가정 말이다. 그러나 이 가정은 확률적인 것일 뿐 기계적으로 엄격한 것은 아니다. 가족끼리 프랑스어를 쓰는 모로코계 프랑스인이나 고향 친구들끼리 영어를 쓰는 멕시코계 미국인들은 얼마든지 있을 수 있다. 그러니까 다이글로시아에서 언어를 가르는 도메인은 느슨하다고 할 수 있다. (똑같은 현상을 두고, 어떤 관점에서는, 매우 섬세하다고도 말할 수 있겠다. 얼핏 보기엔 동일한 도메인으로 여겨지는 상황에서 다른 언어를 사용하는 것이 화자의 매우 미묘한 심리 상태를 반영하고 있다면 말이다.) 이와는 다른 수준에서, 이언어 사용자들이 흔히 실천하는 코드스위칭code-switching 또는 코드믹싱code-mixing도 도메인의 구획을 흐릿하게 만든다.

코드스위칭이란 이언어 사용자가 한 문장 또는 한 담화 안에서 자신의 모어와 외국어(외래어가 아니라)를 섞어 쓰는 현상을 가리킨다. 예컨대 캘리포니아의 한국계 미국인이 술집에서 누군가와 싸우다가 "You filthy scum이야! Get out of here! 당장!" (이런 쓰레기 같은 자식! 꺼져! 당장!)이라 말했다 치자. 여기서 한국어 '이야!'는 필요 없는 군더더기이거나 영어 be 동사의 대치어라 볼 수 있고,

'당장!'은 'right now!'를 한국어로 대치한 것이라 할 수 있다. 이런 코드스위칭은 외국어에 서툰 화자만이 아니라 그 외국어를 모어처럼 익숙하게 구사하는 사람들에게서도 발견된다. 양영희 감독의 다큐멘터리 영화 〈디어 평양〉(2006)에서 일본어와 한국어를 뒤섞는 재일 한국인 가족이 그 예다. 지방 출신의 한국어 화자가 표준어와 제 방언을 한 문장이나 담화 안에서 뒤섞는 것도 코드스위칭이라 할 수 있다.

이런 코드스위칭이 왜, 언제 일어나는가, 그것은 의식적인가 무의식적인가, 다른 언어(방언)를 통한 대치나 부연에는 엄밀한 규칙이 있는가 따위의 문제는 사회언어학자만이 아니라 심리언어학자, 언어교육학자, 문법학자들의 관심을 끌어왔다. 그러나 만족스러운 답변은 아직 제출되지 않았다. 확인된 사실은, 이런 코드스위칭이 자신의 이중정체성dual identity을 드러내려는 화자의 욕망과 관련이 있고, 이언어 화자는 자신처럼 이중정체성을 지닌 이언어 화자와 얘기할 때 코드스위칭을 실천하는 경향이 있다는 것 정도다. 코드스위칭은 다이글로시아 상태의 이언어 화자가 도메인에 언어를 분배하는 방식이 매우 복잡하다는 것을 알려준다.

코드스위칭은 다이글로시아를 전제로 한 언어 실천이면서, 그와 동시에 다이글로시아 내부의 언어 위계를 교란하는 언어 실천이기도 하다. 그것은 규범을 깨뜨리고 불순함을 옹호함으로써 언어민주주의에 기여한다. 코드스위칭은 영어를 비롯한 주류 언어에 비주류 언어를 섞음으로써 주류 언어의 순수성을 훼손하고, 표준어에 방언을 섞음으로써 표준어의 순수성을 훼손한다. 다시 말해 주류 언어와 표준어의 식민주의적 위세와 욕망을 조롱한다. 그 광경은 아름답다. 아름다운 것은 슬프기 십상이나, 이 광경의 아름다움은 유쾌하기까지 하다.

한국어의 미래

수천에서 1만 여에 이른다는 자연언어들 가운데, 그 말을 쓰는 사람 수를 기준으로 한국어의 순위는 어디쯤일까? 개별 언어와 방언의 경계를 긋기가 쉽지 않아서 한국어의 순위를 확정하기는 어렵다. 이를테면 흔히 아랍어라 부르는 서남아시아와 북아프리카 지역 언어를 그 고전적 형태(문어 형태)에 주목해 한 언어로 간주하면, 한국어의 순위는 아랍어보다 크게 뒤질 것이다. 그러나 각 지역마다 사뭇 다른 구어 형태의 아랍어들을 서로 다른 언어로 친다면, 한국어는 그 각각의 아랍어들(이집트 아랍어, 알제리 아랍어 등)보다는 큰 언어다.

이렇게 기준이 물렁물렁하긴 하지만, 순위를 얼추 가늠할 수 없는 것은 아니다. 남북한과 해외의 한인공동체 인구를 7500만 남짓으로 잡으면, 그 사용자 수로 볼 때 한국어의 순위는 12~13위 정도 된다. 1억 가까운 사람이 쓰는 독일어보다는 작은 언어지만, 7200

만 남짓 되는 사람이 쓰는 프랑스어보다는 큰 언어다. 수천이 훨씬 넘는 언어들 가운데 12~13번째로 사용자가 많다는 것은 한국어가 매우 큰 언어라는 뜻이다.

그러나 그 12~13위라는 순위만큼 한국어가 위풍당당하지는 않다. 우선, 순위의 앞머리 세 자리를 채우고 있는 베이징어(보통화), 스페인어, 영어의 사용자 수가 3억에서 9억에 이르는 것과 비교하면, 고작 수천만의 화자를 거느린 한국어의 비중은 탐스럽지 않다. 남한 인구가 정체 상태에 있는 데다가 북한 인구는 심지어 줄어드는 추세여서, 적어도 단기적으론 한국어 사용자가 늘어날 것 같지도 않다. 더구나, 12~13위라는 순위가 어떤 자연언어를 제1언어(모어, 모국어)로 사용하는 사람 수를 기준으로 매긴 것이라는 점을 생각하면, 한국어의 상대적 위세는 훨씬 더 초라해진다. 사실 이 점이 매우 중요하다!

영어가 베이징어보다 훨씬 작은 언어고 심지어 스페인어보다도 약간 작은 언어라고 할 때, 그것은 이 언어들을 모국어로 사용하는 사람들 수에서 그렇다는 것이다. 영어를 모국어로 사용하는 사람은 3억2000만 남짓으로 추정돼 3억3000만 남짓으로 추정되는 스페인어 사용자보다 조금 적다. 그러나 영어를 스페인어보다 비중이 작은 언어로 판단하는 사람은 없을 테다. 영어는 지구 행성의 보편어에서 그리 멀지 않은 국제 교통어의 지위를 이미 확립했지만, 스페인어는 이베리아 반도와 남아메리카, 북아메리카 일부에 갇혀 있으니 말이다. 사람들 대부분이 제 모국어에 이어서 배우는 언어는 베이징어나 스페인어가 아니라 영어다. 영어는 스페인어나 (9억인의 모어인) 베이징어보다 비중이 큰 언어인 것이다.

한국어는 모국어 사용자 수를 기준으로 매긴 순위보다 교통어로서의 순위가 사뭇 떨어지는 언어다. 그것은 한국어공동체 바깥에서 한국어가 그리 매력적인 언어가 아니라는 뜻이다. 제1언어로 한국어를 익히는 사람은 제1언어로 프랑스어를 익히는 사람보다 많지만, 한국어가 프랑스어보다 더 비중 있는 언어라고 판단하는 사람은 없을 게다. 프랑스어를 제2언어나 제3언어로 익히는 사람은 수억 명에 이르겠지만, 한국어를 제2언어나 제3언어로 익히는 사람은 아주 늘려 잡아도 수백만 명 정도일 테니 말이다. 교통어로서의 비중만 보면, 한국어는 모국어 화자가 6000만이 안 되는 이탈리아어보다도 덜 중요한 언어다.

그렇다면 교통어로서 한국어의 미래는 어떨까? 다시 말해, 외국어로서 한국어의 미래는 어떨까? 이 질문은, 자신이 배울 외국어를 고르는 기준으로 사람들에게 중요한 것은 뭘까라는 질문과 관련돼 있다. 사람들은 우선, 될 수 있으면 많은 사람이 쓰는 언어를 배우고자 한다. 어떤 언어를 쓰는 사람이 많을수록, 그 언어의 커뮤니케이션 폭이 크기 때문이다. 그래서, 모국어 화자가 가장 많은 베이징어나 교통어 화자가 가장 많은 영어는 이 언어들이 모국어가 아닌 사람들에게 매력적인 제2언어 후보가 된다. 이미 많은 사람이 쓰고 있는 언어를 사람들은 배우려 들고, 그러니 그 언어를 쓰는 사람은 더 많아진다. 부익부 빈익빈인 셈이다. 한국어를 모국어로 쓰는 7500만 남짓의 인구집단은 이 언어를 외국어로 배우고자 하는 욕망을 불러일으키기에 모자람이 없는 규모다. 그러나 모어 화자가 이렇듯 많은 데 비해, 한국어를 교통어로 사용하는 사람은 매우 적다. 한국어 공동체의 정치적 경제적 문화적 힘이 가까운 과거에 이르기까지 그리 크지 못했고, 한국인들이 역사의 오랜 기간 국제교류에 소극적이었다는 뜻이겠다. 이 점이 교통어로서 한국어의 가능성에 제약으로 작용할 것이다. 다시 말해 한국어를 외국어로 익히는 사람이 지금 적다는 사실이 앞으로도 한국어를 외국어로 배우고자 하는 욕망에 부정적으로 작용할 것이다.

그 다음, 첫번째 조건과 부분적으로 겹치겠지만 중요성에서는 아마 으뜸으로, 사람들은 제게 경제적 이득을 베풀 언어를 제2언어로 배운다. 사람들이 (모국어 화자가 가장 많은) 베이징어를 제쳐놓고 영어를 제2언어로 배우려 드는 것은 영어가 경제활동의 언어이기 때문이다. 어지간한 회사에 일자리를 얻으려 해도 영어를 다소 아는 것은 필수적이다. 그래서 대부분의 사회에서 영어는 각급 학교의 필수 외국어로 지정돼 있다. 고를 권한을 학생들에게서 박탈할 만큼 영어는 온 세상의 교육과정에 깊이 뿌리내렸다. 그것은 미국을 비롯한 영어권의 경제적 힘과 관련이 있다. 북한과 함께 한국어 사용권의 핵심부를 이루는 남한 지역의 경제적 활력은 교통어로서 한국어의 미래에 긍정적으로 작용할 것이다. 베트남이나 몽골처럼 한국과 경제관계가 긴밀해진 나라에서 한국어를 배우는 사람들이 늘고 있다

셋째, 사람들은 문화 영역의 자아 실현을 위해 외국어를 배운다. 여기서 큰 부분을 차지하는 것은 허영심이다. 이를테면 프랑스어는 스페인어에 견주어 모어 화자가 훨씬 적다. 그러나 아메리카 대륙을 뺀 대부분 지역에서, 외국어로 프랑스어를 배우는 사람이 외국어로 스페인어를 배우는 사람보다 훨씬 많다. 거기엔 프랑스어권에서 축적된 문화가 스페인어권에서 축적된 문화보다 더 풍요롭다는 판단이 개재돼 있다. (거기엔 또 부분적으로 정치적 이유가 개재돼 있다. 한 때 유럽의 중심국가로서 스페인 못지않게 넓은 해외 식민지를 경영했던 프랑스는 오늘날 유럽연합이나 국제연합을 비롯한 국제사회에서 스페인보다 훨씬 더 큰 정치적 발언권을 지니고 있다.) 외국인들의 문화적 허영심을 만족시킬 매력이 한국어에는 넉넉하지 않다. 역사의 대부분 기간에 한반도 문화는 고전중국어로 다시 말해 한문으로 축적됐고, 한국어가 문화의 도구로서 본격적으로 행세하기 시작한 것은 고작 한 세기 남짓 전이기 때문이다.

넷째, 사람들은 배우기 쉬운 언어를 배운다. 다시 말해 제 모국어와 문법 유형이 비슷하거나 어휘가 닮은 언어를 익히려 한다. 일본의 경제력은 프랑스를 포함한 프랑스어권 전체보다 크다. 그렇지만 외국어로 일본어를 배우는 사람 수는 외국어로 프랑스어를 배우는 사람보다 훨씬 적다. 그 이유의 큰 부분은, 앞에서 시사했듯, 프랑스어로 축적된 문화가 일본어로 축적된 문화보다 더 매력적으로 비친 데 있겠지만, 대부분의 언어권 사람들에게 일본어가 배우기 너무 어려운 언어라는 사정도 거기 포개져 있을 것이다. 그래서, 일본이 세계적 규모로 행사하는 경제적 영향력에도 불구하고, 일본어를 외국어로 배우는 사람들 다수는 한국을 포함한 동북아시아 문화권에 몰려 있다. 최근 들어 그 관계가 뒤집히긴 했지만, 이탈리아 사람들이나 스페인 사람들이 제2언어로 영어보다 프랑스어를 선호했던 것도 영어보다는 프랑스어가 이탈리아어나 스페인어와 더 닮아 배우기 쉬웠기 때문일 것이다.

이와 관련해서, '연관효과'라 부를 만한 것도 학습동기 부여에 간여한다는 점을 지적하자. 사람들은, 꼭 제 모국어와 닮지 않은 언어일지라도, 서로 닮은 언어들이 많은 언어를 배우고 싶어한다. 이를테면 프랑스어를 외국어로 익힌 사람이 그 다음에 스페인어나 포르투갈어나 이탈리아어를 배우기는 쉽다. 네덜란드어를 외국어로 익힌 사람이 그 다음에 독일어나 덴마크어나 영어를 익히는 것도 쉽다. 그러나 동아시아 바깥 사람이 일본어를 어렵사리 배워보았자, 그 '연관 효과'로 쉽게 배울 수 있는 언어는 한국어 정도다. 그러니 일본어는 동아시아 바깥 사람들에게는 덜 매력적으로 보인다. 한국어도 같은 처지다. 한국어를 익히는 사람들이 그나마 일본에 꽤 있는 것은, 두 나라 사이에 확대되고 있는 교류나 어찌해볼 수 없는 지리적 근접성말고도, 일본사람들이 배우기에 한국어가 비교적 쉽다는 데 그 이유의 한 가닥이 있을 것이다.

마지막으로, 바로 앞에서 내비쳤듯, 사람들은 지리적으로나 문화적으로 가까운 나라의 언어를 외국어로 배운다. 최근 프랑스어를 제치고 스페인어가 미국인들의 제2언어로 떠오른 것은 미국과 국경을 맞대고 있는 멕시코를 비롯해 라틴아메리카 지역 대부분에서 스페인어를 쓰는 데다가, 미국 사회 안에 스페인어를 쓰는 이민자가 늘고 있기 때문일 것이다. 문화적 인접 효과가 지리적 인접 효과를 상쇄하는 경우도 있다. 루마니아나 폴란드나 세르비아 같은 중부 동부 유럽 나라들은 지리적으로 프랑스보다 독일과 더 가깝지만, 그 나라 사람들은 외국어로서 독일어보다 프랑스어를 더 선호한다. 그 나라들에 이런저런 이유로 프랑스 애호가 퍼져 있기 때문이다. 일본에서 한국어를 배우는 사람들이 최근 늘어난 것도, 일본인들에겐 한국어가 비교적 배우기 쉬운 언어라는 사정에다가, 지리적 문화적 인접성('한류'에 대한 친화감을 포함해)이 포개지며 나타난 현상일 테다.

이런 모든 조건들을 따져서 판단할 때, 교통어로서 한국어의 미래는 밝지 않다. 다시 말해, 한국어를 외국어로 배울 사람이 앞으로 크게 늘 것 같지는 않다. 한국어권 경제의 확장에는 한계가 있을 것이고, 학습 동기를 유발할 다른 요인들도 그리 두드러지지 않는다. 그래도 간접적으로나마 한국어를 배울 의욕을 북돋을 길은 있다. 그것은 사전을 포함한 한국어 학습 교재를 될 수 있으면 여러 언어로 다양하게 마련해놓는 것이다. 그러기 위해선 정부와 기업과 대학과 연구소가, 한국어학자와 외국어학자와 교육이론가가 힘을 모아야 할 것이다. 한국어를 익히기 시작한 외국인들이 흔히 투덜거리는 것이 너무 단조롭고 부실한 학습 교재에 대해서다. 일리가 있는 불평이다. 좀더 많은 외국인이 한국어에 매력을 느껴서 이 언어를 배우길 우리가 바란다면, 그런 투덜거림에 귀를 기울여야 한다. 정부가 한국어를 보급하기 위해 세계 여러 곳에 세울 예정이라는 세종학당도 다양하고 효율적인 한국어 학습교재가 마련된 바탕 위에서야 제 구실을 할 것이다. 한국어는 쉽사리 눈에 띄지 않는, 조붓한 길이다. 시원하게 뚫린 한길이 아니다. 그러나 정성스레 닦아놓으면 그 길을 산책로로 골라 거닐 사람이 왜 없으랴.

말들의 풍경

말들의 산책

이오덕의 『우리글 바로 쓰기』
'백성의 말'을 향하여

『우리글 바로쓰기』(초판 1989, 고침판 1992)*를 쓰며 이오덕(1925~2003)이 글과 말에 대해 품은 생각은 한글학회 둘레 사람들의 생각과 같은 듯하면서도 다르다. 한글학회 언저리의 한국어학자들과 한국어운동가들이 대체로 언어민족주의자라면, 이오덕은 언어민중주의자였다. 물론 이오덕은 민족주의자이기도 했다. 『우리글 바로쓰기』에는 언어민족주의자 이오덕의 생각을 드러내는 문장이 수두룩하다. 이를테면 "우리말과 글을 바로 쓰는 일은 무엇보다도 밖에서 들어온 불순한 말을 먼저 글 속에서 가려내어 깨끗이 하는 일부터 해야 한다"거나 "우리말이 잡스럽게 되는 것은 마침내 우리 겨레의 넋이 말에서 떠나 버리는 것"이라는 견해 따위가 그 예다. 그는 또 우리 글자로 써서 알 수 없는 말은 우리말이 아니라고도 했다. 이오덕 역시, 최현배를 비롯한 언어민족주의자들처럼, '깨끗한 우리말' '순수한 우리말'에 깊은 정을 보였다. 다시 말해 드센 순화 욕망이 그에게도 있었다. 『우리글 바로쓰기』의 적잖은 지면은 그렇게 깨끗하고 순수한 우리말을 보여주는 데 쓰였다.

그러나 이오덕이 보기에 흔히 민족적이라 일컫는 것이 민중적인 것과 고스란히 겹치지는 않았다. 민족적인 것은 민중적인 것의 바탕일 뿐이었다. 그러니까 그가 『우리글 바로쓰기』에서 민족적인 것을 그리도 내세운 것은 그것이 대체로 민중적이었기 때문이다. 그 둘이 우연히 맞부딪치게 될 때, 이오덕은 기꺼이 민중 쪽을, 그의 말을 받아쓰자면 '백성' 쪽을 편든다. 그 점이 가장 또렷이 드러나는 것은 이른바 한글운동가들이 새로 만든 말에 대한 그의 거리낌에서다. 이오덕은 말한다. "지식인이나 학생들이 책상 앞에 앉아서 말을 만들어내는 것은 관청의 관리들이 제멋대로 말을 만들어내는 것과 다름없이 겨레말을 어지럽힌다." 한글학회 둘레의 일부 호사가들이 즐기던 고유어 새말 만들기를 이오덕은 혐오했다. 그 신조어들은, 억지로 갖다 붙이자면 민족과 관련될 수는 있겠지만, 민중과는 무관하기 때문이다. '모람(회원)'이나 '먹거리(먹을거리)', '읽거리(읽을거리)' 같은 말은 이오덕이 보기에 우리말이 아니었다. 민중언어의 어법 바깥에서 억지로 만들어진 말들이었기 때문이다. 그 점에서 이오덕은 국어운동가 대다수보다 한결 보수적이었다.

그러니, 우리말과 글을 '한말글'이라 부르려는 시도를 이오덕이 크게 나무란 것도 놀랄 일이 아니다. '한말글 사랑 겨레 모임'이라는 국어운동단체의 회장으로 추대된 그는 이를 사양하는 편지에 이렇게 썼다. "대관절 '한말글'이 무슨 말입니까? 나같이 평생 책 읽고 글 쓰면서 살아온 사람도 귀에 설게 느끼는 이런 말을 온 백성 상대로 일을 해 나가려는 모임의 이름으로 내걸고 싶어하는 분들의 속뜻을 저는 알 수 없습니다. '말이 안 돼도 새로 만들어 자꾸 퍼뜨리면 결국은 쓰게 된다'고 할 것 같은데 그런 태도는 분명히 우리말을 바로잡는 일을 해친다고 봅니다."

이오덕이 이런 새 말 만들기만 꺼린 것은 아니다. 그는 비록 이미 있어온 고유어 할지라도 보통 사람에게 익숙하지 않은 말을 굳이 찾아내 쓰는 사람들 역시 슬그머니 타박했다. "중국글자말(한자어—인용자)도 아니고 일본말이나 서양말도 아니고, 그러니까 순수한 우리말인데 이미 옛말이 되어서 요즘은 입말로 쓰지 않는 말을 글에서 즐겨 쓰는 경향에 대해서 한마디 하고 넘어가고 싶다. 순수한 우리말인데 지금은 그다지 쓰지 않는 말을 찾아내어 쓰는 일은 대단히 바람직하고 반가운 일이다. 그런데 내가 보기로 우리 것을 아끼는 마음에서 그러는 것이 아니고, 다만 사람들이 입으로는 말하지 않으니까 좀 귀에 설고 새롭고, 그래서 그것을 쓰면 유식해 보이기 때문에 기왕이면 그런 좀 근사해 보이는 말을 써 보자고 하는 마음인 것 같다. 그런 증거로는 똑같은 뜻을 가진 말로서 많이 쓰는 말이 있는데도 그런 입말을 쓰지 않고 일부러 입말이 아닌 말, 어쩌다 글에만 나오는 말만을 즐겨 쓰는 것을 보면 알 수 있다."

'이미 옛말이 되어 요즘은 입말로 쓰지 않는 말'을 글에서 쓰는 것까지 마땅치 않아 했으니, 거의 아무도 들어보지 못한 고유어를 사전 한 귀퉁이에서 찾아내 제 글에 버젓이 끼워 넣는 언어민족주의자들의 멋부림을 이오덕이 어떻게 생각했을지는 불을 보듯 뻔하다. 말하자면 이오덕에게 중요한 것은 어떤 말이 순수한 우리말이냐 여부가 아니라 그것이 백성의 말이냐 여부였다. 그 백성의 말은 '글의 해독을 입지 않은 말'이었고, 그 적잖은 부분은 '농민의 말' '어렸을 때 배운 고향 말'이었다. 당연히, 그는 사투리에 너그러웠다.

이오덕이 바람직하게 생각한 글은 '언문일치'의 글이었다. 이때의 언문일치란 이광수 이후 현대 소설 문체에서 확립됐다고 흔히 여기는 언문일치가 아니었다. 이오덕의 언문일치는 글을 말에 고스란히 포개는 진짜배기 언문일치였다. 그러니, 이광수는 말할 것도 없고 그로부터 거의 한 세기가 지난 요즘 소설도 이오덕이 생각하는 언문일치에선 멀찌막하다. 지난해에 발표된 소설 한 대목을 보자. "망각이 우리를 구원한다. 진정 새로운 것이 아닐지라도 새롭다고 착각하게 만드는 것이 망각의 힘이다. 하지만 그 기능은 선택적이어서 행복의 기억은 흔적도 없이 거둬가면서 불행의 기억은 조각들을 남겨두곤 한다"(조선희의 「한때 우리 신촌거리에서 만났지」에서). 나무랄 데 없는 문장이다. 그러나 이오덕이라면 많이 나무랐을 것이다. 입으로 저렇게 말하는 사람은 없을 테니 말이다. 이오덕에게 야단을 덜 맞으려면 이 문장을 이런 식으로라도 고쳐야 하리라. "잊을 수 있으니 살 수 있지. 진짜 새로운 게 아니더래

두 새롭다구 착각하게 하는 게 망각의 힘이야. 그렇지만 그게 또 불공평해. 행복했던 기억은 말끔히 없어지는데 불행했던 기억은 남아있을 때가 많거든."

그러니까 이오덕이 이상적으로 생각했던 문학은 구비문학이었다. 그는 『우리글 바로쓰기』 제4장 「말의 민주화」 제1절 '이야기글의 역사'에서 경기도 강화군(지금의 인천광역시 강화군)의 81세 할머니가 구술한 「까투리와 오리의 결혼」이라는 이야기를 옮겨놓으며, 이를 우리말의 본 바탕을 짐작하게 하는 깨끗한 말로 칭찬하고 있다. 이오덕이 이 책 여러 곳에서 지적했듯, 이런 언문일치의 글에서는 문장이 '-다'로 끝나는 경우가 거의 없다. 그래서 그 속에서는 지문과 대사가 문체로는 구별되지 않는다. 이오덕은 소설이고 수필이고 논문이고 할 것 없이 우리 글을 모조리 '다' 하나로 끝맺게 된 상황의 첫 책임자로 이인직을 꼽고, 이런 관행이 일본글의 흉내라 지적한다. 이오덕에 따르면 바로 이 '-다' 글체야말로 우리말 이야기글을 입말에서 떼어놓은 주범이다. 글 쓰듯 말하지 말고 말하듯 글을 쓰라는 것이 『우리글 바로쓰기』의 요지다. 물론 그 때의 말은 학교교육의 때를 타지 않은, 우리가 어머니한테서 배운 말이다.

『우리글 바로쓰기』의 상당 부분은 저자가 잘못됐다고 판단한 표현들을 잘된 표현으로 고치는 형식으로 서술됐다. 관형격 조사 '-의'와 접미사 '-적'의 사용을 절제하자거나 '-에 있어서', '-에의' 같은 일본말투를 쓰지 말자는 제안은 특히 귀담아들어야 할 말이다. 사사로운 회고를 하자면, 나는 89년 이 책의 초판을 읽은 뒤 그때까지 별 생각 없이 써오던 '-에 다름 아니다'나 '주목에 값한다' 따위 표현들과 헤어졌다. 나는 그 뒤 '-에 다름 아니다'를 쓸 자리에선 '-와 다르지 않다', '-와 한가지다' '-에 지나지 않는다'고 썼고, '주목에 값한다'고 쓸 자리에선 '주목할 만하다'고 썼다.

그러나 이오덕의 처방을 죄다 따를 수는 없었다. 어느 땐 그의 견해에 공감할 수 없었고, 어느 땐 공감하면서도 해묵은 습성을 이기지 못했다. 이오덕의 우리말 치료는 어휘 수준을 훌쩍 넘어서 문체에 이르고 있는 만큼, 그에게 '양호' 판정을 받을 글쟁이는 거의 없을 것이다. 실제로 '우리글 바로쓰기' 전체를 통해서, 함석헌, 문익환, 권정생 같은 이들만 겨우 퇴원 허가를 받았다. 주시경이나 최현배 같은 보수적 국어학자조차, 영어 문법의 과거완료 시제와 과거완료진행 시제를 베껴와 '-었었다' '-고 있었었다' 따위를 우리말 시제 체계에 넣었다는 이유로 입원 가료 판정을 받았다. 이오덕 선생이 살아 계셔 이 글을 읽으신다면 고치실 곳이 한두 군데가 아닐 것이다. 그렇지만 나는 선생이 고치신 곳을 내 고집대로 되돌려 놓을지도 모른다.

●『우리글 바로쓰기』 머리말

말을 마음대로 마구 토해 내는 사람, 그렇게 토해 내는 말들이 모두 살아 있는 구수한 우리말이 되어 있는 사람을 만나면 정말 반갑다. 우리는 이런 사람의 말에서 비로소 잊었던 고향으로, 우리의 넋이 깃들인 세계로 돌아가게 된다. 그리고 이런 사람은 어렸을 때 배운 고향의 말을 참 용하게도 잊어버리지 않고 빼앗기지도 않고 잘도 가지고 있구나 하고 한없이 부러워진다.
우리는 누구든지 학교에 들어가기 전에 부모로부터 평생을 쓰게 되는 일상의 말 대부분을 배웠다. 그러나 학교란 곳에 들어가고부터는 집에서 배운 말과는 바탕이 다른 체계의 말을 익혀야 했다. 그래서 부모한테서 배운 말을 부끄럽게 여기고 잊어버리게 하는 훈련을 오랫동안 받았던 것이다. 학교뿐 아니라 사회에 나와서도 그랬다. (…)
교회에 찾아온 할머니들한테서 우리말을 배우셨다는 문익환 목사님의 말씀은 참으로 귀한 가르침을 주시는 재미있는 말씀이다. 사실은 나도 어린아이들의 말과 글에서 우리말의 순수함을 배웠다. 그래서 어른들이 쓰는 글과 말이 잘못된 것을 깨닫게 되었고, 그 깨달음을 바탕으로 하여 이 책을 내게 되었다.

홍희담의 「깃발」
당파적인, 계급적인 5월의 언어

홍희담(61)의 중편소설 「깃발」은 1988년 『창작과비평』 봄호(복간호)에 발표되었다. 「깃발」은 작가가 2003년 창비사에서 낸 소설집의 표제가 되기도 했다. 과작의 늦깎이 작가라는 사정도 겹쳐서, 그 뒤 이 작품은 소설가 홍희담의 브랜드가 되었다. 「깃발」이 그리는 것은 1980년 봄에서 가을까지의 광주다. 세 장章으로 이뤄진 이 소설의 앞 두 장은 5월 18일에서 27일까지의 민중항쟁을 엿보고 있고, 마지막 장은 살아남은 자들의 여름과 가을에 눈길을 건넨다.

「깃발」은 첨예하게 당파적인, 뾰족이 벼려진 계급의식의 언어다. 항쟁의 보고자로서, 작가가 두둔하는 사람들은 노동자를 비롯한 하층 계급이고 그가 타박하는 사람들은 지식분자들이다. 지식분자들은, 작가가 보기에, 미덥지 않은 기회주의자이기 십상이다. 지식분자들이 기회주의자가 되기 쉬운 것은 그들에게 가진 것이 있기 때문이다. 학생 출신 노동운동가들에 대한 작가의 시선도 그래서 곱지만은 않다. 항쟁 이전의 광주 지역 노동운동을 엿살피며 작가는 이렇게 말한다. "(노동현장에 들어온) 여대생들은 (쫓겨나도) 그들 세계로 갈 곳이 있었지만 쫓겨난 근로자들은 갈 곳도 없었다. 블랙리스트에 올라 어느 곳에도 취업할 수가 없었다."

소설 속의 긍정적 인물들을 대표하는 이는 제사製絲공장 노동자 형자고, 부정적 인물들을 대표하는 이는 노동자들을 가르치는 강학(야학 교사) 윤강일이다. 진압군이 광주 시내로 다시 진입하기 하루 전인 26일 저녁어스름에 형자가 후배 노동자 순분과 나누는 대화는 이 소설의 세계관을 압축하고 있다. 이 두 여성노동자는 금남로의 전남도청과 분수대 사이에 서 있다. 말 없이 주변 사물들 하나하나에 시선을 건네는 형자에게 순분이 묻는다. "언니, 뭘 생각해?" 형자는 낮은 신음소리를 낸 뒤 "분수대 앞과 와이더블류씨에이, 그리고 도청"이라고 대답한다.

당연히, 순분은 그게 무슨 말인지 알아듣지 못한다. 그러자 형자가 다시 말을 잇는다. "순분아 생각해봐. 그 곳에 모인 사람들의 선택을. 분수대 앞에 모인 사람들은 일상으로 돌아가는 사람들이야. 와이더블류씨에이는 언제든지 선택의 가능성이 있는 사람들이 모인 곳이고. 그리고 도청은······" 순분이 다급히 묻는다. "도청은?" 형자는 도청으로 시선을 돌리며 대답한다. "도청은 죽음을 결단하는 사람들의 것이야. 그것은 선택이 아니라 당위로 받아들이는 사람들의 것이지." 형자는 제 죽음을 당위로 받아들였고, 그래서 그날 밤 도청에 남는다. 그녀에게 자유는 "무한히 열려 있는 가능성 앞에서 하나를 선택하는 것이 아니라 상황에 대한 분명한 당위"를 뜻했다. 하나의 상황 앞엔 하나의 결정만이 있을 뿐이었다.

윤강일은 운동권 지도부에 속해 있는 인물이다. 그가 입에 달고 사는 말들은 혁명, 비지(부르주아), 피티(프롤레타리아), 전사戰士, 빨치산, 무장투쟁, 계급투쟁, 시가전, 유격전, 죽창, 게릴라, 봉기, 제국주의, 자본주의, 주변부자본주의, 종속이론, 해방신학, 제3세계, 민중, 프랑스혁명, 빠리꼼뮨•, 러시아혁명, 레닌, 볼셰비키, 베트남, 통일 따위의 '매력적인' 언어다. 그는 항쟁 초기, 시위대를 선동해 MBC 건물을 불태운다. 그러나 진압군이 발포를 시작했다는 소식을 듣자마자, "어차피 지는 싸움"이라며 광주를 떠난다. 형자는 분노에 차 항의한다. "어떻게 그럴 수가 있어요? 선생님들이 말하던 시가전, 봉기 등등이 나오고 있는데……"

그렇게 지식분자들이 빠져나간 자리를 가진 것 없는 자들이 채웠다. 진압 전날 밤 떠밀려 도청을 빠져나온 순분의 회상 속에서, 그 밤 도청에 남아 있던 사람들은 "말없이 눈만 번쩍이던 사람, 턱에 칼자국이 있던 사람, 거친 욕을 끊임없이 해대던 사람, 몸집은 작은데 손이 유난히 컸던 사람, 밥을 먹으면서도 총만은 거머쥐고 있던 사람, 해맑은 어린 사람, 사람들"이다. 소설 도입부에서 순분을 도청까지 자전거로 태워준 중국집 배달원 김두칠이나, 순분에게 유언처럼 계급의식을 불어넣은 형자를 포함해, 그들은 각양각색의 사람들이다. 그러나 이들은 하나다. 모두가 없는 사람들이다. 그래서 순분은 형자의 유언을 잊지 않는다. "도청에 끝까지 남아 있던 사람들을 잘 기억해둬. 어떤 사람들이 이 항쟁에 가담했고 투쟁했고 죽었는가를 꼭 기억해야 돼. 그러면 너희들은 알게 될 거야. 어떤 사람들이 역사를 만들어가는가를…… 그것은 곧 너희들의 힘이 될 거야."

작가는 소설 뒷부분에서, 서울로 피신했던 윤강일이 광주에 돌아와 순분과 그 동료들에게 제 몸을 의탁하는 장면을 묘사하며 지식분자의 기생적 성격과 민중의 너른 품을 다시 한 번 맞세운다. 항쟁을 겪은 순분과 그 동료들은 이제 윤강일에게 예전의 고분고분한 '제자'가 아니다. 윤강일이 제 동료 상원(아마 항쟁 마지막 밤 도청에서 산화한 실존인물 윤상원을 가리키는 것일 테다)의 죽음을 내세우자, 순분은 "죽음조차도 윤선생님 쪽의 사람만 부상하는군요"라며 타박한다. 윤강일이 아무래도 자기는 이 도시를 떠나야 할 것 같다며 "커다란 획이 확 그려지고 지나갔어"라고 하자, 순분은 "지나간 것이 아니라, 계속 이어지고 있지요"라고 되받는다. 순분의 한 동료도 "난 노동자라는 게 자랑스러워"라고 고백한다. 윤강일이 잠든 뒤, 순분이 동료들에게 말한다. "시작이야. 없는 사람들이 끝까지 책임지고 투쟁을 했어. 그렇다면 5월은 진짜 투쟁의 시작이야. 그 연장 위에서 우리의 투쟁목표는 분명해졌어."

순분의 말대로 5월은 진짜 투쟁의 시작이었다. 소설 바깥에서 진행된 실제 역사에서, 80년대의 모든 운동은 그 해 5월에서 자양분을 얻었다. 그러나, 아니 차라리 그렇기 때문에, 「깃발」의 리얼리즘은 허약해 보인다. 이 소설은 80년 5월에 대한 사실적 묘사라기보다 (소설이 발표된) 88년의 시각(한국 민주주의가 새롭게 기지개를 켜고 있고, 동유럽 사회주의 체제는 아직 건재하던 때의 시각)이 짙게 투사된 낭만적 전망에 가깝다. 「깃발」이 80년 5월의 언어가 아니라 88년의 언어라는 것은 작품 군데군데서 드러나는 '시대착오'에서도 확인된다. 소설은 도청 주변 담벽에 울긋불긋 붙어 있는 플래카드를 나열하며 "광주 꼼뮨 만세"라는 구호를 독자들에게 들려준다. 또 형자가 5월 광주를 "해방구解放區이지만 고립된 해방구"라고 규정하는 장면도 보인다. 그러나 '꼼뮨'이라거나 '해방구'라는 말은, 비록 사회정치 운동의 역사에서 유래가 오랜 말이긴 하나, 남한 운동권에선 80년 5월을 겪은 뒤에야 쓰이기 시작한 것 아닌가 싶다. 자신의 문자 행위로 민중의 희망을 조직하겠다는 작가의 조바심이 이런 착오를 용납했을 것이다.

그러나 이런 트집이 도대체 무슨 소용인가? 「깃발」은 화장기 없는 언어로 80년 5월의 한복판을 거칠게 질주하며 이 역사적 사건의 한 진실을 움켜쥐었다. 그 진실이란, 비록 5월 항쟁이 내건 목표가 소박한 시민민주주의의 확보였다 하더라도, 그 항쟁의 주체는 (지식인을 포함한 시민 일반이었다기보다) 프롤레타리아였다는 사실이다. 바로 그들이 "끝까지 책임지고 투쟁했고 역사를 만들어갔다." 작가는 자전거로 출근하는 한 노동자의 형상에서 이들이 만들어갈 역사의 '깃발'을 본다. 그것을 묘사한 소설 마지막 대목은 이렇다. "뒤쪽에 도시락 가방이 꽁꽁 묶여 있었다. 그가 힘껏 페달을 밟았다. 새벽 공기를 가르며 달려갔다. 증기기관차의 김처럼 입김을 씩

씩 뿜어내며 힘차게 달려갔다. 머리카락이 휘날렸다. 작업복 자락이 펄럭였다. 점점 멀어지면서 새벽 여명 속에 옷자락의 펄럭임만이 보였다. 수없는 펄럭임이었다. 그것은 깃발이었다."

● '코뮌'에 대하여

1980년 5월항쟁 이후, 항쟁 당시 광주의 의사擬似 자치체계를 '광주 코뮌'('광주 꼼뮨')이라고 부르는 일이 더러 있었다. 1871년 3월 18일 프랑스 파리에서 수립돼 그 해 5월 27일 무너진 파리 코뮌에 빗댄 것이다. 어원적으로 그저 '공동체'의 뜻을 지닌 프랑스어 코뮌commune은 중세엔 도시 공동체나 자유도시를 가리켰고 오늘날엔 우리의 시市나 군郡에 해당하는 프랑스의 행정 단위지만, 프랑스 혁명의 역사에서 '민중 봉기로 제한적 지역에 수립된 혁명 정권'이라는 특별한 뜻을 덤으로 얻었다. 18세기 말 대혁명 당시에 나타나기 시작한 이 용법은 1871년의 파리 코뮌을 거치며 깊이 뿌리내렸다.

1871년의 파리 코뮌은 역사상 첫 프롤레타리아 정권으로 꼽힌다. 프랑스가 프로이센과의 전쟁에서 져 나폴레옹 3세의 제2제정이 무너지자 파리 노동자들은 일제히 봉기해 이 혁명 정권을 수립했다. 베르사유의 정부군이 파리로 진입해 노동자들과 시가전을 벌이기 시작한 것이 그 해 5월 21일이고 그로부터 일주일 뒤 노동자 정권이 무너졌다는 사실이, 계절의 상상력을 자극해, 광주의 5월을 파리 코뮌과 포개고 싶은 유혹을 더 키웠을 것이다. 그러나 1980년 5월에 시민들이 무장한 것은 군부의 발포에 따른 반사적-수동적 대응이었고 항쟁 주체들에게 정권 수립 의지가 없었다는 점에서, 광주 항쟁을 코뮌이라 부르는 것은 적절치 않다.

역사적으로 '광주 코뮌'이 없었던 것은 아니다. 1927년 중국공산당 광둥성廣東省 위원회의 지도로 봉기한 노동자와 농민들이 그 성도省都 광저우廣州(1980년 항쟁의 무대였던 광주시와는 한자가 다르고, 경기도 광주시와 한자가 같다)에 수립한 인민정권이 그것이다. 광저우 코뮌(또는 광둥 코뮌) 역시 파리 코뮌을 본떠 붙인 이름인데, 혁명 정권을 수립하겠다는 의지가 개입된 민중봉기였다는 점에서 합당한 명칭이라 할 수 있다. 그해 12월 11일 수립된 광저우코뮌은 군벌과 외세의 개입으로 7000여 구의 주검을 남긴 채 사흘만에 무너졌다.

나는 '쓰다'의 주어다
『김윤식 서문집』

『김윤식 서문집』(2001)은 놀라운 책이다. 그 놀라움을 낳는 것은 텍스트의 내용이라기보다 형식이다. 아니, 텍스트 너머에 어른거리는 긴 세월의 고된 글 노동에 대한 상상이다. 이 책은 국문학자 김윤식이 1973년부터 2001년까지 낸 책들의 서문을 모아놓은 것이다. 어느 프랑스 비평가는 한 책을 이루는 여러 물질적 요소 가운데 본문을 뺀 나머지(서문이나 발문, 헌사, 판권 난, 저자 소개, 표제, 부제, 제사, 차례 따위)를 곁다리텍스트(파라텍스트)라 부른 바 있다. 그러니까『김윤식 서문집』의 텍스트는 곁다리텍스트만으로 이뤄진 텍스트다.

도대체 한 저자가 제 책의 서문만으로 또 한 권의 책을 만들자면 얼마나 많은 책을 써야 할까? 서문의 길이도 천차만별이고 책의 두께도 그럴 테니 섣불리 일반화할 수는 없겠다. 그러나『김윤식 서문집』을 기준으로 어림짐작해보자면 100권 안팎이 아닐까 싶다. 이 책에는 저자가 낸 책 95권의 서문이 묶였다. 그 모두가 순수한 저서는 아니다. 책 끝머리에 모인 7편의 서문은 역서와 편서의 서문이고, 나머지 서문 88편에도 아주 드물게 같은 책의 개정증보판 서문이 끼여들긴 했다. 그러나 그것들을 빼도 이 책에 제 서문을 빌려준 김윤식 저서는 80권이 넘는다.

그것만 해도 보통 저자라면 엄두도 못 낼 양이다. 그런데 김윤식은 2001년 이후에도 기운차게 책을 내고 있다. 그러니까, 2001년까지의 저서 가운데『김윤식 서문집』에 그 이름이 빠진 책이 없다 쳐도, 김윤식이 지금까지 쓴 책은 100권에 바짝 다가간다. 거기에 편서와 역서를 보태면 김윤식이라는 이름을 달고 세상에 나온 책은 100권이 훌쩍 넘는다. 이 책들 대다수가 가벼운 읽을거리가 아니라 학문이나 비평의 영역에 속한다는 데 생각이 미치면 놀라움은 더욱 커진다.

『김윤식 서문집』의 서문, 다시 말해 서문들의 서문은 '말하지 않아도 되는 말들을 모으면서'라는 제목을 달고 있다. 그러니까 김윤식 생각에 책의 서문이란 '말하지 않아도 되는 말'이다. 물론 이 표현은 겸양에서 나온 것이겠으나, 서문을 곁다리텍스트로 여긴 프랑스 비평가의 생각과 통하는 데가 있다. 이 '말하지 않아도 되는 말들' 앞에 다시 '말하지 않아도 되는 말'을 붙이면서, 저자는 1962년『현대문학』8월호에 실린 자신의 '천료(추천 완료) 소감'을 옮겨놓고 있다. 문학청년의 치기가 묻어나는 그 소감에는 "노예선의 벤허처럼 눈에 불을 켜야만 나는 사는 것이었다"라는 문장이 보인다. 그의 지난 반세기 글 노동을 지탱한 것이 바로 '눈에 불을 켜야만 살 수 있는' 운명이었을 테다.

이렇게 많은 글을 쓴 저자가 글쓰기 자체에 대한 성찰을 피하기는 어려웠을 것이다. "글쓰기란 무엇인가? 혼자 하는 작업이다. 한밤중 원고지 앞에 앉아 있노라면, 그것이 우주만큼 넓고 아득하여 절망한다. 그렇다고 어디로 도망칠 곳도 없다. 우주가 나를 가두었던 것. 이 속에서의 작업은 일종의 게임인데, 상대는 누구이겠는가. 운명이란 이름의 나 자신이었던 것"(『김윤식평론문학선』, 1991, 서문).

김윤식은 말하자면 자신을 상대로 한 그 외로운 게임의 중독자였다. 요즘 젊은 세대 말로 글쓰기 '폐인'이었다. 김윤식이라는 이름은 동사 '쓰다'의 주어인 것이다. 그런데 그는 문학사가이자 문학비평가다. 다시 말해 그의 방대한 텍스트들은 다른 텍스트들을 분류하고 배열하고 논평하는 텍스트들이다. 그러니, 김윤식이라는 이름은 동사 '읽다'의 주어를 겸할 수밖에 없었다. 그의 읽기는 20세기 이후 한국에서 '근대'의 표지를 지닌 채 발설된 모든 문학 텍스트를 향했다. 임화와 이상과 김동리가 보여준 이념의 엇갈림도, 이광수에서 신경숙에 이르는 세대의 엇갈림도 김윤식이 보기엔 근대성 안의 엇갈림일 뿐이었다.

'쓰다'와 '읽다'의 붙박이 주어 김윤식에게 소위 '명문名文'이라는 것은 어떤 뜻을 지녔을까? "명문을 쓰고 싶다는 생각을 아예 가져본 적이 없다. 다만 문법에서 크게 벗어나지 않는 문장이기를 바랐을 따름이다"(『문학사와 비평』, 1975, 서문). 이것이 겸양에서 나온 말인지는 또렷하지 않다. 자신이 엮은 『애수의 미, 퇴폐의 미―재북 월북 문인 해금 수필 61편 선집』(1989)의 서문에서 그가 '명문'에 대한 경멸을 거리낌없이 드러내고 있기 때문이다. "다음과 같은 것에 대해서는 조금 말해볼 수는 있습니다. 곧 명문이란 없다는 점. 설사 그런 것이 있더라도 대수로운 것일 수 없다는 점입니다. 이 사실을 임화의 '수필론'과 서인식의 '애수와 퇴폐의 미'가 조금 말해놓고 있지 않습니까. 뜻을 전달하기 위해 말이 있다는 점에 보다 많은 관심을 갖는 일이 그것이지요. 말을 바꾸면, 되지도 않는 자기 감정을 질펀하게 노출시켜 남을 감동시키고자 덤비거나 대단치 않은 스스로의 주제를 돌보지 않고 흡사 무슨 도사의 표정을 짓는 짓 따위에서 벗어나, 자기 분석을 겨냥하는 일이 그것이지요. 자기 성찰과 자기 도취의 형식이 얼마나 다른 것인가를 알아보기 위해서도 수필이라는 이름의 산문 형식이 필요하다고 저는 믿습니다." 이 진술은, 소설문학에 대한 그의 다른 발언, 곧 "(문학작품에 대한) 절대적 평가기준이란 무엇인가. '언어'가 그 정답이다. 언어의 밀도가 작품의 질을 평가하는 기준이라고 나는 생각한다"(『김윤식의 소설 현장 비평』, 1997, 서문)는 말과 통한다.

 이 기준들은 보기에 따라 꽤 엄격하다. 김윤식의 문장은 이 기준들을 넉넉히 채우고 있을까? 나는, 조심스럽게, 아니라는 쪽에 걸겠다. 문제는 명문이냐 아니냐가 아니다. 중기 이후 텍스트에서 사뭇 가시기는 했으나, 김윤식 텍스트는 '문법에서 벗어나는' 문장들을 너무 많이 품고 있다. 그의 웅장한 학문적 성채의 적잖은 부분은 읽어내기 힘들 만큼 조악한 한국어를 벽돌로 삼아 세워졌다. 한 세대에 걸쳐 김윤식이 가장 영향력 있는 한국문학 교사였다는 점을 생각하면, 문법에 대한 그의 이 대범함은 그냥 보아 넘길 수 없는 직업적 나태였다 할 만하다. 그것만이 아니다. 그의 문장에서 끝없이 되풀이되는 '-란 무엇이겠는가', '-가 아닐 것인가' 같은 표현은 그가 경멸해 마지않는 '자기 도취에 빠진 도사의 표정'에서 얼마나 멀까? '언어의 밀도'를 잃어버린 '명문'의 허세에서는 또 얼마나 멀까?

김윤식이 '쓰다'의 주어일 뿐만 아니라 '읽다'의 주어이기도 하다는 점을 기억하자. 그의 글쓰기 무게중심이 중기 이후 '연구자의 논리'(근대문학 연구)에서 '표현자의 사상'(현장 비평)으로 조금씩 옮아가면서, 그 읽기 대상도 쉼 없이 쏟아져 나오는 당대 소설 쪽으로 무게중심을 옮겨갔다. "'표현'과 '인식'의 완전한 일치"(『작은 생각의 집짓기들』, 1985, 서문)라 스스로 정의한 비평에서 이 원로 비평가는 성실했는가? 아니 그 비평의 전제인 읽기에서 그는 성실했는가? 그렇기도 하고 그렇지 않기도 하다. 고희의 나이에도 이어지고 있는 월평들은 김윤식이 이 시대의 가장 열정적인 소설 독자(가운데 한 사람)라는 것을 증명한다. 그러나 문단 한편에서 들추듯, 그의 비평은 해석의 타당성을 떠나 작품의 줄거리 자체를 그릇 잡아내는 일이 드물지 않다. 너무 많이 읽는 탓에 읽기의 '밀도'가 낮아졌는지도 모른다. 한국 근대문학 연구의 최고 권위자가 건네는 눈길은 아직 이름을 세우지 못한 작가들의 가슴을 한껏 설레게 하는 격려가 될 테다. 그러나 이 원로의 독서가 날림으로 이뤄지고 있다면? 그는 권위라는 자산을 너무 함부로 쓰고 있는 것 아닐까?

그러나 이런 트집이 무슨 소용이랴? 20세기 한국문학 텍스트를 김윤식만큼 많이 읽은 사람은 없다. 20세기 한국문학에 대해 김윤식만큼 많이 쓴 사람도 없다. 그가 아니었으면 도서관 한 구석에 처박혀 세월을 보내다 사람들의 기억에서 사라지고 말았을 텍스트들이, 그리고 그 텍스트들의 저자들이, 김윤식의 손을 거쳐 한국문학사에서 제 자리를 얻었다. 『김윤식 서문집』은 그의 이 끝없는 읽기-쓰기의 그림자다. 한국문학은 이 불세출의 독자-저자에게 큰 경의를 표해 마땅하다.

또 다른 다산多産 저자들

다산성에서 김윤식과 겨룰 만한 저자가 한국에 있을까? 있다. 얼른 생각나는 사람이 시인 고은과 언론학자 강준만이다. 고은 저서의 저자 소개에 '저서 1백여 권'이라는 표현이 들어가기 시작한 것은 1990년 무렵이다. 그것이 사실인지 확인할 길은 없다. 고은 자신이 이미 그 무렵부터 저서가 얼마나 되는지 알 수 없다고 말해온 데다, 『김윤식 서문집』같은 '물증'이 없기 때문이다. 그러나 『만인보』나 『백두산』 같은 서사시들의 낱권을 각각 한 종으로 친다면, 고은의 저서가 100종이 넘는 것은 확실하다. 저서의 다수가 시집인 터라, 글자수로 따져서 고은이 김윤식과 겨루기는 어렵겠지만.

고은의 산문은 한 시절 수많은 독자들의 심금을 울렸지만, 김윤식이 '명문'과 관련해 빈정거린 '도사의 표정'과 '자기도취의 형식'을 짙게 지니고 있었다. 또 청년 김윤식의 글보다 훨씬 더 문법에 대범했다. 그러나 이 약점들은 고은 특유의 주정적主情的 문체 속에서 서로를 지워내며 기이한 매력을 만들어냈다. 말하자면 일종의 강점이 되었다.

강준만은 그 저서 수에서 이미 김윤식을 앞지른 듯하다. 강준만 저서의 적잖은 부분은 자료의 가공/재구성 형식을 취하고 있다. 그 점을 탐탁지 않게 바라보는 눈길도 있지만, 그것은 강준만이 김윤식에 뒤지지 않는 '읽다'의 주어이자 실증주의자라는 것을 뜻한다. 더 나아가, 강준만이 사실과 현실에 바짝 붙어서 (미시)이론을 세우고 있다는 것을 뜻한다.

그가 여느 이론가와 달리 대중의 언어를 쓰는 데 대해서도 탐탁지 않은 눈길이 있지만, 그것 역시 이론을 학자들의 닫힌 담론 공간에서 해방시키고자 하는 건강한 욕망과 결부시킬 수 있겠다. 고은 같은 탐미 취향은 없으나, 강준만은 그 대신 '문법에서 벗어나지 않는 문장'을 구사한다. 이것은 그 같은 다산 저자에게 드문 강점이다. 강준만의 글은 김윤식이 강조한, "뜻을 전달하기 위해서 말이 있다는 점에 많은 관심을 갖는" '자기 성찰'의 글에 가까워 보인다.

문법적으로 단정할 뿐만 아니라, 심미적으로도 반들반들 닦인 글을 쓰는 다산 저자는 없을까? 있다. 고은처럼 시와 산문을 넘나드는 김정환이 그다. 그러나 그의 저술 양이 고은이나 강준만에게 미치지 못하는 걸 보면, 아름답게 쓰면서 많이 쓰기는 어려운 모양이다.

최일남 산문집 『어느 날 문득 손을 바라본다』
굽이쳐 흐르는 만경강

『어느 날 문득 손을 바라본다』는 소설가 최일남이 최근 펴낸 산문집의 표제이자 이 산문집 첫머리에 실린 글의 표제다. 작가는 그 글에서 "내 가운뎃손가락의 돌출은 내가 살아낸 역사의 징표이자 응고"라는 감회를 토로한다. 또 "오른손 가운뎃손가락에 삐주룩이 돋은 옹이를 왼손 엄지로 자꾸 문지르며, 그동안 얼마나 굳었는가를 점검한다. 단단할수록 기분이 좋다. 농땡이를 부리는 바람에 돌기가 주저앉았다 싶으면 적이 실망하고 자책한다"는 고백도 보인다. 글 노동의 부하負荷를 컴퓨터 키보드 위 열 손가락에 고루 나누기 십상인 신세대 글쟁이가, 펜대와 원고지 '이우二友'에 기대어 한 생애를 버텨온 구세대의 소회를 고스란히 빨아들이기는 어려울 것이다. 나 역시 인생에서고 글쓰기에서고 이 책 저자의 까마득한 후배인지라, 젊은 시절 잠깐 동안만 오른손 가운뎃손가락의 옹이를 살짝 경험했을 따름이다. 그래서 이 원로 작가의 손가락 옹이를 상상하는 내 마음은 직업적 경의와 경이로 파닥인다.

　산문집 『어느 날 문득 손을 바라본다』(이하 『어느 날 문득』)가 최일남 문장의 높다란 경지를 보여주는 것은 아니다. 이 책은 그저 이 원로의 최근 문집일 따름이다. 그런 한편, '어느 날 문득'이 최일남 문장을 살피는 데 부적절한 텍스트도 아니다. 공식 문단 경력만 반세기가 훌쩍 넘은 이 작가의 글은, 그 장르가 소설이든 다른 산문이든, 그 긴 세월동안 그리 큰 변이를 보여주지 않았기 때문이다. 소설가 최일남과 언론인 최일남의 글을 띄엄띄엄이라도 따라온 독자라면, 그의 글이 독특한 스타일을 지닌 만큼이나 그 내부적으론 세월을 뛰어넘어 동질적이라는 사실에 깊은 인상을 받을 것이다. 그것은 최일남 문장이 거의 진화하지 않았다는 뜻이다.

　아니, 청년 최일남의 글들을 읽지 못한 내가 이런 진단을 내리는 것은 자발없는 짓일 테다. 오진을 피하기 위해, 이렇게 말을 바꾸자. 장년기 이래 최일남의 문장은 거의 진화하지 않았다고. 말하자면 한 세대 이상 최일남의 문장은 어금지금한 스타일을 유지하고 있었다. 보기에 따라 이것은 정체停滯라고도 할 만하다. 그러나 이것은 최일남이 아주 일찍부터 자신의 스타일을 굳게 세웠다는 뜻이기도 하다. 작가 자신이 자주 쓰는 말을 훔쳐오자면, 최일남은 '웃자란' 글쟁이였던 듯하다. 어쩌면 그는, 스타일에 관한 한, 생이지지生而知之의 경지에 있었는지도 모른다. 그 스타일의 굳건함은 소설에서든 에세이에서든 신문기사에서든 한결같았다. 작고한 소설가 김동리는 어느 해 세배 온 최일남에게(동리는 최일남을 등단시킨 문단 스승이다) "신문 칼럼에 비해 소설은 문예적이더라"는 덕담을 했다 하나(「그게 글쎄―나의 데뷔작」), 최일남에게 문학적 글쓰기와 저널리즘 글쓰기가 크게 차이났던 것 같지는 않다. 그의 소설 문장은 저널리즘의 기율에 묶여 어연번듯했고, 그의 기사 문장은 문학의 매혹에 끌려 바드름했다. 그의 삶만이 아니라 그의 문장도, 저널리즘과 문학의 경계에 있었다.

저널리즘과 문학 사이가 아니더라도, 최일남 문장은 경계의 문장이다. 그의 문장은 예스러움과 현대성의 경계에 있고, 토착성과 외래성의 경계에 있고, 전원풍과 도회풍의 경계에 있고, 귀족풍과 서민풍의 경계에 있고, 고전미와 유행감각의 경계에 있다. 최일남 문장에 점점이 박힌 외래어나 (젊은 세대의) 신어의 현대성은 글의 근간을 이루는 토박이말과 한자어의 예스러움과 길항하고, 토박이말의 토착성 전원풍 서민풍은 한자어의 외래성 도회풍 귀족풍과 길항한다. 그것은 구어체와 문어체 사이의 길항이기도 하고, 조선어 단어와 (설핏 보이는) 일본어투 문체 사이의 길항이기도 하다. 아니 그것들은 길항하지 않고 서로 어우러지며 두터움을 얻는다. 그리하여 독특한 최일남 문체를 이룬다.

최일남의 이 개성적 문체는 이름을 걸고 쓰는 소설이나 기명기사에서만이 아니라, 이름을 감춘 채 쓰는 신문 사설에서도 제 꼬리를 감추지 못한다. 1986년 서울 아시안게임의 여자육상 3관왕 임춘애는, 경기를 마친 뒤, "라면만 먹고 뛰었다"는 가난 고백으로 많은 사람들을 울먹이게 한 바 있다. 당시 이를 다룬 『동아일보』

사설 역시 최루성催淚性이었는데, 한눈에도 최일남의 글임이 또렷했다. 최일남의 문체는 고스란히 최일남이라는 이름이다.

최일남 문장의 이 모든 경계성 또는 혼방성混紡性을 슬며시 그러나 어기차게 떠받치는 '디폴트값'은 전북방언의 리듬이다. 방언 어휘를 찾기 힘든 그의 글이 전북방언의 리듬에 실려 있다는 말은 생뚱맞게 들릴지도 모른다. 그러나 리듬은 어휘보다 훨씬 더 근원적인 것이다. 그래서 리듬을 버리거나 거기 동화하는 것은 어휘를 버리거나 거기 동화하는 것보다 훨씬 더 어렵다. 대학 시절 이래 줄곧 서울에서 산 이 작가의 글에는 고향 말의 리듬이 문신처럼 새겨져 있다. 아니, 이 작가 스스로 그 리듬을 고집했을지도 모른다. 최일남 문장은 전주평야를 흐르는 금강, 만경강, 동진강처럼 한국어의 평야를 살갑게 적시며 굽이굽이 흐른다. 그것은, 아주 깊다란 수평에서는, 판소리 가락과도 친화적이다. 최일남의 문어가 문득문득 구어 느낌을 주는 것도, 이 지식인의 언어가 더러 비속함에 대범한 것도, 모든 일에 문외한인 체하는 그의 말에서 어떤 의뭉스러움이 묻어나는 것도 그와 관련 있을 테다. 요컨대 최일남 문장을 이끄는 것은 입심이다.

『어느 날 문득』의 표지에는 표제 위에 '최일남 산문집'이라는 말이 붙어있다. 산문은, 곧이곧대로 해석하자면, '흐트러진 글'이라는 뜻이다. 말하자면 『어느 날 문득』에 묶인 글들은 흐트러진 글들이다. 그리고 그 글들엔, 작가 후기●의 "하다가 많아진 우리말과 글쓰기에 대한 서술이 객쩍다"라는 술회에서도 드러나듯, 말과 글에 대한 최일남의 생각이 많이 드러나 있다. 사실, 산문이라는 말의 축자적逐字的 뜻이 그렇다는 것이지, 이 글들 하나하나가 흐트러져 있다고는 할 수 없다. 그러나 『어느 날 문득』이라는 책 자체는 전체적으로 꽤 흐트러져 보인다. 이 책의 편집에 어떤 체계가 반영되지 않았기 때문일 테다. 이 산문들은, 책 속에서, 질서 없이 흐트러져 있다. 그것이 저자의 뜻인지 출판사 편집자의 뜻인지는 알 수 없다. 이 책을 더욱 흐트러져 보이게 하는 것은 자주 보이는 오자, 탈자들이다. 이것은 명백히 편집자의 직무유기다. 출판사는 이 원로의 글들을 책으로 묶으며 최소한의 에디터십도 발휘하지 않았다.

최일남이 『어느 날 문득』에서 펼친, (우리)말에 대한 이런저런 견해들은 건전하고 소박하다. "어떤 형태의 문장이건 간에 시대성을 떠나 존재하기는 어렵다. 옛날의 명문이 오늘 읽으면 맛이 덜한 이유도 거기 있다"(「이태준 『문학독본』」)는 견해는 지혜롭지만 평범하다. "얼핏 비슷한 말인 듯하면서 그 때 그 때 정황에 따라 쓰임새가 조금씩 다르기 때문에 말 임자를 잘 만나야 제 값을 받는 게 우리말이다"(쇠고기의 여러 요리법을 나열한 뒤에) "요컨대 우리말은 그렇게 발라내고 저미는 데 익숙하다" "우리말은 네모반듯하기보다 둥글넓적하고, 단단하기보다는 무른 편이다"(이상 「우리말의 폭과 깊이」) 같은 판단은 옳을 수도 있고 그를 수도 있다. 말하자면 이런 말들은 굳이 최일남이 아니더라도 할 수 있는 말들이다. 더러, 부정확한 정보에 바탕을 둔 견해도 보인다.

그러나 이 의견들을 펼치는 스타일은 오직 최일남만의 것이다. 「라일락이나 마로니에」라는 글에선 대학 동기생 이어령에 대한 찬탄이 꼬박 한 페이지에 걸쳐 나열된다. 「이태준『문학독본』」과 「함석헌 선생의 말과 글」이라는 글은 전체가 이태준과 함석헌의 문장에 대한 경의로 채워졌다. 그러나 재치 있는 담론 전파자로서라면 몰라도 문장가로서라면, 이어령에겐 볼 것이 거의 없다. 이태준도 최일남에게 미치지 못한다. 아마 함석헌 정도가 그 개성에서 최일남과 겨룰 수 있을 것이다.

한국 저널리즘의 역사에서 최일남은 신문 문화면의 혁신자로, 걸출한 인터뷰어로 기록될 것이다. 1950대 말 그는 『민국일보』 문화부장으로서, 그 전까지 외부 필자들의 기고로 채워지는 것이 관례였던 문화면을 문화부 기자들의 기사로 채우기 시작했다. 1980년대 중반 그가 월간 『신동아』에 연재한 「최일남이 만난 사람」은 인터뷰가 고도의 전문성을 요구하는 장르라는 것을 서늘하게 보여주었다. 그러나 저널리즘과 문학을 포함한 한국어 일반의 역사에서라면, 최일남은 가장 개성적인 문체를 지닌 스타일리스트 가운데 한 사람으로 기록될 것이다. 초등학교 과정을 온전히 일본어로 마치고 중학교에 들어가서야 한국어 텍스트를 읽기 시작했던 불행한 세대에 그가 속했다는 점을 생각하면, 최일남 문장에 대한 경의는 더욱 더 커진다.

● 『어느 날 문득 손을 바라본다』 저자 후기

하다가 많아진 우리말과 글쓰기에 대한 서술이 객쩍다. 규모 있게 찬찬히 챙기기보다는 투정질하듯 변죽만 핥다 말았기 때문이다. 글도 어제 다르고 오늘 다르다. 말은 하물며 더하다. 이마에 예민한 센서를 달고 '날마다 빅뱅'에 대응하는 신진세력과 좌우대칭의 가녀린 더듬이로 일상의 변화를 겨우 감지하는 자의 차이는 어차피 심하다. 그런 판에 이런 산문집의 등장은 대체 무엇인가. 조잔한 글줄로 우세나 사랴. 그나마 팔 힘이 스러진 옛 기억의 단편을 주워 모은 것이다.

『나이 들수록 왜 시간은 빨리 흐르는가』의 저자 다우베 드라이스마에 따르면, 기억은 '마음 내키는 곳에 드러눕는 개'다. 사람의 명령을 잘 듣지 않고 제멋대로 논다는 의미다. 기억은 또 수수께끼 같은 자기만의 법칙을 따른다고 했다. 경찰이 수첩에 기록된 범죄자를 가려내듯, 하필이면 괴롭고 수치스러운 일을 반복해서 떠올리게 하는 수가 많다. 노년의 어린 시절을 마흔 살 때보다 더 선명히 기억하게 만드는 역순의 요술을 부리기도 한다.

거꾸로 오늘의 이 순간을 꼭 기억해야 한다고 다짐한다? 몇 달이 못 가, 아니 겨우 이틀만 지나도 그 순간의 색깔, 냄새, 향기를 자신이 원했던 만큼 생생히 기억하기 어렵다.

희문戱文의 우아함
양주동의 수필들

무애无涯 양주동(1903~1977)을 흔히 국어국문학자라 이르지만, 그가 국어국문학 연구에 매진한 것은 일제 말기 예닐곱 해에 지나지 않는다. 무애는 그 길지 않은, 그러나 집중적인 정진에 기대어 『조선고가연구朝鮮古歌研究』(일명 『사뇌가 전주』, 1942)와 『여요전주麗謠箋注』(1947)라는 금자탑을 세웠다. 그의 다른 한국학 논문들은 이 두 저서의 우수리에 지나지 않는다. 그 예닐곱 해를 뺀 나머지 세월을 무애는 시인으로, 영문학 또는 국문학 교사로, 번역가로, 무엇보다도 주도酒徒의 일원으로 살았다. 그리고 명정酩酊의 힘으로 이따금 줄글을 써내려 갔다.

그것은 무애가 어린 시절부터 소망하던 삶의 형식이었는지도 모른다. 「연북록研北錄」이라는 글에서 자신의 향가 연구를 되돌아보며, 그는 "어려서부터 평소의 야망은 오로지 '불후不朽의 문장'에 있었으매, 시인 비평가 사상인思想人이 될지언정 '학자'가 되리란 생각은 별로 없었다"고 술회한 바 있다. 말하자면 무애는 문장가가 되고 싶어했다. 그리고 그 꿈을 이뤘다. 그의 '문장'을 또렷이 내비치고 있는 텍스트는, 『조선고가연구』와 『여요전주』 뒤에 붙은 평설들을 제외하면, 『문주반생기文酒半生記』●(1960)와 『인생잡기人生雜記』(1963)에 묶인 수필들이다. 토씨를 빼고는 온통 한자투성이인 한국학 논문들만이 아니라, 시집 『조선의 맥박』(1932)과 그 밖의 편서, 역서들도 그의 문장을 넉넉히는 보여주지 않는다.

『문주반생기』는 『신태양』 『자유문학』 따위의 잡지에 연재한 회고록이다. 「유년기幼年記」 「술의 장章」 「청춘백서靑春白書」 「여정초旅情抄」 「학창기學窓記」 「교단 10년」의 여섯 장으로 나뉜 이 책에서, 무애는 자신의 반생을 대체로 시간의 흐름에 따라 되돌아보고 있다. 『인생잡기』는, 그 후기에 따르면, "수상隨想 만감漫感 잡기雜記 등 필흥筆興에 맡긴 문자를 써서 발표한 것 중에서 하치않은 것을 다시 할애割愛하고 그 상상이나 필치에 있어, 내지 그 글을 쓰게 된 기연機緣과 내용에 있어 내딴에 회심의 미소, 칭의稱意의 탄상嘆賞, 내지 감개로운 회고를 지을 만한" 글을 추려서 한 책으로 모아놓은 것이다. 「신변초身邊抄」 「정원집情怨集」 「수상록隨想錄」의 세 장으로 이뤄져 있다. 말하자면 앞의 책과 달리 글을 주제와 성격별로 벌여놓았다.

그러나 『인생잡기』 역시 『문주반생기』처럼 글감을 필자 주변에서 취한 가벼운 글 모음이라는 점에서, 두 책은 서로 자매서姉妹書라 이를 만하다. 게다가 『인생잡기』에는 『문주반생기』에 먼저 실렸다가 옮아온 글도 있고, 글을 고스란히 옮기지 않았다 하더라도 같은 에피소드를 살짝 다르게 서술한 글들이 보인다. 특히 저자가 첫번째 결혼과 두번째 결혼 사이에 겪은 소설가 강경애(1906~1943)와의 연애는 정감 짙은 언어로 두 책에서 거듭 회고되고 있다. 그 글의 제목은 「춘소초春宵抄」다. 봄밤의 이야기인 것이다.

무애를 읽어보지 못한 젊은 독자들도, 이쯤엔 이미, 그의 걸쭉한 한자 취향을 짐작했을 것이다. 그 세대의 지방 출신 지식인에게는 별난 일도 아니었지만, 무애의 몸에 맨 처음 새겨진 교양은 한학이었다. 그의 부모는 둘 다 지식인이었고, 어린 무애는 부모에게서 한문을 배웠다. 그 부모는 무애가 철나기도 전에 차례로 작고했고, 이 천애고아는 그 뒤 독학으로 중국 고전들을 섭렵했다. 소년 무애가 걸출한 기억력으로 게걸스레 빨아들인 중국 고전의 세계는 뒷날 그의 문장에 짙은 그림자를 드리웠다. 무애는 대학에서 불문학과 영문학을 공부하며 그쪽 문헌을 적잖이 접했지만, 그의 한국어 문장은 평생 의고투擬古套를 곧, 한문 번역투를 벗어나지 못했다. 벗어나지 못했다고 쓰는 것은 적절치 않을는지 모른다. 그는 거기서 벗어날 생각이 없었을 테다. 그 자신, 「한자 문제」라는 글에서, "아닌게아니라, 내 글에는 한자어가 많고 벽자僻字조차 수두룩함이 사실이다. 어려서 한학 공부를 했기 때문에 일상 용어에 한자어를 남보다 더 많이 쓰는 버릇이 있으니, 문장이 또 그럴 것은 어쩔 수 없다"고 술회하고 있기도 하다.

무애의 한국어 문장에는 여느 한문 문장에서 사람들이 연상하는 모든 장점과 단점이 버무려져 있다. 장려함, 호방함, 우아함, 허세, 과장, 과시벽 같은 것들 말이다. 그의 문장은 그보다 두 살 위인 함석헌의 문장과 대척에 있다. 함석헌의 문장이 구어를 향해 한껏 달려갔다면, 무애의 문장은 문어 쪽에 바짝 붙어 있었다. 그럼에도 이 두 사람의 문장에는 눈길을 끄는 공통점이 있다. 극도로 불안정한 한국어에 노출된 채 글쓰기를 시작한 세대의 문장답지 않게, 문법적 단정함을 신경질적으로 추구했다는 점이다.

무애의 문장은 그 이전에도 없었고 그 이후에도 없을 개성적 문장이다. 그 개성은, 부분적으로, 그가 한문 교양을 깊이 체득한 채 한국어로 글을 쓴, 우리 역사에서 폭이 매우 좁은 세대에 속한다는 점에서 온다. 무애 문장의 이 한문적 우아함은 그의 시에서도 설핏 드러나고, 그의 서양시 번역에서도 흔적을 보인다. 무애의 수필은 박람강기의 문장이다. 고금동서의 문장들과 에피소드들이 자유자재로 인용되고 풀이된다. 그런 인용들은, 때로, 글의 맥락에 봉사한다기보다 저자의 과시벽에 봉사하는 것처럼 보이기도 한다. 그의 벽자 취향도 마찬가지다. 스스로를 '국보'라 일컬었던 사람답게, 무애에게는 과시벽이 있었다. 그러나 그는 더러 그 과시벽을 희화화함으로써, 다시 말해 자신을 조롱함으로써, 내면의 균형을 맞추었다.

무애의 문장이 삶이나 세계에 대한 깊은 성찰을 보여주지는 않는다. 그의 수필들은, 그의 한국학 논문들처럼, 주로 지식과 교양의 우물일 뿐이다. 그저 말놀이에 탐닉하는 글들도 적잖이 있다. 무애도 그것을 알고 있었다. 그는 『문주반생기』 후기에서, 자신의 글을 '희문戱文'이라 규정했다. "'문학'이란 워낙 단순한 '문자의 놀음'이 아니라 그 이상의 대단한 무엇, 야무진 '생각'이 있어야 한다는데, 이 '글'이 과연 얼마나 그렇게 풍류로운 채 진지하고 얄팍한 양 깊숙한 '삶'의 기록, 내지 그 '반성'과 '해석'이었는지 그것은 내사 모르겠다. 처음부터의 의도가 무슨 굉장한 '입언立言'이 아닌 단순한 희문이었고 따라서 '글'이 '사실'보다도 우위였음이 나의 구구한 핑계요 해조解嘲라 할까." 또 '인생잡기' 후기에서 다시 인용한 '무애 시문선' 후기에서도 이런 '희문'의 자의식이 되풀이된다. "거지반 내가 즐기는 이른바 '희문'으로 쓰여진 것이라, 매양 재치가 앞선 반면에 사색을 깊숙이 침전시키지 못했음이 한恨이나 독자는 거기서 여하간 '생의 미소'와 '문장의 묘妙'를 얻으리라 생각한다."

어쩌면 무애는 말 자체에 빠진 사람이었는지도 모른다. 그 말들의 장르나 거기 접근하는 방식은 여러 겹이었다. 한문과 유럽문학의 벽호癖好에서 시 창작을 거쳐 고대와 중세 한국어 연구에 이르기까지. 그는 또 소설 습작기에 『청춘』 『황금』 『희생』 3부의 '거작' 장편소설을 구상했으나 끝내 시작도 하지 못했다고 술회한 바 있다. 그 전말을 그린 「문주文酒의 벗들」이란 글의 '3부작 장편' 대목은 전형적 '희문'이다. 소설 첫 문장을 어떻게 시작할까 궁리하느라 동서 고전의 첫줄을 살피던 무애는 마침내 밀턴의 「실낙원」이 전치사로 시작하는 것을 발견한다("Of Man's first disobedience and that fruit/ Of that forbidden tree…"). 그래서 이를 좇아, 서양말 전치사에 해당하는 우리말 조사 '가, 를, 의, 에, 와, 는, 아…' 따위를 늘어놓고 심량深量하다가, 이내 소설 쓰기를 단념했다는 얘기다.

만년의 무애가 방송에 출연하며 '만담가'가 된 것도 말을 향한 욕망의 드셈 탓이었을 게다. '방송인' 양주동은 더러 그 '다변의 주책없음'으로 사람들의 입길에 오르내리기도 했다. 그의 애독자로서, 나는 그의 만년 기억이 안쓰럽다. 그러나 그 주책없음은 그의 순수함, 무구함의 뒷면이었을 테다. 박학과 자대自大, 장설長舌과 방송 활동 등으로 흔히 그와 비교되는 도올 김용옥은 그 점에서 무애보다는 한결 셈속이 깊어 보인다.

『문주반생기』와 『인생잡기』는 읽어볼 만한 책이다. 무애 아니면 쓸 수 없는 문장을 대하는 기쁨 때문에도 그렇고, 거기 그려진 1920~30년대 한국 문단 풍경을 엿보는 재미 때문에도 그렇다. 사실 그 문단풍경은 무애 자신의 내면 풍경과 한가지일 것이다. 무애의 글에서, 당대 한국문단은 필자의 주관이라는 필터에 걸러지며 꽤나 일그러진 듯 보이기 때문이다. 1926년 가을 어느 날의 한 문인 좌담회 전말을 그린 「영도사永導寺 좌담회」는 쓴웃음을 유발하는 '희문'이지만, 한 편의 풍자소설로도 읽힌다. 무애는 이 좌담회에서 동료 문인들에게 한국어 삼인칭 대명사를 남성은 '놈'으로 여성은 '년'으로 쓰자고 제안했다 한다. '글'이 '사실'보다 우위였다는 무애의 고백대로, 어쩌면 그의 수필 상당수는 허구일 수도 있다. 그렇다면 무애는 소설가의 꿈을 이룬 셈이다.

● 「문주반생기」 도입부

"반악潘岳의 '이모二毛'를 탄식하던 일이 사뭇 어제 같은데, 노령耆齡이 어느덧 또 두어 기紀를 더하여, 구갑舊甲을 다시 만남이 바로 지호指呼의 사이에 있다 한다. 옛 사람의 가르친 대로 아직 스스로 '늙음을 일컫'지는 않으나, 차차 길어지는 '저녁의 풍경'이 눈앞에 다가옴을 양탈할 길이 없다. 어려서 노인들과 함께 한시漢詩를 지을 때, 저들이 걸핏하면 '노거老去'로 '춘래春來'와 '화개花開'를 대對하고 '백발白髮'로 '청운靑雲'과 '황금黃金'을 대하기로, 나도 어서 늙으면 대구對句 놓기, 시詩 짓기가 사뭇 쉬우리라 생각하여 은근히 '늙음'과 '센머리'를 부러워하였더니, 어이 뜻하였으랴, 어느덧 내가 그러한 손쉬운 대구를 맘놓고 내세울 편의로운 위치에 왔다. 참으로 놀라운 것은 세월이다. 더구나 50을 지난 뒤의 그것이란, 누구의 말마따나, '재[灰]를 내리는 바퀴'보다 더 빠르고녀!"

*반악의 '이모': 중국 서진西晉의 시인 반악(247~300)이 「추흥부秋興賦」 서序에 "내 나이 서른둘에 비로소 흰 머리카락 두 올을 보았네"고 쓴바, 머리털이 세어지기 시작하는 32세를 뜻함.

임재경, 마지막 지식인 기자

『녹색평론』 최근호(90호. 2006년 9~10월)를 읽다가 원로 언론인 임재경의 「미국-이스라엘 제국주의와 헤즈볼라의 저항」이라는 글을 만났다. 얼마 전 이스라엘이 저지른 레바논 침공을 소재로 삼아 서남아시아 지정학을 살피며, 이를 한반도 상황과 슬며시 포개놓은 글이다. 이 어른이 아직 붓을 놓지 않았구나 하는 반가움에 인터넷을 뒤져보니, 그는 요즘도 『내일신문』에 정기적으로 칼럼을 쓰고 있었다. 임재경이라는 이름은 내 초년 기자 시절을 들뜨게 한 역할 모델이었다. 그런데도 그가 어디에 글을 쓰고 있는지도 모를 만큼 내가 불민해진 것이 무참했다. 그 무참함을 억누르며, 그의 저서 『상황과 비판정신』(1983)을 오랜만에 펼친다.

『상황과 비판정신』은 창비신서의 마흔다섯번째 책으로 나왔다. 창작과비평사(지금의 창비사) 전기前記의 얼굴 노릇을 하던 이 시리즈에는 아르놀트 하우저의 『문학과 예술의 사회사』를 시작으로 황석영의 『객지』, 리영희의 『전환시대의 논리』, 송건호의 『민족지성의 탐구』, 『신동엽 전집』을 거쳐 백낙청의 『민족문학과 세계문학』에 이르기까지 이젠 고전이 된 책들이 여럿 끼여 있다. 이런 책들이 워낙 큰 성가聲價를 얻은 터라 『상황과 비판정신』은 그 시리즈에서 그리 두드러져 보이지 않았고, 독자들은 그 책에 크게 주목하지 않았다. 그러나 내 독서 체험에 한정해서 말한다면, 『상황과 비판정신』은 창비신서의 순금부분에 속한다. 그리고 이 책은 한국인 직업 저널리스트가 쓴 최량의 저서 가운데 하나다. 분야가 달라 나란히 놓고 견주기는 어렵지만, 이 책은 실증적 전문성에서 송건호의 저서들에 앞서고, 논리와 균형감각에서 리영희의 저서들에 앞선다.

『상황과 비판정신』이 나올 무렵, 임재경의 신분은 해직 언론인이었다. 그러나 이 책에는 그가 현직에 있을 때 쓴 글들과 신문사에서 내쳐진 뒤에 쓴 글들이 섞여 있다. 현직에 있을 때 쓴 「엘리트의식과 직업의식」(1978)이라는 글에서, 임재경은 "신문과 대학이 그 조직의 공익성을 철저하게 주장하는 정통분자를 몰아내고 나서 이에 대신할 새로운 엘리트를 찾는다는 사실은 냉소의 대상이 되지 않을 수 없을 것"이라 지적한 바 있다. 1975년을 전후해 신문사들과 대학들에서 무더기로 쫓겨난 비판적 지식노동자들을 거론하며 한 말이다. 이 글을 쓰고 두 해 뒤, 그 역시 '조직의 공익성을 철저하게 주장하다 조직 밖으로 내몰린 정통분자'에 합류했다.

네 챕터로 이뤄진 『상황과 비판정신』은 그때까지 저자가 기자로서 지녔던 관심을 압축하고 있다. 그것은 경제와 국제문제에 대한 관심이었다. 앞의 두 챕터에는 경제에 관한 글을 묶었고, 나머지 두 챕터에는 국제문제에 관한 글을 묶었다. 특히 제3부에 실린「아랍경제론—통합과 연대의 한계」는 그 두 방향의 전문적 관심이 직조돼 태어난 글이다. 이 글만이 아니라, 『상황과 비판정신』 전반이 저널리스트의 전문성이란 무엇인가라는 물음에 진지하게 답하며 쓰여졌다 할 만큼 세상을 바라보는 혜안의 성찰로 번득인다. 「스태그플레이션과 제3세계의 누적채무」를 비롯해 제1부에 묶인 글들은 그 논리의 깊이와 실증성에서 논문에 가깝고, 아랍 현실에 접근한 제3부의 글 몇 편도 그렇다.

임재경은 현장 기자 경력 대부분을 경제 담당 기자로 채웠다. 1980년 신문사에서 떨려날 때, 그의 직책은 경제 담당 논설위원이었다. 삶의 동선이 자주 겹쳤던 그의 선배 기자 송건호나 리영희와 달리 임재경이 '스타 언론인'이 되지 못한 것이나, 『상황과 비판정신』이 『민족지성의 탐구』나 『전환시대의 논리』만큼 젊은 독자들의 열광을 이끌어내지 못한 것은 그의 분야와도 관련 있을지 모른다. 경제는 삶을 근본적으로 규정하지만, 경제에 관한 글만큼 재미없는 글도 없으니 말이다. 쓰기 위해서만이 아니라 읽기 위해서도, 관심과 더불어 약간의 전문성이 필요한 분야가 경제다. 『자본론』이 마르크스의 저서 가운데 가장 널리 알려져 있으면서도 일반 독자들에게 가장 덜 읽히는 이유를 어쩌면 거기서 찾을 수 있을 게다. 경제 저널리스트로서 젊은 독자들에게 폭발적 반응을 불러일으킨 이로 근년에 타계한 정운영이 있지만, 그것은 정운영 특유의 화사하고 곡선적이며 사적인 문체에 힘입은 것이었다.

임재경에게는 그런 화사하고 곡선적이며 사적인 문체가 없었다. 아주 드물게 성찰적 웃음을 자아내게 하는 아이러니나 유머를 끼워 넣기도 하지만, 임재경의 문체는 대체로 털털하고 정통적이다. 임재경이 제기하는 문제의 진지함에는 그런 정통적 문체가 더 어울리기도 했을 것이다. 그는 그런 밋밋한 정통적 문체로 삶의 현장과 텍스트의 이 구석 저 모퉁이를 짚어나가며, 그리고 철저하게 객관적 수치에 바탕을 두고, 한국의 경제정의 문제를 따졌다. 그의 글이 선동이 아니라 설명과 설득이 된 것은 그런 표준 문체 덕분이기도 했다. 임재경은 스타일리스트가 되기를 마다하고 보편적 커뮤니케이터가 되는 길을 택했다.

『상황과 비판정신』에 실린 경제 관련 글들이 죄다 전문적인 것은 아니다. 제2부에는, 「생활 속의 경제」라는 그 제목이 드러내듯, 소위 생활경제에 접근하는 글들이 묶였다. 복지적 필요경비가 세액에서 공제되지 않는 한 '영수증 주고받기 운동'은 도로가 되기 쉬움을 지적한 「영수증의 사회학」이나, 인플레와 '민생'의 관련을 따져보는 글들이 그렇다. 그가 일차적으로 학자가 아니라 기자였던 만큼 이것은 당연한 일이다. 비교적 가벼운 이런 글들에서도 경제에 다가가는 임재경의 일차적 관심은 '정의'에 있었다. 그리고 전문적인 글과 계몽적인 글을 자유자재로 쓸 수 있었다는 점에서 임재경은 진짜 지식인이었다. 다시 말해 그는 교양인이면서 전문가였고, 교사이면서 논객이었다. 그가 지금도 글을 쓰고 있는 만큼, 앞문장의 시제는 현재형으로 바꿔도 무방하다.

『상황과 비판정신』에서 독자들의 '교양 욕구'를 자극할 글들은 외려 제3부와 제4부에 실려 있다. 특히 아랍 현실을 분석한 제3부의 글들은 당시 한국 상황에서 선구적이었다 할 수 있다. 시오니스트들의 유대인의식이란 민족의식인 것 이상으로 특수한 계급의식이라는 점을 폭넓은 자료로 실증한 「아랍과 이스라엘」(『창작과비평』 31, 34호에 수록, 1974) 이후, 임재경은 이스라엘 제국주의와 아랍 문제에 지속적 관심을 보였다. 리영희에게 중국이나 베트남에 해당하는 것이 임재경에게는 소위 중동 문제, 곧 정복국가 이스라엘과 그 둘레 아랍 사회를 망라하는 서남아시아 문제였다. 한국인들이 지구 반대편 일로 여겨 별 관심을 보이지 않았던, 아니 미국-이스라엘 동맹의 미디어 필터에 의존해 크게 뒤틀린 정보와 이미지만을 지녔던 중동 문제를 천착하며, 임재경은 그것이 곧 제국주의 식민주의 문제임을 명확히 했다. 그러니까 이 글 첫머리에서 언급한 『녹색평론』 기고문이나, 이스라엘의 레바논 침공에 즈음해 『내일신문』에 쓴 「60년 전쟁의 주역 이스라엘」(『내일신문』 2006년 7월 27일치) 같은 글들은 그의 해묵은 관심의 연장이랄 수 있다.

(응석 삼아 투덜거릴 게 하나 있다. 아랍세계로 눈길을 돌리기 시작하던 1970년대에 임재경은 왜 아랍어를 배우지 않았을까? 물론 프랑스어권과 영어권엔 방대한 아랍학 자료가 축적돼 있었고, 그는 프랑스어 자료와 영어 자료를 사용할 수 있었다. 그러나 아무래도 그 문헌들은 2차 자료이기 십상

이다. 이미 마흔에 이른 나이가 부담스러웠을까? 그러나 내가 듣기로 그는, 50대 중반에 이르러, 대학 교양독어 시간 이래 완전히 잊고 있던 독일어를 새로 익혀 그 뒤 자신의 독서 영역을 독일어 텍스트로까지 넓혀 왔다. 아랍어가 너무 난해한 언어로 여겨졌거나, 아랍 연구를 자신의 라이프워크로 삼겠다는 생각까지는 하지 않았기 때문이었으리라는 지레짐작은 한다. 그래도 한국 독자들에게 아랍세계를 처음 본격적으로 소개한 기자가 그쪽 방면 공부를 중도에서 접은 것은 아쉽다.)

『상황과 비판정신』 제4부 「현대사를 보는 눈」은 첫 두 글에서 드레퓌스 사건과 스페인 내전을 살피고 있다. 이 두 사건은 임재경 자신이 그 일원인 지식인의 역사에서 큰 의미를 지녔다. '자신과 이해관계가 없는 일에 참견하는 사람'이라는 프랑스적 지식인 개념이 태어난 것이 드레퓌스 사건 때고, 그 지식인의 양심을 세계사적 규모로 시험한 사건이 스페인 내전이다. 임재경이 이 두 사건에 눈길을 건넨 것은 지식인으로서의 자의식 때문이기도 할 것이다.

그런데 기자는 지식인일까? 드레퓌스 사건 때 군부와 국가주의자들에 맞서 드레퓌스를 옹호한 사람들—우익 분자들이 경멸의 의미를 담아 '지식인'이라고 불렀던 사람들—가운덴 신문기자가 여럿 있었다. 나중에 총리가 된 조르주 클레망소가 대표적 예다. 그런데 외국에서고 한국에서고, 이런 의미의 지식인—자신과 이해관계가 없는 일에 참견하는 사람—은 기자 사회에서 거의 사라진 듯하다. 한국의 경우, 임재경 아래세대로서 그런 의미의 지식인 노릇을 하는 기자는 곧바로 떠올리기 어렵다. 그렇다면 임재경을, 그 세대의 몇몇 다른 기자들과 함께, 마지막 지식인 기자라 불러도 되겠다.

김현, 또는 마음의 풍경화

문학비평가 김현(1942~1990)이 돌아간 지 16년이 되었다. 16년이면 한 사람의 생애와 정신의 궤적을 감정의 동요 없이 되돌아보기에 꽤 넉넉한 시간적 거리다. 그에 대한 친구들의 사랑도, 적들의 미움도 그 격렬함이 많이 잦아들었을 테다. 그가 작고하고 세 해 뒤에 16권으로 완간된 『김현문학전집』의 종이빛깔도 제법 누렇게 되었다.

김현 이후 16년 세월은 이른바 '문지 동아리' 안에서 김현 신화가 더욱 굳건해진 세월이기도 했고, 그 동아리 바깥에서 김현 신화가 사뭇 바랜 세월이기도 했다. 서로 반대 방향으로 치달은 이 세월의 힘 가운데, 더 큰 것은 뒤쪽이었던 듯하다. 그것은 생전의 김현이 누린 권위가 워낙 컸던 탓이기도 하다. 정점에 이른 자에겐 또 다른 상승의 가능성보다 추락의 가능성이 훨씬 더 크다. 아닌게 아니라, 그 16년 세월은 김현 글의 모자람을 드문드문 드러낸 세월이었다.

그 모자람은 김현 둘레 사람들의 글과 견주어서도 더러 드러난다. 김현 이후 16년은 김현의 제자나 후배 비평가들의 나이를 김현보다 더 먹게 만들었다. 그가 아끼던 후배 김인환과 황현산은 이제 그들의 선배보다 훨씬 더 나이를 먹었고, 그가 아끼던 제자 정과리는 스승이 도달했던 마지막 나이에 이르렀다. 그 제자와 후배들의 글들 옆에 나란히 놓일 때, 김현의 글은 어쩔 수 없이 낡아 보인다. 사실 이런 '낡음'은 이미 김현 생전에도 기미를 드러냈다. 김현의 어떤 글은 정치함에서 김인환만 못해 보이고, 자상함에서 황현산만 못해 보이며, 화사함에서 정과리만 못해 보인다. 생전에 낸 마지막 평론집 『분석과 해석』의 서문에서 김현은 청년기부터 그 때까지 자신의 변하지 않은 모습 가운데 하나로 '거친 문장에 대한 혐오'를 거론했으나, 그 혐오를 철두철미하게 실천한 것 같지는 않다. 청년 김현의 글에서는, 청년 정과리의 글에선 찾기 어려운 유치함과 허세 같은 것도 읽힌다. 현학은 '배운 청년'이 흔히 앓는 병이지만, 청년 김현은 그 병을 좀 심하게 앓았던 듯하다. 물론 김현은 이내 그 병에서 회복되었다.

그러나 김현의 글은, 이 모든 모자람에도 불구하고, 이 후배와 제자들의 글보다 훨씬 더 맛있게 읽힌다. 그의 윗세대나 동세대 평론가들의 글과 견주어서는 말할 것도 없다. 사실 김현은 문학평론을 그 자체로 읽을 만한 텍스트로 만든 거의 첫 비평가고, 어쩌면 마지막 비평가일지도 모른다. 그것은 김현이, 적어도 30대 이후의 김현이, 비평이란 수필의 일종이라는 사실을 알고 있었던 드문 비평가였다는 사실과도 관련 있을 테다. 그에게 비평은 논리와 지식의 전시장이 아니라 직관과 감수성의 연회였다. 김현은 비평을 제 앎을 드러내는 자리로 사용하지 않고, 마음(의 파닥거림)을 주고받는 자리로 사용했다. 작품론이나 작가론에서, 김현은 (초기 글들을 제외하고는) 자신의 불문학 교양을 거의 드러내지 않았다. 그러나 김현 특유의 직관과 감수성이, 모든 뛰어난 비평가에게 그렇듯, 오래 축적된 문학 교양과 어찌 관련이 없으랴?

김현이 자신의 직관과 감수성으로 작품에서 길어낸 의미가 늘 옳았던 것 같지는 않다. 다시 말해, 한 작품이 김현의 손길을 통해 늘 제 비밀을 고스란히 드러냈던 것 같지는 않다. 그러나 이 말은 얼마나 어리석은가? 한 작품에는 고정된 의미(들)만 있다는 속 좁은 문학관이 그 속에 웅크리고 있으니 말이다. 그것은 생전의 김현이 결코 동의하지 않았던 견해다. 그러니 이 말을 이렇게 바꾸자. 김현이 작품에서 길어낸 의미가 늘 표준적이었던 것 같진 않다고. 사실은 그 반대다. 김현의 말 읽기, 마음 그리기는 거의 언제나 독창적이었고, 바로 그 독창적인 의미화를 통해 한 작품을, 한 작가의 정신세계를 두텁게 만들었다. 모든 독창적 해석이 누군가에게는 오해로 받아들여진다면, 김현은 오해의 대가였다고도 할 수 있다.

김현은 한 작품을 그 안으로부터만 읽어내지 않았다. 그는 한 작품을 그 작가의 다른 작품 전부와의 맥락 속에서 읽을 줄 알았고, 무엇보다도 한 세대 내 또는 세대간 영향(의 불안)이라는 커다란 맥락 속에서 읽을 줄 알았다. 그것은 유년기 이래 평생 이어진 그의 글 허기증 덕분이었다. 김현은 동시대 비평가들보다 글을 훨씬 많이 썼지만, 진짜 잊어서는 안 될 점은 그가 동시대 비평가들보다 글을 훨씬 많이 읽었다는 사실이다. 설령 그가 이런저런 작품들에 매긴 자리(생전의 김현은 '자리매김'이라는 말이 싫다고 고백한 바 있다. 자리매김이란 관계맺기, 관계짓기보다 훨씬 고착적이어서, 한 번 자리가 매겨지면 변경하기가 힘들기 때문이다. 『말들의 풍경』 서문*은 그의 이런 생각을 매혹적인 한국어로 펼쳐 보이고 있다)가 늘 공정하게 보이진 않았다 할지라도, 텍스트와 콘텍스트를 넘나들며 작품과 작가에게 그럴듯한 자리를 마련해준 것은 김현 이전에 아무도 하지 못한 일이었다. 사후에 출간된 독서일기에서, 김현은 자신의 글을 괴팍하다고 평한 어느 소설가의 말을 거론한 뒤, "괴팍하다니. 나는 내가 쓰고 싶은 글을 썼을 뿐이며, 남들도 다 쓸 수 있는 글들을 쓰는 것을 삼갔을 따름이다"라고 적고 있다. 김현의 이 자부심은 온전히 정당하다.

  김현의 글은 어느 순서로 읽어도 술술 읽힐 만큼 자기완결적이지만, 시간축을 따라 읽을 때 그 저자의 '인간적 매력'을 한결 또렷이 드러낸다. 그 '인간적 매력'이란 지적 정서적 윤리적 성숙의 여정이다. 청년 김현의 글에서 설핏설핏 보였던 문장의 어설픔, 현학 취미와 자기애는 만년 글에서 거의 말끔히 걷혀지고, 단정하되 윤기 있는 문체가, 타인에 대한 배려와 겸양이 독자를 맞는다. (물론 그는 자신의 '앎'에 대해서는 겸손했으나 자신의 '감식안'에 대해선 끝내 겸손하지 못했다. 그리고 자신의 감식안을 감식하지 못하는 한국 문단을 슬그머니 타박하기도 했다.) 기분 좋은 일이다. 지적으로든 정서적으로든 윤리적으로든, 나이가 늘 사람을 성숙시키는 것은 아니다. 그래서 나이와 함께 푹 익은 인격을 바라보면, 기분이 좋아질 수밖에 없다. 그것이 한 분야의 세속적 정점에 이른 이의 인격일 때야, 더 말할 나위도 없다. 게다가, 생전의 마지막 평론집 『분석과 해석』과 유고 평론집 『말들의 풍경』에 묶인 글들은 한국어 산문이 도달한 아름다움과 섬세함의 꼭대기를 보여준다.

김현은 문학이 정치에 직접적으로 개입해야 한다고는 생각하지 않았다는 점에서 비정치적 문인이었지만, 그의 문학평론은, 특히 만년에 이르러, 폭력의 문제를 중심으로, 정치의 고갱이를 건드리곤 했다. 『르네 지라르 혹은 폭력의 구조』(1987)와 그 즈음의 몇몇 평문에서 그가 탐색한 폭력의 의미는, 깊숙한 수준에서, 1980년 봄과 관련 있었다. 그리고 그것은 김현이 전라도 사람이라는 것과, 역시 깊숙한 수준에서, 무관치 않았던 것 같다.

사회적으로 성공한 전라도 지식인들이 흔히 그렇듯, 김현도 '억눌린 자'와 '억누르는 자' 사이에서, 아니 보편(적 지식인 됨)과 특수(한 소속감) 사이에서 정서적으로 동요하고 있었다. 제임스 쿤의 『눌린 자의 하나님』을 읽고 쓴 1986년 5월 27일치 일기의 한 대목은 이렇다. "나는 전라도 사람으로서의 나 자신에 대해 숙고했다.

때로는 혐오하면서, 때로는 연민을 갖고서, 그러나 대부분의 시간은 도피의 마음으로. 전라도 사람이라는 것 때문에 하숙을 거절당한 것, 사투리 때문에 놀림받은 것, 전라도 사람임에도 불구하고, 80년 이후에도 조용하다는 것…… 등의 것들이 뭉쳐져 내 가슴에 밀려들어왔다. 쿤의 책은 내 경험세계의 신학적 의미를 되묻게 만든다. 나는 억눌린 자인가? 아니다. 억눌림에서 벗어나기 위해 완전히 지배이데올로기에 종속되어 있는가? 그것도 아니다."

문학장文學場 속에서 권력을 효과적으로 획득하고 합리적으로 행사하는 방법을 알았다는 점에서 김현은 매우 정치적이기도 했다. 대학시절의 『산문시대』에서 『사계』와 『68문학』을 거쳐 『문학과 지성』으로 이어지는 그의 동아리 운동에는 세대 전쟁과 세계관 전쟁이 버무려져 있었고, 김현은 늘 제 캠프의 우두머리 노릇을 했다. 그가 문학의 고유성과 (은밀한) 위엄을 그리도 강조한 것은 바로 그 자신이 '문학'이었기 때문이리라.

서가에 꽂혀 있는 김현 전집 가운데서 아무 거나 뽑아 들어 띄엄띄엄 읽노라면 문득 가슴이 울렁거린다. 거기에 내 글의 원형이 있기 때문이다. 세상을 바라보는 눈에서나 그 눈길을 담아내는 문체에서나 내 글은 김현의 글로부터 너무 멀리 떨어져 있지만, 그리고 격조와 깊이에서 도저히 김현의 글과 견줄 수 없지만, 그 근원은, 행복해라, 김현의 글이었다.

●『말들의 풍경』 서문(앞부분)

말들은 저마다 자기의 풍경을 갖고 있다. 그 풍경들은 비슷해 보이지만 자세히 들여다보면 다 다르다. 그 다름은 이중적이다. 하나의 풍경도 보는 사람에 따라 다르고, 풍경들의 모음도 그러하다. 볼 때마다 다른 풍경들은 그것들이 움직이지 않고 붙박이로 있기를 바라는 사람들에게는 견딜 수 없는 변화로 보인다. 그러나 변화를 좋아하는 사람들에게는 그것이야말로 말들이 갖고 있는 은총이다. 말들의 풍경이 자주 변하는 것은 그 풍경 자체에 사람들이 부여한 의미가 중첩되어 있기 때문이며, 동시에 풍경을 보는 사람의 마음이 자꾸 변화하기 때문이다. 풍경은 그것 자체가 마치 기름 물감의 계속적인 덧칠처럼 사람들이 부여하는 의미로 덧칠되며, 그 풍경을 바라다보는 사람의 마음의 움직임에 따라, 마치 빛의 움직임에 따라 물의 색깔이 변하듯 변한다. 풍경은 수직적인 의미의 중첩이며, 수평적인 의미의 이동이다. 그 중첩과 이동을 낳는 것은 사람의 욕망이다. 욕망은 언제나 왜곡되게 자신을 표현하며, 그 왜곡을 낳는 것은 억압된 충동이다. 사람의 마음속에 있는 본능적인 충동이 모든 변화를 낳는다. 본질은 없고, 있는 것은 변화하는 본질이다. 아니 변화가 본질이다. 팽창하고 수축하는 우주가 바로 우주의 본질이듯이. 내 밖의 풍경은 내 충동의 굴절된 모습이며, 그런 의미에서 내 안의 풍경이다. 밖의 풍경은 안의 풍경 없이는 있을 수 없다. 안과 밖은 하나이다. 하나는 둘을 낳고 둘은 만물을 낳는다는 말의 참뜻은 바로 그것이다.

"내 전공은 인간입니다"
홍승면의 저널리즘

'하루살이 글'이라는 신문기자들의 자조自嘲에서도 드러나듯, 신문기사의 생명력은 길지 않다. 흔히 스트레이트 기사라 부르는 보도기사만이 아니라, 사설이나 칼럼이나 해설 같은 논평기사도 한가지다. 어떤 형식의 기사든 거기엔 시의성時宜性이 담겨 있게 마련이고, 글에 생채生彩를 주는 그 시의성이라는 원기소가 글의 수명을 줄이는 독소이기도 하기 때문이다. 기사는 쓰여지는 순간에는 다른 어떤 장르보다 뜨거운 글이지만, 일단 쓰여지고 나서는 훨씬 빨리 식어버리는 글이다. 그래서, 신문에서 읽을 땐 매혹적으로 보였던 칼럼도 나중에 책으로 묶인 뒤 읽어보면 밍밍해 보이기 십상이다. 시간의 더께로 흐릿해지다못해 부식된 기사들을 꼼꼼히 읽는 독자는 역사학자들뿐일 것이다.

그래도, 낡아버리는 속도에서 모든 기사들이 똑같은 것은 아니다. 단정한 문체와 곧은 논리로 당대 현실을 정직하게 응시한 기사들은 얼마쯤의 세월이 흐른 뒤 읽어도 낡은 느낌이 덜하다. 홍승면 (1927~1983)의 기사들이 그 예다. 그가 작고하고 다섯 해 뒤에 나온 『잃어버린 혁명』과 『화이부동和而不同』은 거기 묶인 기사들이 쓰여졌을 때의 온기를 꽤 보존하고 있다. 그 책들이 나온 지 스무 해 가까이 되고 거기 실린 글 가운덴 반세기 전 것도 있지만, 『잃어버린 혁명』과 『화이부동』은 지금도 읽을 만하다.

홍승면은 언론계에서 '출세'가 매우 빨랐다. 대학 재학 중이던 1949년 합동통신사 기자로 언론계에 뛰어든 그는 6·25 동란 중 통역장교로 복무한 뒤 1955년 한국일보사에 들어가 편집국장과 논설위원을 지냈고, 1962년 동아일보사로 자리를 옮겨 역시 논설위원과 편집국장을 지냈다. 홍승면이 『한국일보』 편집국장이 된 것이 31세 때였으니, 그 시절 신문사 편집 책임자의 평균 연령이 지금보다 썩 낮았다는 점을 고려해도 파격이었던 셈이다. 신문기사를 그 형식에 따라 크게 보도와 논평으로 가를 수 있다면, 홍승면의 기사는 주로 논평에 속했다. 젊은 나이에 편집 간부와 논설위원이 되는 바람에 사건 현장에 붙박여 있을 기회가 별로 없었던 탓이다.

『잃어버린 혁명』은 비교적 짧은 신문칼럼 모음이다. 홍승면이 『한국일보』 논설위원으로서 이 신문의 고정란 「지평선」과 「메아리」에 쓴 글들, 『동아일보』 논설위원으로서 그 신문의 고정란 「횡설수설」에 쓴 글들, 그리고 현직을 떠난 뒤 『경향신문』의 「정동탑」 난에 쓴 글들 가운데서 추려 묶었다. 특히 「지평선」에 쓴 칼럼들은 반세기 전 글인데도 낡았다는 느낌을 거의 주지 않는 것이 야릇하다. 그것은, 신문기자 출신 언론학자 최정호가 그의 기사 문장을 두고 '누벨 바그'니 '뉴 저널리즘'이니 하고 평했듯, 홍승면 문장의 두드러진 현대감각 덕분일 것이다. 최정호는 홍승면의 문장을 한국 최초의 '구어의 글' '대화의 문체'라 평하기도 했다. '한국 최초'라는 말은 덕담의 맥락에서 나온 과장이겠으나, 기사 문장이든 소설 문장이든 1950년까지도 대체로 어수선하고 흔히 장식적이었던 한국어 산문 문장들 속에서 홍승면 문장의 깔끔한 현대성이 눈밝은 독자들에게 들키지 않을 도리는 없었을 테다.

조금 긴 글들을 모은 『화이부동』에는 「신문문장 문답」이라는 글이 있다. 후배 기자가 묻고 선배 기자가 답하는 형식으로 쓰여진 이 글에서, 틀림없이 홍승면 자신을 투영하고 있을 선배 기자는 이렇게 말한다. "어떤 신문문장이라도 독자들이 이해할 수 있게 의미가 명쾌해야 해. 그것을 신문의 친절이라고 누가 그러더군. 나는 한 걸음 더 나아가서 그것이 신문의 의무라고 생각해요" "독자들에게 명쾌하게 커뮤니케이트되어야 한다는 데 신문문장의 생명이 있지. 신문문장은 퀴즈가 아냐. 기술론으로서의 신문문장론도 어떻게 하면 독자들에게 명쾌하게 커뮤니케이트하느냐 하는 기술론 아냐?" "신문은 국민을 교도하거나 조직하거나 하는 것이 아니라 국민에게 봉사하는 것이라고 생각해요. '계몽적'이라는 말이 나는 싫어. 무지 '몽매'한 국민을 '계발'한다는 말인가. 국민(독자)의 지성을 과소평가해서는 안 돼요. 그러나 한편 국민(독자)의 정보를 과대평가해서는 안 되지. 따라서 우리는 친절하게 기사를 써야 한다는 거야. 그것이 계몽이 아니라 봉사란 말이야. 국민(독자)의 지성과 국민(독자)의 정보를 구별해서 생각해야 해."

『화이부동』의 마지막 글인 「신문기자 최병우」를 읽어보면, 독자의 지성을 과소평가하지 말되 독자의 정보를 과대평가하지도 말자는 홍승면의 좌우명은 선배 기자 최병우(1924~1958)의 그늘 아래 세워진 것임을 짐작할 수 있다. 홍승면은 「직업으로서의 신문기자」라는 글에서, 국민과 신문기자의 관계를 사령관과 참모의 관계에 비유하기도 했다. "참모들은 사실을 정확하게 보고해야 하고 사태 전망을 적절하게 판단해야 하고 현명한 행동을 건의해야 한다. 그것은 사령관을 계몽하는 것이 아니라 사령관이 옳은 결정을 내리도록 봉사하는 것이다." 홍승면의 칼럼들은 대체로 이런 세속적이고 실용적인 신문문장론과 기자의 참모기능론 위에서 그 단정한 기품을 드러내고 있다.

그러나 수십 년 전에 쓰여진 홍승면의 신문 글들이 지금도 읽을 만한 것은 그 문체의 힘 때문만이 아니다. 홍승면 글의 진정한 매력은 바로 그 칼럼들이 쓰여지던 상황을 응시하는 필자의 정직과 양식의 힘에 있다. 제1공화국 끝머리에 칼럼니스트가 된 홍승면은 민주주의의 개화를 보지 못하고 죽었다. 다시 말해 그는 현직 언론인으로서든 객원 칼럼니스트로서든, 양식을 지니고서는 자신의 글에서 정치적 긴장을 제거할 수 없는 처지에 놓여 있었다. 그는 그 정치적 긴장을 감내했다. 예컨대 4·19 당일 「지평선」 난에 쓴 「아, 슬프다 4월 19일」이 "눈물이 앞서고 손은 떨려서 무슨 말을 써야 좋을는지 모르겠다"는 말을 거듭하며 홍승면 글로서는 드물게 격한 정서를 드러내고 있거니와, 그의 칼럼들은 한국 민주주의의 가장 어두운 순간들에 이성의 빛을 들이대며 궁핍한 시대의 양식이 무엇인지를 보여주었다.

어떤 독자들은 그의 칼럼들이 충분히 날카롭거나 당당하지 못했다고 투덜댈지도 모른다. 사실 이승만이 됐든 박정희가 됐든, 홍승면의 칼럼이 현직의 철권 통치자를 곧바로 지목해 비판한 적은 없다. 그의 말화살은 그 독재자들의 하수인이나 소위 '2인자', 또는 에둘러서 제도를 겨냥하기 일쑤였다. 그러나 그것은 언론인 홍승면의 한계였다기보다 유사파쇼체제 제도언론의 한계였다. 홍승면은 젊어서나 나이 들어서나 당대 제도언론이 수용할 수 있는 양식의 첨단을 견지했다. 그것은 온건하지만 어기찬 보수적 자유주의자의 양식이었다.

반란군의 검열로 군데군데 삭제된 1961년 5·16 당일의 「메아리」 칼럼에서 그는 "동기가 수단을 정당화하지는 않는다. 시민들이 쿠데타의 동기를 이해할 수 있으면서도 쿠데타에 박수를 보내지 않는다는 데 법치국가 시민들의 양식이 있고 쿠데타 지도자가 곰곰이 생각할 문제점이 있는 것 같다"고 썼고, 공포 분위기에서 치러진 1975년 유신체제 찬반 국민투표를 앞두고는 「횡설수설」난에서 "현행 국민투표법은 국민의 진정한 의사를 정확하게 반영케 하기에는 독소 조항들이 너무나 많다"고 지적했다. 오늘날, 소위 보수 진영에서는 이 정도의 양식을 지닌 저널리스트를 찾기 어럽다.

　홍승면의 칼럼들이 죄다 정치를 소재로 삼은 것은 아니다. 『잃어버린 혁명』에는 지금부터 40년 전에 이미 유행했던 '노랑머리'에 대한 단상에서부터 사모님 호칭의 인플레, 실업과 자살, 폭력 교사, 이런저런 범죄들에 대한 소감 같은 것들이 촘촘히 박혀 있다. 그래서 이 책을 읽는 것은 1950년대 말부터 1970년까지의 세태를 읽는 것이고, 그 연대의 미시 사회사를 읽는 것이기도 하다. 그 글들을 읽다보면, 정치적 자유 획득과 경제성장이라는 그간의 큰 변화에도 불구하고, 한국 사회를 움직이는 원리는 거의 변하지 않은 것 같기도 하다. 독자는 문득 문득 기시감旣視感으로 어질어질하다.

　홍승면의 저서로는 『잃어버린 혁명』과 『화이부동』말고 『프라하의 가을』(1977)과 『백미백상百味百想』(1984)이 있다. 수필집 『프라하의 가을』은 홍승면이 생전에 낸 유일한 저서로, 이 책의 글 몇 편은 『잃어버린 혁명』과 『화이부동』에 옮겨졌다. '맛의 고향, 맛의 내력'이라는 부제를 단 『백미백상』은 홍승면이 언론계를 떠난 뒤 『주부생활』에 연재한, 음식에 관한 글을 모은 책이다. 식도락가라는 말이 폄훼가 아니라면, 『백미백상』은 한국인 식도락가가 쓴 최고의 음식 비평서다. 음식을 철별로 나누어 한 챕터씩 묶은 이 책의 글들은 그 편편이, 그 문장 문장이 독자의 식욕을 자극해 입맛을 다시게 한다. '백미백상'의 맛은 그 음식들의 맛이기도 하고 홍승면 문장의 맛이기도 하다. 아니, 독자로 하여금 침을 꿀꺽 삼키게 하는 것은 그 두 맛의 어우러짐이다.

홍승면은 사회학과를 졸업했으나 학부에 진입할 때는 심리학과 학생이었고 그 전에는 문학과 철학에도 뜻을 두었다. 또 언론계에 들어간 뒤의 짧은 미국 유학 동안에는 신문학을 공부했고 언론계 생활 후반에는 국제문제에 관심을 쏟았다. 이런 사연들을 털어놓은 「자유인이고자 걸어온 도정」이라는 글에서 홍승면은 이렇게 말했다. "누가 나에게 전공이 무엇이냐고 물으면 '나는 저널리스트입니다'라고 대답해 왔지만, 내 마음 한 구석에는 '나의 전공은 인간입니다'라고 대답하고 싶은 충동이 도사려 있다." 그러니까 자유주의자 홍승면의 저널리즘은 인간학이고 휴머니즘이었다. 그의 생각으론 저널리즘이야말로 인문 정신의 집적이었다.

먼 곳을 향한 그리움
전혜린의 수필

전혜린(1934~1965)이 생전에 낸 책은 모두 번역서다. 에리히 케스트너, 루이제 린저, 이미륵(이의경), 에른스트 슈나벨, 하인리히 노바크 같은 독일어권 문인들이 전혜린의 손을 거쳐 한국 독자들을 만났다. 전혜린은 또 프랑수아즈 사강이나 보리스 파스테르나크 같은 독일어권 바깥 작가들도, 독일어 중역重譯을 통해, 한국 독자들에게 소개했다. 그래서 생전의 전혜린은 번역문학가로 불렸다.

 문단 한 귀퉁이를 저릿하게 만든 그의 자살 이후, 전혜린의 이름으로 두 권의 책이 나왔다. 수필집 『그리고 아무 말도 하지 않았다』(1966)와 일기 모음 『이 모든 괴로움을 또 다시』(1968)가 그것이다. 이 두 책을 통해 전혜린은 수필가가 되었다. 그리고 더 나아가, 전설이 되었다. 전혜린의 수필은 한 세대의 젊은이들을 열광시켰고, 그 젊은이들의 추앙을 통해 전혜린이라는 이름은 지적 독립성과 천재의 여성적 상징이 되었다.

전혜린의 짧은 삶은 '먼 곳을 향한 그리움'에 들려憑있었다. 낭만주의의 한 연료라 할 이 정서적 오리엔테이션은, 거기 해당하는 독일어 단어 Fernweh를 곁들여, 전혜린의 글에서 거듭 표출됐다. 전혜린이 수필의 소재로 삼은 것은 대개 먼 곳이었다. 그 먼 곳은 자신이 떠나온 곳이었다. 그러니까, 먼 곳을 향한 전혜린의 그리움은 고향을 향한 그리움 Heimweh이기도 했다. 그 먼 곳, 그가 떠나온 곳은 유럽이었다. 그의 태가 묻힌 곳은 평남 순천이었고 그가 자란 곳은 서울이었지만, 그의 마음의 고향은 서유럽이었다. 더 구체적으로는, 그가 20대의 네 해를 보낸 독일 뮌헨이었다. 특히 뮌헨의 슈바빙 구역이었다. 뮌헨에 있을 때나 서울에 와서나, 전혜린은 이 도시의 슈바빙 구역을 지상의 이상적 공간으로 여겼다. 그게 아니라면, 적어도 그렇다고 우겼다.

뮌헨대학에 다니던 1958년 『한국일보』가 공모한 해외 유학생 편지에서, 전혜린은 "감수성 있는 사람들이 젊었을 때 누구나 가진 청춘과 보헴과 천재에의 꿈을 일상사로서 생활하고 있는 곳, 위胃보다는 두뇌가, 환상이 우선하는 곳, 이런 곳이 슈바빙인 것 같다. (…) 이 곳에서는 아직도 가난이 수치 대신에 어떤 로맨틱을 품고 있고, 흩어진 머리는 정신적 변태가 아니라 자유를 표시한 것으로 간주되며, 면밀한 계산과 부지런한 노력 대신에 무료로 인류를 구제할 계획이 심각히 토론된다"(「뮌헨의 몽마르트르」)고 썼다. 또 서울로 돌아와 대학 강사로 일하던 1963년에 쓴 글에서는 "나는 편견 없이 산다는 것이 무엇인가를 (슈바빙 구역에서) 본 것 같다. 정신만이 결국 문제되는 유일의 것이라는 것도. 국적도 피부색도 거기서는 문제가 되고 있지 않았다. 영혼의 교통이 가능하여 정신이 일치될 수 있으면 그만이었다. 벗이냐 그렇지 않느냐만이 문제였지 어느 나라 사람이냐는 문제되지 않았다"(「독일로 가는 길」)고도 말했다. 슈바빙 구역과 뮌헨을 향한 송가는 그의 다른 글에서도 여러 차례 되풀이됐다.

나라 바깥 경험이 일반화한 오늘날의 독자가 전혜린의 이런 판단에 선뜻 동의하기는 쉽지 않을 것이다. 1950년대든 지금이든, 지상의 어딘가에 국적도 피부색도 문제가 되지 않는 공간이, 아무런 편견 없이 오직 '영혼의 교통'만이 문제되는 공간이 있다는 것을 상상하기는 어렵다. 게다가, 설령 슈바빙에선 '영혼의 교통'만이 문제된다 하더라도, 그것 역시 또 다른 '편견'(영혼 제일주의)의 소산이랄 수도 있을 테다. 전혜린은 (뮌헨의 슈바빙에) 설득된 사람이 아니라 매혹된 사람이었다. 홀린 사람이었다. 그 홀림은 장년의 김현이 제 청년기를 되돌아보며 명명한 '정신의 불구' 비슷한 것이었다. 그 홀림은, 그 불구는 유럽을 향한 전혜린의 눈길을 부박하게 만들 수밖에 없었다.

전혜린을 호린 것이 슈바빙만은 아니다. 눈으로 보았든 귀로만 들었든, 유럽 전체가 전혜린의 마음의 공간이었다. 프랑스가 그랬고, 오스트리아가 그랬고, 이탈리아가 그랬다. 유럽은 전혜린이 세상의 모든 것을 판단하는 지적 미적 준거이기도 했다. 「1964년 여름, 만리포」라는 글의 첫 부분은 이렇다. "얼마나 오랜만의 바다였는가? 그리고 자유! 아무것도 그 어느 것도 나는 다 털어버리고 훨훨 바다로 갔다. 리비에라와 똑같은 감색 바다가 그 곳에도 아무도 모르는 보석처럼 암석 틈에 차갑게 괴어 있었다." 전혜린이 만리포 앞바다의 아름다움을 판단하는 것은 리비에라 해안의 (어쩌면 상상된) 기억에 기대서다. 말하자면 만리포 앞바다에서 전혜린이 리비에라를 향해 드러내는 감정은 향수다! 전혜린에 앞서 유럽 취향에 크게 휘둘렸던 시인 박인환조차 이 경지에는 이르지 못했다. 한국에서 한국인으로 태어나 자란 사람으로서 전혜린에 맞먹는 정서적 수평에서 유럽을 제 고향으로 삼은 사람은 불문학자 김화영 정도가 거의 유일할 것이다.

우연찮게도, 전혜린의 『그리고 아무 말도 하지 않았다』를 편집한 이는 대학 졸업을 앞둔 김화영이었다. "전설이나 신화 속으로 사라져가는 사람들이 있다. 전혜린, 그도 그 중의 한 사람이다. 어둠이 깔리는 박명의 층계 위에서 그 여자는 기다리듯이 서 있다"로 시작하는 이 책 서문의 끝에는 이어령이라는 이름이 적혀 있으나, 그 서문 역시 김화영이 쓴 것이다. 김화영의 고등학교 시절 국어 교사였던 이어령은 이름을 빌려달라는 대학생 제자의 청을 받고는, 단 한 군데만 고치고 나서 자신의 서명을 사용해도 좋다고 허락했다 한다. 그 일화를 털어놓은 글에서, 김화영은 "나는 원고를 가지고 온 친구와 둘이서 원고정리(상당 부분은 아예 뜯어 고쳤다),

제목 달기, 에피그라프 첨가, 편집 등을 맡았다"(「화전민의 달변과 침묵」, 『바람을 담는 집』, 1996)고 회고한 바 있다. 죽은 이의 유고를 뜯어고치는 것이 편집자의 권한에 속하는지에 대한 윤리적 판단은 미뤄 두자. 김화영의 이 고백은 전혜린의 (미정리 상태의) 원고가 그만큼 허술했다는 것을 뜻한다. 그리고 그 허술함은 김화영의 손을 거치고도 말끔히 씻기지 않았다. 판을 거듭한 『그리고 아무 말도 하지 않았다』는 악문의 전시장이다.

먼 곳을 향한 그리움과 함께 전혜린 수필에 아로새겨져 있는 것은 극심한 정서 불안이다. 전혜린은 자살 충동과 삶의 의지 사이에서, 열정과 허무 사이에서, 들뜸과 처짐 사이에서, 독립 욕구와 의존 욕구 사이에서, 독단과 회의 사이에서 끝없이 동요했다. 그가 영혼의 집시를 자처했을 때, 그 '집시 됨'은, 그가 믿었던 것과 달리, 자유의 갈망에 있지 않고 불안의 일상성에 있었다. 이 불안은 생전에 활자화된 수필에선 그저 배음背音을 이룰 뿐이지만, 타인의 시선을 의식할 필요가 없었을 일기 텍스트『이 모든 괴로움을 또다시』에서는 날것 그대로 노출된다. 그 정직은 아름답다. 그러나 그 정직을 일기장 바깥으로 끌어내 공개하기로 결정한 유족의 심사도 아름다울까? (나는 그 심사를 이해하지 못하겠다.)

불안은 그 자체로 비범함이 아니다. 먼 곳에 대한 그리움도 그 자체로는 비범함이 아니다. 전혜린의 수필들은 비범함을 열망했던 평범한 여성의 평범한 마음의 풍경을 보여준다. 그것은 이를테면 '문학소녀'의 글이다. 최우등생으로 일관한 그의 학창 시절과 죽음을 선택한 방식의 과격함에 대한 이런 저런 상념이 독자들의 마음속에서 버무려지며 그의 글을 터무니없이 매혹적으로 만들었을 것이다.

그러나 나는 지금 전혜린의 텍스트와 불공정한 게임을 하고 있다. 그는 내 어머니 세대의 여성이다. 그가 지닌 재능이 아무리 컸다 하더라도, 전혜린의 지적 정서적 지평에는 1950년대 한국 문화의 맥락이 깊이 개입할 수밖에 없었을 것이다. 다시 말해 그의 글의 한계는, 부분적으로는, 그의 시대의 한계이기도 하다. 그 시대 한국 문화의 궁핍함에서 잠시 풀려나 유럽의 한가운데에 발을 들여놓은 젊은 여성이 유럽에 대한 환상과 허위의식을 만들어내고 그곳을 제 고향으로 삼았다 해서, 그것을 무턱대고 비방하기는 쉽지 않다. 나는 나중에 말하는 자의 유리함에 기대어 불공정한 게임을 했다. 더구나 나는 전혜린보다 16년을 더 살았다. 그러니까 나는 초로의 나이에 이르러 청년 전혜린의 글을 헐뜯었다. 16년이면 제 둔함을 감추고 날램을 가장하기에 넉넉한 세월이다. 그러니까 나는 나이든 자의 유리함에 기대어 불공정한 게임을 했다.

서른에 이른 전혜린이 "삼십 세! 무서운 나이! 끔찍한 시간의 축적이다. 어리석음과 광년狂年의 금자탑이다"(「긴 방황」)라고 말할 때, 오직 자살할 용기가 없어서 그 끔찍한 시간의 축적을 그보다 훨씬 오래 견디고 있는 나는 부끄럽다. 오로지 일상의 관성에 떠밀리며 내가 세우고 있는 어리석음과 광년의 금자탑이 혐오스럽다. 딸에 대한 애정과 우애를 끝없이 확인할 때, 어머니의 현실 감각으로 제 허영을 지워나갈 때, 전혜린은 애틋하고 아름답다. 그 때, 그의 마음은 내가 다다를 수 없는 균형과 높이에 이르러 있다. 그러니, 내가 앞에서 늘어놓은 전혜린 험담은 모두 무효다.

화사한, 너무나 화사한
정운영의 경제평론

정운영(1944~2005)은 일급 마르크스 경제학자였지만, 여느 독자들은 그를 화사한 문체의 저널리스트로 더 기억할 것이다. 편저를 제외하면 그가 쓴 경제학 이론서는 벨기에 루뱅대학 박사학위 논문을 우리말로 옮기고 보완한 『노동가치이론 연구』(1993)와 그 후속편이라 할 유작 『자본주의 경제산책』(2006) 두 권뿐인 데 비해, 신문 글을 본격적으로 쓰기 시작한 1980년대 말 이래 그가 낸 칼럼집은 열 권에 이르기 때문이다. 그 칼럼들은 흔히 경제평론이라 부르는 장르에 속했지만, 경제라는 영역 자체의 전방위적 규정력과 필자의 예외적 박학에 기대며 정치 문화 등 사회 전 부문을 향해 더듬이를 곧추세웠다.

정운영은 문학 텍스트에 맞먹는 미적 광채를 신문 칼럼에 부여한 드문 저널리스트다. 하긴 그의 문체적 사치는 신문 글만이 아니라 본격 논문에서도 절제를 몰랐다. 그 점에서 정운영은 연구자이기 이전에, 저널리스트이기 이전에, 문장가였다. 설령 그의 글의 메시지가 세월의 풍화작용으로 흐릿하게 퇴색한다 할지라도, 그의 문장은 한국어가 살아 있는 한 또렷이 남을 것이다. 그의 소문난 퇴고벽, 교정벽이 사실이라면, 문장을 이루는 것이야말로 정운영이 진정 바라던 것이었는지 모른다. 그는 꿈을 이뤘다.

정운영은 우리가 앞서 엿본 전혜린과 어떤 정신세계를 공유하고 있었다. 유럽의 지적 자장磁場 안에 저 스스로 쏠려 들어가는 정신 말이다. 우연찮게도, 두 사람 다 젊은 시절 한 때를 유럽에서 보냈다. 그들은 유럽을 잣대 삼아 세상을 판단했고, 유럽에 미치지 못하는 한국의 낙후성에 절망했다. 그러나 닮음은 그런 껍데기에서 끝난다. 부분적으로는 요절 때문에 전혜린이 지니지 못했던 학문적 훈련과 문필 훈련의 기회가 정운영에게는 있었다. 그리고 정운영은 그 기회를 남김 없이 활용했다. 그래서, 정운영의 글은 전혜린의 글이 그 편린도 보여주지 못한 경지에 이르렀다. 전혜린이 문학에도 학문에도 저널리즘에도 이르지 못했던 데 비해, 정운영은 그 셋 모두를 취했다.

말할 나위 없이, 이런 단순 비교는 불공평하다. 독자들에게 알려진 정운영의 글은 40대 이후의 글인데, 전혜린에게는 그 40대라는 것 자체가 없었기 때문이다. 31년을 조금 더 살고 자살한 전혜린에게는 30대라는 것조차 거의 없었다. 어떤 사람의 장년 이후 글을 또 다른 사람의 청년기 글과 나란히 놓고 비교하는 것은, 특히 한국처럼 사회 변동과 언어 진화의 속도가 빠른 사회에선, 공평하지 않다. 세대 차도 헤아려야 한다. 두 사람은 열한 살 차이고, 정운영은 전혜린이 작고하기 한 해 전 대학에 들어갔다. 1960년대 이후의 '근대화'라는 것을 거의 보지 못하고 죽은 전혜린과 그 근대화의 격랑 속에서 정신을 벼린 정운영의 글을 나란히 대볼 수는 없다.

그러나 이런 조건들을 모두 에누리해도, 정운영은 전혜린을 저 멀리 따돌린다. 그렇게 말할 수 있는 이유는 간단하다. 전혜린이 동시대의 또래에 견주어서도 평범한 문필가였던 데 비해, 정운영은 동시대의 또래에서 두드러진 문필가였기 때문이다. 그런데도 전혜린 신화에 맞먹는 정운영 신화가 만들어지지 않은 것은, 다시 말해 전혜린의 유고에 감돌았던 아우라가 정운영의 글에 없는 것은, 우리 사회의 지적 부피가 그 세월 동안 꽤 불어났기 때문일 테다.

정운영의 저널리즘 활동이 본격화한 것은 1988년이었다. 그 시점은 상징적이다. 오래도록 잠들어 있던 한국의 정치적 민주주의가 그 전 해 6월항쟁으로 깨어 기지개를 켜면서 백화제방의 시동을 건 것이 1988년이었기 때문이다. 정운영이 저널리스트로서 닻을 내린 곳은 그 해 창간된『한겨레신문』이었다. 그는 1999년까지 이 신문 논설위원으로 일했다. 이것 역시 상징적이다.『한겨레신문』은 '진보'를 시대정신으로 파악하고 사회 전반의 민주화에 힘을 보태겠다고 다짐한 해직 기자들 손에서 만들어졌으니 말이다. 군사정권 아래서라면, 또는 1988년 이후에라도 보수 논조가 지배적인 신문에서였다면, 부분적으로 마르크스주의적 전망에 올라탄 그의 진보적 경제 칼럼들이 버젓이 활자화되기는 어려웠을 것이다. 『한겨레신문』이 직업 저널리스트로서 정운영이 머무른 유일한 거처는 아니다. 유럽으로 유학을 떠나기 전인 1970년대 초에 그는 『한국일보』와 『중앙일보』 기자로 일했고, 2000년부터 작고할 때까지는 『중앙일보』 논설위원으로 일했다.

정운영 칼럼을 화사하게 만든 것은 문체만이 아니다. 고금동서의, 현실과 텍스트 속의 수많은 장면들이 줄줄이 끌려나와 칼럼의 서두나 말미를 장식하며 필자의 박학을 증명하고 글의 때깔을 돋웠다. 그의 칼럼은 의견의 전시장인 것 이상으로 지식의 전시장, 취향의 전시장이었다. 그 지식과 취향이 의견을 압도할 때, 그의 칼럼은 허영의 전시장처럼 보이기도 했다. 박람강기는 누구도 흉내내기 힘든 정운영 칼럼의 장점이었고, 그 휘황함으로 더러 논지를 흩뜨려버리기도 하는 단점이기도 했다. 이것은 정운영 칼럼의 앞머리를 으레 장식하는 일화들이 그 칼럼의 논점과 긴밀히 맞물리지 못하고 더러 버성겨 보이기도 했다는 뜻이다. 그것은 또 그의 칼럼 논지가, 더러, 깊이 내려앉지 못하고 널따랗게 퍼지곤 했다는 뜻이기도 하다. 그러나 그가 본론에 들어가기 전에 한바탕 벌이는 그 지식과 취향의 잔치는 독자들을 홀리는 '삐끼' 노릇을 했다. 나도 그 '삐끼'에 홀려 정운영 글에 중독된 독자다.

내 편견의 소산이겠으나, 정운영 칼럼의 화사함은 그가 줄기차게 옹호했던 노동계급이나 만년 들어 열중한 '민족'과는 어울리지 않았다. 그의 문제는 다분히 귀족적이었고, 줄잡아도 부르주아적이었으며, 서유럽의 문학 전통에 젖줄을 대고 있었다. 프롤레타리아의 검술 교사가 되고 싶어했던 역사상의 여느 부르주아 지식인처럼, (계급적으론 결코 부르주아가 아니었던) 정운영도, 물질적으로 가난하게 사는 것까지는 몰라도 몸에 간직한 부르주아적 상징재象徵財를 포기할 생각은 없었던 것 같다. 외환 위기를 기점으로 세계화에 거세게 저항하며 '민족'을 구가한 그의 목소리는 흡사 일제 시기 우국지사의 그것처럼 새됐지만, 기묘하게도 그 목소리는 프랑스 어디선가 흘러나온 반미주의의 메아리처럼 들렸다.

그의 만년 글에 아로새겨진 냉소와 신경질은 그가 줄기차게 쏟아낸 열정의 대상이 어쩌면 허깨비였을지도 모른다는 의심을 자아낸다. 그가 지지했던 프롤레타리아가 길거리나 작업장에서 마주치는 추레하고 이기적인 (다시 말해 구체적이고 손에 잡히는) 노동자들이 아니라 그의 머릿속에 갈무리된 '위대한 노동계급'이었듯, 그가 만년에 부여잡은 민족도 그의 유럽 취향에 낯설어하는 (그러니까 구체적이고 손에 잡히는) 동아시아 시골뜨기들이 아니라 그의 관념 속에서 빚어진 '세련된 한국민족'이었을지 모른다. 그렇다면 그는, 일각에서 수군거렸듯 만년에 '전향'한 것도 아니고, 그 자신이 아이러니의 맥락에서 자조自嘲했듯 '변절'한 것도 아니다. 그는 그저 일관되게 추상을, 관념을 사랑하며 그 관념의 사랑으로써 자신을 위안했는지 모른다. 단지 그 관념의 이름이 '노동계급'에서 '(재벌을 포함한) 민족자본'으로 바뀌었을 뿐이다.

만년의 한 칼럼에서 그가 누군가의 목소리를 빌려 '리무진 진보주의자limousine liberals'를 타박했을 때, 직장생활의 불안정함으로 리무진 같은 것은 꿈도 꾸지 못했을 이 선배 저널리스트의 얼굴을 나는 무람없이 그 말에 포갰다. 이것은 물론 비아냥거림이다. 그러나 거기엔 경의도 담겼다. 정운영은 어느 글에서 경제학자 폴 크루그먼을 두고 (나쁜 뜻으로) 재승才勝이라 일컬었으나, 나는 정운영이야말로 (가장 좋은 뜻으로) 재승이라 말하고 싶다. 그 재주는 문재文才다. 정운영의 문장은 리무진이다. 초호화(여기엔 아무런 비아냥거림도 없다) 리무진이다. 정운영 칼럼은 한국 저널리즘 100년의 축복일 뿐만 아니라, 신문학新文學 100년의 축복이기도 하다.

시시한 에피소드 둘

하나. 정운영 선생이 『한겨레신문』 논설위원으로 보낸 세월의 전반부를 나는 그 신문의 문화부 기자로 보냈다. 소설가이자 경제평론가인 복거일 선생이 1990년 『현실과 지향―한 자유주의자의 시각』이라는 평론집을 내자, 정 선생은 서평 전문지 『출판저널』에 매우 비판적인 서평을 썼다. 세계관은 서로 대척이지만 이 두 사람은 동향 친구다. 대학 동문일 뿐만 아니라, 중학교 때부터 알고 지내던 사이라 들었다. 한 중학교를 다니지는 않았으나, 둘 다 아산 온양 인근의 수재로 꼽히던 터여서 학력 경시대회 시상식 같은 데서 얼굴을 마주치곤 했다 한다.
나는 복 선생에게서 정 선생 글에 대한 반론을 받아 문화면에 실었다. 이것을 계기로 그 신문 지면에서 세칭 '자유주의 논쟁'이 시작됐다. 너덧 차례 반론과 재반론이 오가며 벌어진 그 논쟁은, 두 사람 글의 격조에 크게 힘입어, 개인-보편과 집단-특수가 맞부딪치고 스며드는 아름다운 풍경을 만들어냈다. 정 선생이 세번째 반론을 내게 건네며 "이걸로 끝이야. 말이 안 통해"라고 못박았을 때 나는, 논쟁을 더 끌고 싶은 욕심에서, "그러면 정 선배가 지는 건데요"라고 슬쩍 그를 자극했다. 그의 얼굴이 험악해졌다. "당신이 뭘 알아?" 편집국 옆에 따로 방을 낸 조사부에서도 들릴 만큼 쩌렁쩌렁한 목소리였다. 나는 파랗게 질려 꼬리를 내렸다.
둘. 정 선생이 1993년 『시지프의 언어』라는 평론집을 냈을 때, 나는 문화면 머리에 실을 요량으로 12매짜리 기사를 써서 문화부장에게 넘겼다. 당시 신문사 안의 복잡한 사정으로 부장은 정 선생에게 적대적이었다. "세 매만 써." 힘이 쭉 빠졌다. "그럴 바에야 말죠." 나는 내 기사를 휴지통에 처박았다. 두 주일쯤 지나 회사 엘리베이터 안에서 정 선생과 마주쳤다. "기사감이 안 되나?" 그가 조심스럽게 물었다. 나는 부장과 협상했다. "여섯 매로 합시다." "네 매!" "다섯 매요." 그렇게 해서 기사는 다섯 매로 낙착됐다. 문화부 동료에게서 전말을 들은 정 선생은 얼마 뒤 내게 저녁을 샀다. 이름 모를 독주를 곁들인 근사한 중국 요리였다.

언어의 부력浮力
이재현의 가상인터뷰「대화」

문화비평가 이재현이 『한국일보』에 연재해온 가상인터뷰「대화」가 42회로 마무리 됐다. 인터뷰는, 저널리즘에서 좁은 의미로 쓰일 땐, 인터뷰어interviewer(주로 직업 저널리스트)가 인터뷰이interviewee(특정 영역의 취재원)의 의견을 들어 옮기는 취재형식이나 기사형식을 가리킨다. 그러나 이재현이 실천한 것은 '가상'의 인터뷰이므로, 일종의 거짓 취재이자 거짓 기사다.

실은 인터뷰라는 것 자체가 미국인 역사학자 대니얼 부어스틴(1914~2004)이 40여 년 전에 명명한바 '의사사건擬似事件 pseudo-events' 곧 가짜사건에 속한다. 의사사건이란 오직 미디어에 노출되기 위해 존재할 뿐 실제 삶에서 그 밖의 기능이나 구실을 하지 않는 사건이나 행위를 뜻한다. 그 자체의 내재적 의미가 (거의) 없으므로, 의사사건은 미디어를 통해서야 '현실' 속에서 의미를 얻는다. 기자들을 초대해놓고 벌이는 이런저런 행사들이 대체로 의사사건이다. 인터뷰도, 그것이 미디어에 실리지 않으면 (거의) 아무런 의미가 없으므로, 의사사건이다. 여느 의사사건과 달리, 인터뷰는 미디어 스스로 만들어내는 의사사건이다. 미디어가 전하는 것은 인터뷰이의 의견이지만, 누구와 인터뷰할 것인가, 무엇에 대해 물을 것인가를 결정하는 것은 인터뷰어(미디어)이기 때문이다. 인터뷰 자체가 의사사건, 곧 가짜사건이므로, 가상인터뷰는 두 겹으로 가짜사건이다. 그것은 포스트모더니스트들이 좋아하는 하이퍼-(하이퍼-)리얼리티의 세계다.

가상인터뷰 「대화」에서 실존인물은 인터뷰어, 곧 이재현뿐이다. 인터뷰이는, 설령 특정한 역사적 인물과 포개져 있다 하더라도, 인터뷰어의 머릿속에서 가공加工된 가공架空의 인물에 가깝다. 「대화」의 인터뷰이 가운데는 리어왕이나 시마 고오사쿠(일본 만화 『시마 과장』의 주인공)나 조사이어 바틀렛(미국 텔레비전 드라마 〈웨스트 윙〉의 주인공)처럼 널리 알려진 픽션 속 인물도 있고, 된장녀 같은 관념적 전형도 있고, 에버원 같은 인간형 로봇도 있다. 더 나아가, 축구공이나 여론조사나 태극(기)처럼 날것의 사물이나 관념도 있다. 이런 가공의 인터뷰이가 늘어놓는 말이 저널리즘일 수는 없다. 그러니까, 이재현의 가상인터뷰 「대화」는 가짜 저널리즘이다. 거기서, 불려나온 인터뷰이는 인터뷰어 이재현의 꼭두각시라 할 수 있다. 여기서 인터뷰이가 꼭두각시라는 것은 그가 인터뷰어의 의견을 고스란히 복제해낸다는 뜻이 아니다. 다시 말해, 이재현이 복화술사 노릇을 하고 있다는 뜻이 아니다. 어느 땐, 인터뷰이는

말들의 산책 347

혐오스러운 몰골과 제스처로 인터뷰어와 맞섬으로써 독자들로 하여금 인터뷰어의 의견에 동조하게 만들기도 한다.

그렇다면 '가상'이 붙지 않는 인터뷰는 '진짜' 저널리즘인가? 다시 말해 실재를 온전히 반영하는가? 그렇지 않다. 언어가 지닌 현실재현 능력의 한계나 기자의 편견(욕망) 때문에 기사라는 것 자체가(사실은 모든 장르의 글이) 현실을 일그러뜨리게 마련이지만, 인터뷰라는 형식은 특히 그렇다. 인터뷰는 취재형식 가운데 전형적인 의사사건인 데다가, 그것을 기사화하는 데는 거의 어김없이 재구성과 편집이 따르기 때문이다. 인터뷰 기사는, 흔히, 인터뷰이의 입을 빌려 인터뷰어의 의견을 드러낸다. 다시 말해, '가상'이 아닌 인터뷰에서도 인터뷰이는 인터뷰어의 꼭두각시가 되기 십상이다. 가상인터뷰에서와 마찬가지로, 실제의 인터뷰에서도 인터뷰이의 꼭두각시 노릇은 인터뷰어의 의견에 꼭 동조함으로써 이뤄지는 것은 아니다. 그는 독자들에게 불쾌감을 자아내는 방식으로 인터뷰어와 대결함으로써 자신을 고립시키고 인터뷰어의 견해에 설득력을 부여하기도 한다.

가상인터뷰는 인터뷰라는 장르가 인터뷰어에게 베푸는 이런 상황통제의 권능을 극대화한 형식이다. 그러니까 거기서 주목해야 할 것은 인터뷰이가 인터뷰어의 꼭두각시라는 사실 자체가 아니다. 주목해야 할 것은, 인터뷰어가 인터뷰이의 그 꼭두각시 노릇을 얼마나 자연스럽게 보이도록 만들었느냐다. 다시 말해, 인터뷰의 플롯을 짜내고 인터뷰이의 성격을 창조하는 인터뷰어의 '솜씨'다.

소설의 등장인물들은 근원적으로 작가의 꼭두각시이지만, 뛰어난 작품 속에서는 그들이 자율적 인간으로 보인다. 그와 마찬가지로, 인터뷰든 가상인터뷰든, 독자(나 시청자)를 설득하고자 하는 인터뷰어는 자신의 인터뷰이에게서 꼭두각시 냄새를 말끔히 지워내려 애쓸 것이다.

이재현은 이 일에 성공했는가? 다시 말해 자신의 인터뷰이들을 자율적으로 (보이도록) 만드는 데 성공했는가? 42편의 「대화」 모두에서 그가 이 일에 성공한 것 같진 않다. 인터뷰어의 자기 주장은, 이따금, 그가 공들여 두른 겸손의 너울을 찢고 튀어나와 인터뷰이를 꼭두각시로 보이게 만들었고, 그럼으로써 「대화」를 드라마의 공간이라기보다 논설의 마당으로 만들기도 했다. 그럴 때, 우리의 인터뷰어는 고전적 의미의 저널리스트라기보다 이데올로그로 보인다.

그런데도 가상인터뷰 「대화」는 술술 읽혔고, 재미나게 읽혔다. 나만이 아니라 많은 독자들이 이 가상의 대화가 활자를 입는 화요일을 기다렸으리라. 그 이유는 크게 둘일 것이다. 첫째는 언어의 부력浮力. 이재현은 무거운 주제를 가볍게, 경쾌하게 실어 나를 줄 안다. 이런 언어실천은 재주이기도 하고 취향이기도 할 것이다. 그것은 상황에 따라 미덕일 수도 있고, 악덕일 수도 있다. 「대화」에서, 그 재주와 취향은 대체로 미덕 노릇을 한 듯하다. 그의 더듬이가 향하는 쟁점들은 흔히 너무 무거워, 그의 언어가 그리 경쾌하지 않았다면 쉽게 들여다보게 되지 않았을 것이다. 신세대 독자들에게도 넉넉한 소구력을 발휘할 이재현 언어의 부력에 떠밀려, 「대화」는 지표면의 논리적 윤리적 구성물을 넘어서 대기권의 여러 고도를 오르내리는 미적 구성물이 되었다. 그러니까 「대화」의 미학을 낳은 것은 (무거운) 내용과 (가벼운) 형식 사이의 긴장 또는 어긋남이다.

둘째는 시의성. 장기長期 연재물의 필자는 체계의 유혹에 휘둘려 저널리즘(어원적으로 '나날의 기록')의 현실구속에서 일탈하기 쉽다. 그러나 이재현은 「대화」를 연재하면서 자신이 성실하고 유능한 저널리스트임을 입증했다. 그가 역사와 텍스트와 현실로부터 불러낸 사람과 사물과 관념들은 너무나 다양해 설핏 난데없어 보이기도 했지만, 그가 그(것)들과 나누는 대화는 거의 어김없이 나날의 쟁점들과 밀착해 있었다. (그러니, 나는 그가 저널리스트라기보다 이데올로그로 보일 때도 있었다는 말을 매우 조심스럽게 했어야 하리라. 또 가상인터뷰는 가짜저널리즘이라는 말도 거둬들여야 하리라.) 이를테면 그는 한국에서 미국이 지닌 의미를 캐기 위해 박정희, 밴 플리트, 사마천, 박현채, 피카소, 래리 킹 등 수많은 사람을 불러냈다. 그가 미국의 의미를 이렇게 거듭 묻지 않을 수 없었던 것은 지난 한 해 동안 한-미 자유무역 협정, 평택시 대추리의 미군기지, 전시작전 통제권 환수, 한국전쟁 당시 미군의 민간인 학살, 이라크 주둔 한국군, 북한 핵, 영어 조기교육 같은 '미국 문제'들이 줄곧 한국을 옭아맸기 때문이다.

이재현이 수행한 「대화」는 지금 이 곳의 문제를 두고 벌인 대화였다. 그는 비정규직 노동자 문제를 엿보기 위해 프랑스공화국의 상징 마리안느를 불러왔고, 일본의 우경화를 살피기 위해 일본 제국군대 장교 이시와라 간지와 좌익 테러리스트 에키다 유키코를 불러들였다. 그는 시애틀 추장과 경제학자 헨리 조지를 초대해 부동산 광풍을 입에 올렸고, '도박 도시' 라스베이거스의 초석을 놓은 전설적 갱 벅시를 불러 '바다 이야기'를 이야기했으며, 축구공을 모셔서는 월드컵의 그늘을 함께 훔쳐보았다. 그래서, 한 편의 「대화」를 다 읽고 나면, 그 날 그가 초대한 게스트가 바로 그 즈음의 '시사'를 실속 있게 체현하고 있음을 인정하지 않을 수 없다. 「대화」는 그러므로 골계와 기지와 반성의 언어로 쓰여진 2006년 시사연감이기도 하다.

이제 다시, 저널리스트 이재현이 아닌 이데올로그 이재현으로 돌아가자. 가상인터뷰 '대화'에 임하는 이재현의 '정치적' 입장은 뭐였을까? 아마도 그것은 그가 사마천과의 대화에서 털어놓은 '좌빠'일 것이다. 그는 사마천이 "자네는 좌파인가?"라고 묻자, "저는 '좌빠'에 불과해요. 진짜 좌파는 아니고 좌파를 좋아하는 쪽이지요. 거의 맹목적일 정도로요"라고 대답한다. 물론 이것은 별 뜻 없는 말놀이일 수도 있겠다. 그러나 '좌파'가 못되는 '좌빠'의 자임에선 조직적 실천에서 발을 뺀 독립지식인(고립지식인?)의 자의식과 겸연쩍음이 어슴푸레하게 읽힌다. 그 자신 마르크스주의 문예이론에 사로잡혔던 1980년대라면, 이재현은 사마천의 물음에 떳떳이 그렇다고 대답했을 테다. 현실사회주의의 역사적 퇴각이 강요한 '반성'이 그를 '좌파'에서 '좌빠'로 '전향' 시켰을 것이다. 그러니까 그의 '전향'은 한쪽 진영에서 다른 쪽 진영으로 넘어간 '진영간' 전향이 아니라(이 '좌빠'는 좌파를 '맹목적일 정도로' 좋아한다!), '운동'에서 '논평'으로 건너간 '층위간' 전향이었다. 그 '좌빠'는 그가 다른 자리에서 다소 자조적으로 들먹인 '인디 좌파'와도 맥이 닿아 있을 테다.

이 '좌빠'는 이제 더 이상 노동계급을 보편계급으로 여기진 않는 듯하지만, 여전히 소수파의 옹호자다. 정통 좌파라면 무심하거나 백안시했을 수도 있을 동성애자나 된장녀에게 그가 내보이는 '우애'는 '좌빠'의 계급감수성이 중층적이고 개방적이라는 것을 뜻한다. 이 '좌빠'는 화려하지만 무모한 혁명의 기관차에서 내려, "지하와 지상을 들락거리며 당대의 흐름을 거슬러가다가 돌연히 출현하여 새로운 가능성들을 돌발적으로 제시하는"(다니엘 벤 사이드) '두더지'(제40회 「대화」의 게스트)에게 자신을 투영하며 잠재적 희망의 원리를, 저항과 전복의 전술을 모색(이 아니라면 몽상?)하는 듯하다.

시대의 비천함, 인간의 고귀함
서준식의 『옥중서한』

『서준식 옥중서한 1971~1988』(2002, 이하『옥중서한』)을 읽는 것은 1970~1980년대 한국 사회의 가장 을씨년스러운 음지 한 군데를 들여다보는 것이다. 그러나 그와 동시에, 그 을씨년스러움을 인간존재의 눈부신 고귀함으로 승화시키는 어떤 정신의 다사로운 양지를 엿보는 일이기도 하다. 그 그늘과 볕이 서로 맞서고 뒤섞이고 포개지며 빚어내는 긴장 속에서, 『옥중서한』의 사적인 언어는 한 시대의 무게를 통째로 감당하는 공적 언어로 바뀐다.

일본 교토京都에서 태어나 자란 서준식은 고등학교를 졸업하고 한국으로 유학와 서울대 법과대학엘 다녔다. 대학 재학 중이던 1970년 그는 형 서승과 함께 북한엘 다녀왔고, 이듬해 이 일이 드러나며 간첩 혐의로 기소돼 징역 7년, 자격정지 15년형을 선고받았다. 징역형을 꼬박 치러낸 1978년에도 서준식은 자유를 얻지 못했다. 이른바 '사상전향'이라는 것을 거부한 탓에, 그는 사회안전법 상의 피보안감호자로 그 뒤 10년을 더 갇혀 있어야 했다. 『옥중서한』에는 그 17년 세월 동안 그가 가족과 친척에게 보낸 편지들이 담겼다.

서준식 자신이 서문에서 들췄듯, 전향 문제는 『옥중서한』의 '라이트모티프' 가운데 하나다. 사람에 따라선 대범히 넘길 수도 있을 이 문제가 옥중의 서준식에게는 제 존재 전체를 걸어야 할 생명선이었다. 전향서 한 장 쓰면 풀려나올 수 있는데도 서준식이 그 길을 마다한 것은 그가 '뉘우칠 줄 모르는 공산주의자'여서도 아니었고, 내용보다 형식을 더 무겁게 여기는 '형식주의자'여서도 아니었다. 그가 형기를 마친 뒤에도 더 갇혀 있기로 결정한 것은, 세상사 가운덴 내용과 형식을 또렷이 가를 수 없는 일이 있다는 판단 때문이었다. "경우에 따라서는 형식을 간직하는 일이 바로 내용을 간직하는 일일 수도 있"(82년 3월 11일, 누이 영실에게)는 것이다. 서준식이 보기엔, 바로 '양심의 자유' 문제가 그랬다. 그의 '지상목표'는 "'석방되는 것'이 아니라 '부끄러움이 없는 것'"(83년 3월 25일, 아버님께)이었다.

1978년 이후 서준식에게는 전향서를 쓸 수 없는 이유가 하나 더 늘었다. 그 해에 징역형 7년 만기를 채운 그는 그 뒤 '수형자'로서가 아니라 사회안전법 상의 '피보안감호자'로 갇혀 있었다. 다시 말해 그는 잠깐 평양 구경을 한 데에 대한 '죗값'을 다 치르고도, '재범의 위험' 때문에 계속 갇혀 있어야 했다. "스스로를 공산주의자라고(나는 분명히 이런 식으로 주장한 일이 없다) 생각, 고백, 주장하는 사람은 형기를 다 살아도 석방하지 말아야 하는가? 혹은 행위를 저지르지 않아도 잡아 가두어 놓고 있어야 하는가?"(88년 2월 4일, 고종사촌동생 순전에게). 그러니까 형을 치르고 있는 '수형자들'에게 전향 문제는 온전히 개인적 결단의 문제였지만, '피보안감호자' 서준식에게 그것은, 거기에 더해, 위헌적인 사회안전법에 맞선 법률투쟁의 문제이기도 했다.

　서준식이 보안감호처분 갱신 결정 무효확인 청구소송을 제기한 뒤 이돈명 변호사와 겪는 갈등도 이 지점에 자리잡고 있다. 물론 이 변호사는 서준식에게 전향서 따위를 쓰라고 권고할 만큼 몰상식한 사람은 결코 아니었다. 다만 그는 법정에서 서준식의 '사상적 결백'을 드러냄으로써(다시 말해 서준식이 공산주의자가 아니라는 것을 증명함으로써) 보안감호처분의 부당성을 주장하려 했다. 그러나 서준식은 인간의 내면에 국가가 간섭하는 것 자체가 위헌이라는 점을 지적하고 싶어했다. 그러니까 이 변호사는 '사실'을 중심에 놓으려 했고, 서준식은 '법률'을 중심에 놓으려 했다.

　파쇼체제 아래서 법률투쟁을 하는 것이 헛일이라고 판단한 이 변호사는 서준식의 석방 가능성을 되도록 높이기 위해 '사실' 쪽으로 싸움의 방향을 정한 것이지만, 사회안전법을 없애기 위해 스스로 "속죄양"(88년 1월 15일, 고종사촌누이 순미에게)이 되기로 마음먹은 서준식에게 그것은 용납할 수 없는 싸움 방식이었다. "소송을 제기하여 (사회안전법의―인용자) 위헌을 주장하는 내가 법정에서 자신의 '사상적 결백'을 증명해 보인다는 것이 얼마나 본말전

도된 일이며 자가당착인가?"(83년 5월 2일 영실에게).

전향 문제와 더불어, 『옥중서한』을 떠받치는 또 하나의 주제는 사랑이다. 서준식에게 사랑은 약한 것에 대한 연민이었다. "생각해보면 나에게 '사랑'이란 언제나 '불쌍'과 거의 같은 뜻이었던 것 같다. 나는 불쌍한 사람이 아니면 진정 마음을 주고 사랑하지 못했다"(81년 12월 25일, 이종누이 선암에게). 감호소 생활 끝머리 무렵을 제외하곤 기독교(만이 아니라 온갖 형태의 '세속화한' 종교)를 줄곧 백안시했던 서준식이 예수의 삶을 살갑게 추적하며 그를 본받겠다고 다짐하는 것도, 예수에게서 약자의 벗을 발견했기 때문이다. 연민과 나란한 이 사랑은, 서준식에게, 이념이 아니라 윤리였다. 사촌누이들에게 보낸 편지에서 그가 거듭 '착한 삶'을 강조하는 것도 서준식이 이념의 인간이라기보다 윤리의 인간이라는 뜻이겠다.

서준식은 예수에 더해 백범에 대한 존경을 『옥중서한』 여기저기서 드러내고 있으나, 그가 닮은 것은 차라리 (『옥중서한』에서 몇 차례 인용되는) 시인 김수영이다. 결벽증(그 자신은 부정하지만), 신경질, 자의식 같은 뾰족함을 공유하고 있다는 점에서 그렇다. (형 서승에 대해 서준식이 드러내는 마음의 뾰족함은 김수영이 박인환에게 드러낸 태도를 설핏 연상시킨다.) 그러나 서준식은 김수영보다 훨씬 굳셌다. 잠깐의 포로수용소 생활로 얼마 동안 정신을 놓아버린 김수영이, 폭압적인 전향공작이 되풀이되는 파쇼체제의 감옥에서 17년을 버텨내지는 못했을 것이다. 좋은 세월을 살았더라면, 서준식은 또 자신이 『옥중서한』에서 몇 차례 호의적으로 거론한 로맹 롤랑(의 작품 주인공들)과 닮은 (투쟁적이면서도 미적으로 고양된) 삶을 살았을 지도 모른다.

『옥중서한』이 (일본의) 가족과 (한국의) 친척에게 보낸 편지들이라는 점으로 돌아가 보자. 수신자인 가족 친척들도 당연히 서준식에게 편지를 보냈을 테다. 사실『옥중서한』에는 답장 형식의 편지가 여럿 있다. 그러니까『옥중서한』은 거기 드러난 텍스트말고도 얼추 그 분량의(아마 더 많은 분량의) 텍스트를, 17년 세월 동안 서준식을 수신인으로 삼은 편지 텍스트를 배면에 거느리고 있는 셈이다.

교도소나 감호소 안에서와 마찬가지로 바깥에서도 세월이 흘러, 서준식의 부모와 그 항렬 친척 어른들이 차례로 작고하고, (사촌)누이들은 하나둘 출가한다. 출가한 누이들에게선 편지가 뜸해진다. 서준식은 그것이 서운하다. 그러나 코흘리개 조카들이 어느새 자라나 서준식에게 편지를 쓰기 시작한다. 누이들과 조카들은 진로와 연애와 공부와 살림살이 등 신변의 이런저런 걱정거리들을 서준식에게 털어놓고, 옥중의 오빠(형), 옥중의 삼촌은 지혜를 짜내 그들에게 조언한다. 다시 말해『옥중서한』은 한국 정치사의 가장 어두운 부분을 통과하는 어떤 가족 이야기이기도 하다.

한국어를 읽을 수 없는 일본의 조카에게 서준식은 일본어로 편지를 쓴다. 그러나 그의 모어, 일본어는 예전 같지 않다. "13년간이나 창고 한 구석에 팽개쳐 놓았던 일본말을 끌어내어서 먼지를 털어 봤더니 여기저기가 녹슬어 버려 도저히 나의 뜻대로 움직여 줄 것 같지가 않다. 틀린 데가 있어도 웃지 말아라. 삼촌은 한국사람이니까 일본말은 서툴러도 부끄럽지 않다."(84년 6월 8일, 조카 순이에게)

대학에 들어가기 위해 조국을 찾은 19세 청년에게 낯설고 불편하기만 했던 한국어는 30대 장년의 '사상범'에게 유일하게 편안한 언어가 되었다. 한국어와 일본어가 자리를 바꾸는 이 과정은 '자이니치在日' 서준식이 '본국인' 서준식이 되는 과정이기도 했다. 그리고 그가 감호소에서 풀려난 1988년을 기준으로, 서준식의 '본국인' 생활 21년 가운데 그가 자유로웠던 기간은 4년뿐이었다.

옥중의 서준식에게서 편지를 가장 많이 받은 이는 일본의 친누이 영실이다. 그러나 서준식의 편지는 영실에게 가장 가혹하다. 더러, 옥중에서 맺힌 짜증을 이 누이에게 한꺼번에 풀어버리는 게 아닌가 생각될 정도다. 그것은 옥중의 서준식이 정신적으로 가장 기댔던 사람이 영실이라는 뜻이기도 할 테다. 1981년 12월 16일자로 아버지에게 보낸 편지에서 서준식은 "저는 이중인격자입니다. 서울에 있는 동생들(사촌동생들—인용자)에게는 '지킬박사'가 편지를 쓰고, 영실에게는 '하이드씨'가 편지를 씁니다"라고 쓴다.

그리곤, 아버지가 작고한 뒤, 마침내 이 말을 당사자에게도 털어놓는다. "영실아, 나는 이중인격자인가보다. 하얀 엽서(국내용 봉합엽서)를 펴놓고 펜을 잡을 때 나는 조심스럽게 자신을 숨기고, 해서는 안 될 이야기와 해도 될 이야기를 가려가면서 도덕 교사가 되고 성인군자가 된다. 하지만 푸른 엽서(일본의 영실에게 보내는 해외

용 봉함엽서—인용자) 앞에서 나는 성인군자연하지 못한다. (…) 거기서 나는 (하얀 엽서를 받아보는 사람들이 상상을 못할 정도로) 절망하고 포악해지고 자학하고 서러워하고 염세에 빠지기도 한다."(84년 11월 1일, 영실에게)

 이 편지에서도 엿보이듯, 『옥중서한』은 세상에서 고립된 자가 수행하는 '마음 다스림'의 기록이기도 하다. 고립의 현실과 연대의 열망을 팽팽한 긴장 속에서 버무리며 서준식은 17년을 버텼고, 한국어로 짠 가장 순정한 텍스트들이 그 세월 속에서 흘러나왔다. 그를 가두어놓은 파시스트들은, 의도하지 않은 채, 한국어 서간문학의 웅장한 마천루 하나를 세우는 데 이바지한 셈이다.

 서준식은 『옥중서한』 서문에서 이 편지텍스트들의 '라이트모티프'를 민족, 자생, 전향, 종교로 간추렸다. 나는, 독자로서, 그와 달리, 『옥중서한』의 '라이트모티프'를 양심과 기품으로 요약하고 싶다. 그 양심과 기품이 옥중의 그를, 그가 닮고 싶어했던 예수처럼, '스스로 권세있는 자'로 만들었다.

'고쿠고國語'의 생태학
이연숙의 『국어라는 사상』

이 책 중간쯤(p. 137)에 잠깐 불려나온 이연숙李妍淑이라는 이름을 기억하실지 모르겠다. 이연숙은 일본 히토쓰바시대학一橋大學에서 교편을 잡고 있는 사회언어학자다. '근대 일본의 언어인식'이라는 부제를 단 그의 저서 『국어라는 사상』(1996)이 얼마 전 한국어로 번역됐다(고영진, 임경화 옮김). 비록 일본 이야기이긴 하나, 개화기 이래 일본(어)의 그늘에서 좀처럼 벗어날 수 없었던 한국(어)의 풍경이 실루엣처럼 설핏 엿보이기도 한다. 오늘은 이연숙의 안내를 받아 19세기 후반에서 20세기 전반에 이르는 일본 언어사상사의 풍경을 들여다보며, 제가끔 한국 풍경을 거기 포개보기로 하자.

『국어라는 사상』의 두 주인공은 우에다 가즈토시上田万年(1867~1937)와 호시나 고이치保科孝一(1872~1955)라는 일본어학자('국어학자')다. 도쿄東京제국대학 사제지간인 이 두 사람은 일본에서 '국어(고쿠고)'와 '국어학(고쿠고가쿠)'의 거푸집을 만드는 데 실팍하게 이바지했다. 우에다는 이론 쪽에 쏠렸고 호시나는 실천 쪽을 파고 들었지만, 이들은 '국어'가 창성昌盛하려면 이론('국어학'이라는 과학영역)과 실천('국어정책'이나 '국어교육' 같은 정치영역)이 서로 굳건히 깍지를 끼어야 한다고 한 목소리를 냈다. 국학파를 비롯한 원조 보수주의자들에게 가공할 아나키스트로 백안시되던 이 두 사람이야말로 일본어의 자기확장 욕망을 가장 효율적으로 실현한(실현하려 애쓴), 다시 말해 제국주의 욕망에 휘둘린 국어론자라고 이연숙은 판단한다.

'국어'와 '국어학'을 세우기 위해 우에다가 내딛은 발걸음은, 기묘하게도, 직업적 애국자들이라 할 재래 국학자들의 발걸음과 사정없이 어긋났다. 그는 당대의 일본어 연구를 고학古學과 과학科學으로 나누고 자신의 박언학博言學(요즘 용어로 언어학)을 과학에 포함시켜 국학자들의 고학에 맞세움으로써, '애국적' 학문의 새로운 길을 제시했다. 독일에서 소장문법학파의 이론적 세례를 받고 돌아온 우에다가 보기에, 대일본제국의 질서정연한 '국어'는 근대언어학의 과학 원리에 기대서만 만들어낼 수 있었다. 옛것 타령이나 하는 국학자들은 이 소명을 결코 감당할 수 없다는 것이 우에다의 판단이었다. 낡은 애국(적 학문)을 질타하는 새로운 애국(적 학문)이었다는 점에서, 우에다의 '국어학'은 메이지유신기의 '뉴라이트' 이데올로기라고도 할 만했다.

막부시대 말기에 language의 역어로 보통명사 노릇을 하던 '국어'는 메이지시대에 이르러 슬그머니 일본어를 가리키는 고유명사처럼 쓰이게 됐는데, 이 '국어'를 '국가'와의 유기적 관련 아래 논하며 '국민'을 호명하기 시작한 사람이 우에다였다. 우에다에 따르면 국어학을 수립하는 것은 국가의 의무였고, 국민에게 '올바른 말하기, 올바른 읽기, 올바른 쓰기'를 가르쳐 실현하는 것이야말로 국어학의 최종 목표였다. 그는 일본어를 가볍게 여기는 한학자나 양학자를 힐난하는 동시에, 고문에 얽매여 있는 국학자를 책망했다. 우에다가 보기에 일본어의 '순결'은 고래古來의 문장 안에 있었던 것이 아니라 지금 이 순간의 입말 안에 있었기 때문이다. 이렇게 그의 '국어'는 현재성과 구어성口語性에 바탕을 두고 있었다. "극히 자연스럽고, 극히 쉽게 욀 수 있고, 따라서 누구나 바로 알 수 있는 말과 문체"만이 국어로 들어가는 입장권을 줄 수 있었다. '올드라이트'(국학)의 복고주의와 텍스트주의를 우에다가 경멸한 것은 당연했다.

그렇게 형성된 '국어'는 "제실帝室의 울타리이자 국민의 자애로운 어머니"가 될 것이었다. 더 나아가 그 '국어'는 일본에 오는 외국인을 일본화할 것이었고, "조선인이든 지나인이든 구주인이든 미국인이든 진정 동양의 학술 정치 상업 등에 관련된 사람이라면 누구나 알아야 하는, 동양 전체의 보통어"가 될 것이었다. 말하자면, 우에다에게는 국어교육을 통한 국민의 형성과 동화, 그리고 '국어'의 해외 진출이라는 아이디어가 있었다. 그러기 위해서 '국어'는 표준화되고 규범화돼야 했다. 국가주의가 흔히 그렇듯, 우에다의 국가주의도 식민주의, 제국주의의 이면裏面이었다.

우에다의 이 아이디어를 정책 수준에서 밀고 나간 사람이 그의 제자 호시나다. 강단에서의 정열보다 더 큰 정열을 문부성 안팎의 국어 관련 위원회들에 쏟으면서, 호시나는 '국어'의 보급과 진출을 위한 표준화 규범화 사업에 진력했다. 1898년 문부성 촉탁이 된 뒤 그는 일관되게 표음식 가나표기, (한자 폐지를 최종 목표로 하는) 한자 사용 제한, 공공 기관에서의 구어문口語文 채용을 주장했다. 전후에 「현대 가나표기법」과 「당용한자표當用漢字表」로 간추려진 '국어개혁'의 사령부 한가운데 있던 이가 호시나였다. 중국 동북 지방에 일제의 괴뢰국가로서 다민족국가 만주국이 들어서자, 호시나는 '국가어' 개념을 수립해 이를 만주국의 일본어에 포갰다. 그 뒤 아시아-태평양전쟁이 터지며 이른바 '대동아 공영권'이라는 것이 운위되자, 그는 '공영권어'(공영권 내의 통용어) 개념을 만들어 이를 다시 일본어 위에 포갰다. 국어가 됐든 국가어가 됐든 공영권 어가 됐든, 그것은 일본어여야 했다.

그러니까 호시나는, 그의 스승 우에다가 그랬듯, 일본어의 '진출'에 늘 마음을 쓰고 있었다. '국어'의 표준화 규범화 시도는 일본어의 이런 제국주의적 식민주의적 확장과 진출을 위해 허리춤을 추스르는 일이었다. 일본어의 해외 진출이 여의치 않은 것은, 호시나의 표현에 따르면, "토양의 죄가 아니라 종자의 불량으로 말미암는다." 내지인들끼리도 서로 의사를 소통하기 어려울 정도로 방언들이 춤을 추고, 일반인이 쉽사리 익히기 힘든 문어체 표현이나 역사적 가나표기법 같은 것이 일본어를 옥죄고 있는 한, 일본어의 해

외진출은 난망한 일이었다. 일본열도와 조선반도와 대만 바깥으로 퍼져나가기 위해, '국어'는 '개혁'돼야 했다.

그러나 호시나의 이런 국어개혁(론)은 '국어의 전통'에 매달리는 국수주의적 정신주의적 보수파의 화를 돋궜다. 태고 이래의 기괴한 고토다마言靈 신앙에 사로잡혀 있던 이 국수주의자들에겐, 우에다와 호시나의 세련되고 효율적인 제국주의조차 국체를 부정하는 혁명사상으로 보였다. 프랑스 왕당파가 나폴레옹을 증오했듯, 프로이센 귀족이 히틀러를 경멸했듯, 국학파 둘레의 '올드라이트'는 우에다와 호시나의 '뉴라이트'를 혐오했다. '올드라이트'가 보기에, '뉴라이트'는 전통과 '정신'에 대한 존중심이 결여된, 천한 혁명파 족속이었다.

야마다 요시오山田孝雄가 선두에 선 국수주의자들의 반격은 1940년대 들어 특히 격렬해졌다. 야마다에 따르면 "국어는 영원히 하나다. 그것은 고금을 통해 절대적인 시간성 위에 서 있다" "국어에는 선조 이래의 숭고한 피가 흐르고 있으며 그 속에는 국민정신이 깃들어 있다. 국어개혁은 국가에 대한 모독이다" "국어가 난잡하다든가 무통제하다든가 하는 말이 있지만 그것을 난잡하고 무통제하게 만든 것은 누구인가. 메이지유신 이후의 로마자 채용론자, 한자배격론자, 가나표기법 파괴론자 등 이른바 국어 정책론, 국어개량운동을 행한 자들이 바로 그들이다." 요컨대 호시나는 일본어의 난잡함(표준화와 규범화의 결여)이 일본어의 해외 진출을 가로막고 있다고 여겼던 데 비해, 야마다로 대표되는 정신주의적 국수주의적 보수파가 보기엔 일본어를 그리 난잡하게 만든 것이 바로 호시나로 대표되는 국어개혁론자들이었다.

이 언어학적 우익 내부의 대립은 해방 이후 한국의 국어학계 풍경을 떠올리게 한다. 국가의 힘을 빌려서라도 한자와 외래어를 몰아냄으로써 국어를 순화하려 했던 한글학회 둘레의 개혁주의자들이든, 민족의 유구한 전통을 내세우며 한자를 사수하려 했던 보수주의자들이든, 그들은 모두 정치적으론 명확히 우익이었다. 양쪽 다 '민족' 패션으로 치장한 이 우익 분파들끼리의 다툼은 사소한 만큼이나 격렬했고 지루했다. 한글학회 둘레의 개혁주의자들은, 더러, 자신들의 '민족' 패션에 '민중' 패션을 곁들이기도 했다. 그러나 그들의 개혁은 민중을 '위한(다고 주장되는)' 개혁이었지 민중에 '의한' 개혁이 아니었다는 점에서 반민주적이었다.

우에다나 호시나 같은 일본의 국어개혁론자들에게서(그리고, 부분적으로는, 이들에게 공명하는 한국의 국어운동가들에게서) 대뜸 연상되는 유럽인이 하나 있다. 프랑스 제3공화국에서 외무부 장관과 총리를 지낸 쥘 페리(1832~1893)다. 페리는 프랑스 각급 학교를 교회의 손아귀에서 해방시키고 여성교육을 장려한 민주주의의 수호자였지만, 대외적으론 아프리카와 동남아시아 각처에 프랑스 군대를 보내 식민지를 건설한 제국주의의 수호자이기도 했다. 이 대내적 민주주의와 짝을 이루는 대외적 제국주의는 우에다나 호시나에게서도 볼 수 있는 면모다. 이들의 국어개혁은 '국어'를 더 많은 일본 민중에게 돌려주었지만, 그것은 식민주의적 팽창을 준비하는 김매기이기도 했다. 쥘 페리가 프랑스의 학교에서 오직 프랑스어만을 사용하게 함으로써 지역 언어들의 생기를 앗았듯, 우에다와 호시나도 '국어'의 표준화를 가로막는 방언에 적대적이었다.

『국어라는 사상』 앞머리를 채우고 있는 모리 아리노리森有禮(1847~1889)와 바바 다쓰이馬場辰猪(1850~1888) 사이의 논쟁이 흥미롭다. 외교관이었던 모리는 입말과 글말의 간극이 메울 수 없이 벌어진 제 모국어에 절망해 간이簡易영어(불규칙성을 걷어낸 영어)를 일본에 도입하자고 제안한 바 있다. 입말로부터 그리도 멀어졌다고 모리가 한탄한 글말이란 한문투 문장이다.

이에 대해 자유민권사상가 바바는 한자어나 한문에 대한 일본어의 의존은 예컨대 라틴어에 대한 영어의 의존과 다를 바 없다며 모리의 비관주의를 나무란다. 그리고 영어의 도입이 일본인을 두 계급(영어를 쓰는 계급과 영어를 쓰지 못하는 계급)으로 또렷이 분열시킬 것이라 우려한다. 영어를 들여오자는 제안에 대한 바바의 비판은 보기에 따라 적절하달 수 있겠으나, 한문에 대한 당대 일본어의 의존은 그가 평가한 정도보다 훨씬 더 컸던 모양이다. 젊은 시절 영국에서 공부하느라 한학의 소양을 쌓지 못한 바바는, 뛰어난 웅변가였음에도, 일본어로 글을 쓸 엄두를 내지 못했다. 그는 저술활동을 오직 영어로 했고, 그럼으로써 자신의 논적論敵 모리가 한탄한, 입말과 글말 사이의 메울 수 없는 간극을 야릇하게 증명했다. 개화기 한국 지식인들에게도 이런 고민과 분열이, 모국어에 대한 혐오와 숭모가 있었으리라.

말들의 풍경

말들의 모험

모험을 시작하며

오늘부터 월요일 아침마다 독자를 찾을 '말들의 모험'은 말에 대한 수다입니다. 그 말은 한국어, 일본어, 프랑스어 같은, 인류가 의사를 소통하기 위해 쓰는 자연언어입니다. 호모 사피엔스를 호모 로쿠엔스(말하는 인간)로 만든 언어, 사람을 다른 동물들과 다르게 만든 언어 말입니다. 에스페란토처럼 세계어를 지향해 특정한 개인이 만든 인공어나, 컴퓨터 언어처럼 의미를 정확히 연산하기 위해 수학자나 철학자들이 고안해낸 논리언어, 개미들의 화학적 언어나 벌들의 비행飛行언어처럼 인류 이외의 동물들이 의사를 주고받기 위해 쓰리라 짐작되는 유사언어는 우리 눈길을 받기 어려울 겁니다. 부제에 '언어학'이라는 말이 들어있으니, 일종의 언어학 에세이가 되겠지요.

그렇지만 신문 지면에서 어떤 학문적 담론을 펼치는 것은 부적절한 일일 겁니다. 곧은 자세로 앉아 낱말 하나하나의 뜻을 헤아리며 신문을 읽는 사람은 없을 테니까요. '말들의 모험'이 언어학 에세이라 하더라도, 이 에세이는 언어'학'의 변죽만 울리게 될 겁니다. 미리부터, 군이 '공부하는 마음가짐'을 지닐 필요는 없다는 뜻입니다. 그렇다 하더라도 '말들의 모험'이 지적 담론이 되는 것은 피할 수 없을 것 같습니다. 전문 담론에 발을 들여놓는 일은 드물겠지만, 교양 담론을 슬며시 넘어서는 일은 잦을 겁니다. '말들의 모험'은 되도록 쉬운 말들로 짜이겠지만, 지적 담론이 요구하는 최소한의 어려움까지 솜씨 좋게 피할 수 있을지는 모르겠습니다. 변죽만 울린다 하더라도, '말들의 모험'은 언어학 담론에 바짝 붙어 있게 될 테니까요.

사람들이 언어에 지적 관심을 기울인 역사는 수천 년에 이르지만, 언어학이 분과학문으로 자립하기 시작한 것은 19세기 들어서입니다. 그리고 이 학문은 20세기 들어 만개합니다. 특히 20세기 중엽에 구조주의라는 사조 또는 방법론이 인문학과 사회과학을 휩쓸면서, 언어학은 얼마동안 학문의 제왕으로까지 군림하게 됩니다. 구조주의의 발원지가 언어학이었기 때문입니다. '구조주의'에서 '구조structure'는 '유기적 관계들의 더미'라는 뜻입니다. 언어가 '유기적 관계들의 더미'라는 생각이 널리 퍼지기 시작한 것은 『일반언어학강의Cours de linguistique generale』(줄여서 CLG, 1916)라는 책이 출간되고부터입니다. CLG의 저자는 페르디낭 드 소쉬르(1857~1913)라는 스위스 언어학자입니다.

꼼꼼한 독자라면, CLG의 발간년이 소쉬르의 몰년沒年보다 뒤라는 사실을 알아차렸을 겁니다. 그렇습니다. CLG는 소쉬르가 죽은 뒤에 나왔습니다. 소쉬르가 『일반언어학강의』라는 제목의 유고를 남긴 것도 아닙니다. 그는 제네바대학에서 일반언어학을 가르쳤을 뿐입니다. 소쉬르는 이 대학에서 일반언어학 강의를 세 차례(세 학기)에 걸쳐 했습니다. 첫번째 강의는 1907년 1월부터 그 해 7월까지, 두번째 강의는 1908년 11월부터 이듬해 6월까지, 세번째 강의는 1910년 10월부터 이듬해 7월까지 진행됐습니다. (일반언어학은 말 그대로 언어 일반에 대한 학문적 탐구를 가리킵니다. 이에 견주어 한국어학, 영어학, 일본어학처럼 특정 자연언어를 대상으로 삼는 학문은 개별언어학이라고 합니다. 소쉬르가 제네바대학에서 가르치기 시작한 것은 1891년 겨울학기부터고 정교수가 된 것은 1896년입니다. 그는 제네바대학 초기에 산스크리트어학이나 프랑스어학 같은 개별언어학을 가르쳤습니다.)

CLG는 소쉬르의 이 세 차례 일반언어학 강의를 들은 학생들의 노트를 밑절미 삼아 샤를 발리와 알베르 세슈에라는 언어학자가 편집한 책입니다. 발리와 세슈에는 소쉬르의 제네바 대학 제자입니다. 이 두 사람은 스승의 일반언어학 강의가 그의 죽음과 함께 묻히는 게 아까워 이를 책으로 되살리기로 한 것입니다. 이들의 노력은 소쉬르라는 이름에 불멸의 영예를 헌정한 것과 동시에 '진짜 소쉬르'를 찾기 위한 후대 언어학자들의 기나긴 여정의 신호탄이 되었습니다.

여기서 잠깐, 근대 언어학의 역사를 두 세기 남짓으로 잡을 때, 19세기와 20세기를 각각 대표하는 언어학자로 누구를 꼽을 수 있을까요? 등수 매기기는 본디 비非학문적이고, 뛰어남은 계량하기 어렵습니다. 그러나 후대에 끼친 학문적 영향은 얼추 계량할 수 있습니다. 그러니까 누가 가장 위대한 언어학자인지를 따지는 것은 비학문적이고 허망한 일이겠지만, 누가 후대에 가장 큰 영향을 끼쳤나를 따지는 것은 가능할 뿐만 아니라 그 나름대로 의미 있는 일이기도 합니다. 그 영향력을 기준으로 삼을 때, 19세기를 대표하는 언어학자가 소쉬르고, 20세기를 대표하는 언어학자가 노엄 촘스키(1928~)라는 데에 많은 사람이 동의할 겁니다. 물론 20세기 사람 촘스키만이 아니라 19세기 사람 소쉬르 역시, 그 영향력이 행사된 시기는 20세기입니다. 다작의 촘스키는 그 영향력을 그때그때, 곧바로 행사할 수 있었지만, 과작의 소쉬르는 죽은 뒤에야 『일반언어학강의』를 통해 후대에 영향을 끼칠 수 있었습니다.

언어학계 바깥 사람들에게, 미국 필라델피아 출신의 언어학자 촘스키는 전투적 정치평론가로 기억됩니다. 실상 그의 언어학 책보다 정치평론서가 훨씬 많은 사람들에게 읽혔고, 더 넓고 깊은 대중적 영향력을 행사했을 것입니다. 말하자면 촘스키는 학자 이미지보다 지식인 이미지가 더 짙습니다. 그러나 지성의 역사에서 촘스키는 지식인으로서보다 학자로서 더 많은 페이지를 할당받을 게 분명합니다. 지식인 촘스키를 대체할 만한 사람은 몇몇 떠올릴 수 있지만, 언어학자 촘스키를 대체할 만한 사람은 도무지 떠올리기 힘들어서 하는 말입니다. 촘스키의 『통사구조론 Syntactic Structures』(1957)에서 싹을 틔운 변형생성문법 transformational generative grammar(줄여서 TG)은 20세기 언어이론에 말 그대로 혁명을 불러왔습니다. 이 혁명적 언어학을 촘스키는 같은 제목의 저서에서 '데카르트 언어학Cartesian linguistics'이라고 불렀습니다. 지식의 계보에서 촘스키가 과연 데카르트의 적통嫡統인지를 두고 지성사적 논란이 일기도 했지만, 이 유대계 미국인이 합리주의와 심성주의 mentalism의 실로 20세기 주류 언어학의 피륙을 짠 것은 확실합니다.

다시 소쉬르로 돌아가 봅시다. 소쉬르 언어학은 두 권의 책에 망라돼 있습니다. 하나는 앞서 언급한 CLG고, 다른 하나는 1922년 파리에서 간행된 『페르디낭 드 소쉬르 학술논문집』입니다. 이 논문집에는 21세의 소쉬르에게 학문적 명성을 안긴 「인도-유럽어 모음들의 원시체계에 관하여」(1878)를 포함해, 그 때까지 확인된 소쉬르의 글들이 모두 묶였습니다. 이 책은 소쉬르의 지적 조숙과 천재를 넉넉히 증명하지만, 그를 구조주의의 아버지로 만든 것은 제자들이 편집한 CLG입니다. 언어가 유기적 관계들의 더미라는 생각은 CLG에서 여러 차례 피력됩니다. 그렇지만 그것이 '구조'라는 말로 명시되지는 않습니다. 그것은 대체로 '체계système'라는 말로 표현됩니다. 다시 말해 CLG에서 반복되는 '체계'라는 말은 20세기 구조주의자들이 말하는 '구조'와 거의 같은 뜻입니다. 조르주 무냉이라는 프랑스 언어학자가 소쉬르를 '자신이 구조주의자인 줄 몰랐던 구조주의자'라고 일컬은 것은 이런 연유에서입니다.

CLG의 마지막 문장은 이렇습니다. "언어학의 유일하고 진정한 대상은, 그 자체로서 또 그 자체만을 위해 고찰되는 언어다." 언어학의 대상을 좁고 엄격하게 규정한 이 문장은 소쉬르 사상의 한 핵심으로 널리 인용돼 왔습니다. 그러나 CLG 독자들은 이 마지막 문장과 맞닥뜨리며 뭔가 이상하다는 느낌을 받을 것입니다. CLG의 뒷부분은 지리언어학이나 언어인류학 같은, '그 자체로서 고찰되는 언어' 바깥에까지 눈길을 주고 있기 때문입니다. 뒷날 소쉬르 연구자들은 소쉬르 수강생들의 강의 노트에 이 구절이 없다는 것을 발견했습니다. 이 문장은 발리와 세슈에가 자의로 끼워 넣은 것입니다. 실상 이들은 소쉬르 만년에 이미 제네바 대학 강사 노릇을 하고 있었던 터라, 스승의 일반언어학 강의 중 가장 혁신적이고 창의적이라 할 세번째 강의를 거의 들을 수 없었습니다.

그렇다면 소쉬르의 생각은, 언어학이 언어와 관련된 모든 영역을 그 대상으로 삼을 수 있고 또 그래야만 한다는 로만 야콥슨(1896~1982)의 생각과 크게 다르지 않을지도 모릅니다. 양차 세계대전 사이에 소위 프라하 학파를 이끈 이 러시아 출신 미국 언어학자는 1953년 인디애나대학에서 열린 언어학 심포지엄에서 이렇게 말했습니다. "나는 언어학자다. 언어와 관련된 것 중 내게 무관한 것은 없다 Linguista sum: linguistici nihil a me alienum puto." '말들의 모험'도 야콥슨의 이 오지랖 넓은 언어학과 친할 것 같습니다.

랑그의 언어학과 파롤의 언어학

저번 차례에 우리는 언어학자 두 사람에 대해 아주 짧게 알아보았습니다. 기억나시죠? 페르디낭 드 소쉬르와 노엄 촘스키 말입니다. 오늘은 이 두 사람이 제가끔 다듬어낸 용어 몇 개를 살펴보겠습니다. 이 용어들의 원적지는 언어학이지만, 이내 인접과학으로 널리 퍼졌습니다. 퍼지는 과정에서 때론 은유의 옷을 입기도 하고 때론 뜻빛깔의 변화를 겪기도 했지만, 그 개념의 고갱이는 오롯이 남았습니다.

여기, "지난번 인사청문회에서 가장 돋보였던 사람은 민주노동당 이정희 의원이야!"라는 소리뭉치가 있습니다. 한국어 화자 열 사람에게 이 문장을 소리내어 읽게 하고 그 소리연쇄를 소노그래프로 분석하면, 그 소리연쇄 열 개가 매우 비슷하되 똑같진 않다는 걸 알 수 있습니다. 더 나아가, 똑같은 사람이 이 문장을 열 번 소리내어 읽더라도, 민감한 소노그래프라면 그 소리연쇄들이 똑같지는 않다는 것을 보여줄 겁니다.

이것은 낱말이나 형태소(의미를 지닌 최소의 소리뭉치)의 경우에도 마찬가지입니다. '사람'이라는 형태소(우연히, 낱말이기도 하군요)를 열 사람이 제가끔 소리내어 읽을 때, 그것이 물리적으로 완전히 동일한 소리들로 실현되는 경우는 거의 없습니다. 같은 사람이 '사람'이라는 말을 열 번 되풀이했을 때도 마찬가지입니다. 이 형태소의 소리값은 흔히 [sa:ram]으로 표기되지만, 언어생활 속에서 실현되는 수많은 [sa:ram]이 똑같은 경우는 거의 없다는 뜻입니다. 우리가 더 세밀한 음성기호 체계를 지니고 있다면, '사람'이라는 형태소가 [sa:ram]과 비슷하되 똑같지는 않은 무수한 변이체들로 실현되는 것을 일일이 구별해 기록할 수 있을 겁니다.

제 말이 또렷하지 않은가요? 다시 말하면 이렇습니다. 경상도방언 사용자가 소리내는 '사람'과 경기도방언 사용자가 소리내는 '사람'은 물리적으로 똑같을 수 없다, 경기도 방언 화자들끼리도 '사람'이라는 말을 똑같이 소리내지는 않는다, 남자가 내는 '사람'이라는 소리와 여자가 내는 '사람'이라는 소리는 다르다, 어린이가 내는 '사람'이라는 소리와 어른이 내는 '사람'이라는 소리는 다르다, 다급할 때 내는 '사람'이라는 소리와 한가할 때 내는 '사람'이라는 소리는 다르다, 심지어 같은 사람이 같은 상황에서 '사람'을 두 번 되풀이할 때도 그 소리들은 완전히 포개지지 않는다, 이런 뜻입니다.

이렇게 '사람'이라는 말이 한국어 화자에 따라 조금씩 다른 소리들로 실현된다면, 또 같은 사람이라도 '사람'을 똑같이 되풀이 할 수 없다면, 언어를 통해 의사를 주고받을 수 없을 것 같습니다. 그러나 우리는 언어로써 의사를 주고받을 수 있습니다. 왜냐하면 한국어 화자의 머리 속에는 [sa:ram]의 무수한 변이체들을 추상한 {sa:ram}이 그 개념과 함께 저장돼 있기 때문입니다. 그래서 우리는 경기도방언 화자의 [사람]과 이와는 '물리적으로' 다른 경상도방언 화자의 [사람]을 똑같이 '호모 사피엔스'라는 뜻으로 이해합니다.

앞에서 예로 든 "지난번 인사청문회에서 가장 돋보였던 사람은 민주노동당 이정희 의원이야!"도 마찬가지입니다. 한국어 화자들은 이 문장을 비슷하되 서로 다른 소리들로 실현합니다. 그러나 한국어 화자의 머리 속에는 서로 다른 [지난번] [인사청문회] [에서] [가장] [돋보였던] 따위가 추상된 {지난번} {인사청문회} {에서} {가장} {돋보였던} 따위가 그 개념과 함께 저장돼 있고, 그 개념들이 모이면 어떤 의미를 만들어내는지에 대한 사회적 규약이 갈무리돼 있습니다.

소쉬르는 물리적으로 서로 다르게 실현되는 구체적 [sa:ram](들)을 '파롤parole'이라고 부르고, 우리 머리 속에 갈무리돼 있는 추상적 {sa:ram}을 '랑그langue'라고 불렀습니다. 그리고 이 둘을 아울러서 '랑가주langage'라고 불렀습니다. 그러니까 '랑그'는 언어공동체가 받아들이고 있는 기호체계를 가리키고, '파롤'은 의사를 주고받기 위해 랑그를 사용하는 개인적 행위를 가리킵니다. 랑그가 언어활동의 체계적이고 사회적인 부분이라면, 파롤은 언어활동

말들의 모험 377

의 우연적이고 개인적인 부분입니다. 화자의 머리 속에 '기억'의 형태로 갈무리돼 있는 '랑그'를 의지에 기대어 '파롤'로 실현시키는 것이 언어활동이라면, '랑그'가 수동적인 데 비해 '파롤'은 활동적이고 창조적이라고도 할 수 있습니다. 소쉬르는 언어활동의 이 두 측면 가운데 '엄밀한 의미의 언어학'이 관심을 쏟아야 할 부분은 '랑그'라고 말했습니다. 소쉬르가 '파롤의 언어학'을 완전히 배제한 것은 아닙니다. 그는 다만 '랑그의 언어학'이라는 길과 '파롤의 언어학'이라는 길을 동시에 걸을 수는 없으며, '랑그의 언어학'이 언어학자가 걸어야 할 간선도로라고 본 것입니다.

소쉬르의 '랑그'와 '파롤'은 촘스키가 구별한 '언어능력competence'과 '언어수행performance'에 제가끔 얼추 대응합니다. 촘스키의 변형생성문법은 사람들이 제 모국어를 자유롭게 조작할 수 있는 암묵지暗默知, tacit knowledge를 지녔다고 전제합니다. 이 불가사의하게 보이는 앎을 촘스키는 '언어능력'이라고 불렀습니다. 이 능력은 추상적인 것입니다. 반면에 '언어수행'은 언어의 구체적이고 실제적인 사용을 가리킵니다. 언어능력은 언어수행을 규제합니다. 변형생성문법의 일차적 관심은 언어능력을 해명하는 데 있습니다. 변형생성문법은 소리와 의미를 잇는 규칙 집합을 통해서 이 능력을 해명하려 합니다.

현대중국어학을 전공한 뒤 소위 체계구조이론system-structure theory과 사회기호학social semiotics의 주춧돌을 놓은 잉글랜드 출신의 오스트레일리아 언어학자 마이클 핼리데이(1925~)를 비롯해서 몇몇 영국계 언어학자들은 언어수행 연구가 언어의 본질을 캐는 길이라 믿습니다. 그러나 주류 변형이론가들은 언어수행을 언어학의 부차적 공부거리로 여깁니다.

언어능력이 문법성grammaticalness의 바탕이라면 언어수행은 가용성可容性, acceptability의 바탕입니다. 문법성이란 모국어 화자들이 적격well-formed이라고 인정하는 정도이고, 가용성이란 어떤 발화가 자연스럽게 받아들여지는 정도입니다. 문법적 문장이라고 해서 모두 다 자연스럽게 받아들여지는 것은 아닙니다. 문법성은 가용성을 결정하는 요인들 가운데 하나일 뿐입니다. "널 사랑해!"는 완전히 문법적인 문장이지만, 청자가 화자의 할머니라면 자연스럽게 받아들일 것 같진 않군요.

그런데 소쉬르의 랑그/파롤과 촘스키의 언어능력/언어수행은 고스란히 포개지는 걸까요? 그렇지는 않습니다. 고스란히 포개진다면 촘스키가 소쉬르의 이분법을 그대로 가져다 썼겠지요. 랑그/파롤과 언어능력/언어수행이라는 두 이분법의 차이 가운데 가장 큰 것은 언어활동의 창조성을 보는 관점일 겁니다. 소쉬르는 언어활동의 창조성이 (구체적인) '파롤'의 영역에 속한다고 보았지만, 촘스키는 그것이 (추상적인) '언어능력'의 영역에 속한다고 보았습니다. 촘스키는 소쉬르가 '파롤'을 언어학의 변두리로 몰아낸 것 이상으로 '언어수행'을 언어학의 가장자리로 밀어낸 것입니다.

소쉬르의 다른 용어를 잠깐 살핍시다. 언어학 개론을 읽지 않은 사람들도 '시니피앙' '시니피에'라는 말은 들어보았을 겁니다. 소쉬르는 언어기호 signe linguistique의 두 측면을 '시니피앙'과 '시니피에'라고 불렀습니다. 이 두 용어는 '의미하다'를 의미하는 프랑스어 단어 signifier의 현재분사와 과거분사를 각각 명사화한 것입니다. 아주 쉽게 얘기하면 '시니피앙'은 언어기호의 소리 측면이고, '시니피에'는 뜻 측면입니다. 잊지 말아야 할 것은 시니피에만이 아니라 시니피앙도 (물리적 실체가 아니라) 정신적 실체라는 점입니다. 소쉬르의 설명을 그대로 옮기면 '시니피앙'은 '소리연쇄'가 아니라 '청각영상'입니다. 즉 (마음속의) 소리이미지입니다. 그리고 '시니피에'는 '개념'입니다. '개념'과 '청각영상'이 결합해서, 말을 바꾸면 '시니피에'와 '시니피앙'이 결합해서 언어기호를 이룹니다.

소쉬르는 언어기호의 특징으로 두 가지를 꼽았습니다. 첫째는 자의성恣意性이고 둘째는 선조성線條性입니다. 기호의 자의성이란 특정한 시니피앙과 특정한 시니피에의 결합에 아무런 내적 필연성이 없다는 것입니다. '牛'라는 시니피에가 한국어에서는 {s-o}(소)라는 시니피앙과 결합하지만, 독일어에서는 {o-k-s}(Ochs)라는 시니피앙과 결합합니다. 선조성은 기호 전체의 특성이 아니라 시니피앙의 특성입니다. 시니피앙은 그 청각적 본질 때문에 시간 속에서 전개되며, 따라서 선線의 특성을 갖는다는 거지요.

번역이라는 고역 上

고바야시 히데오小林英夫(1903~1978)라는 일본인 언어학자가 있습니다. "고바야시 히데오? 들어본 이름이군!" 하는 독자들도 있을 겁니다. 그러나 그 고바야시 히데오는 언어학자 고바야시 히데오가 아니라 예술비평가 고바야시 히데오小林秀雄(1902~1983)이기 쉬울 거예요. 성姓은 같지만, 이름의 한자가 다릅니다. 언어학자 고바야시 히데오는 이름이 닮은 한 살 위의 평론가만큼 20세기 일본 지성사를 요란스럽게 살아내지 않았습니다. 그래서 그의 이름은 언어학사 책 한구석에 흐릿한 윤곽으로 웅크리고 있습니다. 오늘은 그를 일으켜 세워 양지바른 곳으로 불러내 봅시다.

스물다섯 살 때인 1928년, 고바야시 히데오는 소쉬르의 『일반언어학강의CLG』를 일본어로 옮겨 출간했습니다. 고쇼인岡書院이라는 출판사에서 나온 이 일본어판 CLG의 표제는 『겐고가쿠겐론言語學原論』이었습니다. 『겐고가쿠겐론』은 1916년 로잔과 파리에서 초판이 나온 CLG의 첫번째 번역본입니다. 그러니까 프랑스어로 쓰인 CLG의 첫 번역본은 일본어판이었습니다. 오늘날 CLG는 한국어를 포함한 스물 남짓의 자연언어들로 번역돼 있습니다.

유럽어 번역본이 일본어 번역본보다 시기적으로 늦은 데는 유럽인들이 일본인들보다 프랑스어를 읽기가 더 쉬웠다는 사정도 개입했겠습니다만, 그 사실 때문에 고바야시 히데오의 높은 안목을 지나쳐서는 안 되겠습니다. 원서가 나오고 10여 년 세월이 지나는 동안 프랑스어권 바깥의 어느 언어학자도 굳이 번역할 생각을 하지 않았던 CLG가 일본인 청년 고바야시의 눈에는 단번에 '고전古典'으로 비쳤던 것입니다. 『겐고가쿠겐론』은 1939년 출판사를 이와나미쇼텐岩波書店으로 옮겼고, 1972년 고바야시가 직접 개역改譯하면서 표제를 원서 제목에 맞추어 『잇판겐고가쿠고기一般言語學講義』로 바꿨습니다.

그런데 고바야시 히데오 이래 수많은 CLG 번역자들은 소쉬르 고유의 프랑스어 용어들, 곧 우리가 지난번에 살폈던 '랑그' '파롤' '랑가주' '시니피앙' '시니피에' 따위를 어떻게 처리했을까요? 맞춤한 역어譯語를 찾기 힘들다는 핑계로 우리처럼 프랑스어 단어를 그대로 썼을까요? 아니면 억지로라도 그 대응어를 찾아냈을까요? 역자들 대부분이 그 용어들에 대응함직한 말을 제 모국어에서 찾아내려 애썼습니다. 그 애씀의 과정은 소쉬르를 이해하는 과정이기도 했습니다.

이론의 영역을 넓힌 이들이 새로운 개념을 담기 위해서 고를 수 있는 방법은 두 가지입니다. 첫째는 새 말을 만들어내는 것입니다. 예컨대 생물학자 리처드 도킨스는 '문화적 복제자replicator'라는 개념을 담기 위해 '밈meme'이라는 말을 새로 고안해냈습니다. 그러나 더 일반적인 경우는 이미 사용되고 있는 일상어에 특별한 뜻을 담는 것입니다. 소쉬르의 '랑그langue' '파롤parole' '랑가주langage'가 전형적입니다.

일상 프랑스어에서 '랑그' '파롤' '랑가주'는 평이한 말입니다. '랑그'는 그저 '언어'라는 뜻입니다. 랑그 마테르넬langue maternelle은 '모국어'이고, 랑그 알망드langue allemande는 '독일어'입니다. '파롤'은 그저 '말'이라는 뜻입니다. 파롤 드 디외parole de Dieu는 '하느님의 말씀' 곧 복음福音입니다. '랑가주'는, '랑그'보다 조금 무거운 느낌을 주긴 하지만, 역시 '언어'라는 뜻입니다. 랑가주 나튀렐langage naturel은 '자연언어'이고, 랑가주 아르티피시엘langage artificiel은 '인공언어'입니다. 그러니까, 이 말들의 쓰임새가 다르기는 하지만, 본디부터 그 말들에 각각 언어의 추상적 측면, 언어의 구체적 측면, 언어활동 전체라는 뜻이 또렷이 담겼던 것은 아닙니다. 이 말들에 그 특별한 개념들을 담은 것은 소쉬르지요.

이때, 프랑스어의 일상어 단어들(여기선 '랑그' '파롤' '랑가주')에 거의 대응하는 일상어 단어들을 갖춘 자연언어로 소쉬르 용어를 옮기는 일은 어렵지 않습니다. 그 해당 일상어를 그냥 가져와도, 어차피 CLG에 소쉬르의 설명이 있으니, 독자들이 오해할 여지가 크지 않습니다. 스페인어가 그런 경우입니다. 소쉬르의 '랑그'를

'렝과lengua'로, '파롤'을 '아블라habla'로, '랑가주'를 '렝과헤 lenguaje'로 옮기는 데 스페인어 배경의 언어학자들은 거의 다 동의합니다.

그런데 이탈리아어만 해도 일이 그리 간단치 않습니다. 일상 이탈리아어에는 일상 프랑스어의 '랑그'와 '랑가주'에 해당하는 단어가 있습니다. '링과lingua'와 '링과조linguaggio'가 그것입니다. 그러니 소쉬르의 '랑그'를 '링과'로, '랑가주'를 '링과조'로 옮기는 것은 자연스럽습니다. 문제는 '파롤'에 있습니다. 물론 일상 이탈리아어에는 일상 프랑스어 '파롤'에 얼추 대응하는 단어도 있습니다. '파롤라parola'가 그것입니다. 그런데 이탈리아어 '파롤라'는 그저 '말'이라는 뜻으로 쓰기도 하지만, '낱말' 곧 '단어'(프랑스어의 mot)라는 뜻으로 더 자주 씁니다. 소쉬르 식으로 표현하자면, 프랑스어 '파롤'과 이탈리아어 '파롤라'는 가치valeur가 다른 것입니다. 그런데 CLG에는 '단어mot'라는 말이 여러 차례 나옵니다. 그러니, '파롤'을 '파롤라'로 옮겨 버리면, 프랑스어 '모mot'(단어)를 번역할 말이 없어집니다. 이런 혼돈을 무릅쓰고 소쉬르의 '파롤'을 '파롤라'로 번역하는 이탈리아인들도 있습니다. 그러나 많은 경우, 이탈리아 언어학자들은 소쉬르의 '파롤'을 고스란히 가져와 그냥 '파롤'이라고 씁니다. 본문의 다른 단어들과 체體를 달리해, 외국어 단어라는 것을 드러내줄 때가 많지요.

프랑스어 '랑그'와 '랑가주'의 (형태적) 구별이 없는 자연언어의 경우, 소쉬르가 특별한 의미를 담은 이 두 단어를 구별하는 것은 여간 골치 아픈 일이 아닙니다. 예컨대 영어가 그렇습니다. (일본어나 한국어는 말할 나위도 없지요.) 일상 프랑스어의 '랑그'와 '랑가주'는 둘 다 일상 영어의 '랭귀지language'에 해당합니다.

웨이드 배스킨Wade Baskin이라는 언어학자는 CLG를 영어로 번역하면서 '랑그'를 '랭귀지'로, '파롤'을 '스피킹speaking'으로, '랑가주'를 '스피치speech'로 일관되게 옮겼습니다. 로이 해리스Roy Harris라는 언어학자의 전략은 전혀 달랐습니다. 『소쉬르 읽기Reading Saussure』라는 단행본 소쉬르 연구서를 내기도 한 해리스는 CLG를 영어로 옮기면서, 가장 중요한 단어라 할 '랑그'를 그때그때 맥락에 따라 달리 번역했습니다. 소쉬르가 특별한 의미를 담은 '랑그'는 '랭귀지 스트럭처language structure' '링귀스틱 스트럭처linguistic structure' '링귀스틱 시스템linguistic system' 따위로 옮긴 반면에, 일상적 의미의 '랑그'는 앞의 관사를 변화시켜 가며 '랭귀지'로 옮겼습니다. '랑가주' 역시 그저 '랭귀지'로 옮겼지요. 해리스는 또 '랑가주'를 '스피치'로 옮긴 것(배스킨이 그랬지요)이 엄청난 오역이라고 공박하면서(영어가 모국어가 아닌 우리들도 공감할 수 있는 지적입니다), '스피치'를 '파롤'의 역어로 삼았습니다. 해리스의 주장과 실천이 그의 옳음을 증명해주지는 못하지만, 번역이라는 행위의 어려움을 증명하는 것은 확실합니다.

아무런 선례의 혜택도 입지 못한 고바야시 히데오는 소쉬르 용어들을 뭐라 옮겼을까요? 그는 '랑그'를 '겐고言語'로, '파롤'을 '겐言'(말)으로, '랑가주'를 '겐고가쓰도言語活動'로 번역했습니다.

또 '시니피앙'은 '노키能記'로, '시니피에'는 '쇼키所記'로 옮겼습니다. 고바야시의 선례를 따라 한국어판 CLG(들)도 '랑그'를 '언어'로, '랑가주'를 '언어활동'으로, '시니피앙'과 '시니피에'를 각각 '능기'와 '소기'로 옮겼습니다. 한국어판에서는 '파롤'을 주로 '화언話言'이라 옮기는데, 이 말 역시 일본식 조어造語 냄새를 풍깁니다. 게다가 고바야시의 '겐'이 일상어인 데 견주어, '화언'이라는 말은 일상에서 너무나 먼 말입니다. '화언'은 소쉬르가 '랑그'와 대립시켜 거론한 '파롤'의 역어로밖에 쓰지 않는 말이고, 그래서 프랑스어 '파롤'과는 너무나 멀리 떨어져 있는 말입니다.

청각이미지와 개념을 각각 가리키는 '시니피앙'과 '시니피에'의 역어들은 더욱 그렇지요. '시니피앙'과 '시니피에' 역시 일상 프랑스어치고는 조금 무거운 말이지만, '능기'와 '소기'에 댈 게 아닙니다. '기표'나 '기의', '기고보記號母'나 '기고시記號子' 같은 다른 한일韓日 역어들도 그렇습니다. '시니피앙'과 '시니피에'라는 말을 그냥 쓰느니만 외려 못하게 돼버렸지요.

번역이라는 고역 中

소쉬르 용어의 번역 문제를 조금 더 짚어봅시다. 언어활동('랑가주')의 개인측면과 사회측면을 각각 '파롤'과 '랑그'라고 부르면서, 소쉬르는 일상 프랑스어 '파롤' '랑그' '랑가주'의 의미가 자신의 일반언어학 용어 '파롤' '랑그' '랑가주'의 의미에 너무 깊이 간섭하지 않을까 걱정스러웠던 모양입니다. 그는 '랑가주'를 '랑그'와 '파롤'로 나누어 논한 뒤, 얼른 이렇게 덧붙였습니다. "우리가 정의한 것은 사물이지 낱말이 아니라는 점에 유의해야겠다. 그러므로 언어에 따라서 몇몇 용어들이 모호해져 서로 깔끔하게 대응하지 않는다 하더라도, 우리가 확립한 구별에 문제될 것은 없다."

그러고 나서 소쉬르는 독일어와 라틴어의 예를 듭니다. 그의 말을 계속 들어보지요. "가령 독일어 Sprache는 '랑그'와 '랑가주'를 뜻한다. Rede는 '파롤'에 얼추 대응하지만, 거기에 '디스쿠르 discours'(담화)라는 특수 의미를 보탠다. 라틴어 sermo는 외려 '랑가주'와 '파롤'을 의미하는 한편, lingua는 '랑그'를 가리킨다. 어떤 낱말도 앞에서 자세히 설명한 개념들 중 하나에 정확히 대응하지 않는다. 그러므로 낱말에 내려진 모든 정의定義는 헛되다. 사물을 정의하기 위해 낱말에서 출발하는 것은 나쁜 방법이다."

『일반언어학강의CLG』의 라틴어 번역본은 없습니다. CLG가 출판된 20세기 초는 라틴어가 이미 유럽 지식사회의 공용 문어 자리를 잃은 지 오래니 그럴만합니다. 독일어 번역본은 당연히 있습니다. 그 가운데 제가 지닌 것은, 헤르만 로멜Herman Lommel이라는 사람이 옮긴 『그룬트프라겐 데어 알게마이넨 슈프라흐비센샤프트 Grundfragen der Allgemeinen Sparchwissenschaft』입니다. 1967년 베를린에서 나온 책이군요. 원본 표제의 '강의Cours'가 로멜의 독일어 번역본에선 '근본문제Grundfragen'로 바뀐 게 눈에 띕니다.

그렇다면 로멜은 소쉬르의 '랑그' '파롤' '랑가주'를 뭐라 옮겼을까요? 독일어에 능숙했던 소쉬르의 조언을 따랐을까요? 곧이곧대로 따르진 않았습니다. 로멜은 '랑그'를 '슈프라헤Sprache'로, '파롤'을 '슈프레헨Sprechen'(말)으로, '랑가주'를 '멘슐리헤 레데 menschliche Rede'로 옮겼습니다. 독일어 감각이 무디니, 이 번역이 잘된 것인지 그렇지 않은지는 판단을 삼가겠습니다. '랑가주'를 '멘슐리헤 레데' 곧 '사람의 말'로 옮긴 데서, 로멜이 겪었을 고충이 드러납니다. 일상 프랑스어의 '랑그'와 '랑가주'에 (의미적으로만이 아니라 형태적으로) 대응하는 낱말을 제 어휘목록에 지닌 자연언어들(지난번에 살핀 이탈리아어와 스페인어가 그랬지요) 이외의 언어

(영어가 그랬지요)로 이 두 용어를 구별해 옮기는 것은 역시 어려운 일임을 알 수 있습니다.

영어와 독일어가 그럴진대, 일본어로 이 둘을 구별해 옮기는 것은 정말 힘든 일이었을 겁니다. 고바야시 히데오가 그것들을 '겐고言語'와 '겐고가쓰도言語活動'로 옮긴 것은 탁월한 선택이었습니다. 이 두 역어는, '랑그'와 '랑가주'처럼, 형태적 공통인수를 지녔습니다. 그리고 '랑그'가 '랑가주'의 부분집합이듯, '겐고'가 '겐고가쓰'의 부분집합임이 한눈에 드러납니다. 일상 프랑스어의 '랑가주'보다 일상 일본어의 '겐고가쓰도'가 조금 무거워 보이는 건 어쩔 수 없군요. 번역이라는 병치레가 수반하는 발열發熱 증상 정도로 생각합시다. '파롤'을 '겐言'으로 옮긴 것도 잘된 번역 같습니다. "겐言 오 마타나이"(말할 것도 없다, 자명한 일이다) 같은 예에서 보듯, 일상 일본어 '겐'은 일상 프랑스어 '파롤'에 얼추 대응합니다.

그러나 '파롤'의 한국어 번역어 '화언話言' 앞에선 눈살을 찌푸릴 수밖에 없군요. 물론 이 말을 표제어로 올린 한국어사전도 있긴 합니다. 예컨대 이희승 국어대사전엔 '화언'이 "말을 함. 이야기함. 또, 그 말이나 이야기"라 풀이돼 있습니다. 그러나 일상 한국어에서 '화언'은 죽은 낱말, 없는 낱말입니다. 반면에 '파롤'은 일상 프랑스어에서 싱싱하게 꿈틀거리는 낱말입니다. 그 두 말 사이의 거리는, 일상 독일어 '페어슈탄트Verstand'나 일상 영어 '언더스탠딩understanding'과 한국어 '오성悟性' 사이의 거리보다 훨씬 더 멀어 보입니다.

'오성'이라는 말도, 철학적 맥락 바깥에선 쓰지 않는 탓에, 부적절한 역어의 대표적 예로 사람들 입에 오르내립니다. (사실 일본사람들이 '고세이悟性'로 옮긴 것을 그냥 베껴온 것이긴 합니다.) 그런데 '화언'은 '오성' 보다 더 굳어있는 말입니다. '파롤'을 '화언'으로 옮기는 것은 그 말을 아무 의미 없는 소리뭉치로, 예컨대 '비디비디'나 '쿵빠짜'로 옮기는 것과 큰 차이가 없습니다. '비디비디'나 '쿵빠짜'가 한국어 공간에서 생명 없는 말이듯, '화언' 역시 방부제로 처리한 주검이나 다름없는 말이기 때문입니다.

'파롤'을 차라리 '말'로 옮기는 게 낫지 않았을까요? 그 말이 소쉬르 언어학의 맥락에선 언어활동의 개인측면을 가리킨다는 것이 어차피 명시될 테니 말입니다. '말'이라는 말이 영 내키지 않았다면(도무지 학술용어처럼 들리지 않았다면: 사실 이건 커다란 편견이지요. 학술어는 흔히 일상어의 특별한 사용일 뿐이니까요), 이탈리아 사람들처럼 그냥 '파롤'이라고 놔둘 수도 있었을 겁니다. 우리는 이탈리아 사람들의 예를 따르려 합니다. 아니 그들보다 더 나아가려 합니다. '파롤'은 물론이고 '랑그'나 '랑가주'라는 말도, 소쉬르의 맥락에서는, 그냥 가져다 쓸 생각입니다. '시니피앙'과 '시니피에'도 마찬가지입니다. '능기'와 '소기', '기표'와 '기의'라는 말의 생기가 '시니피앙'과 '시니피에'라는 말의 생기보다(심지어 한국어 텍스트 안에서도) 덜하다고 여겨서입니다.

소쉬르 번역과 관련해서 꼭 짚고 넘어가야 할 용어가 또 있습니다. '음성학'과 '음운론'입니다. 지금의 언어학자들에게 음성학은 '포네티크phonétique'(영어로는 phonetics)의 대응어이고, 음운론은 '포놀로지phonologie'(영어로는 phonology)의 대응어입니다. '포놀로지'와 '포네미크phonémique'(영어로는 phonemics)를 구별하는 언어학자도 있는데, 말소리에 관한 이 학문들의 분류와 그 내용은 언젠가 자세히 살필 기회가 있을 겁니다. 이 자리에선 음성학과 음운론의 차이를 짧게 얘기하고, 이 용어들이 소쉬르 번역에서 왜 문제가 되는지만 살피겠습니다.

음성학은 음성을 연구하는 학문이고, 음운론은 음운(이라기보다 차라리 '음소'라고 해야겠네요. 음운과 음소의 구별에 대해선 뒷날을 기약합시다)을 연구하는 학문입니다. 음성은 말소리 일반을 가리키고, 음소는 한 자연언어에서 실현되는 말소리 가운데 의미와 관련이 있는 말소리들을 가리킵니다. 아주 거칠게 도식화한다면, 음성학은 파롤의 언어학에 속하고, 음운론은 랑그의 언어학에 속합니다.

'동물의 살'을 뜻하는 한국어 낱말은 '고기'입니다. 이 단어의 첫 자음과 둘째 자음은 다 'ㄱ'으로 표기됐지만, 서로 다른 소리로 실현됩니다. 즉 첫 자음은 [k]로 실현되고 둘째 자음은 [g]로 실현됩니다. 둘째 자음도 본디는 [k]였지만, 두 모음(두 유성음) 사이에서 유성음으로 변한 것입니다. 그러나 대부분의 한국어 화자들에게 이 두 소리는 똑같이 들립니다. 한국어 음성학은 이 [g] 소리에 관심이 있습니다. 그러나 한국어 음운론은 거기 관심이 없습니다. 한국어에서 [g]는 독립된 음소가 아니라 음소 {k}의 환경적 변이음일 뿐이기 때문이지요. 그런데 '물고기'에서는 첫 'ㄱ'이 /kʻ/로 실현됩니다. 이 경우의 /kʻ/도 음소 {k}의 환경적 변이음이긴 합니다. 그러나 한국어 음운론은 /g/와는 달리 /kʻ/에는 관심이 있습니다. '굴'[kul]과 '꿀'[kʻul]의 비교에서 보듯, 한국어에서 {kʻ}는 {k}와 대립해 의미 차이를 만들어내는 버젓한 음소이기 때문입니다.

CLG 서론의 마지막 장章과 그 부록은 'phonologie'에 대한 논의입니다. 그런데 소쉬르가 여기서 실제로 논의하는 것은 (음운론이 아니라) 오늘날 우리가 '음성학'이라고 부르는 것과 거의 겹칩니다. 소쉬르의 phonologie는 오늘날의 phonologie와 의미가 전혀 다르다는 얘기입니다. 이때 이 'phonologie'를 '음운론'이라 옮겨야 할까요, 아니면 '음성학'이라 옮겨야 할까요? CLG의 한국어판 둘 가운데 한쪽은 '음성학'을 골랐고, 다른 쪽은 '음운론'을 택했네요. 영어로는 이 'phonologie'를 'phonology'로 옮기는 게 옳을까요, 아니면 'phonetics'로 옮기는 게 옳을까요. 웨이드 배스킨은 'phonology'라 옮겼고, 로이 해리스는 'physiological phonetics'라 옮겼군요. 참 쉽지 않은 문제입니다.

번역이라는 고역 下

방부 처리한 주검에 '파롤'의 한국어 역어 '화언'을 견주며, 저는 번역자의 무성의와 무감각을 탓했습니다. 그런데 그것은 공정한 비판이었을까요? 부분적으로만 그렇습니다. 소쉬르의 '파롤'이 일상어의 특별한 사용이었듯, 한국어에서도 특별한 사용을 통해 전문용어 노릇을 겸할 수 있는 일상어를 찾아냈다면 좋았겠지만, 번역자 처지에선 그것이 쉬운 일이 아니었을 겁니다. 사실 적지 않은 (전문용어들의) 역어들이 주검 상태에서 생애를 시작합니다. 운이 좋아 거기 생기가 깃들이면 그 낱말이 일상어로 자리잡게 되지만, 그렇지 못하면 그 말은 전문용어 사전 속에만 숨어있게 됩니다. '화언'은 운이 나빴을 뿐입니다.

이를테면 메이지明治 시대 초기의 일본인들은, 오늘날 한국인들이 '화언'이란 말에서 느끼는 낯섦보다 더 지독한 생경함을 '샤카이社會'라는 말에서 느꼈을 겁니다. 오늘날의 일본인들은 영어 낱말 society를 대뜸 '샤카이'에 대응시킵니다. 일본사람들을 따라서, 오늘날의 한국인들도 society를 즉시 '사회'에 대응시킵니다. 그렇지만, 일본어에서 '샤카이'가 society의 역어로 정착된 것은 18세기 말 이래 수많은 시행착오를 겪은 뒤의 일입니다. 시행착오를 겪을 수밖에 없었던 이유 가운데 큰 것 하나는 일본 전통사회에 society라는 것이 존재하지 않았다는 사실입니다.

물론 동료들끼리의 결합을 뜻하는 society는 전통 일본에도 있었지요. 그러나 가장 넓은 범위의, 서로 모르는 개인들이 모여 이룬 집단을 뜻하는 society는 일본에 존재하지 않았습니다. 그런 만큼 이 단어의 번역은 쉽지 않았고, 최후의 승자로 남은 '샤카이'조차 처음엔 '방부 처리한 주검'과 다르지 않았습니다. 이 말이 생기를 얻은 것은 수많은 일본인들이 그 말을 society라는 의미로 사용한 덕분입니다. '샤카이'가 운이 좋았던 거지요. 현대 일본의 정신적 초석을 놓은 사상가 후쿠자와 유기치福澤諭吉(1835~1901)만 해도, 1868년 영어로 된 경제학 교과서를 『세이요지조 가이헨西洋事情 外篇』이라는 표제로 일역하며, society를 '닌겐고사이人間交際' '고사이交際' '구니國' 따위로 옮겼습니다. '세이후政府'나 '세조쿠世俗' '소타이진總體人' 같은 낱말도 그 시절 '샤카이'의 경쟁어였습니다.

이와 관련해서, 현대한국어 문장이나 현대일본어 문장은, 심지어 그 문장들이 한국학이나 일본학을 논하고 있을 때조차, 압도적으로 '번역된 유럽'이라는 점을 지적해야겠습니다. 지금 제가 쓰고 있는 이 글도 마찬가지입니다. 이 글에는 한두 세기 전 한국인이라면 도저히 이해할 수 없는 말들(주로 한자어)이 많은데, 그 말들은 대개 유럽 사회에서 태어난 개념들을 번역한 것입니다. 그 번역의 주체는 18세기의 란가쿠샤蘭學者(네덜란드어 문헌들을 통해서 유럽 문화를 연구하던 이들)와 19세기 중엽 이래의 에이가쿠샤英學者(영어문헌을 통해 서양문화를 연구하던 이들)를 비롯한 일본인 번역가들이었습니다. 이들은 두 세기 남짓 기간에 걸쳐 유럽(아메리카까지 포함한) 문화 전체를 한자로 옮겨내 제것으로 삼았습니다. 그리고 그 '번역된 유럽'은, 19세기 말 이래 반세기 이상 한국이 일본 문화권의 일부를 이루면서, 고스란히 한국어에 이식됐습니다. ('란가쿠蘭學' 이래 일본인들이 수행한 번역활동을 비롯해 번역행위의 세계문명사적 의의와 그 양상은 졸저 『감염된 언어』(1999·2007)의 「우리는 모두 그리스인이다」라는 글에 비교적 소상히 적었습니다.)

그러니까 지금 저는 '번역된 유럽어'로 독자 여러분과 소통하고 있다고 해도 크게 틀린 말이 아닙니다. 란가쿠샤 이래의 일본인 번역가들은 유럽을 한자어로 옮기면서, 이미 동아시아에 존재했던 비슷한 개념어를 가져다 쓰기도 했지만, 완전히 새로운 말을 만들어낸 경우가 더 많았습니다. 그 신조어들은, 대체로, 우리의 '화언' 같은 주검 상태로 일본어 세계에(그리고 나중에는 한국어 세계에) 머리를 들이밀었습니다. 그런데도 그 신조어들 가운데 수많은 말이 살아남아 지금 현대일본어와 현대한국어 어휘부의 뼈대를 이루고 있습니다.

이런 새 번역어들이 주검 상태에서 생기를 얻는 과정을 야나부

아키라柳父章라는 일본인 번역학자는 '카세트효과'라고 불렀습니다. 여기서 '카세트'는 보석상자라는 뜻입니다. 그의 말을 잠깐 들어볼까요? "새로 만든 말은 카세트를 닮았다. 그 말 자체가 매력이다. 그리고 속에 깊은 의미가 틀림없이 담겼으리라는 막연한 기대가 사람들을 끌어서 자꾸 그 말을 쓰도록 부추긴다. 빈약한 의미밖에 지니지 못한 신조어는 그 반복 사용 과정을 통해 이윽고 풍부한 의미를 갖게 된다. 처음엔 단지 아름다움 때문에 보석상자를 찾던 사람들이 끝내 보석을 간수하는 데 그 상자를 쓰는 것과 마찬가지다. 의미나 역할이 아니라 말 자체에 매혹되는 첫 체험이 없었다면 사람들은 결국 그 말을 쓰지 않았을 것이다. 번역을 위해 새로 만들어진 말은 갑자기 눈앞에 나타난 보석상자 같은 것이다."(『번역이란 무엇인가』)

그러니까 야나부에 따르면 수많은 신조어들이 처음엔 빈 보석상자였다가 나중엔 보석이 담긴 상자가 되는 겁니다. 물론 끝내 빈 보석상자에 머물러 사람들의 손길에서 멀어지는 경우도 많지요. 영어 단어 'society'의 역어 자리를 놓고 '샤카이'와 경쟁하던 '닌겐고사이'나 '소타이진'처럼 말입니다. 사람들은 오직 '샤카이'라는 카세트에 보석을 담았던 것입니다. '파롤'의 역어 '화언'은 아직 빈 카세트 같습니다. 그리고 앞으로도 그 안에 보석이 담길 것 같지 않습니다. 보석을 담게 될 카세트는 차라리 '파롤'이라는 외래어 같군요. '카세트효과'는 신조어에서만이 아니라 외래어에서도 나타납니다. 처음 듣는 외래어는 빈 카세트일 뿐입니다. 다시 말해서 빈약한 의미밖에 지니지 못합니다. 그렇지만 거기 매혹된 사람들이 자꾸 쓰다 보면 언젠가 보석을 담게 됩니다. 다시 말해 시나브로 풍부한 의미를 갖게 됩니다.

그렇지만 '화언'이 영원히 빈 카세트로 남게 된다 해도, 역자들을 크게 탓할 수는 없을 것 같습니다. 번역의 역사에서 끝내 빈 카세트로 남게 된 말은 무수히 많으니까요. 오히려 그 번역의 시도를 상찬하는 것이 올바를 것 같습니다. 번역은 한 세상에 또 한 세상을 들여놓아 세상을 입체화하는 엄청난 일이니까요. 란가쿠 이래 일본인들의 번역활동이 일본에(그리고 나중에는 한국에) 유럽 전체를 들여놓아 일본인들의(그리고 이내 한국인들의) 세계인식을 크게 확장시켰듯 말입니다.

번역이 늘 인식의 지평을 넓히겠다는 욕망에서 실천되는 것은 아닙니다. 번역은 때로 일종의 배타적 종족주의, 문화적 국수주의를 연료로 삼기도 합니다. 모국어 순화운동이 그 전형적 예입니다. 일본인들이 '메이시名詞'라고 옮긴 영어 낱말 noun을 우리 역시 '명사'라고 옮깁니다. 그러나 언어민족주의자들은 이 번역어를 다시 '이름씨'로 번역합니다. 일본인들이 '도시動詞'라고 옮긴 영어 낱말 verb를 우리 역시 '동사'라고 옮깁니다. 그러나 언어민족주의자들은 이 번역어를 다시 '움직씨'로 번역하고 싶어합니다. 그런데 이 이중번역에 커다란 뜻이 있을까요?

물론 개인 수준에서만이 아니라 민족 수준에서도 자존감은 매우 커다란 심리적 자산입니다. '명사'나 '동사'라는 말이 '메이시'

나 '도시'라는 일본어를 그대로 베낀 것은 분명하고, 그것이 언짢아 '이름씨'나 '움직씨'라는 말을 만들어내 쓰고 싶어하는 마음을 깔볼 수는 없습니다. 그리고 '이름씨'나 '움직씨'가 '명사'나 '동사'보다 '혈통적으로' 한국어에 가까워 보이는 건 사실입니다. '이름씨'나 '움직씨'는 한자로 표기할 수 없으니까요.

그렇지만 '명사'와 '동사'가 '메이시'와 '도시'를 고스란히 베껴낸 것이라면, '이름씨'와 '움직씨'도 '명사'와 '동사'를 고스란히 베껴낸 것에 지나지 않습니다. 이 두번째 번역을 통해서 인식의 지평이 조금이라도 넓어졌다 할 수는 없으니까요. 말하자면 '이름씨'와 '움직씨'는 지적 작업의 결과라기보다 말놀이의 결과입니다. '메이시'와 '도시'가 지적 작업의 결과인 것과는 크게 다르죠. 지적 작업에 이르지 못하는 이 말놀이를 비난하고 싶지는 않습니다. 다만 낱말의 생명력이 반드시 '혈통'에 의존하는 것은 아니라는 점을 지적하고 싶습니다. 다시 야나부의 말투를 빌려오자면, '명사'와 '동사'는 이제 보석을 가득 채운 카세트입니다. '이름씨'와 '움직씨'는 민족주의자들의 수십 년 열정을 비웃듯 아직도 빈 카세트인 것 같습니다. 여기에 언젠가 보석이 담길 거라 자신할 수도 없고요.

랑그는 형식이지 실체가 아니다

 소쉬르의 『일반언어학강의CLG』를 들추기 시작하다 이야기가 번역 쪽으로 번지며 기다란 에움길을 걸었습니다. 어떤 이름을 자주 들어 귀에 익숙해지면 그 실재를 아는 듯한 착각이 듭니다. 칸트의 책을 한 줄도 읽지 않은 처진데, 그 이름을 하도 거듭 듣다 보니 칸트에 대해 뭔가 알고 있는 듯한 느낌을 지니게 되는 것처럼 말이죠. CLG도 독자들에게 그럴지 모르겠습니다. CLG라는 책이 그간 너무 자주 거론됐으니까요.
 실상 우리가 CLG에 관해 얘기한 것은 많지 않습니다. 그 책에 나오는 몇몇 용어들, 곧 랑그, 파롤, 랑가주, 시니피앙, 시니피에, 포놀로지 따위의 개념을 훑고 그 말들을 예로 들어 번역이라는 행위의 어려움을 살핀 것뿐이지요. 이대로 CLG를 떠나려니 아쉬움이 남네요. 그래서 오늘 하루만 CLG 얘기를 더 하려 합니다.
 맨 첫날, CLG의 지성사적 의의는 언어를 하나의 구조로 파악함으로써 구조주의의 시동을 건 데 있다고 말씀드린 것 기억하세요? 또 거기서 구조란 '유기적 관계들의 더미'를 뜻한다는 말씀도 드렸죠? 그렇지만 이 정도 가지곤, 언어가 구조라는 게 무슨 뜻인지 잡히지 않을 듯합니다. 게다가 이미 말씀드렸듯, 소쉬르가 CLG에서 '언어는 구조다'라고 선언한 것도 아니고요. 소쉬르의 후배 언어학자들, 그리고 인접과학 연구자들은 CLG의 어떤 대목에 홀려 그 책을 구조주의의 수원지로 여겼을까요? 이 책을 내처 들춰봅시다.

CLG 중간쯤에서, 소쉬르는 뒷날 수많은 사람들의 입에 오르내릴 문장을 발설합니다. "언어는 형식이지 실체가 아니다 La langue est une forme et non une substance."

이 말은 도대체 무슨 뜻일까요? 소쉬르는 이 점을 또렷하게 하기 위해 언어를 서양장기(체스)에 비유합니다. 동양장기를 떠올려도 마찬가지입니다. 장기놀이에서 가장 중요한 것은 규칙입니다. 이를테면, 장기말끼리의 상호관계(예컨대 포砲는 포를 넘을 수 없다거나 졸卒은 후진할 수 없다거나)를 통해 결정되는 각 장기말의 기능이나 가치(위치)가 가장 중요합니다. 상象이 가는 길('상'의 가치)과 마馬가 가는 길('마'의 가치)은 다릅니다. 다시 말해 대립합니다. 물론 규칙(그러니까 형식)만으로 장기를 둘 수 있는 것은 아닙니다. 장기를 두려면 장기판이나 정해진 수의 장기말 같은 물리적 실체가 필요합니다. 그렇지만 이 실체는 중요하지 않습니다. 장기판이 크든 작든, 장기말이 나무로 만들어졌든 플라스틱으로 만들어졌든 상관

없습니다.

　언어도 마찬가지입니다. 언어활동은 말소리라는 음향적 실체를 사용하지만, 소리 자체가 언어는 아닙니다. 중요한 것은 이 소리들이 생각과 결합해 만들어내는 기호들의 가치입니다. 그리고 한 기호의 가치는 다른 기호들과의 관계를 통해, 주로 대립을 통해 생겨납니다. 그 대립이 낳는 가치들의 체계(그것을 소쉬르의 후배들은 '구조'라고 고쳐 불렀습니다)가 언어입니다.

　머리의 앞면을 표현하려고 한국인들은 [ㅓ][ㄹ][ㄱ][ㅜ][ㄹ]이라는 음향적 실체를 사용합니다. ('얼굴'의 'ㅇ'이 소릿값 없는 장식품인 건 아시죠?) 그러나 소쉬르에 따르면 이것 자체는 언어가 아닙니다. 똑같은 목적으로 영국인들은 [f][ei][s]라는, 전혀 다른 음향적 실체를 사용합니다. 언어는 그런 음향적 실체가 아니라, {얼굴}이나 {face}라는 기호들의 가치들로 이뤄진 체계입니다. 그것은 규칙의 세계 곧 형식의 세계입니다.

　{얼굴}이라는 기호의 가치는 예컨대 이 기호가 {낯}이라는 기호와 맺는 관계, 정확히는 차이나 대립을 통해 생겨납니다. 한국어 '얼굴'과 '낯'의 가치는 다릅니다. "볼 낯이 없다"라는 숙어에서 '낯'을 '얼굴'로 바꾸면 자연스러움이 덜합니다. 만약에 한국어 어휘목록에서 '낯'이 사라진다면, '얼굴'이 '낯'의 가치를 남김없이 빨아들일 겁니다. 그 땐 "볼 얼굴이 없다"라는 말이 자연스레 쓰일 테지요.

　또 한국어에서 /t/와 /th/와 /t'/는 서로 대립하며 제 나름의 가치를 지닙니다. '달月'과 '탈假面'과 '딸女息'에서처럼 말이죠. 그래서 한국어에선 이 세 소리들이, 서로 다른, 다시 말해 대립하는 음소들을 이룹니다. 영어에서는 그렇지 않아요. 'style'의 둘째 자음을 /t/로 소리내든 /th/로 소리내든 /t'/로 소리내든 아무 상관없습니다. 물론 /t/로 내는 것이 표준발음에 가깝긴 하지만 말입니다. 영어에서는 /t/와 /th/와 /t'/가 대립하지 않습니다. 그래서 그것들은 서로 다른 음소를 이루지 못합니다. 그 소리들의 실체가 분명히 다르다는 것은 여기서 아무런 중요성을 지니지 못합니다. 대립하지 않는 것은 다르지 않다는 뜻이니까요.

이것이 대략 소쉬르의 설명입니다. 그러고 나서 그는 결론을 내립니다. "체스놀이가 상이한 말들의 결합 안에서 전적으로 이뤄지듯, 언어도 체계라는 특성이 있으며, 이 체계는 완전히 그 구체적 단위들의 대립에 바탕을 둔다."

'상이하다' '대립' 같은 말에 주의를 기울입시다. 다름으로써 대립해야만 가치가 생산되고(그것이 소쉬르의 생각이었습니다), 그 가치들의 집합, 그 가치들을 낳은 내적 관계들의 그물이 곧 형식이고 체계이고 구조이기 때문입니다.

여기서 우리는 "언어는 형식이지 실체가 아니다" 할 때의 '언어'가 일상용어로서의 '언어'가 아니라 언어활동의 사회적 측면을 가리키는 소쉬르 특유의 '언어', 곧 '파롤'과 대립하는 '언어'임을 알 수 있습니다. 그렇다면, 뜻을 또렷이 하기 위해, 소쉬르의 저 유명한 선언을 "랑그는 형식이지 실체가 아니다"로 옮기는 것이 더 나을 듯합니다. '랑그'를 사용하는 개인적 행위인 '파롤'은 다분히 실체일 수밖에 없지요.

랑그가 실체가 아니라 형식이라는 것을 일러주기 위해 소쉬르는 또 '제네바발-파리행 열차'를 끌어대기도 합니다. 24시간 간격으로 떠나는 제네바발 파리행 저녁 8시45분 급행열차 두 대를 우리는 '같은' 기차라고 말합니다. 승무원들이나 객차가, 다시 말해 그 실체가 완전히 다를 수도 있는데 말이지요. 그것을 '같은' 기차라고 말할 수 있는 것은 발차시각이나 운행노선 등 형식이 동일하기 때문입니다. 매일 운행되는 제네바발 파리행 저녁 8시45분 급행열차들은 모두 동일한 랑그인 것입니다.

랑그가 실체가 아니라 형식이라는 걸 설명하기 위해 소쉬르가 끌어온 체스놀이나 제네바발-파리행 급행열차의 비유가 적절했는지에 대해서는 적잖은 의문이 제기됐습니다. 심지어는 랑그가 과연 형식이기만 할 뿐인가에 대해서도 반론이 나왔습니다. 그 가운데 유명한 것 하나는 앙드레 마르티네라는 프랑스인 언어학자가 거론한 영어 /h/ 소리와 /ng/ 소리의 예입니다. 영어에서 /h/ 소리와 /ng/ 소리는 별개의(그러니까 서로 다른) 음소로 간주됩니다. 그렇다는 것은 영어라는 '랑그' 체계 안에서 /h/ 소리와 /ng/ 소리가 대립해야 한다는 뜻입니다. 그러나 영어에서 /h/ 소리와 /ng/ 소리는 대립하지 않습니다. 이 두 소리를 서로 교체해서 달라지는 단어 쌍이 영어에 없다는 뜻입니다. 그렇지만 '영어에서도' /h/ 소리와 /ng/ 소리는 다릅니다. '대립하지 않는데도' 다릅니다. 이 두 소리는 영어에서 서로 다른 음성(파롤)일 뿐만 아니라, 서로 다른 음소 (랑그)이기도 한 것입니다. 그렇다면 영어라는 랑그 안에서 '대립하지 않는' /h/와 /ng/을 구별하게 하는 것은 무엇일까요? 그것은 두 소리의 '실체'가 '너무나' 다르다는 점일 수밖에 없을 것 같군요. 결국 랑그는 때로 실체이기도 한 것입니다.

　마르티네의 반례가 "랑그는 형식"이라는 소쉬르의 정식을 완전히 무너뜨렸다고 말하는 것은 지나친 일일 겁니다. 모든 규칙이 지니게 마련인 예외 정도로 넘깁시다. 랑그가 형식이라는 걸 설명하기 위해 소쉬르가 끌어온 비유들은 '구조'(소쉬르의 용어로는 '체계')라는 것의 개념을 제 나름대로 명료히 드러냅니다.

　CLG 얘기는 여기서 마무리하겠습니다. 물론 앞으로도 더러 거론은 하겠지만, 이 책 자체를 소재로 삼는 일은 없을 겁니다. 언어학 개론서로서 CLG가 그리 좋은 책이라 할 수는 없습니다. 그것은 낡은 책이고, 그 안에 수많은 모순을 담은 위태로운 책입니다. 그러나 이 책은 동시에 고전이기도 합니다. 소쉬르는 CLG를 통해, 당대 언어학의 주류였고 그 자신 깊이 개입했던 비교문법과 결별함으로써, 언어학의 역사에서 하나의 인식론적 단절이라 할 만한 것을 이뤄냈습니다. 여러분도 짬을 내 한 번 읽어보셨으면 합니다.

촘스키 혁명

소쉬르 얘기를 여러 차례 했으니, 오늘 하루는 겉핥기로라도 촘스키 얘기를 하지 않을 수 없군요. 촘스키는 소쉬르 이후 가장 중요한 언어학자라 할 만하니까요. 촘스키가 한국에 소개된 것은 꽤 일렀습니다. 출세작 『통사구조론Syntactic Structures』(1957)이 『변형생성문법의 이론』이라는 제목으로 번역된 게 1966년입니다. 뒤이어 1971년에는 『데카르트 언어학Cartesian Linguistics』(1966)이, 1975년에는 『통사이론의 양상Aspects of the Theory of Syntax』(1965)이 한국어판을 얻었습니다. 『통사이론의 양상』은 흔히 '표준이론standard theory'이라 부르는 촘스키 초기 언어학을 응집한 책입니다. 이 책이 번역된 1975년 이후, 한국에서 '촘스키'라는 이름은 현대 언어학의 최전선을 가리키게 됩니다. 그리고 오늘날, 세계 여러 곳에서 그렇듯 한국에서도, 이 이름은 지식인의 양심을 상징합니다.

그런데 한국인들의 '촘스키 소비'는 시간축을 따라가며 크게 다른 양상을 보여왔습니다. 1970년대부터 1980년대 중반까지, 촘스키의 한국인 독자들은 주로 영어영문학과의 영어학 전공 대학원생들이었습니다. 이들은 촘스키의 언어학 책들만 게걸스럽게 읽었습니다. 촘스키의 또 다른 영역, 다시 말해 정치비평에 그들은 아무런 관심도 두지 않았어요. 지식인의 책임을 거론하며 베트남 전쟁을 매섭게 비판한 촘스키의 첫 정치서 『미국의 힘과 새 지배계급American Power and the New Mandarins』이 나온 게 1969년이었고, 그 세 해 뒤에는 두번째 정치서 『아시아와 전쟁 중At War with Asia』이 출간됐는데 말이죠.

정치참여적 글쓰기는 촘스키가 언어학의 제위帝位를 얻고 나서야 손댄 장년 이후 호사취미가 아니었습니다. 촘스키 언어학은 그 시작부터 정치학과 나란했지요. 물론 촘스키가 '혁명'을 일으킨 것은 언어학 특히 통사론에서고, 그 혁명은 주로 언어학의 다른 분야나 심리학, 논리학, 인류학, 인지과학 같은 인접과학으로 수출됐습니다. 정치학은 촘스키혁명의 핵심인 수학모델을 수입하기엔 너무 '무른' 과학이기도 하고요. 그렇지만 1980년대 중반까지 한국어로 소개된 촘스키가 오직 '언어학자'였다는 사실은 그 즈음 한국사회에 대해 곰곰 생각해 보게 합니다.

1980년대 말 이후 한국인들의 '촘스키 소비'는 완연히 달라졌습니다. 이제 촘스키 독자들은 일반언어학이나 영어학 세미나에 참가하는 대학원생들이 아니라 일반인들이었습니다. 독서인이라면 누구나 촘스키를 거론할 만큼 그는 한국에서도 대중적 지식인이 됐습니다. 그런데 이들 일반 독서인이 읽는 촘스키는 오직 정치비평일 뿐입니다. 그래서 언어학자 촘스키는 한국인들에게 점차 잊혀지고 있습니다. 아니 요즘의 한국 독자들 대부분에게 촘스키는 처음부터 '논객'으로, '지식인'으로 각인됐는지도 모르죠.

오늘은 '언어학자' 촘스키를 살짝 들여다봅시다. 사실 살짝 들여다볼 수밖에 없는 것이, 촘스키혁명을 자세히 들여다보자면 어지간히 두툼한 텍스트로도 모자랄 텁니다. 흔히 촘스키 언어학을 '변형생성문법transformational generative grammar'이라고 합니다. 도대체 변형생성문법이란 뭘까요? 그리고 그것이 극복했다고 주장하는 구조주의 언어학과는 어떻게 다를까요? 다음 두 문장을 봅시다.

(1) 존경하는 선생님께서 감격스럽게도 제게 꽃을 이만큼이나 보내 오셨어요.

(2) 존경하는 제자들이 기특하게도 선생님께 꽃을 이만큼이나 보내 왔어요.

이 두 문장은 구조적으로 완전히 같습니다. 적어도 겉보기에는 말이죠. 전통문법에서 흔히 주부主部라고 부르는 부분만 살핍시다. 동사의 현재관형형('존경하는')이 명사('선생님/제자들')를 수식하고, 이렇게 만들어진 명사구에 주격표지('께서/이')가 붙어 주어 노릇을 합니다. 그런데 '존경하는 선생님'과 '존경하는 제자들'은 정말 같은 구조를 지녔을까요? 그렇기도 하고 그렇지 않기도 합니다. 그렇다는 것은 그 둘 다 현재관형형 동사(어간-'는') 뒤에 수식되는 명사가 이어진다는 점에서입니다. 명사(구)를 'NP'로 나타내고 동사의 현재관형형을 'V-는'으로 나타내면, '존경하는 선생님'과 '존경하는 제자들'은 둘 다 [V-는 NP]라는 구조를 지닌 NP(명사구)입니다. 이렇게 겉으로 드러나는 구조를 촘스키는 표면구조surface structure라고 불렀습니다. 촘스키에 따르면 표면구조는 음성해석 정보를 지녔습니다.

그런데 촘스키는 이런 표면구조 '저 아래에 누워있는underlie' 또 하나의 구조를 가정합니다. 촘스키가 심층구조deep structure라고 부르는 이 층위에서는 '존경하는 선생님'과 '존경하는 제자들'의 구조가 서로 다릅니다. 심층구조에서 '존경하는 선생님'은 '선생님을 존경한다'입니다. 다시 말해 [NP 목적격표지 V-ㄴ다]의 구조를 지닌 S(문장)입니다. 그러나 '존경하는 제자들'은 심층구조에서 '제자들이 존경한다'입니다. 다시 말해 [NP 주격표지 V-ㄴ다]의 구조를 지닌 S입니다. 즉 심층구조에서 '선생님'은 '존경하다'의 목적어인 데 비해, '제자들'은 '존경하다'의 주어입니다. 촘스키에 따르면 심층구조는 의미해석 정보를 지녔습니다.

서로 다른 심층구조를 지닌 '존경하는 선생님'과 '존경하는 제자들'이 동일한 표면구조를 지니게 되는 것은, [NP 목적격표지 V-ㄴ다] 구조의 문장과 [NP 주격표지 V-ㄴ다] 구조의 문장을 [V-는 NP]라는 동일한 NP(명사구)로 유도하는 규칙이 한국어에 있기 때문입니다. 심층구조에서 표면구조를 유도하는 과정을 '변형'이라 하고, 그 변형에 쓰인 규칙을 변형규칙이라 합니다. 촘스키 문법을 변형생성문법이라고 부르는 것은 그것이 변형규칙이라는 장치를 사용하는 생성문법이기 때문입니다. 그것을 생성문법이라고 부르는 것은 유한한 규칙들의 집합(구조)을 통해서 무한한 적격well-formed 문장들을 생성해내는 모국어 화자의 능력에 이 이론이 관심을 쏟기 때문입니다.

촘스키에 따르면 구조주의 언어학자들은 "존경하는 선생님"과 "존경하는 제자들"의 구조적 다름을 '설명'할 수 없습니다. 그들은 잘해 봐야 그 다름을 '관찰'하거나 '기술'할 수 있을 따름입니다. 그런데 일반언어이론은 이런 관찰적 타당성observational adequacy이나 기술적 타당성descriptive adequacy을 넘어서는 설명적 타당성explanatory adequacy을 지녀야 한다고 촘스키는 말합니다. 물론 자신의 변형생성문법이야말로 그런 설명적 타당성을 지녔다는 거지요.

표면구조가 다른데 심층구조는 같은 경우도 있습니다. "나는 노무현이 바보라고 생각했어"와 "나는 노무현을 바보로 생각했어"는 표면구조가 다르지만 심층구조는 같습니다. 영어에서도 마찬가지죠. "I believed Roh was an idiot"과 "I believed Roh (to be) an idiot"을 견줘보면 그렇습니다. 한국어에서고 영어에서고, 이 문장의 심층구조는 앞쪽 표면구조에 가깝습니다. 그 심층구조에 인상변형Raising transformation이라는 규칙이 적용되면 뒤쪽 표면구조가 유도됩니다. 또 능동문과 피동문도, 동일한 심층구조가 서로 다른 표면구조로 유도된 대표적 예입니다.

촘스키의 변형생성문법은 초기의 표준이론에서 확대표준이론 EST, 지배결속이론GB, 최소주의프로그램MP 등으로 정교화하면서 한 세대 이상 세계 언어학계를 풍미했습니다. 영어권 학계만이 아니라 서유럽, 일본, 중국, 대만, 한국 등지에서 촘스키는 거의 동시에 읽혔습니다. 촘스키를 곧이곧대로 따르지 않은 이론(가)들도 촘스키를 준거로 삼은 다음에야 제 좌표를 확정할 수 있었지요. 『코끼리는 생각하지 마』라는 정치팜플렛으로 한국 독자들에게도 잘 알려진 레이코프George Lakoff의 생성의미론generative semantics, 동사를 중심에 놓고 표준이론의 결함을 보완하려 한 필모어Charles Fillmore의 격문법case grammar, 언어학 너머 형식논리학의 전통을 계승한 몬터규Richard Montague의 범주문법categorial grammar 따위가 다 그렇습니다.

촘스키 언어학이 이렇게 큰 영향을 끼칠 수 있었던 이유 하나는 그 이론의 보편지향성에 있을 겁니다. 촘스키는 수많은 자연언어들의 문법이 표면구조에서는 달라도 심층구조에서는 같으리라 예상했습니다. 말하자면 그의 두드러진 욕망 하나는 보편문법을 수립하는 것이었지요. 이탈리아어나 프랑스어를, 일본어나 중국어나 한국어를 모국어로 삼은 언어학자들이 촘스키 이론을 자신의 가장 익숙한 언어에 적용해보고 싶어했던 것이 이해됩니다.

모험을 마치며

연재를 시작할 때 내심 일백 회는 넘길 요량이었습니다. 그러나 오늘로써 '말들의 모험'을 닫습니다. 일간 신문 지면에 어울리지 않는 글이라는 의견이 압도적이기 때문입니다. 제 불찰입니다. 언어를 생각거리로 삼은 것 자체가 잘못은 아니었을 겁니다. 이야기를 풀어나가는 방식이 무디고 완고해, 독자들의 마음을 어지럽힌 듯합니다.

언어학 개론서들은 대개 음성학, 음운론, 형태론, 통사론, 의미론 따위를 줄기로 삼고, 언어변화(통시언어학), 심리언어학, 사회언어학 따위를 그 뒤에 배치합니다. 저는 또 하나의 '언어학 개론'을 쓰고 싶지는 않았습니다. 이런 체제의 책들은 한국어로나 외국어로나 너무 많이 나와 있으니까요. 저는 한국어를 비롯한 자연언어들의 예를 널리 가져오면서도, 언어학자들과 언어학 고전들을 이야기의 중심에 놓고 싶었습니다. 소쉬르와 촘스키의 책들을 앞에 가져온 것도 그래서입니다.

또 첫 회에 로만 야콥슨을 인용하며 '오지랖 넓은 언어학' 얘기를 하겠다고 밝혔듯, 정통 언어학자로 분류되는 이들만이 아니라, 인접 학문세계의 일원으로서 언어에 깊은 관심을 기울인 이들과 그 저서들도 살피고 싶었습니다. 현대언어학의 첫 삽을 뜬 이는 소쉬르이지만, 언어에 대한 관심은 인류 지성사와 그 시작을 함께 했습니다. 실뱅 오루Sylvain Auroux라는 이가 세 권으로 엮은 『언어사상의 역사Histoire des idees linguistiques』라는 책을 보면, 자연언어에 대한 탐구가 이미 서력 기원 이전부터 이뤄졌음을 알게 됩니다. 특히 고대 인도에서는 오늘날의 정통언어학에 비견할 만한 연구들이 적잖이 이뤄졌습니다. 중세 아랍과 중국, 유럽, 근대 일본에도 꽤 볼만한 언어학적 탐색이 있었습니다. 훈민정음 창제에 간여한 15세기 한국인들은 당대까지 인류가 축적한 음운론 지식의 최전선에 서 있었다고 할 만합니다.

소쉬르 이전의 언어학사는 흔히 비교문법이라 불렸던 역사비교언어학만이 아니라(고대 인도인들이 쓰던 산스크리트어가 자기들의 언어와 어쩌면 한 '가족'일지도 모른다는 걸 깨달았을 때 18세기 유럽인들은 얼마나 놀랐을까요!), 데카르트나 훔볼트 같은 이들의 철학적 문법 또는 언어철학을 포함하고 있습니다. '엄밀한 의미의 언어학', 곧 과학으로서의 언어학 전통이 흐릿했다는 뜻입니다.

그런데 소쉬르 이후라고 해서 언어 탐구가 오로지 언어학자들만의 손에서 이뤄진 것은 아닙니다. 물론 우리는 소쉬르 이후의(또는 거의 동시대의) 거장들이라 할 만한 언어학자들 이름을 알고 있습니다. 미국의 블룸필드Leonard Bloomfield와 사피어Edward Sapir(언어가 세계관을 결정한다는 사피어-워프 가설, 곧 언어 상대성 가설은 그의 이름을 딴 것입니다), 해리스Zellig Harris('변형'이라는 개념을 촘스키에 앞서 떠올린 이가 해리스입니다)와 촘스키, 러시아 출신의 트루베츠코이Nikolai Trubetskoi와 야콥슨, 덴마크의 옐름슬레우Louis Hjelmslev(흔히 '언리학'이라 번역되는 glossematics를 확립해 소쉬르 구조언어학을 추상적 극단으로 몰고 갔습니다), 프랑스의 마르티네Andre Martinet와 무냉Georges Mounin, 벤베니스트Emile Benveniste와 아제주Claude Hagege 같은 이름들은 기다란 '언어학의 거장' 리스트의 극히 일부분일 뿐입니다.

그런데 소쉬르가 언어학을 기호학의 한 분과라고 언명했듯이, 흔히 기호학자로 알려진 이들을 언어학사는 누락할 수 없습니다. 프랑스의 바르트Roland Barthes와 크리스테바Julia Kristeva, 이탈리아의 에코Umberto Eco, 러시아의 로트만Yuri Lotman 같은 이들이 그렇습니다. 더 나아가, 사피어가 인류학자이기도 했고 야콥슨이 시학자詩學者이자 커뮤니케이션이론가이기도 했듯, 언어학사는 언어학의 변두리나 바깥에서 언어를 탐구한 이들을 빠뜨릴 수 없습니다. 흔히 분석철학자나 논리학자로 알려진 이들이 이 범주의 많은 부분을 차지합니다. 독일의 프레게Gottlob Frege와 카르납Rudolf Carnap, 영국의 러셀Bertrand Russell과 라일Gilbert Ryle, 스트로슨Peter F. Strawson과 오스틴John Austin, 오스트리아 출신의 비트겐슈타인

Ludwig Wittgenstein 같은 이름들은 대부분의 의미론 교과서가 무겁게 다룹니다. 의미론은 분명히 언어학의 한 분야이지만, 철학의 한 분과인 논리학이나 분석철학과 많은 부분이 겹칩니다.

검퍼스John Gumperz라는 이는 사피어처럼 독일 출신의 미국인이고, 사피어와 마찬가지로 인류학에서 출발해 언어학에 도달했습니다. 사피어의 언어 연구가 아메리카 인디언(원주민) 언어들에서 시작한 데 비해, 검퍼스의 언어 연구는 '진짜' 인디아(인도)의 언어들에서 돛을 올렸지요. 생전에 프랑스만이 아니라 세계 사회과학계의 황제 노릇을 한 부르디외Pierre Bourdieu도 빠뜨릴 수 없습니다. 부르디외는 분명히 사회학자였지만, 『말한다는 것의 뜻Ce que parler veut dire』을 비롯한 그의 몇몇 저작들은 언어(의 계급적 분화)에 대해 깊은 통찰을 보이고 있습니다. 사람은 자연언어(들)로 생각하는 게 아니라 그 자연언어(들)로부터 독립적인 추상언어로 생각한다는 주장을 내놓고, 이 '사고의 언어language of thought'를 '멘털리즈mentalese'라 부른 바 있는 퀘벡 출신의 인지과학자 핑커 Steven Pinker도 언어학사가 기록해야 할 이름입니다. 그를 굳이 언어학자라 부르자면 심리언어학자라고 부를 수도 있겠습니다. 이렇게 언어학사라는 하늘에는 별자리를 이루는, 또는 별자리 바깥에서 반짝이는 수많은 별들이 박혀 있습니다.

언어학과 멀리 떨어져 있는 듯 보이는 사상의 거장들이라 해서 늘 언어학의 그물에서 벗어나 있는 것은 아닙니다. 만 101세를 눈앞에 두고 2009년 10월 30일 타계한 브뤼셀 출신의 프랑스 인류학자 레비-스트로스Claude Levi-Strauss 같은 이가 그렇습니다. 그가 언어라는 것 자체에 구체적 관심을 보이지 않은 것은 사실입니다. 그러나 레비-스트로스는 지식의 계보에서 소쉬르의 자식으로 인지됩니다. 레비-스트로스라는 별은 구조주의라는 별자리를 이루는 큰 별 가운데 하나입니다.

레비-스트로스가 소쉬르에게서 직접 영향을 받은 것은 아닙니다. 유대인이었던 레비-스트로스는 제2차 세계대전 중 나치를 피해 뉴욕으로 망명했고, 거기서 로만 야콥슨을 만났습니다. 그리고 야콥슨에게서 '구조'라는 개념을 배웠습니다. 야콥슨의 '구조'는 소쉬르의 '체계'와 거의 같은 것입니다. 레비-스트로스는 이 '구조'라는 개념에 홀딱 매료되었고, 이 개념을 기초로 그 때까지와는 전혀 다른 인류학을 구상하게 됩니다.

『일반언어학강의』에서 우리가 들춰냈던 소쉬르의 문장 하나를 다시 떠올려봅시다. "체스놀이가 상이한 말들의 결합 안에서 전적으로 이뤄지듯, 언어도 체계라는 특성이 있으며, 이 체계는 완전히 그 구체적 단위들의 대립에 바탕을 둔다." 이 말을 인용하면서 저는, '상이하다' '대립' 같은 말에 주의를 기울이자고 제안했습니다. 다름으로써 대립해야 가치가 생산되고, 그 가치들을 낳은 내적 관계들의 그물이 체계, 곧 구조이기 때문입니다.

레비-스트로스는 언어만이 아니라 친족이나 신화 따위도 구조라는 것을 벼락같이 깨달았습니다. 즉 친족에서 중요한 것은 아버지(나 아들이나 외삼촌)라는 실체가 아니라, 아버지와 아들 사이의 관계(대립을 통한 차이, 또는 차이를 통한 대립), 아버지와 외삼촌 사이의 관계 따위라는 것을 깨달았습니다. 그는 또 야콥슨에게서 배운 '음소phonème'라는 개념에 착안해 '신화소mythème'라는 개념을 고안했습니다. 구조주의 음운학자들이 음소를 언어 분석 단위로 쓰듯, 레비-스트로스는 신화소를 신화 분석 단위로 썼습니다. 이렇게, 구조주의 인류학이 탄생한 것입니다. 그렇다면 우리는 "랑그는 형식이지 실체가 아니다"라는 소쉬르의 유명한 선언을 레비-스트로스식으로 이리 바꿀 수도 있겠습니다. "친족이나 신화는 형식이지 실체가 아니다." 여기서 '형식'은 '구조'나 '관계'라는 말로 대치할 수 있겠지요. 정신분석학자 라캉Jacques Lacan도 인간의 무의식을 언어와 같은 구조로 여겼다는 점에서 소쉬르의 자식이자 언어탐구자였다 할 수 있습니다.

언어학이 언어의 그림자라면, 언어학의 이런 모험은 말들의 그림자들의 모험이겠지요. 그 모험하는 그림자들을 우아하게 그려보려던 제 욕심을 오늘 접습니다. '말들의 모험'을 진지하게(그리고 바라건대는 즐겁게!) 읽어주셨을지도 모를 소수의 독자들께 깊은 감사와 송구함을 표합니다.